Das Englische ist eine einfache, aber schwere Sprache.
Es besteht aus lauter Fremdwörtern,
die falsch ausgesprochen werden.

Kurt Tucholsky
(1890-1935)

GOT IT

SCHRITT FÜR SCHRITT ZU FEHLERFREIEM ENGLISCH

BAND 1

GRAMMAR

DAS REGELBUCH

HARALD SACHSE

© 2011 Harald Sachse
Redaktion und fachliche Beratung: Michael Dyne
Umschlaggestaltung: Frank Tönsing

Druck und Verlag: epubli GmbH, Berlin
www.epubli.de

Printed in Germany
ISBN 978-3-8442-1004-0

Willkommen

Durch seine weltweite Verbreitung und die massive Präsenz in den Medien, im Berufsleben und zunehmend auch im Alltag erscheint uns das Englische heute wesentlich vertrauter, als dies noch vor wenigen Jahren der Fall war. Viele Begriffe und Wendungen sind mittlerweile so fest in unseren Sprachgebrauch eingebunden, dass wir sie manchmal nicht mehr als Elemente einer fremden Sprache wahrnehmen. Dies ist Teil eines natürlichen Prozesses der Anpassung an eine sich wandelnde, globalisierte Welt, in der solide Englisch-Kenntnisse nicht nur hilfreich, sondern – vor allem mit Blick auf das berufliche Fortkommen – geradezu unerlässlich sind.

Andererseits darf ein solches Gefühl von Vertrautheit nicht die Tatsache überdecken, dass wir es beim Englischen mit einer Sprache zu tun haben, die sich – einen gewissen Anspruch vorausgesetzt – nicht mal eben so im Vorbeigehen erlernen lässt. Immer wieder müssen Lernende feststellen, wie schnell sie bei dem Versuch, sich in korrektem oder doch zumindest akzeptablem Englisch über alltägliche Sachverhalte zu äußern, an ihre Grenzen stoßen.

Dabei ließen sich die meisten Fehler, die uns im praktischen Umgang mit dieser Sprache unterlaufen, verhältnismäßig leicht vermeiden. Oft genügen eine simple Regel, eine einprägsame Gedankenstütze, manchmal auch ein flotter Merkspruch oder eine Eselsbrücke, um die gröbsten Unkorrektheiten zu umgehen.

Das Buch, das Sie in der Hand halten, ist der erste Teil von GOT IT - einem zweibändigen Lehrwerk für Unterricht und Selbststudium. Ganz gleich, ob Sie vorhaben, verschüttete Kenntnisse aus Ihrer Schulzeit oder aus früheren Englisch-Kursen aufzufrischen, oder ob Sie sich als Schüler, als Studierender oder aus beruflichen Gründen ganz aktuell mit Problemen der englischen Sprache herumschlagen müssen und nach vernünftigen Erklärungen suchen – GOT IT begleitet Sie Schritt für Schritt auf Ihrem Weg zu gutem, fehlerfreiem Englisch.

Das gleichzeitig erschienene Übungsbuch GOT IT PRACTICE – bestehend aus 120 thematisch gegliederten und nach Schwierigkeitsgrad gestaffelten Übersetzungsübungen mit insgesamt 1.800 Sätzen, einem Lösungsschlüssel und einem ausführlichen, über 400 Kapitel umfassenden Erläuterungsteil – ist die ideale Ergänzung zu dieser Grammatik. Mit GOT IT PRACTICE können Sie den Stand Ihrer Englischkenntnisse fortlaufend überprüfen, Ihren Leistungsfortschritt messen und verbliebene Schwachstellen mit Hilfe dieser Grammatik nach und nach beseitigen.

GOT IT GRAMMAR vermittelt dem Lernenden in verständlicher Sprache und anhand einer Fülle von Beispielsätzen das für die Arbeit mit GOT IT PRACTICE erforderliche Wissen. Der Stoff wird in großer Ausführlichkeit dargeboten, die Erörterung der einzelnen Themen geht über den Rahmen herkömmlicher Schulgrammatiken deutlich hinaus. Umfangreiche Wörterlisten und über 3.000 Anwendungsbeispiele veranschaulichen das Erlernte, so dass dieser Teil von GOT IT auch ohne das begleitende Übungsbuch als eigenständige Grammatik genutzt werden kann.

Harald Sachse

Inhaltsverzeichnis

GOT IT GRAMMAR INFORMIERT ÜBER FOLGENDE THEMEN

Lesehilfen

Eine Erläuterung der hier angeführten Begriffe finden Sie im Kapitel *Kleines Grammatik-ABC* ab S.15.

DIE ABKÜRZUNG …	STEHT FÜR …	UND BEDEUTET …
adj	adjective	*Adjektiv*
adv	adverb	*Adverb*
AmE	American English	*amerikanisches Englisch*
aux	auxiliary verb	*Hilfsverb, im Englischen* **be**, **have** *und* **do**
BE	British English	*britisches Englisch*
conj	conjunction	*Konjunktion, Bindewort*
det	determiner	*Bestimmungswort, Hauptwortbegleiter*
mv	main verb	*Vollverb*
mod	modal verb	*Modalverb, modales Hilfsverb*
noun	noun	*Substantiv, Hauptwort*
os	oneself	**myself, yourself, himself** *usw.*
pl	plural	*Plural, Mehrzahl*
prp	preposition	*Präposition, Verhältniswort*
pron	pronoun	*Pronomen, Fürwort*
sb	somebody	*jemand*
sg	singular	*Singular, Einzahl*
sth	something	*etwas*
swh	somewhere	*irgendwo*
vb	verb	*Verb*
bzw.	*beziehungsweise*	
etw	*etwas*	
gramm	*grammatikalisch*	
i.S.v.	*im Sinne von*	
jmdm	*jemandem*	
jmdn	*jemanden*	
jmds	*jemandes*	
lat.	*lateinisch*	
u.a.	*unter anderem*	
usw.	*und so weiter*	
z.B.	*zum Beispiel*	

ZEICHEN

[ ]	-	Angabe der Lautschrift: **recognise** [ˈrekəgnaɪz]
	-	erläuternde Anmerkung: **Having lost his job** … [Statt: After he had lost his job …]
[=]	-	Interpretation einer Übersetzung: **Someone has stolen my camera.** *Jemand hat meine Kamera gestohlen.* [= Sie ist jetzt weg.]
( )		In Beispielsätzen: Wort oder Text in runden Klammern kann entfallen. Der Satz **I know (that) he is right** kann gelesen werden: **I know that he is right** *oder* **I know he is right**
•		Aufzählung
–		Aufzählung als fortgeführter Text
/		Mehrere Alternativen sind möglich: **It can / may / might / could be cold there** kann gelesen werden: **It can be cold there** oder: **It may be cold there** oder: **It might be cold there** oder: **It could be cold there**
* (Sternchen)		Nicht korrekte Form: *Does he smokes (korrekt: Does he smoke?)
▶		Wichtiger Hinweis oder ergänzende Erläuterung zum aktuellen Kapitel
→ **248** (1.3)		Verweis, hier auf Seite 248, Kapitel 1, Abschnitt 3
ᴬᴺᴹ | ANM		Anmerkung zu Einzelwörtern

Die Aussprache des Englischen

Mehr als 500 Millionen Menschen weltweit sprechen Englisch. Neben dem Britischen Englisch (British English, BE), das in Großbritannien gesprochen wird und auch in den anderen Ländern Europas nach wie vor die Grundlage für den Englischunterricht an Schulen bildet, existieren zahllose regionale Varianten, von denen – gemessen an der Zahl ihrer Sprecher – das amerikanische, das kanadische und das australische Englisch die bedeutendsten sind.

Für Lernende mit wenig Sprecherfahrung kann die korrekte Aussprache englischer Wörter zu einem echten Problem werden, denn in kaum einer anderen Sprache klaffen Schreibung und Lautung so weit auseinander wie im Englischen. Es bedarf einiger Übung, bis man in der Lage ist, deren Klangbild so zu formen, dass es nicht mehr durch die charakteristischen Lautmerkmale der eigenen Muttersprache verfremdet wird.

Völlig akzentfrei zu sprechen, gelingt Nicht-Muttersprachlern daher nur selten. Der Erwerb einer guten Aussprache ist ein stetiger Prozess von Übung, Nachbesserung und Vervollkommnung, der nicht nur häufiges Sprechen, sondern auch regelmäßiges Hören voraussetzt.

Den meisten Lernenden fehlt jedoch die Möglichkeit des ständigen praktischen Umgangs mit dem Englischen. Sie sind auf den Unterricht angewiesen oder müssen sich mit geeigneten Sprachprogrammen behelfen. In jedem Fall aber ist es erforderlich, sich mit dem Erlernen einer neuen Vokabel auch deren Aussprache einzuprägen.

Dabei kann die sogenannte *Lautschrift* (phonetic spelling) eine hilfreiche Unterstützung sein. Sie basiert auf dem *Internationalen Phonetischen Alphabet* (IPA), einem weltweit verbreiteten, sprachübergreifenden System von Schriftzeichen, durch das sich die Aussprache von Wörtern mit großer Genauigkeit abbilden lässt, und das in den meisten der gängigen Lehr- und Wörterbücher Verwendung findet.

VOKALE

Kennzeichnend für die Lautbildung von Vokalen (dt.: *Selbstlauten*, engl.: vowels) ist eine mehr oder minder große Mundöffnung und ein ungehindert abfließender Luftstrom bei der Klangerzeugung.

Vokale können kurz [ɪ] oder lang [iː] sein, was die Schreibung beeinflusst. Zu unterscheiden sind ferner *einfache Laute* (Monophthonge), z.B. [e] und *Doppellaute* (Diphthonge), z.B. [eɪ].

Zeichen	deutscher Vergleichslaut	Beispiel	Lautschrift (IPA)
EINFACHE LAUTE			
[iː]	*wie in* spielen	**speak**	[spiːk]
[ɪ]	*wie in* billig	**give**	[gɪv]
[e]	*wie in* schnell	**tell**	[tel]
[æ]	*zwischen* ä *und* a	**cat**	[kæt]
[ɑ]	*dunkler als in* kahl	**park**	[pɑːk]
[ɔ]	*heller als in* Stock	**got**	[gɔt]
[ɔː]	*wie in* dort	**short**	[ʃɔːt]
[ʊ]	*wie in* Mutter	**push**	[pʊʃ]
[uː]	*wie in* Stufe	**cool**	[kuːl]
[ʌ]	*wie in* Katze	**pub**	[pʌb]
[ɜː]	*wie in* Störche	**word**	[wɜːd]
[ə]	*wie in* beginnen	**afraid**	[əˈfreɪd]
DOPPELLAUTE			
[eɪ]	*entspricht der Lautfolge* äi	**take**	[teɪk]
[əʊ]	*entspricht in etwa der Lautfolge* äou	**go**	[gəʊ]
[aɪ]	*wie in* Saite	**night**	[naɪt]
[aʊ]	*wie in* blau	**flower**	[ˈflaʊə]
[ɔɪ]	*wie in* heute	**boy**	[bɔɪ]
[ɪə]	*wie in* wir	**here**	[hɪə]
[eə]	*wie in* werden	**there**	[ðeə]
[ʊə]	*wie in* zur	**sure**	[ʃʊə]

KONSONANTEN

Konsonanten (dt.: *Mitlaute*, engl.: consonants) sind Laute, bei deren Erzeugung das Abfließen des Luftstroms behindert oder vollständig blockiert wird. Auch die Buchstaben, die diese Laute darstellen, werden als Konsonanten bezeichnet.

Die Laute [r] und [w] sind dem Deutschen unbekannt, [h] wird in einigen Fällen gesprochen und ist in anderen stumm, die Konsonanten **d**, **t**, **b**, **p**, **f**, **m**, **n** und **k** werden gesprochen wie im Deutschen:

[p]	*wie in* **p**erfekt	**pen**	[pen]
[b]	*wie in* **b**unt	**brother**	[ˈbrʌðə]
[t]	*wie in* **t**ief	**tomato**	[təˈmɑːtəʊ]
[d]	*wie in* **d**unkel	**did**	[dɪd]
[k]	*wie in* **k**urz	**come**	[kʌm]
[g]	*wie in* **g**estern	**get**	[get]
[tʃ]	*wie in* kla**tsch**en	**cheap**	[tʃiːp]
[dʒ]	*wie in* **M**anager	**jet**	[dʒet]
[f]	*wie in* **f**rei	**find**	[faɪnd]
[v]	*wie in* **w**ollen	**village**	[ˈvɪlɪdʒ]
[θ]	gelispeltes **s**, stimmlos	**thick**	[θɪk]
[ð]	gelispeltes **s**, stimmhaft	**thin**	[ðɪn]
[s]	*wie in* wi**ss**en	**say**	[seɪ]
[z]	*wie in* rei**s**en	**blazer**	[ˈbleɪzə]
[ʃ]	*wie in* wa**sch**en	**ship**	[ʃɪp]
[ʒ]	*wie in* Blama**g**e	**garage**	[ˈgærɑːʒ] ᴬᴺᴹ
[h]	*wie in* **h**eiß	**house**	[haʊs]
	in einigen Wörtern stumm	**hour**	[ˈaʊə]
[m]	*wie in* **m**alen	**milk**	[mɪlk]
[n]	*wie in* **n**ähen	**near**	[nɪə]
[ŋ]	*wie in* Di**ng**	**ring**	[rɪŋ]
[l]	*wie in* **l**eben	**like**	[laɪk]
[r]	*keine deutsche Entsprechung*	**right**	[raɪt]
(r)	(siehe Erläuterung Seite 13)		
[j]	*wie in* **j**a	**yesterday**	[ˈjestədeɪ]
[w]	*keine deutsche Entsprechung*	**winter**	[ˈwɪntə]

ANM | Eine weitere Aussprachevariante ist [ˈgærɪdʒ], im AmE [gəˈrɑːʒ].

BESONDERHEITEN DER AUSSPRACHE

Die Klangbilder des Englischen und des Deutschen unterscheiden sich erheblich voneinander. Englische Wörter enthalten Laute, die es im Deutschen gar nicht gibt, umgekehrt gilt dasselbe. Auch finden sich in deren Schriftbild mitunter Buchstaben, die stumm sind, also nicht mitgesprochen werden, wie das **k** vor **n** (z.B. in **know**, **knock**, **knife**), das **b** in **debt**, **climb**, **plumber**, das **h** in **hour** und **honest** oder das **l** in **could**, **should** und **half**.

Aus der Schreibung eines englischen Wortes lassen sich daher keine eindeutigen Rückschlüsse auf dessen Aussprache ziehen, wie die folgenden Beispiele deutlich machen:

UNTERSCHIEDLICHE AUSSPRACHE BEI GLEICHER SCHREIBUNG

Schreibung		Aussprache		Bedeutung
- **u** -	[ʊ]	bush	[bʊʃ]	*Busch*
	[ʌ]	bus	[bʌs]	*Bus*
	[ɪ]	business	[ˈbɪznɪz]	*Geschäft*
	[ɜː]	burly	[ˈbɜːlɪ]	*stämmig, kräftig*
	[e]	bury	[ˈberɪ]	*begraben*
-**ea**-	[iː]	speak	[spiːk]	*sprechen*
	[ɪə]	hear	[hɪə]	*hören*
	[eə]	wear	[weə]	*tragen*
	[ɜː]	heard	[hɜːd]	*hörte, gehört*
	[e]	bread	[bred]	*Brot*
	[ɑː]	heart	[hɑːt]	*Herz*

GLEICHE AUSSPRACHE BEI UNTERSCHIEDLICHER SCHREIBUNG

Schreibung	Aussprache			Bedeutung
- e -	[iː]	even	[ˈiːvən]	*sogar, selbst*
- ee -	[iː]	sleeve	[sliːv]	*Ärmel*
- ea -	[iː]	leave	[liːv]	*verlassen*
- ie -	[iː]	relieve	[rɪˈliːv]	*erleichtern, mildern*
- e -	[ɜː]	person	[ˈpɜːsən]	*Person*
- ea -	[ɜː]	search	[sɜːtʃ]	*suchen*
- i -	[ɜː]	bird	[bɜːd]	*Vogel*
- u -	[ɜː]	burst	[bɜːst]	*platzen*

ZISCHLAUTE

Achten Sie auch auf die korrekte Aussprache der sog. Zischlaute [ʃ], [dʒ] und [tʃ]. Der Unterschied muss deutlich zu hören sein, vor allem bei so ähnlich klingenden Wörtern wie

sheep [ʃiːp], **jeep** [dʒiːp] und **cheap** [tʃiːp]
shop [ʃɔp], **job** [dʒɔb] und **chop** [tʃɔp]

Zum Üben: She showed me **sheep** on a **cheap jeep**.
Jeb got a **job** in a **chop shop**.

DER th-LAUT

Ein besonderes Problem stellen die für das Englische so charakteristischen Laute [ð] und [θ], geschrieben -**th**-, dar. Dabei ist deren Aussprache nicht sonderlich schwierig. Schieben Sie die Zungenspitze zwischen die Zahnreihen und versuchen Sie, ein gelispeltes -**s**- zu sprechen, wobei dies bei einigen Wörtern stimmhaft und bei anderen stimmlos zu geschehen hat:

[ð] stimmhaft: **the, this, they, there, mother, weather**
[θ] stimmlos: **thin, thief, through, truth, health**

AUSSPRACHE DES SCHLUSS -r

Ein -**r** am Wortende bleibt im britischen Englisch normalerweise stumm. Vor einem Wort, dessen erster Laut ein Vokal ist, wird es jedoch hörbar:

Is that your **car**?	am Satzende:	[kɑː]
The **car** was very expensive.	vor Konsonant:	[kɑː]
The **car** is in the garage.	vor Vokal:	[kɑːr ɪz]

In der Lautschrift erscheint ein solches -**r** in Klammern: **mother** [ˈmʌðə(r)]

DAS ENGLISCHE ALPHABET

Das englische Alphabet umfasst, wie das deutsche auch, 26 Buchstaben. Im Gegensatz zu vielen anderen Schriftsystemen, die auf dem lateinischen Alphabet basieren, kennt es jedoch weder Umlaute (die das Englische als **umlauts** bezeichnet) noch Akzente (**accents**) oder andere diakritische Zeichen.

Die Buchstaben des englischen Alphabets und ihre Aussprache:

A	[eɪ]	**B**	[biː]	**C**	[siː]	**D**	[diː]	**E**	[iː]
F	[ef]	**G**	[dʒiː]	**H**	[eɪtʃ]	**I**	[aɪ]	**J**	[dʒeɪ]
K	[keɪ]	**L**	[el]	**M**	[em]	**N**	[en]	**O**	[əʊ]
P	[piː]	**Q**	[kjuː]	**R**	[ɑːr]	**S**	[es]	**T**	[tiː]
U	[juː]	**V**	[viː]	**W**	[ˈdʌblju]				
X	[eks]	**Y**	[waɪ]	**Z**	[zed, AmE: ziː]				

Großbuchstaben heißen **capital letters** oder auch **uppercase letters**, *Kleinbuchstaben* **small letters** oder **lowercase letters**.

Die Bezeichnungen **uppercase** und **lowercase** gehen auf die Zeiten des Bleisatzes zurück, als ein Schriftsetzer (**typesetter**) die Buchstaben einem Setzkasten (**type case**) entnahm, in dem die Lettern für Großbuchstaben im oberen Fach (**in the upper case**), die für Kleinbuchstaben im unteren Fach (**in the lower case**) einsortiert waren.

DIE BETONUNG ENGLISCHER WÖRTER

Für die richtige Aussprache eines Wortes ist neben der eigentlichen Lautgebung vor allem die *Betonung* maßgebend.

Um diese kenntlich zu machen, wird **vor** die zu betonende Silbe ein Betonungsakzent (ˈ) in die Lautschrift des jeweiligen Wortes eingefügt:

holiday [ˈhɔlɪdeɪ]   Betonung auf der ersten Silbe: **HO** - li - day

horizon [hə ˈraɪzən]   Betonung auf der zweiten Silbe: ho - **RI** - zon

In großen Wörterbüchern werden bei längeren Wörtern manchmal mehrere Betonungszeichen gesetzt, um eine starke und eine schwache Betonung (Nebenbetonung) anzuzeigen:

international [ˌɪntəˈnæʃənəl]

Da dieser Unterschied in der Praxis jedoch kaum ins Gewicht fällt, wird in GOT IT auf die Kennzeichnung einer Nebenbetonung verzichtet, zumal sich dieser Effekt bei richtiger Betonung des Hauptakzents quasi von selbst ergibt:

international [ɪntəˈnæʃənəl]

Kleines Grammatik-ABC

Grammatik ist eine Anleitung für richtigen Sprachgebrauch. Eine nützliche Sache also, und doch gehört sie nicht eben zu den Lieblingsdisziplinen der Schüler. Auch wer noch einsehen mag, dass der korrekte Umgang mit einer Fremdsprache neben einem ausreichenden Wortschatz auch die Beachtung bestimmter Regeln erfordert, findet sich in der oft verwirrenden Vielzahl deutscher, lateinischer, griechischer und englischer Bezeichnungen nicht zurecht, fühlt sich überfordert, ja abgeschreckt.

Andererseits: Sprache ist ein höchst kompliziertes Konstrukt. Sie lebt, verändert sich, geht dabei zuweilen seltsame Wege und lässt sich mit einfachen Worten kaum beschreiben. Es kann daher nicht verwundern, dass ein verbindliches Regelwerk mit klar formulierten Erläuterungen und, was ebenfalls zu wünschen wäre, vereinheitlichten Begriffen weiter auf sich warten lässt. Lernende beklagen dies nicht zu Unrecht. Denn wo nicht erklärt wird, was eigentlich erklärt werden könnte, bleibt oft nichts anderes übrig, als die Dinge auswendig zu lernen.

Das kleine Grammatik-ABC, das wir dem Buch vorangestellt haben, will dem Benutzer hier ein wenig Orientierungshilfe geben und ihm ermöglichen, sich in knapper Form, aber ausreichend genau, über die Bedeutung ihm unbekannter oder nicht mehr geläufiger Begriffe zu informieren.

Die Einträge umfassen die im Sprachenunterricht an Schulen üblichen Bezeichnungen. Außerhalb des Definitionstextes sind sie durch GROSSBUCHSTABEN hervorgehoben.

Adjektiv | Eigenschaftswort, engl.: **adjective**, ab Seite 73
Ein Adjektiv, in der Grundschule Wie-Wort genannt, bezeichnet die Eigenschaften und Merkmale von Personen, Dingen und Sachverhalten (**strong, funny, green, hopeful, necessary**) oder ordnet sie einer bestimmten Klasse oder Kategorie zu (**social, basic, military, domestic**).

Aktiv | Tatform, engl.: **active voice**, ab Seite 235
Das Aktiv ist, neben dem PASSIV, eine der beiden Handlungsrichtungen eines Vollverbs. Man spricht von einem Aktivsatz, wenn dessen SUBJEKT der Urheber oder Verursacher des im Satz berichteten Geschehens ist: **Bob** loves Susie. | **Cows** give milk. | **My brother** has sold his motorbike.

Adverb | Umstandswort, engl.: **adverb**, ab Seite 199
Ein Adverb ist ein Wort, das die *Umstände* des berichteten Geschehens benennt: They left **yesterday**. (*Wann* sind sie abgereist?) | We have been looking **everywhere**. (*Wo* haben wir nachgesehen?) | She answered **politely**. (*Wie* hat sie geantwortet?)
Adverbien können auch ein ADJEKTIV begleiten, um dessen Grad oder Intensität zu bezeichnen: **very** hard, **fairly** interesting, **terribly** cold (*Wie* schwer? *Wie* interessant? *Wie* kalt?)

Adverbiale Bestimmung | Umstandsbestimmung, engl.: **adverbial phrase**
Eine WORTGRUPPE, die die gleiche Funktion erfüllt wie ein ADVERB: They left **a few hours ago**. | We have been looking **in every corner**. | She answered **in a polite manner**.

Adverbialsatz | Umstandssatz, engl.: **adverbial clause**, ab Seite 253
Ein NEBENSATZ, der die gleiche Funktion erfüllt wie ein ADVERB: We left **because we had a long way to go home**. | It happened **when I was in the shower**. | She found the keys **where she had put them**. | We love Black Forest Gateau *(Schwarzwälder Kirschtorte)* **the way my grandma makes it**.

Artikel | Geschlechtswort, engl.: **article**, ab Seite 57
Der bestimmte Artikel (DEFINITE ARTICLE) des Englischen lautet **the** *(der, die, das)*, die unbestimmten Artikel (INDEFINITE ARTICLE) sind **a** und, vor vokalischem Anlaut, **an** *(ein, eine)*.

Aspekt | engl.: **aspect**, ab Seite 163
Jedes englische Vollverb ist unter zwei Gesichtspunkten (Aspekten) zu betrachten: dem *Zeitaspekt* (aspect of time) und dem *Handlungsaspekt* (aspect of action).
Der *Zeitaspekt* macht deutlich, innerhalb welchen Zeitraums das berichtete Geschehen stattfindet bzw. stattgefunden hat: ob im PRESENT, einem noch nicht abgeschlossenen, fortdauernden Zeitraum, oder im PAST, einem bereits beendeten, zurückliegenden Zeitraum.
Der *Handlungsaspekt* lässt erkennen, wie bzw. an welchem Punkt seines Ablaufs ein Geschehen wahrgenommen wird. Das Englische unterscheidet hier die Aspekte **simple** (Beginn, Unbegrenztheit, Wiederholung einer Handlung), **progressive** [auch: **continuous**] (Verlauf oder Begrenztheit einer Handlung), **perfect simple** (Vollendung einer Handlung) und **perfect progressive** [auch: **perfect continuous**] (Nicht-Vollendung, Unterbrechung einer Handlung).
Aus der Verbindung eines Zeitaspekts (PRESENT oder PAST) mit einem Handlungsaspekt ergeben sich die Namen der ZEITFORMEN, kurz: Zeiten (engl.: **tenses**) eines englischen Vollverbs.

attributiv | beigefügt, engl.: **attributive,** ab Seite 79
Ein ADJEKTIV in *attributiver* Stellung steht unmittelbar bei dem HAUPTWORT, auf das es sich bezieht. In der Regel geht es ihm voran (a **stormy night**, some **useful advice**, a **difficult question**, those **old-fashioned hats**), in ganz wenigen Fällen kann es ihm aber auch nachgestellt sein (the **members present**, the **President-elect**).

Aussagesatz | Deklarativsatz, engl.: **declarative** oder **affirmative sentence,** ab Seite 269
In einem Aussagesatz wird etwas berichtet, werden Tatsachen benannt, Sachverhalte beschrieben, Behauptungen aufgestellt usw.: **We visited lots of castles**. | **I have made a big mistake**. | **Arsenic is a deadly poison**. | **Court shoes can ruin your feet**.
Negative Aussagesätze werden mit einem HILFSVERB + **not** [kurz: **n't**] gebildet: **We will not** [oder: **won't**] **be late**. | **It does not** [oder: **doesn't**] **work**. | **We did not** [oder: **didn't**] **understand a word**.
Der Aussagesatz ist, neben FRAGESATZ und BEFEHLSSATZ, eine der drei Satzarten.

Bedingungssatz → siehe **Konditionalsatz**

Befehlssatz | Imperativsatz, engl.: **imperative clause,** Seite 277
Mit einem Befehlssatz werden Befehle, Aufforderungen, Anweisungen, Anordnungen und Ratschläge, aber auch Bitten und Einladungen zum Ausdruck gebracht. Am Beginn eines Befehlssatzes steht die einfache GRUNDFORM eines Vollverbs: **Wait!** | **Come** in! | **Be** quiet. | **Have** a seat. Negative Befehls-sätze beginnen mit **don't**: **Don't lie** to me. | **Don't hesitate** to ask! Dies gilt auch für das VERB **be**: **Don't be** late! **Don't be** silly!

Besitzfall | engl.: **possessive case, genitive case,** ab Seite 54
Unter einem Besitzfall versteht man die Kennzeichnung eines HAUPTWORTS durch Anfügen von **'s** an die Einzahl (**Michael's** car, his **master's** voice, **England's** glory) und die nicht auf -s endende Mehr-zahl (**children's** education). Einer auf -**s** endenden Mehrzahl wird lediglich ein Apostroph (**'**) ange-fügt: my **parents'** home.
Durch diese Kennzeichnung wird deutlich gemacht, dass der besagten Person etwas gehört (daher die Bezeichnung Besitzfall) bzw. dass Personen zusammengehören: **my brother's** new girlfriend, **my grandparents'** life. Auch Orts- und Zeitangaben können auf diese Weise miteinander verknüpft wer-den: **London's** green parks, **last night's** party.
Wenn etwas Unbelebtes oder Abstraktes zusammengehört, so wird dies in der Regel durch eine dem HAUPTWORT angefügte Ergänzung mit **of** ausgedrückt: the roof **of the house**, the name **of the game**, the days **of my childhood**, the hopelessness **of the situation**.

Bestimmungswörter | engl.: **determiners,** ab Seite 65
Oberbegriff für Wörter, die ein HAUPTWORT begleiten und es näher bestimmen, die aber – im Unter-schied zu ADJEKTIVEN – nicht dessen Eigenschaften beschreiben. Bestimmungswörter bilden den Anfang einer HAUPTWORTGRUPPE, stehen also direkt vor einem HAUPTWORT oder einem ADJEKTIV: **this** week, **her** new life, **London's** pubs, **some** fresh fruit.
Zu den Bestimmungswörtern gehören die ARTIKEL **the**, **a**, **an**, die hinweisenden Begleiter **this**, **that**, **these**, **those**, die besitzanzeigenden Begleiter **my**, **your**, **his**, **her**, **its**, **our**, **their**, unbestimmte Be-gleiter wie **some**, **any**, **few**, **little** oder **several** sowie Hauptwörter im BESITZFALL: **John's**, **our daughter's**, **England's**, **the workers'** usw.

Direkte Rede | engl.: **direct speech,** ab Seite 239
Unter einer direkten Rede versteht man, im Unterschied zur INDIREKTEN REDE, die Wiedergabe einer Äußerung in ihrem ursprünglichen Wortlaut: Mr Robbins said, **"I'm leaving tomorrow."** | Rosemary asked me, **"How long will you be staying?"** | I thought, **"Why can't he simply tell the truth?"**
Bei der schriftlichen Wiedergabe steht die direkte Rede zwischen Anführungszeichen. Anstelle des im Deutschen üblichen Doppelpunkts bevorzugt das Englische ein Komma.

Entscheidungsfrage | engl.: **yes/no-question,** Seite 193
Als Entscheidungsfrage bezeichnet man eine Frage, die sich, anders als eine FRAGEWORTFRAGE, mit einem einfachen „Ja" oder „Nein" beantworten lässt: **Are you Mr Collins?** | **Can you drive a lorry?** | **Did he find a job at last?**
Entscheidungsfragen werden mit einem KURZSATZ beantwortet: Are you Mr Collins? – **Yes, I am**. | Can you drive a lorry? – **No, I can't**. | Did he find a job at last? – **Yes, he did**.

Falscher Freund | engl.: **false friend** → GOT IT PRACTICE, Seite 284 ff
Falsche Freunde sind Wörter, denen man aufgrund ihrer auffallenden lautlichen oder orthographi-schen Ähnlichkeit mit einem deutschen Wort leicht eine falsche Bedeutung zuschreibt, z.B. **art** (schreibt sich wie *Art*, bedeutet aber *Kunst*), **sensible** (klingt wie *sensibel*, heißt aber *vernünftig*) oder **genial** (heißt nicht *genial*, sondern *freundlich, herzlich*).

Fragesatz | engl.: **interrogative clause**, Seite 275

Ein englischer Fragesatz beginnt entweder mit einem HILFSVERB [ENTSCHEIDUNGSFRAGE] oder mit einem Fragewort [FRAGEWORTFRAGE].

Einem Fragesatz liegt nicht in jedem Fall die Absicht zugrunde, eine Antwort zu erhalten, die dem Fragenden eine bestimmte Auskunft oder Erklärung liefert. Es kann sich zum Beispiel auch um eine in höflicher Form vorgebrachte Aufforderung handeln: **Could someone close the door please? | Won't you have a seat?**

Fragewortfrage | engl.: **wh-question**, Seite 243

Eine Frage, die mit einem Fragewort beginnt, und die, anders als eine ENTSCHEIDUNGSFRAGE, nicht mit einem einfachen „Ja" oder „Nein" beantwortet werden kann: **Who is Nicholas Nickleby? | How was your flight? | When did they leave? | Why was everything so difficult? | Where did you park the car? | What are you talking about?**

Frageanhängsel | engl.: **question tag**, ab Seite 196

Ein dem AUSSAGESATZ angehängter KURZSATZ in Frageform, vergleichbar deutschen Wendungen wie ... nicht wahr? ... oder? ... oder nicht?

Frageanhängsel sollen die angesprochene Person animieren, der Aussage des Sprechers zuzustimmen, sie zu bestätigen: The new teacher is nice, **isn't he?** | You can't help me, **can you?** | Let's wait another few minutes, **shall we?**

Fürwort | engl.: **pro-form, pro-word**, ab Seite 93

Umfassende Bezeichnung für alle Wörter, die ein zuvor genanntes Wort, eine WORTGRUPPE oder auch einen Satz ersetzen, um überflüssige Wiederholungen zu vermeiden.

Fürwörter, die Hauptwörter oder HAUPTWORTGRUPPEN ersetzen, heißen PRONOMEN (korrekte Mehrzahlform: Pronomina, engl.: pronouns). Zu ihnen gehören die *persönlichen* (**I, you, he, she, it, we, they, me, him, her, us, them**), die *hinweisenden* (**this, that, these, those**), die *besitzanzeigenden* (**mine, yours, his, hers, ours, theirs**), die *unbestimmten* (z.B. **some, any, both, none**), die *rückbezüglichen* (**myself, yourself, himself, herself, itself, ourselves, yourselves, themselves**) und die *Frage*-Fürwörter (**who, whose, what, which**).

Adverbiale Fürwörter (pro-adverbs) stehen anstelle von Orts- oder Zeitangaben: We have a flat **there**. [Statt: We have a flat *near Central Park*.] | They were very poor **then**. [Statt: They were very poor *at that time*.]

do kann als verbales Fürwort (pro-verb) ein Vollverb samt Ergänzungen ersetzen: Some people don't like this kind of music, but I **do**. [Für: ... but I *like this kind of music*.]

so kann als Fürwort einen kompletten Satz ersetzen: Do you think English is a difficult language? – No, I don't think **so**. [Statt : No, I don't think *English is a difficult language*.]

Futur | Zukunft, engl.: **future**, ab Seite 187

Bezeichnung für die verschiedenen Ausdrucksformen der Zukunft. Anders als im Falle von Gegenwart und Vergangenheit besitzt ein englisches Vollverb keine eigene Form für die Bildung des Futur. Daher werden Aussagen, die sich auf ein zukünftiges Geschehen beziehen, mit einem HILFSVERB, meist einem MODALVERB konstruiert.

Die Wahl der richtigen Futur-Form hängt davon ab, wie man ein zukünftiges Geschehen dargestellt sehen möchte: ob als *Vorhaben*, als *Absicht*, als *Plan* (We **are going to** leave early), als *Vorhersage* (There **will** be trouble), als *Versprechen* (We **will** help them), als etwas bereits *Vereinbartes, Verabredetes* (I **am seeing** an old friend of mine tomorrow) oder als etwas *regelmäßig, gewohnheitsmäßig Wiederkehrendes* (We **will be spending** our holiday in Greece again).

Gerundium | Verbalsubstantiv, engl.: **gerund**, auch: **-ing-noun**, ab Seite 229

Als Gerundium bezeichnet man eine -ing-FORM, die im Satz die Aufgaben eines HAUPTWORTS wahrnimmt: als SUBJEKT (**Smoking** causes cancer), als OBJEKT (I enjoy **walking** in the rain) und nach PRÄPOSITIONEN (I'm tired of **learning** vocabulary.)

Im Deutschen werden diese Formen durch einen substantivierten INFINITIV wiedergegeben, dem der ARTIKEL *das* vorangestellt sein kann: *(das) Rauchen, (das) Spazierengehen, (das) Lernen.*

Gleichsetzungsverb | engl.: **copula verb, linking verb, link verb**, Seite 157

Gleichsetzungsverben benennen die *Eigenschaften* eines SUBJEKTS – wie es ist (**be**), wie oder was es zu sein scheint (**seem**), wie es aussieht (**look**), wie es sich anfühlt (**feel**), wie es klingt (**sound**), wie es schmeckt (**taste**) usw.

Da ein Gleichsetzungsverb keine Handlungen beschreibt, folgt ihm auch kein OBJEKT, sondern eine sogenannte PRÄDIKATSERGÄNZUNG, in der Regel eine HAUPTWORTGRUPPE (My grandfather was a **bus driver**) oder ein ADJEKTIV (The juice smelled **strange**.)

Grundform | auch: Nennform, **1.** Form, Infinitiv, engl.: **infinitive**, ab Seite 223

Als Grundform bezeichnet man die erste der drei Stammformen eines Vollverbs. Die Grundform nennt Vorgänge oder Tätigkeiten beim Namen, ohne sie einer Person zuzuordnen: **speak**, **sleep**, **write**, **prepare**. Die Grundform ist auch die Form, in der ein Vollverb in Wörterbüchern verzeichnet ist.

Neben der reinen Grundform (engl.: base form, base infinitve, bare infinitve), die nur aus dem VERB selbst besteht, gibt es eine zweite Grundform mit vorangestelltem to (engl.: to-form, to-INFINITIVE): **to speak**, **to sleep**, **to write**, **to prepare**. Die Kennzeichnung mit **to** dient zur Unterscheidung einer Grundform von gleichlautenden personenbezogenen Verbformen wie (I) **go**, (you) **sleep**, (we) **write** oder (they) **prepare**.

Handlungsaspekt → siehe **Aspekt**

Hauptsatz | engl.: **main clause**, **independent clause**

Als Hauptsatz wird allgemein ein Satz bezeichnet, der für sich allein stehen kann: **Our dog barks a lot.** Jeder Teil eines Hauptsatzes kann durch Wörter und WORTGRUPPEN erweitert werden: **Our *new* dog barks a lot. Our dog *never* barks *at night*. Our dog barks *at everyone he sees*.**

In einem engeren Sinne wird unter einem Hauptsatz ein selbständiger Satz verstanden, von dem im Rahmen eines Satzgefüges ein oder mehrere Nebensätze abhängen: **Our dog barks a lot *when a stranger approaches him*.**

Hauptwort | Substantiv, Nomen, engl.: **noun**, ab Seite 33

Die Begriffe *Nomen* und *Substantiv* werden meist unterschiedslos gebraucht, obwohl sie, genau genommen, nicht dasselbe bedeuten. *Nomen* ist die im Unterricht gebräuchlichere, *Substantiv* die korrektere Bezeichnung.

Hauptwörter bezeichnen Lebewesen, Dinge, Begriffe und Aktivitäten: **teacher**, **horse**, **village**, **gold**, **opportunity**, **skiing**. Sie bilden eine Mehrzahlform (Plural → NUMERUS) und einen BESITZFALL.

Hauptwörter werden in der Regel von BESTIMMUNGSWÖRTERN und ADJEKTIVEN begleitet und treten in allen Satzteilen auf: Our **teacher** tells funny **stories**. | Andy is the **father** of **twins**. | We often have **breakfast** on the **roof terrace**.

Hauptwortgruppe | engl.: **noun group** oder **noun phrase**, Seite 26

Eine WORTGRUPPE, die aus einem Hauptwort und seinen Begleitern (ARTIKELN, BESTIMMUNGS-WÖRTERN und ADJEKTIVEN) besteht: **the new schoolyard**, **my younger brother**, **a very important piece of information**, **all those lovely memories**.

Hauptwortgruppen können zwecks näherer Bestimmung durch PRÄPOSITIONALGRUPPEN erweitert werden: **That pretty girl *in the photo*** is my daughter. | We need **more detailed information *about the accident***.

Hilfsverb | engl.: **auxiliary verb**, **auxiliary**, **helping verb**, ab Seite 125

Ein Hilfsverb ist ein VERB, das einem Vollverb bei der Bildung bestimmter ZEITFORMEN, bei Frage und VERNEINUNG sowie der Bildung des PASSIVS „hilft" – bei Konstruktionen also, die ein Vollverb allein nicht darstellen kann.

Die Hilfsverben des Englischen sind **be**, **have** und **do**. Die Verben **be** und **have** werden zur Bildung bestimmter ZEITFORMEN benötigt: She **is** learning to drive. [be + -ing-FORM zur Bildung des ASPEKTS *progressive*] | I **have** completed my task. [have + 3. Form zur Bildung des Aspekts *perfect*] | The wall **was** torn down. [be + 3. Form zur Bildung des PASSIVS].

Mit den Formen des Hilfsverbs **do** werden Frage und VERNEINUNG einfacher ZEITFORMEN gebildet: **Do** you speak German? | He **doesn't** say much. | Where **did** you find this?

Da die Verben **be**, **have** und **do** auch als Vollverben verwendet werden können, verfügen sie über einen kompletten Bestand an Formen (**be**, **to be**, **am**, **are**, **is**, **was**, **were**, **being**, **been** – **have**, **to have**, **has**, **having**, **had** – **do**, **to do**, **does**, **doing**, **done**). Im Unterschied zu den „unvollständigen" MODALVERBEN (**can**, **could**, **may**, **must**, **will** usw.), die keine Formen haben, werden sie darum auch als *vollständige* Hilfsverben bezeichnet.

Idiom | Redewendung, Redensart, engl.: **idiom**

Eine Verbindung von Wörtern, die sich als Redensart im Sprachgebrauch eingebürgert hat, deren Sinn sich jedoch nicht erschließt, wenn man sie wortwörtlich nimmt. Idiome lassen sich daher in vielen Fällen nicht wirklich „übersetzen", sondern müssen durch entsprechende Wendungen der Zielsprache wiedergegeben werden.

Einige Beispiele: **kick the bucket** (*abkratzen, ins Gras beißen* [sterben], wörtlich: gegen den Eimer treten), **pull someone's leg** (*jemanden auf den Arm nehmen*, wörtlich: jemanden am Bein ziehen), **go on the wagon** (*mit dem Trinken aufhören*, wörtlich: auf den Waggon gehen), **My foot!** (*So ein Blöd-sinn!* wörtlich: Mein Fuß!)

Imperativ → siehe **Befehlsform**

Indirekte Rede | engl.: **indirect speech, reported speech**, ab Seite 239

Unter einer indirekten Rede versteht man, im Gegensatz zur DIREKTEN REDE, die Wiedergabe einer Äußerung in abgeänderter Form: She said **she had missed me**. [Berichtete Wiedergabe von "I have missed you."] | He asked me **if I was in a hurry**. [Berichtete Wiedergabe von "Are you in a hurry?"] | They told us **not to go there**. [Berichtete Wiedergabe von "Don't go there."]

Der indirekten Rede geht Einleitungssatz im PAST voraus (**he said, he asked me, he told me** usw.) Das in der wiedergegebenen Äußerung verwendete VERB – bei mehreren Verben das erste – wird gegenüber dem der direkten Rede um eine Zeitstufe zurückversetzt (*Zeitenverschiebung*, engl.: tense shift): Carol said, "I am getting tired." – Carol said she **was** getting tired. | John asked, "Can I bring my girlfriend along?" – John asked me if he **could** bring his girlfriend along.

Infinitiv → siehe **Grundform**

-ing-Form

Eine Verbform mit der Endung -ing: **eating, speaking, explaining**. Bei Verben, deren GRUNDFORM auf stummem -e endet, entfällt dieses vor Anfügen von -ing: **taking** (take), **having** (have), **preparing** (prepare), **inviting** (invite).

Die **-ing-Form** kann im Satz unterschiedliche Funktionen wahrnehmen: als sogenanntes PRESENT PARTICIPLE drückt sie den Verlaufsaspekt (progressive aspect) eines englischen TÄTIGKEITSVERBS aus (**working, speaking, waiting**, deutsch etwa: *am Arbeiten, am Sprechen, am Warten*) und bildet in Verbindung mit den Formen des HILFSVERBS **be** die Verlaufsform englischer Verben: He is **working**.

Als Teil der HAUPTWORTGRUPPE wird die **-ing**-Form, wie entsprechende deutsche Formen auf -end, zu einem ADJEKTIV: a **fascinating** *(faszinierend)* view, at an **alarming** *(alarmierend)* speed, **sleeping** *(schlafend)* dogs, **flying** *(fliegend)* saucers.

Eine **-ing**-Form, die wie ein HAUPTWORT verwendet wird, heißt GERUNDIUM (gerund). Sie entspricht in dieser Funktion deutschen Formen wie *das Lernen, das Laufen, das Auto fahren* usw.

Inversion → siehe **Umstellung**

Komparativ | Steigerungsform, engl.: **comparative**, ab Seite 87

Grammatikalische Bezeichnung für die erste Steigerungsstufe eines ADJEKTIVS, im Deutschen an der Endung -er zu erkennen: *älter, leichter, moderner, schöner*.

Das Englische bildet den Komparativ auf zweierlei Art: neben der mit -er gebildeten „germanischen" Form (**older, easier**) gibt es die bei längeren ADJEKTIVEN verwendete „romanische" Form mit vorangestelltem **more: more modern, more beautiful**. Einige wenige ADJEKTIVE, z.B. **good, bad** oder **far** steigern unregelmäßig: **better, worse, farther / further**.

Konditional | Bedingungsform, engl.: **conditional**

Eine mit **would** und der GRUNDFORM eines Vollverbs gebildete Aussageweise, die einen Sachverhalt als nur bedingt gegeben bzw. von bestimmten Voraussetzungen abhängig darstellt. Sie entspricht deutschen Sätzen mit *würde, wäre* oder *hätte*: We **would go** (*Conditional Simple*, auch: *Conditional I*). | We **would have gone**. (*Conditional Perfect*, auch: *Conditional II*). | We **would be going**. (*Conditional Progressive*). | We **would have been going**. (*Conditional Perfect Progressive*).

Konditionalsatz | Adverbialsatz der Bedingung, Bedingungssatz, engl.: **conditional clause**, ab Seite 255

Bezeichnung für einen NEBENSATZ, der die Bedingungen oder Voraussetzungen nennt, von denen das im HAUPTSATZ berichtete Geschehen abhängt.

Die meisten Bedingungssätze werden mit der KONJUNKTION if *(wenn …, falls …)* eingeleitet. Sie verlangen überdies die Einhaltung einer bestimmten Zeitenfolge: **If we go by ship**, the journey will take much longer. | She would feel better **if she got a little more sleep**. | **If they hadn't told us the way**, we would never have got there.

Konjunktion | Bindewort, engl.: **conjunction**, ab Seite 253

Eine Konjunktion verbindet Wörter, Satzteile und Sätze, zwischen denen inhaltlich ein Zusammenhang besteht: It was a cold **and** rainy winter's day. | We had dinner at a good **but** expensive restaurant. | You had better think **before** you speak. | The car broke down **while** I was driving round a bend. | He went to work **although** he wasn't feeling well. | I'll send you an SMS **as soon as** I know more about it.

Kurzsätze | ab Seite 193

Unter einem Kurzsatz versteht man die Verbindung eines HAUPTWORTS, einer HAUPTWORTGRUPPE oder eines FÜRWORTS mit einem HILFSVERB – also einen Satz *ohne Vollverb*.

Kurzsätze sind ein typisches Merkmal englischer Satzbildung. Besonders häufig treten sie in Form von Kurzantworten nach ENTSCHEIDUNGSFRAGEN auf: Will you go away on holiday? – Yes, **we will**. | Can you translate this? – No, **I can't**, but **my wife can**. Oft werden sie auch als FRAGEANHÄNGSEL verwendet: You are Anthony, **aren't you**? | She doesn't work there any more, **does she**?

Modalverb | Modales Hilfsverb, engl.: **modal auxiliary verb**, **modal verb**, ab Seite 135
Unter einem Modalverb versteht man ein HILFSVERB, das die Aussage des Satzes „modifiziert", das heißt, sie dahingehend verändert, dass nicht von einem tatsächlich stattfindenden, sondern einem möglichen, denkbaren, notwendigen, vermuteten oder vorhergesagten Geschehen die Rede ist. Ein Modalverb sagt also nicht aus, dass etwas *geschieht*, sondern dass etwas geschehen *kann*, geschehen *könnte*, geschehen *sollte*, geschehen *muss*, geschehen *wird*, geschehen *würde* usw.

Die gebräuchlichsten Modalverben des Englischen sind **can**, **could**, **may**, **might**, **should**, **must**, **will** und **would**. Im Unterschied zu den HILFSVERBEN **be**, **have** und **do** besitzen sie keine Formen und werden daher auch als unvollständige HILFSVERBEN bezeichnet.

Nebensatz | engl.: **subordinate clause** oder **dependent clause**
Ein Satzteil, der nicht lediglich aus einem Wort oder einer WORTGRUPPE besteht, sondern ein vollständiger Satz ist, also mindestens ein SUBJEKT und ein PRÄDIKAT enthält.

Ein Nebensatz kann nicht für sich allein stehen. Er ist im Rahmen eines Satzgefüges immer von einem HAUPTSATZ abhängig und mit diesem durch ein RELATIVPRONOMEN (beim RELATIVSATZ) oder eine KONJUNKTION (beim ADVERBIALSATZ) verbunden.

Nomen → siehe **Hauptwort**

Numerus | Zahl, engl.: **number**, ab Seite 40
Zählform eines HAUPTWORTS zur Unterscheidung von *Einzahl* (singular) und *Mehrzahl* (plural). Die meisten Hauptwörter bilden ihre Mehrzahl durch Anfügen von **-s** (one day – two **days**), einige Plural-formen weichen jedoch hiervon ab (a city - two **cities**, one bus - two **buses**, my foot - my **feet**, my child - my **children**). Auch gibt es Hauptwörter, die entweder nur in der Einzahl oder nur in der Mehr-zahl vorkommen, z.B. **information**, **advice**, **stairs** oder **trousers**.

Objekt | Satzergänzung, engl.: **object**, ab Seite 270
Teil des Satzes, der die Personen oder Sachen benennt, die von dem berichteten Geschehen unmit-telbar (direkt) oder mittelbar (indirekt) betroffen sind.

Tritt in einem Satz nur ein Objekt auf, so haben wir es mit einem direkten Objekt zu tun. Dieses ist entweder ein Personen-Objekt (Robert loves **Amanda**, Frage: Who? / Whom? - *Wen?*) oder ein Sachobjekt (Bob buys **a ring**, Frage: What? - *Was?*)

In Sätzen mit zwei Objekten (Robert buys **Amanda** a ring) wird die Person zum indirekten Objekt, da sie von der Handlung **buy** nicht direkt, sondern nur mittelbar betroffen ist: gekauft wird nicht Amanda, sondern der Ring.

Ein präpositionales Objekt antwortet auf eine mit einer PRÄPOSITION gestellte Frage: Robert thinks **of Amanda**. (OF whom...?) | He stabbed the man **with a dagger**. (WHAT... with?) | Let's talk **about our holiday**. (WHAT … about?)

Partizip | engl.: **participle**
Grammatikalische Bezeichnung für die **-ing**-FORM und die **3**. Form englischer Vollverben. In einigen Grammatiken wird die **-ing**-FORM als PRESENT PARTICIPLE (Partizip Präsens) und die **3**. Form als PAST PARTICIPLE (Partizip Perfekt) bezeichnet, andere sprechen von einem **-ing**-Partizip und einem **-ed**-Partizip.

Die Begriffe PRESENT PARTICIPLE und PAST PARTICIPLE sind, genau genommen, unzutreffend, da Partizipien nichts über die zeitliche Zuordnung eines Geschehens aussagen. Auch die Bezeichnung **-ed**-Partizip ist insofern irreführend, als darunter auch unregelmäßige, also nicht auf **-ed** endende Verbformen wie **given**, **spent** oder **gone** fallen.

Partizipsatz | engl.: **participle clause**, ab Seite 263
Ein verkürzter NEBENSATZ, an dessen Anfang ein PARTIZIP steht: **Hearing that snow had fallen** he decided to go by train. | The girl **sitting next to the door** is Amy. | There were some serious accidents **caused by bad weather**. | Some of the cars **involved in the accident** got severely damaged.

Passiv | Leideform, engl.: **passive voice**, ab Seite 235
Das Passiv ist, neben dem AKTIV, eine der beiden Handlungsrichtungen des Verbs. In einem Passiv-satz ist das SUBJEKT nicht der Urheber, sondern der Betroffene des berichteten Geschehens: The prisoner **was released** after the President's intervention. | English **is spoken** all over the world.

Die deutsche Bezeichnung „Leideform" ist nicht so zu verstehen, dass der Betroffene zu „leiden" hat, er kann durchaus auch in einer angenehmen und erfreulichen Weise von etwas betroffen sein: Bob **was elected** "Manager of the Year." | She **is admired** by everyone.

Das Passiv wird gebildet aus einer Form von **be** und der **3**. Form eines Vollverbs: **is said**, **was made**, **were offered**, **will be given**, **has been removed**, **should have been done**.

past | Vergangenheit, ab Seite 179

Neben dem PRESENT einer der beiden Zeitaspekte eines englischen Vollverbs. Er bezieht sich auf Zeiträume, die vollständig vorüber (engl.: **past**) sind, also keinerlei Verbindung zur Gegenwart haben. Typische Hinweise sind Angaben wie **yesterday, two weeks ago, last Saturday, at that time, in my younger days, during World War II** usw.

past participle | auch: -ed-participle, Partizip Perfekt

Grammatikalische Bezeichnung für die **3.** Form von Vollverben: [go, went] **gone.** Das *past participle* erfüllt in einem Satz unterschiedliche Aufgaben: In Verbindung mit den Formen des HILFSVERBS **have** bildet es die *perfect tenses* eines englischen Vollverbs: I **have decided** to quit my job. | The film **has** just **begun.** | They were in trouble because they **had lost** their way.

Darüberhinaus bildet das *past participle* mit einer Form des HILFSVERBS **be** das PASSIV: The Nobel Prize **was** first **awarded** in 1901. | The castle **is being renovated** at the moment.

In Verbindung mit einem HAUPTWORT kann das *past participle* wie ein ADJEKTIV verwendet werden: **fried** (gebratene) eggs, a **rented** (gemietete) flat, **broken** (zerbrochenes) glass.

Past Perfect Progressive

Verlaufsform der vollendeten Vergangenheit, auch **Past Perfect Continuous** genannt, ab Seite 183

ZEITFORM, die aus **had** (dem PAST von **have**) und **been -ing** gebildet wird: Everyone **had been working** hard. | We could see that she **had been crying.**

Past Perfect Simple | Einfache vollendete Vergangenheit, ab Seite 183

ZEITFORM, die aus **had** (dem PAST von **have**) und dem PAST PARTICIPLE eines Vollverbs gebildet wird: She **had forgotten** my name. | They **had lived** there for a long time.

Past Progressive | Verlaufsform der Vergangenheit, auch **Past Continuous** genanntt, ab Seite 182

ZEITFORM, die aus **was** oder **were** und der **-ing**-FORM eines Vollverbs gebildet wird: The sun **was shining.** | She **was preparing** dinner. | Lots of people **were waiting** at the gate.

Past Simple | Einfache Vergangenheit, im Schulunterricht oft **Simple Past** genannt, ab Seite 179

ZEITFORM, die in nicht-verneinten Aussagesätzen mit der **2.** Form, bei Frage und VERNEINUNG mit **did** bzw. **didn't** und der GRUNDFORM eines Vollverbs gebildet wird: I **spoke** to her only yesterday. | We **arrived** late last night. | Everything **went** wrong that day. | **Did** you **talk** to him? | What **did** he **say?** | He **didn't say** anything at all.

Phrasal Verb | Partikelverb, ab Seite 211

Bezeichnung für die Verbindung eines Vollverbs mit einem ADVERB (**step back, look after**). Einem phrasal verb kann zusätzlich eine PRÄPOSITION folgen (**do away with, stand up for**).

Phrasal Verbs sind in der englischen Umgangssprache weit verbreitet. Sie werden oft anstelle von Verben gebraucht, die auf lateinischen Formen basieren und im Alltag zuweilen etwas abgehoben klingen: **go up** statt **increase, step down** statt **resign, take on** statt **employ.**

Eine Besonderheit – und zugleich ein Problem – der Phrasal Verbs liegt darin, dass viele von ihnen eine andere Bedeutung haben als die Einzelwörter, aus denen sie zusammengesetzt sind: **carry on** (weitermachen, fortfahren), **put off** ([Termin usw.] verschieben), **put down** ([Tier] einschläfern).

Prädikat | Satzaussage, engl.: **predicate**, ab Seite 269

Bezeichnung für den Teil des Satzes, der dessen Aussage enthält und dem wir entnehmen können, wie das SUBJEKT ist bzw. was das SUBJEKT tut.

Ein vollverbales Prädikat besteht ausschließlich aus Verben: We **bought** some fruit. | They **had lost** their way. | He **has been painting** his room. | You **must have been dreaming.**

Ein teilverbales Prädikat besteht aus einem GLEICHSETZUNGSVERB und einer nicht-verbalen Ergänzung: Mr Walters **is the mayor of this town.** | The guitar **sounds out of tune.**

prädikativ | engl.: **predicative**, ab Seite 80

Wenn von der prädikativen Stellung eines ADJEKTIVS die Rede ist, so bedeutet dies, dass das betreffende ADJEKTIV nicht beim HAUPTWORT steht, sondern – durch ein GLEICHSETZUNGSVERB von diesem getrennt – in das PRÄDIKAT rückt: The building looked **old.** [Gegensatz: ATTRIBUTIV, direkt bei seinem Bezugswort stehend: the **old** building.]

Prädikatsergänzung | Komplement, engl.: **complement**

Der nicht-verbale Teil eines PRÄDIKATS, zum Beispiel eine HAUPTWORTGRUPPE (Richard is **my best friend.** Koalas are **plant eaters.**) oder ein ADJEKTIV (A solution seemed **possible.** Your new hairdo looks **nice.**)

Präposition | Verhältniswort, engl.: **preposition**, ab Seite 109

Ein unveränderliches Wort, das ein räumliches, zeitliches, die Art und Weise betreffendes oder sonst-wie geartetes Verhältnis zwischen Personen, Dingen und Sachverhalten ausdrückt: **in**, **on**, **out**, **after**, **under**, **through**, **before**, **during**, **despite**.

Präpositionen sind in der Regel Einzelwörter. Es gibt aber auch einige zusammengesetzte oder aus mehreren Wörtern bestehende Formen wie **into**, **upon**, **without**, **next to**, **apart from**, **in front of**.

Präpositionalgruppe | engl.: **prepositional group** oder **prepositional phrase**, Seite 109

Eine WORTGRUPPE, an deren Anfang eine PRÄPOSITION steht. Präpositionalgruppen dienen über-wiegend zur Nennung von Orts- und Zeitangaben: **during the night**, **in the afternoon**, **under the carpet**, **before the war**, **despite all difficulties**.

present | Präsens, Gegenwart, ab Seite 167

Neben dem PAST, der Vergangenheit, der zweite ZEITASPEKT eines englischen Vollverbs. Er bezieht sich auf Zeiträume, die noch andauern. Typische Hinweise sind Angaben wie **today**, **this week**, **every year**, **now**, **always** oder **usually**.

present participle | auch: -ing-participle, -ing-Form, Partizip Präsens

Grammatikalische Bezeichnung für die -ing-FORM eines Vollverbs. Diese kennzeichnet in Verbindung mit den Formen des HILFSVERBS **be** den Verlaufsaspekt [→ ASPEKT] englischer Vollverben: The boss is still **telephoning**. | They were **riding** on a bus. | He had been **walking** too fast.

Present Perfect Progressive

Verlaufsform der vollendeten Gegenwart, auch **Present Perfect Continuous** genannt, ab Seite 176

ZEITFORM, die aus dem PRESENT von have (**have**, **has**) und **been** -ing gebildet wird: I **have been working** a lot lately. | It **has been raining** for hours.

Present Perfect Simple | Einfache vollendete Gegenwart, ab Seite 173

ZEITFORM, die aus dem PRESENT von have (**have**, **has**) und dem PAST PARTICIPLE eines Vollverbs gebildet wird: We **have finished** our work. | She **has been** there before.

Present Progressive | Verlaufsform der Gegenwart, auch **Present Continuous** genannt, ab Seite 167

ZEITFORM, die aus **am**, **are** oder **is** und der -ing-FORM eines Vollverbs gebildet wird: I **am learning**. | We **are running** out of time. | Bob **is watching** TV.

Present Simple | Einfache Gegenwart, im Schulunterricht oft **Simple Present** genannt, ab Seite 167

ZEITFORM, die mit der **1.** Form bzw. der **s**-FORM eines Vollverbs gebildet wird: They all **live** there. | We **work** at the same office. | She **eats** too much. | This bus **goes** to Richmond Park.

Pronomen → siehe **Fürwort**

Regelmäßiges Verb | engl.: **regular verb**

Ein VERB, dessen **2.** und **3.** Form auf -ed endet: **laugh**, **laughed**, **laughed** | **invite**, **invited**, **invited**. So gut wie alle englischen Verben mit zwei oder mehr Silben sind regelmäßig.

Relativpronomen | bezügliches Fürwort, engl.: **relative pronoun**, ab Seite 248

Ein Wort, das einen RELATIVSATZ einleitet. Die wichtigsten Relativpronomen des Englischen sind **who**, **whom**, **whose**, **which**, **what** und **that**.

Relativsatz | engl.: **relative clause**, ab Seite 247

Ein NEBENSATZ, der – wie ein ADJEKTIV, nur in Satzform – nähere Angaben zu den Eigenschaften von Personen, Dingen und Sachverhalten macht: The an **who lives next door** comes from Brazil. | This is one of the few companies **whose boss is a woman**. | How can a book **that contains so many mistakes** sell so well? | This is the formula **for which he won the Nobel Prize**.

s-Form

Form eines englischen Vollverbs mit der Endung -s: she **learns**, what **happens**, everything **changes**. Die **s**-Form bildet das PRESENT SIMPLE der 3. Person Singular [→ NUMERUS]. Ihr entspricht eine deutsche Verbform auf -t *(lernt, passiert, ändert sich)*.

Subjekt | Satzgegenstand, engl.: **subject**, Seite 269

Das Subjekt ist der Teil eines Satzes, der (als Wort, als WORTGRUPPE oder als NEBENSATZ), dem Prädikat vorangeht. Es bezeichnet Personen, Dinge oder Sachverhalte, von denen gesagt wird, was sie sind, was sie tun oder (in Passivsätzen) was ihnen widerfährt: **Birds** build nests. | **Doing nothing** can be fun. | **The first choice** is often the best. | **What he says** gives me a little hope. | **My elder brother** was offered a new job.

Substantiv → siehe **Hauptwort**

Superlativ | engl.: **superlative**, ab Seite 87

Bezeichnung für die höchste Steigerungsstufe eines ADJEKTIVS oder eines ADVERBS: the **greatest** boxer of all time, the **most beautiful** flowers in my garden, speak **loudest** (am lautesten), sing **most beautifully** (am schönsten).

Das Englische bildet den Superlativ auf zweierlei Art: neben den mit -**est** gebildeten „germanischen" Formen (**oldest, easiest**) gibt es die bei längeren ADJEKTIVEN verwendeten „romanischen" Formen mit vorangestelltem **most**: **most modern, most beautiful, most intelligent**

Tätigkeitsverb | engl.: **activity verb, action verb**, ab Seite 157

Ein VERB, das einen Vorgang oder eine Tätigkeit von begrenzter, überschaubarer Dauer beschreibt, deren Anfang, Verlauf und Ende in der Regel klar zu bestimmen sind. Aufgrund dieser Eigenschaft können Tätigkeitsverben auch in der Verlaufsform (**be** + -**ing**) verwendet werden, ZUSTANDSVERBEN dagegen nicht.

Temporalsatz | Adverbialsatz der Zeit, engl.: **time clause**, ab Seite 254

Bezeichnung für einen ADVERBIALSATZ, der die Frage beantwortet, wann, zu welchem Zeitpunkt das im HAUPTSATZ berichtete Geschehen stattfindet bzw. stattgefunden hat. Temporalsätze werden mit KONJUNKTIONEN wie **when, while, before, after** oder **since** eingeleitet: I met them **when I was in Canada.** | It must have happened **while we were watching TV.** | Don't forget to lock the door **before you leave.** | **After everyone had calmed down**, the match was continued.

to-Infinitive, ab Seite 225

Die GRUNDFORM eines Vollverbs mit vorangestelltem **to** (**to wait, to apologise, to relax**) im Unterschied zur einfachen GRUNDFORM (base form) ohne **to**: **wait, apologise, relax**.

Umstellung | Inversion, engl.: **inversion**

Unter *Umstellung* versteht man einen Positionstausch innerhalb der normalen Satzstruktur, bei der ein HILFSVERB vor das SUBJEKT tritt. Zu den Satzarten, die eine solche Umstellung erfordern, gehören Fragesätze (**Will he** help us?), KURZSÄTZE (So **does my husband**) und betonte Sätze (Never **had I** thought he would do that. | On no account **are visitors** allowed to take photos.)

In einigen wenigen Fällen ist auch die Umstellung mit einem Vollverb möglich: Here **comes my bus.** | Not far from there **lay an old castle.**

Unregelmäßiges Verb | engl.: **irregular verb**, ab Seite 159

Ein VERB, dessen **2.** und **3.** Form nicht auf -**ed** endet: **show [showed, shown]** – **meet [met, met]** – **put [put, put]** – **speak [spoke, spoken]** – **become [became, become]**.

Es gibt im Englischen etwa 280 unregelmäßige Verben, die man aber nicht alle beherrschen muss. Für den Alltagsgebrauch reichen die etwa 160, die in dieser Grammatik verwendet werden, völlig aus.

Verb | Zeitwort, Tätigkeitswort; engl.: **verb**)

Verben geben Sätzen eine Aussage: durch sie erfahren wir, was Personen oder Dinge sind bzw. was sie tun. Ihrer Funktion nach unterscheidet man Vollverben, HILFSVERBEN (**be, have, do**) und MODAL-VERBEN (**can, may, must, will, would** usw.)

Vollverben (main verbs) beschreiben *Zustände* (**know, like, own, exist**), *Vorgänge* (**freeze, grow, change**) und *Tätigkeiten* (**speak, drive, watch, overtake**). Bei der Bildung von ZEITFORMEN ist es wichtig zu wissen, welcher dieser Kategorien ein Verb zuzuordnen ist. Dies gilt besonders für die Verwendung des ASPEKTS *progressive* (**be** + **ing**), der nicht mit allen Verben möglich ist.

Verbgruppe | engl.: **verb group**, auch: **verbal group**, ab Seite 29

Eine WORTGRUPPE, die aus mehreren Verben besteht. Einem Vollverb können bis zu 3 HILFSVERBEN vorangehen, wobei immer folgende Reihenfolge einzuhalten ist: MODALVERB + Form von **have** + Form von **be** + Vollverb. Verbgruppen sind z.B. **could wait** – **is waiting** – **has waited** – **have been waiting** – **must have been waiting**.

Verneinung | Negation, engl.: **negation**, ab Seite 275

Aussage- und Fragesätze werden durch Einfügen von **not** hinter das erste HILFSVERB eines Satzes verneint: We **must not** forget it. | You **should not** have said that.

not wird in der Regel zu **n't** verkürzt und mit dem HILFSVERB zu einem Wort verbunden: We **mustn't** forget it. | You **shouldn't** have said that. | **Can't** we stay a little longer?

Zur Verneinung von Sätzen, die kein HILFSVERB enthalten, sind ersatzweise **do, does** oder **did** zu verwenden: They **don't** understand us. | He **doesn't** say much. | Why **didn't** you leave a message?

Die Formen des Verbs **be** werden in jedem Fall mit **not** (**n't**) verneint: I'm **not** familiar with New York. | The lift **isn't** working. | That **wasn't** my intention.

Verneinte Befehlssätze beginnen immer mit **don't**, in verstärkender Form auch mit **don't you**: **Don't** forget your umbrella! | **Don't you** say that again!

Wortgruppe | engl.: **word group**, ab Seite 25

Eine Gruppe von Wörtern, die einen Satzteil bildet. Sie ist nach ihrem wichtigsten Element benannt: HAUPTWORTGRUPPE, VERBGRUPPE, PRÄPOSITIONALGRUPPE, ADVERBIALE BESTIMMUNG.

Zeitform, Zeit | engl.: **tense**, ab Seite 163

Die Zeitform eines Vollverbs ist diejenige Form, die – allein oder in Verbindung mit einem HILFSVERB – das im Satz berichtete Geschehen einem Zeitraum wie PRESENT oder PAST zuordnet (Zeitaspekt) und es zugleich unter Gesichtspunkten wie *Regelmäßigkeit* (**simple**), *Verlauf* (**progressive**), *Unterbrechung* (**perfect progressive**) oder *Vollendung* (**perfect**) beschreibt (Handlungsaspekt).

Aus der Verbindung dieser beiden ASPEKTE ergeben sich die Namen der *Zeitformen* (kurz: *Zeiten*, engl.: *tenses*) eines englischen Vollverbs:

PRESENT SIMPLE, gebildet mit der **1.** Form bzw. **s**-Form
- Frage durch UMSTELLUNG mit **do** bzw. **does**
- Verneinung mit **don't** bzw. **doesn't** + **1**. Form

PRESENT PROGRESSIVE, gebildet aus **am / are / is** + **-ing**-Form
- Frage durch UMSTELLUNG
- Verneinung: **am not ('m not) / are not (aren't) / is not (isn't)** + **-ing**-Form

PRESENT PERFECT SIMPLE, gebildet aus **have** bzw. **has** + **3.** Form
- Frage durch UMSTELLUNG
- Verneinung: **have not (haven't)** bzw. **has not (hasn't)** + **3**. Form

PRESENT PERFECT PROGRESSIVE, gebildet aus **have been** bzw. **has been** + **-ing**-Form
- Frage durch UMSTELLUNG
- Verneinung: **have not been (haven't been)** bzw. **has not been (hasn't been)** + **-ing**-Form

PAST SIMPLE, gebildet mit der **2.** Form
- Frage durch UMSTELLUNG mit **did**
- Verneinung: **didn't** + **1**. Form

PAST PROGRESSIVE, gebildet aus **was / were** + **-ing**-Form
- Frage durch UMSTELLUNG
- Verneinung: **was not (wasn't) / were not (weren't)** + **-ing**-Form

PAST PERFECT SIMPLE, gebildet aus **had** + **3.** Form
- Frage durch UMSTELLUNG
- Verneinung: **had not (hadn't)** + **3**. Form

PAST PERFECT PROGRESSIVE, gebildet aus **had been** + **-ing**-Form
- Frage durch UMSTELLUNG
- Verneinung: **had not been (hadn't been)** + **-ing**-Form

In all diesen Verbindungen wird der ZEITASPEKT durch das HILFSVERB, der HANDLUNGSASPEKT durch das Vollverb dargestellt. So ist zum Beispiel **was learning** eine Zeitform des Verbs **learn**. An der Verbform **was** ist abzulesen, dass sich die Tätigkeit „*lernen*" in der Vergangenheit abgespielt hat (Zeitaspekt: PAST), während die **-ing**-FORM **learning** deutlich macht, dass es sich um ein Geschehen von begrenzter Dauer gehandelt hat, das zu dem Zeitpunkt, von dem berichtet wird, bereits im Gange war (Handlungsaspekt: *progressive)*. Die Verbindung dieser beiden ASPEKTE ergibt den Namen der Zeitform: PAST PROGRESSIVE.

Zeitaspekt → siehe **Aspekt**

Zukunft → siehe **Futur**

Zustandsverb | engl.: **state verb**, ab Seite 156

Ein VERB, das einen Zustand beschreibt, also etwas Bestehendes, Bleibendes, Unabänderliches wie z.B. **know, like, own** oder **exist**). Im Unterschied zu einem TÄTIGKEITSVERB bildet es keinen Verlaufsaspekt und wird daher normalerweise nicht in der **-ing**-FORM verwendet.

1 Wortarten und Wortgruppen

Jedes Wort, das wir sprechen, hören oder geschrieben sehen, hat einen Namen. Zusammen mit anderen Wörtern, die die gleichen grammatikalischen Merkmale aufweisen, bildet es eine *Wortart* oder *Wortklasse*.

Es gibt *offene* Wortklassen wie Hauptwörter, Verben oder Adjektive, die fortlaufend um neue Begriffe und Wortschöpfungen (überwiegend aus dem Bereich der Wissenschaft, aus Fachgebieten, fremden Sprachen oder auch bestimmten sozialen Milieus) erweitert werden. Demgegenüber verfügen *geschlossene* Wortklassen wie Fürwörter, Präpositionen oder Konjunktionen über einen von vornherein begrenzten und damit überschaubaren Wortschatz.

Die Zugehörigkeit von Wörtern zu einer Wortart hängt auch von deren Stellung und Funktion im Satz ab. Ein und dasselbe Wort kann durchaus in mehreren Wortklassen vertreten sein. So lässt sich z.B. **fast** *(schnell)* als Adjektiv (a **fast** train) wie auch als auch Adverb (she speaks **fast**) verwenden. Das Wort **help** kann ein Hauptwort *(Hilfe)* oder ein Verb *(helfen)* sein, und **cool** findet sich sogar in vier Wortklassen wieder: the **cool** of the night (Hauptwort: *Kühle*), let the soup **cool** (Verb: *kühlen*), a **cool** drink (Adjektiv: *kühl*), play it **cool** (Adverb: *kühl*).

Die folgenden Kapitel beschreiben die Merkmale und die grammatikalischen Besonderheiten der wichtigsten Wortarten. Dazu gibt es Hinweise auf Umfang und Erlernbarkeit des jeweiligen Wortschatzes. Eine ausführliche Behandlung ist Gegenstand der jeweiligen Themenkapitel.

1 WORTARTEN

Sehen wir uns einmal den folgenden Satz an:

The old man closes the door quietly   [Hauptsatz]
   before he walks down to the kitchen   [Temporaler Nebensatz]
   where his wife is making dinner for them.   [Lokaler Nebensatz]

Der alte Mann macht leise die Tür zu,
   bevor er nach unten in die Küche geht,
   wo seine Frau das Essen für sie macht.

Nach Wortarten aufgeschlüsselt, hat dieser Satz folgendes Aussehen:

The	old	**man**	**closes**	the	**door**	quietly
det	*adj*	*noun*	*mv*	*det*	*noun*	*adv*
before	he	**walks**	down	to	the	**kitchen**
conj	*pron*	*mv*	*adv*	*prp*	*det*	*noun*
where	his	**wife**	**is**	**making**	**dinner**	for	them.
conj	*det*	*noun*	*aux*	*mv*	*noun*	*prp*	*pron*

Die beiden wichtigsten Wortarten eines Satzes – hier durch **Fettdruck** hervorgehoben – sind **Verben** und **Hauptwörter**. Sie enthalten die für das Verständnis des Satzes entscheidenden Informationen:

- Sie berichten, was geschieht: **closes | walks | is making**
- Sie nennen die an diesem Geschehen beteiligten Personen oder Dinge:
  man | door | kitchen | wife | dinner

Würde der Satz nur aus diesen beiden Wortarten bestehen, erhielte man bereits eine Vorstellung von dem darin berichteten Geschehen: **man - closes - door - walks - kitchen - wife - is making - dinner**

2 WORTGRUPPEN

Den Verben und Hauptwörtern eines Satzes können andere Wortarten zugeordnet sein, die sie näher bestimmen und beschreiben. Mit ihnen zusammen bilden sie die beiden wichtigsten **Wortgruppen** eines Satzes:

- die **Verbgruppe** (engl.: verb phrase),
  die Verbindung eines Verbs mit zugeordneten Adverbien.

  Die Verbgruppen unseres Beispielsatzes sind
  closes quietly | walks downstairs | is already making

- die **Hauptwortgruppe** (engl.: noun phrase),
  die Verbindung eines Hauptworts mit seinen Begleitwörtern.

  Die Hauptwortgruppen unseres Beispielsatzes sind
  the old man | the door | the kitchen | his wife | dinner

Eine dritte wichtige Wortgruppe im Satz ist die **Präpositionalgruppe** (prepositional phrase), die dadurch zustande kommt, dass man einem Hauptwort, einer Hauptwortgruppe oder einem Fürwort eine Präposition voranstellt. Präpositionalgruppen beschreiben die Umstände – das Wo, Wann, Wie, Warum usw. – des im Satz berichteten Geschehens.

Unser Beispielsatz enthält die Präpositional-Gruppen
to the kitchen und **for them**

3 DIE HAUPTWORTGRUPPE

Ein Hauptwort steht in der Regel nicht allein, sondern wird von Wörtern begleitet, die es näher bestimmen (Bestimmungswörter) bzw. es beschreiben (Adjektive). Zusammen mit ihnen bildet es eine *Hauptwortgruppen* (engl.: noun phrase). In unserem Beispielsatz wird das Hauptwort **man** durch Hinzufügen des Artikels **the** und des Adjektivs **old** zur Hauptwortgruppe **the old man**.

Die durch eine Hauptwortgruppe *benannten, bestimmten* und *beschriebenen* Personen und Dinge können in zweierlei Weise an dem im Satz berichteten Geschehen beteiligt sein:

- als Täter, Urheber, Verursacher: **The old man** | opens the door.
- als Opfer oder Betroffene: The old man opens | **the door**.

Die Hauptwortgruppe, die den Täter, den Verursacher, den Urheber eines Geschehens nennt (in unserem Beispiel **the old man**) wird als **Subjekt** bezeichnet. In einem normalen Aussagesatz geht sie der Verbgruppe voran.

Die Hauptwortgruppe, die die von einem Geschehens betroffene Person opder Sache nennt (in diesem Fall **the door**) heißt **Objekt**. Sie ist der Verbgruppe nachgestellt.

Eine Hauptwortgruppe kann auch durch eine Präpositionalgruppe erweitert werden, z.B.: **the old man** *in the kitchen*.

Sehen wir uns die einzelnen Wortarten, die eine Hauptwortgruppe bilden, einmal genauer an.

3.1 HAUPTWÖRTER (nouns)

Ein **Hauptwort** gibt Lebewesen und Dingen, aber auch Vorgängen, Aktivitäten und Abstraktem, also Nicht-Gegenständlichem, einen Namen: **woman, driver, kangaroo, window, nature, life, generosity, dancing** usw.

BEGRIFF. Die englische Bezeichnung **noun** leitet sich vom lateinischen Wort **Nomen** *(Namenwort)* her, das auch in Schulgrammatiken und im Sprachenunterricht verwendet wird, neben dem (eigentlich korrekteren) Begriff **Substantiv**.

GRAMMATIK. Die wichtigste Unterscheidung, die wir in Bezug auf Hauptwörter zu treffen haben, ist die zwischen *zählbaren* und *unzählbaren* Hauptwörtern (**countable nouns** und **uncountable** nouns). Hier gilt:

- Die weitaus meisten Hauptwörter können gezählt werden, kommen also
  sowohl in der *Einzahl* (singular) als auch in der *Mehrzahl* (plural) vor:
  one boy, two horses, three mistakes, ten days *usw.*

  Die Bildung der Mehrzahlform zählbarer Hauptwörter stellt im Englischen kein allzu großes Problem dar. Von wenigen Besonderheiten abgesehen, basiert sie auf klaren, verständlichen Regeln und ist wesentlich leichter zu erlernen als in anderen Sprachen.

- Hauptwörter, die nicht gezählt werden können (das sind insbesondere Bezeichnungen von Stoffen und Materialien, aber auch viele abstrakte Begriffe) kommen nur in der Einzahl vor. Man käme wohl auch kaum auf den Gedanken zu sagen: *one snow, *two waters, *twenty dancings *usw.*

  Schwierigkeiten ergeben sich hin und wieder daraus, dass das Englische eine Reihe von Hauptwörtern, die im Deutschen zählbar sind, als unzählbar ansieht: *Kenntnisse* heißt **knowledge**, nicht *knowledges, *Informationen* sind **infotmation**, nicht *informations. Umgekehrt kommt es vor, dass einer deutschen Einzahlform eine englische Mehrzahl entspricht wie bei *Treppe* (**stairs**), *Brille* (**glasses**) oder *Hose* (**trousers**).

WORTSCHATZ. Da alles, was in unserer Welt existiert, einen Namen hat, kann es kaum verwundern, dass Hauptwörter die bei weitem umfangreichste aller Wortklassen bilden. Ihre Zahl geht in die Hunderttausende, und ständig kommen neue Wörter hinzu. Die meisten von ihnen sind jedoch an ganz bestimmte Inhalte und Sachgebiete gebunden, so dass man ihnen, wenn überhaupt, nur selten begegnen wird.

→ ALLES ZUM THEMA **Hauptwörter** ab Seite 33

3.2 ARTIKEL UND BESTIMMUNGSWÖRTER (articles and determiners)

BEGRIFF. Während jeder Schüler weiß, was ein *Artikel* ist, hat sich die Bezeichnung *Bestimmungswort* (engl.: determiner) in der Praxis des Fremdsprachenunterrichts noch nicht so recht durchsetzen können. Dabei stellt sie begrifflich eine Vereinfachung dar, weil darunter verschiedene Wortklassen zusammengefasst werden, die man sich ansonsten unter so sperrigen lateinischen Namen wie *Demonstrativpronomen, Interrogativpronomen, Possessivpronomen* oder *Indefinitpronomen* einprägen müsste.

Bestimmungswörter gehen dem Hauptwort voran und bestimmen es näher. Diese Bestimmung kann auf unterschiedliche Weise erfolgen:

*   durch Bezugnahme auf bereits Erwähntes oder Bekanntes: **the, a, an**
*   durch Zeigen oder Verweisen auf etwas: **this, that, these, those**
*   durch Angabe eines Besitzverhältnisses,
    z.B. **my, his, their, Maria's, our neighbour's**
*   durch die Bezeichnung einer *unbestimmten* Menge, z.B. **some, several, enough**
*   durch die Bezeichnung einer *bestimmten* Menge oder Stückzahl
    z.B. **a pair of, half a kilo of, two pieces of**

GRAMMATIK. Einmal abgesehen davon, dass das folgende Hauptwort ihnen angepasst sein muss (Einzahl, Mehrzahl), stellen Bestimmungswörter in grammatikalischer Hinsicht kein großes Problem dar. Ihr Gebrauch entspricht weitgehend dem des Deutschen. Auf einzelne Fälle wie **some, any, every** oder **each** werden wir näher eingehen.

Manchmal tritt in zu den eigentlichen *determiner* noch ein weiteres Wort hinzu, durch das eine zusätzliche, noch präzisere Bestimmung des Hauptworts erfolgt: **all** my life, **half** a bottle, the **following** day. Einige dieser Wörter (wie z.B. **all** oder **half**) gehen dem eigentlichen Bestimmungswort voran (Grammatiker bezeichnen sie darum als *pre-determiner*), während andere (wie **following**) ihm nachgestellt werden *(post-determiner)*. Hier ist Vorsicht geboten, da sich hin und wieder Abweichungen von der Satzstellung des Deutschen ergeben: **all** my life – mein **ganzes** Leben, **half** an hour – eine **halbe** Stunde.

WORTSCHATZ. Die gebräuchlichen Bestimmungswörter ergeben einen Wortschatz von etwa 70 Wörtern, der sich allerdings durch mangelnde Anschaulichkeit sowie aufgrund einiger Ähnlichkeiten in Form und Gebrauch schwieriger erlernen lässt als der der Hauptwörter.

→ ALLES ZUM THEMA **Artikel** ab Seite 57
→ ALLES ZUM THEMA **Bestimmungswörter** ab Seite 65

3.3 ADJEKTIVE (adjectives)

BEGRIFF. **Adjektiv** (Eigenschaftswort) bedeutet seinem lateinischen Wortsinn nach soviel wie *Hinzufügung, Zusatz*. Es handelt sich bei Adjektiven also um Wörter, die ergänzende Angaben zum Hauptwort machen. Sie tun dies in zweierlei Weise:

*   Sie **beschreiben** seine Merkmale und Eigenschaften:
    a **big** car, **young** people, lots of **pretty** girls

*   Sie **klassifizieren** das Hauptwort, das heißt, sie ordnen es einer bestimmten Klasse,
    Kategorie oder Gruppe zu: a **plastic** bag, **civil** rights, the **Atlantic** Ocean

GRAMMATIK. Der richtige Umgang mit Adjektiven erfordert die Beachtung bestimmter Regeln. Einige betreffen die Stellung des Adjektivs, das zwar normalerweise dem Hauptwort vorangeht, ihm in einigen Fällen aber auch nachgestellt werden muss. Probleme ergeben sich hin und wieder auch bei der nicht immer ganz einfachen Unterscheidung zwischen einem Adjektiv und einem Adverb.

Bei der sogenannten *Steigerung* von Adjektiven geht es um die Bildung von Formen wie **better, cleaner, easier, more careful, strongest, worst, most expensive** usw., die benötigt werden, um Vergleiche anstellen zu können. Doch obwohl englische Adjektive, anders als deutsche, auf zwei verschiedene Arten gesteigert werden können, sollte Sie dies nicht vor große Probleme stellen. Auch hier werden klare Regeln das Lernen erleichtern, die Zahl der abweichenden Fälle hält sich in Grenzen.

WORTSCHATZ. Wer Personen, Dinge, Vorgänge und Sachverhalte anschaulich beschreiben will, kommt ohne einen soliden Wortvorrat an Adjektiven nicht aus. Die gewollte Beschränkung auf einige wenige, oft „modische" Allerweltswörter wirkt dem Wesen dieser Wortart entgegen und führt zu einer Verarmung des sprachlichen Ausdrucks. Immerhin weisen Adjektive nach den Hauptwörtern den zweitgrößten Wortschatz aller Wortarten auf, und ihre Zahl nimmt durch den Zustrom neuer Wortschöpfungen, nicht zuletzt aus dem Bereich der Jugendsprache, weiter zu.

→ ALLES ZUM THEMA **Adjektive** ab Seite 73

4 DIE PRÄPOSITIONALGRUPPE

BEGRIFF. Präpositionen (engl.: prepositions) gehen einem Hauptwort, einer Hauptwortgruppe oder einem Fürwort voran. Aus dieser Satzposition erklärt sich auch ihr Name, der vom lateinischen *praepositio* abgeleitet ist, was nichts anderes bedeutet als *Voranstellung*.

Inhaltlich geben Präpositionen das Verhältnis von Personen oder Dingen zu ihrer Umgebung an – vor allem dem Ort, an dem sie sich befinden (**at** home, **in** the country, **on** the lake, **above** the table) und der Zeit, in der sie agieren (**at** seven o'clock, **in** the morning, **on** my birthday). In deutschen Grammatiken werden sie oft als *Verhältniswörter* bezeichnet.

Unter einer Präpositionalgruppe versteht man eine Verbindung aus *Präposition* und *Hauptwort* bzw. aus *Präposition* und *Hauptwortgruppe*:

I was tired and went	**to bed**.
We talked	**about the journey**.
	Präpositionalgruppe

Präpositionalgruppen erfüllen im englischen Satz zwei wichtige Aufgaben:

* Sie dienen der näheren Bezeichnung eines Hauptworts und werden in diesem Fall unmittelbar an die jeweilige Hauptwortgruppe angefügt. Man spricht hier von einer *erweiterten Hauptwortgruppe*.

   Beispiel für einen Satz *mit erweitertem Subjekt:*

   A lot of people in Britain like fish and chips.
   Subjekt (**erweitert**): A lot of people **in Britain**

   Beispiel für einen Satz *mit erweitertem Objekt:*

   Maria teaches **English for beginners**.
   Objekt (**erweitert**): English **for beginners**

* Sie beschreiben die *Umstände*, also das Wo, Wann, Wie, Warum usw. des im Satz berichteten Geschehens. In dieser Verwendung stehen sie im Normalfall am Satzende. Will man sie besonders hervorheben, können sie auch an den Satzanfang treten.

   Anders als im Deutschen verändert diese Umstellung jedoch nicht die Grundstruktur des Satzes mit der Abfolge Subjekt – Prädikat – Objekt. Hierzu zwei Beispiele:

   Lots of tourists visit the island **in the summer**.
   Normalstellung: Präpositionalgruppe (**in the summer**) steht am Satzende

   In the summer lots of tourists visit the island.
   Betonte Stellung: Präpositionalgruppe (**in the summer**) steht am Satzanfang

   You can buy almost everything **at this store**.
   Normalstellung: Präpositionalgruppe (**at this store**) steht am Satzende

   At this store you can buy almost everything.
   Betonte Stellung: Präpositionalgruppe (**at this store**) steht am Satzanfang

WORTSCHATZ. Das Englische kennt einfache Präpositionen wie **at**, **in**, **on**, **by**, **with**, **to**, **from** oder **against**, zusammengesetzte Formen wie **into**, **upon** oder **without** sowie solche, die aus mehreren Einzelwörtern bestehen wie **because of**, **in front of**, **next to** usw.

Die eigentliche Schwierigkeit beim Erlernen von Präpositionen liegt darin, dass sich viele von ihnen nicht wie gewöhnliche Vokabeln erlernen lassen, weil sie mehr als nur eine deutsche Entsprechung haben. Hinzu kommt, dass die beiden Sprachen sie oft in unterschiedlicher Weise verwenden. Deutsche stehen *UNTER der Dusche*, Engländer **IN the shower**. Während man hierzulande *AN etwas teilnimmt*, sich *FÜR etwas interessiert* und *VOR etwas warnt*, heißt es im Englischen **take part IN**, **be interested IN** und **warn AGAINST something**. Deutsche Schüler schließlich sind *gut IN Englisch*, englische hingegen **good AT German**.

Es hat also wenig Sinn, nach einer richtigen „Übersetzung" zu suchen, denn gerade für die am häufigsten gebrauchten Präpositionen kommen die unterschiedlichsten deutschen Entsprechungen in Frage, was sich sehr anschaulich am Beispiel von **at** zeigen lässt, das – je nach Zusammenhang – für *an, in, bei, zu, auf, mit, um, über* oder *unter* stehen kann.

Präpositionen sind nicht nur im Englischen ein Problem, ihre korrekte Verwendung ist in allen Sprachen schwierig und erfordert einige Übung. Doch auch wenn es für ihren Gebrauch keine verlässlichen Regeln gibt, so lassen sich doch durchaus einige Anhaltspunkte benennen, die den Umgang mit dieser Wortart spürbar erleichtern.

→ ALLES ZUM THEMA **Präpositionen** ab Seite 109

5 DIE VERBGRUPPE

Zur **Verbgruppe** eines Satzes gehören die **Vollverben**, die **Hilfsverben** und die **Modalverben** sowie als ergänzende Wortart die **Adverbien** *(Umstandswörter)*.

Innerhalb einer Verbgruppe können bis zu vier Verben auftreten, die sowohl hinsichtlich ihrer Reihenfolge als auch ihrer Form korrekt aufeinander abgestimmt werden müssen.

5.1 VOLLVERBEN (main verbs)

Vollverben beschreiben die in einem Satz geschilderten Zustände, Vorgänge und Tätigkeiten und tragen somit die Aussage eines Satzes.

Hierbei erfüllen sie eine doppelte Aufgabe: zum einen ordnen sie das berichtete Geschehen einem Zeitraum *(Gegenwart, Vergangenheit, Zukunft)* zu, zum anderen geben sie Auskunft über das Geschehen selbst: handelt es sich dabei um etwas regelmäßig Wiederkehrendes oder um etwas zeitlich Begrenztes, um etwas noch Andauerndes, etwas nur Unterbrochenes oder etwas bereits Beendetes. Englische Vollverben drücken die Verhältnisse hinsichtlich Zeitpunkt und Geschehensablauf wesentlich präziser aus als das Deutsche und verfügen infolgedessen auch über mehr „Zeitformen", als wir sie kennen.

WORTSCHATZ. Der Wortschatz der Vollverben, obwohl der Zahl nach wesentlich kleiner als der der Adjektive oder gar der Hauptwörter, stellt fraglos den größten Brocken an „Fleißarbeit" dar, den die englische Sprache dem Lernenden abverlangt. Möchte man beispielsweise über das *Autofahren* sprechen, so genügt es nicht zu wissen, dass das entsprechende Verb im Englischen **drive** heißt. Um die Tätigkeit *fahren* in allen denkbaren Zusammenhängen korrekt darstellen zu können, wird man sich zusammen mit dem Erlernen der Grundform **drive** eine Reihe weiterer Wörter einprägen müssen: **to drive**, **drives**, **driving**, **drove** und **driven** – die sogenannten *Verbformen*.

Die Bildung dieser Verbformen folgt bestimmten Regeln. Im Normalfall wird der Grundform eine Endung anfügt. So lassen sich z.B. aus **work** recht problemlos die Formen **works** (work + **s**), **working** (work + **ing**) und **worked** (work + **ed**) bilden.

Auf eine ganze Reihe von Verben lässt sich diese Art der Wortbildung jedoch nicht anwenden. Zum Leidwesen vieler Schüler handelt es sich bei diesen sogenannten *unregelmäßigen* Verben ausgerechnet um Wörter, mit denen man es im Englischen besonders häufig zu tun bekommt. Schon ein ganz normales Gespräch im Alltag setzt die sichere Beherrschung einer ausreichend großen Zahl an Verbformen voraus, und man tut gut daran, sie sich beizeiten einzuprägen – notfalls müssen sie „gebüffelt" werden. Allerdings wird Ihnen GOT IT GRAMMAR auch bei diesem Vorhaben die eine oder andere nützliche Hilfestellung bieten.

Das im Rahmen dieser Grammatik angebotene Vokabular der Vollverben umfasst etwa 300 Verben, was für den Alltagsgebrauch ausreichen sollte.

→ ALLES ZUM THEMA **Vollverben** ab Seite 153
→ WORTSCHATZ der **Vollverben** ab Seite 156

5.2 HILFSVERBEN (auxiliary verbs, auxiliaries)

Wenn **be**, **have** und **do** das einzige Verb des Satzes bilden, werden sie wie normale Vollverben behandelt: She **is British**. | They have **five children**. | We **did business** with them.

Darüberhinaus werden **be**, **have** und **do** als sogenannte **Hilfsverben** zur Bildung bestimmter Satzarten, Zeitformen oder Aussageweisen benötigt, die sich durch ein Vollverb allein nicht darstellen lassen. In der Funktion als Hilfsverb folgt auf **be**, **have** und **do** immer das Vollverb, dem „geholfen" wird: Everyone **is waiting**. | All our guests **have arrived**. | The rain **had stopped**. | It **doesn't matter**. | We **didn't see** much.

Der Wortschatz von **be**, **have** und **do** ist identisch mit deren Formenbestand: **be**, **am**, **are**, **is**, **was**, **were**, **being**, **been** | **have**, **has**, **had**, **having** | **do**, **does**, **did**, **doing**, **done**.

→ ALLES ZUM THEMA **be**, **have** und **do** ab Seite 125

5.3 MODALVERBEN (modal verbs, modals)

Modalverben sind Wörter wie **can**, **could**, **should**, **may**, **must**, **will** und **would**. Da sie ähnlich wie Hilfsverben verwendet werden (auch ihnen muss immer ein Vollverb folgen), werden sie auch als **modale Hilfsverben** (modal auxiliary verbs, modal auxiliaries) bezeichnet.

Modalverben beleuchten die im Vollverb genannte Tätigkeit unter Gesichtspunkten wie *Fähigkeit, Möglichkeit, Vermutung, Überzeugung, Empfehlung* oder *Verpflichtung*: Cats **can see** in the dark. | I **could bring** my camcorder. | They **may come** later. | We **should trust** him. | You **must apply** in writing. Sie sagen also nicht, was jemand *tut*, sondern drücken aus, was jemand *tun kann, tun könnte, tun sollte, tun muss* usw.

Der Gebrauch von Modalverben unterliegt bestimmten Einschränkungen. In einigen Fällen müssen sie durch sogenannte „Ersatzformen" umschrieben und durch sie vertreten werden, z.B. **be able** (für **can**), **be allowed** (für **may**) oder **be supposed** (für **shall**).

Von ihrer Bedeutung her liegen Modalverben oft nahe beieinander und unterscheiden sich nur in Nuancen (**can** und **may**, **could** und **might**, **should** und **ought**). Gerade dies jedoch erlaubt feine Differenzierungen und lässt deutlich werden, mit welcher Absicht und in welcher Haltung man einem Gesprächspartner gegenübertritt. In Modalverben drücken sich Höflichkeit, Verbindlichkeit und Zurückhaltung ebenso aus wie nüchterne Sachlichkeit, Entschiedenheit, Zweifel und Distanz.

Modalverben haben keine Formen, ihr Wortschatz ist überschaubar. Beim Erlernen geht es vor allem um die richtige Anwendung, weniger um reines Vokabelwissen.

→ ALLES ZUM THEMA **Modalverben** ab Seite 135

6   ADVERBIEN

Adverbien schildern die Umstände – also den Ort, den Zeitpunkt, die Häufigkeit, die Art und Weise, die Ursache usw. – des in einem Satz geschilderten Geschehens. Sie beziehen sich auf die Verbgruppe und beantworten Fragen nach dem

Wann	**now**, **yesterday**, **tomorrow**
Wo	**here**, **upstairs**, **abroad**
Wie	**quietly**, **easily**, **fast**
Wie oft	**always**, **usually**, **never**

Einige dieser Fragen, insbesondere nach Ort und Zeit, lassen sich auch durch eine Präpositionalgruppe beantworten: **in this place**, **up the stairs**, **behind the door**, **at the moment**, **in the morning**, **the following day** usw.

Daneben gibt es eine Gruppe von Wörtern, die man ebenfalls den Adverbien zurechnet, obwohl sie sich nicht auf Verben beziehen, sondern auf Adjektive oder andere Adverbien. In englischen Schulgrammatiken werden sie manchmal **adverbs of degree** genannt, weil sie den *Grad,* die *Intensität* einer Eigenschaft angeben, also ausdrücken, *wie sehr* diese ausgeprägt ist. Beispiele:

rather expensive, **pretty** expensive, **incredibly** expensive	Wie teuer?
too difficult, **extremely** difficult, **unexpectedly** difficult	Wie schwierig?
really hot, **terribly** hot, **exceptionally** hot	Wie heiß?
very often, **quite** often, **relatively** often	Wie oft?

GRAMMATIK. Viele Adverbien lassen sich aus Adjektiven herleiten. Dies geschieht dadurch, dass einem Adjektiv die Silbe **-ly** angefügt wird: aus dem Adjektiv **quiet** entsteht so das Adverb **quietly**, aus **sad** wird **sadly**, aus **careful** entsteht **carefully**, und **terrible** wird zu **terribly**.

Abgeleitete Adverbien lassen sich steigern. Die Steigerung folgt den gleichen Regeln, die auch für das ihnen zugrunde liegende Adjektiv gelten:

He speaks faster than he thinks.
Er spricht schneller, als er denkt.

Could you state **more precisely** what you mean?
Könnten Sie genauer sagen, was Sie meinen?

Was den Umgang mit dieser Wortart zuweilen erschwert, ist die Tatsache, dass der Unterschied zwischen einem Adjektiv und einem Adverb nicht immer auf Anhieb deutlich wird. So weist die Endung **-ly** nicht in jedem Fall auf ein Adverb hin, denn das Englische kennt auch Adjektive, die auf **-ly** enden, z.B. **friendly**, **lovely** oder **elderly**. Andererseits gibt es Adverbien, die keine **-ly**-Endung haben, die also – wie im Deutschen – mit einem Adjektiv identisch sind, wie **fast** oder **late**. Glücklicherweise sind diese Fälle ihrer Zahl nach überschaubar und prägen sich über die entsprechenden Anwendungen rasch ein.

WORTSCHATZ. Wie bereits erwähnt, sind Adverbien manchmal mit Wörtern anderer Wortarten identisch, so dass man deren Bedeutung schon aus anderen Zusammenhängen kennt. Wörter wie **fast**, **very**, **pretty** oder **nearby** etwa lassen sich auch als Adjektive verwenden, während es sich bei **on**, **up** oder **through** auch um Präpositionen handeln könnte. Die jeweilige Wortart kann aber, soweit das überhaupt nötig ist, aufgrund ihrer Stellung im Satz leicht identifiziert werden.

Häufig sind Adverbien Teil eines sogenannten *phrasal verbs,* einer festen Verbindung aus Verb und Adverb: walk **on**, get **in**, stay **up**, break **through**, go **out** usw.

→ ALLES ZUM THEMA **Adverbien** ab Seite 199
→ ALLES ZUM THEMA **Phrasal Verbs** ab Seite 211

7 ERSETZUNG UND VERKNÜPFUNG

7.1 FÜRWÖRTER

Als **Fürwort** (engl.: pro-word, pro-form) wird ein Wort bezeichnet, das anstelle eines anderen Wortes verwendet wird, das im selben Zusammenhang bereits namentlich benannt wurde und daher dem Leser oder Hörer bekannt ist. Fürwörter können auch eine Wortgruppe oder einen ganzen Satz ersetzen.

Im Englischunterricht wird der Begriff *Fürwörter* meist enger gefasst und auf die Gruppe der *Pronomen* (engl.: pronouns) beschränkt – also auf Wörter wie **he, they, it, her, mine, himself** usw., die der Ersetzung von Hauptwörtern und Hauptwortgruppen dienen.

Es lassen sich jedoch auch Wörter, die normalerweise anderen Wortarten zugeordnet werden, als Fürwörter verwenden, z.B. die Adverbien **there** und **so,** die hauptwortbegleitenden Bestimmungswörter **his, this, that, these, those, what** und **which** oder auch das Verb **do**. Was allgemein unter *pronouns* verstanden wird, stellt also, genau genommen, nur eine unter mehreren Arten von *pro-words* dar, zu denen man auch *pro-verbs, pro-adjectives, pro-adverbs* und *pro-sentences* zählen müsste.

Eine Hauptwortgruppe, die dem Verb *vorangeht,* die also das Subjekt des Satzes bezeichnet, wird durch andere Fürwörter ersetzt als eine, die einem Verb oder einer Präposition *folgt.* So steht in unserem Satzbeispiel vom Anfang dieses Kapitels für die Hauptwortgruppe **the old man** einmal **he** und einmal **him**:

mit Ersetzung:	... before	**he**	walks downstairs to the kitchen
	... before	*the old man*	walks downstairs to the kitchen

mit Ersetzung:	... where his wife is already making dinner for	**him.**	
	... where his wife is already making dinner for	*the old man.*	

Der Lernende sollte diese Unterscheidungen frühzeitig beherrschen.

WORTSCHATZ. Obwohl Fürwörter praktisch jede andere Wortart ersetzen können, ist ihr Wortschatz nicht sehr umfangreich. Doch auch hier gilt: die korrekte Anwendung ist wichtiger als das reine Vokabelwissen.

→ ALLES ZUM THEMA **Ersetzung** ab Seite 93

7.2 KONJUNKTIONEN

Konjunktionen (conjunctions, *Bindewörter*) sind Wörter wie **and, but, when, while, although, as** oder **before**. Sie verknüpfen Wörter, Wortgruppen und Sätze, zwischen denen inhaltlich ein Zusammenhang besteht, zu einem Satzgefüge aus Haupt- und Nebensätzen. Konjunktionen sind damit ein wichtiges Element der Satzgliederung und eine unerlässliche Voraussetzung für das Arbeiten mit Texten.

Unser Beispielsatz etwa würde ohne die Konjunktionen **before** und **where** in drei selbständige Einzelsätze zerfallen:

- The old man closes the door quietly.
- He walks downstairs to the kitchen.
- His wife is already making dinner for them.

Erst das Einfügen der Konjunktionen **before** und **where** bringt die einzelnen Sätze in einen Zusammenhang und lässt die zeitliche Abfolge des Geschehens deutlich werden:

- The old man closes the door quietly ...
  ... **before** he walks downstairs to the kitchen
  ... **where** his wife is already making dinner for them.

Einige Konjunktionen sind ihrer Form nach mit anderen Wortarten (Präpositionen, Adverbien) identisch. Manche (z.B. **if**) verlangen für die Nebensätze, denen sie vorangehen, ganz bestimmte Zeitformen, die nicht selten vom Gebrauch des Deutschen abweichen.

WORTSCHATZ. Konjunktionen gehören zu den geschlossenen Wortarten. Ihr Wortschatz ist daher nicht sehr umfangreich, prägt sich aber wegen der geringen „Bildhaftigkeit" der Wörter nicht immer auf Anhieb ein. Im Kapitel *Adverbialsätze* sind alle im täglichen Sprachgebrauch verwendeten Konjunktionen aufgelistet.

→ ALLES ZUM THEMA **Adverbialsätze** ab Seite 253

2 Hauptwörter

Ein **Hauptwort** *(Substantiv, Nomen,* deutsch: *Dingwort, Nennwort,* engl.: noun) gibt allem, was in unserer realen und gedanklichen Welt existiert, einen Namen. Im einzelnen bezeichnen Hauptwörter

– **Lebewesen**, einzeln oder in Gruppen (**animate nouns**, **group nouns**):
  man, girl, friend, people, family, animal, bird, elephant, fish, cattle
– **Dinge, Gegenstände** (**inanimate nouns**):
  computer, dress, factory, key, newspaper, piano, rose, table, window
– **Begriffe** (**abstract nouns**):
  courage, energy, hope, fear, life, peace, time, nature, happiness
– **Aktivitäten** (**activity nouns** oder, nach ihrer Form, **ing-nouns**):
  dancing, drinking, smoking, skiing, stamp-collecting, writing

1   GROSS- UND KLEINSCHREIBUNG

Sofern sie nicht am Satzanfang stehen, werden englische Hauptwörter, anders als im Deutschen, mit *kleinem* Anfangsbuchstaben geschrieben:

Mr Pitt is my **neighbour**. He has a **house** with a **garden**,
two **cars** and a big **dog**, but no **children**.

Mit **großem** Anfangsbuchstaben werden geschrieben:

* das Fürwort I - *ich*
* **Namen**: John, Burger King®, Hyde Park, San Francisco,
  Manchester United, the Empire State Building
* **die Wochentage**: Sunday, Monday, Tuesday, Wednesday,
  Thursday, Friday, Saturday
* **die Monatsnamen**: January, February, March, April, May, June,
  July, August, September, October, November, December
* **Feiertage**: New Year's Eve *Silvester,* New Year's Day *Neujahr,*
  Ash Wednesday *Aschermittwoch,* April Fool's Day *1. April,*
  Maundy Thursday *Gründonnerstag,* Good Friday *Karfreitag,* Easter Sunday *Ostersonntag,*
  Ascension Day *Himmelfahrt,* Whitsun [Auch: Pentecost] *Pfingsten,*
  Independence Day *Unabhängigkeitstag* [in den USA: 4. Juli, in Irland: 24. April]
  Summer Bank Holiday *letzter Montag* [in Irland und Schottland: erster Montag] *im August*
  German Unity Day *Tag der deutschen Einheit:* 3. Oktober, Thanksgiving Day *Erntedankfest,*
  Christmas Eve *Heiligabend,* Christmas Day *1. Weihnachtstag,* Boxing Day *2. Weihnachtstag.*
* **Historische Epochen und Ereignisse**: the Middle Ages *das Mittelalter,*
  World War II *der Zweite Weltkrieg,* The Treaty of Versailles *der Versailler Vertrag*
* **Organisationen und ihre Abkürzungen**: Amnesty International (AI)
  World Health Organization (WHO), *Weltgesundheitsorganisation*
  United Nations (UN), North Atlantic Treaty Organization (NATO)
* **Nationalitäten und Religionen**: Great Britain, the Germans, Christianity, Islam
* **Sprachen**: English, German, French
* **Anredeformen**: Mr, Mrs, Miss, Ms, Dr, Prof [alle ohne Punkt!], Sir, Madam
* **Abkürzungen**, die als *Wort* gesprochen werden (Akronyme): Nato, Nasa, Unicef, Unesco.
  Die durchgehende Großschreibung (NATO, NASA, UNICEF, UNESCO) ist ebenfalls mög-
  lich. Für durchbuchstabierte Abkürzungen wie USA, FBI oder BBC werden ausschließlich
  Großbuchstaben verwendet.

TITEL, ÜBERSCHRIFTEN

Bei Titeln von Filmen und Büchern sowie in Überschriften werden nur das erste und letzte Wort sowie alle *Bedeutungswörter* (Hauptwörter, Verben, Adjektive) groß geschrieben:

The Merchant of Venice *Der Kaufmann von Venedig* [Schauspiel von William Shakespeare] | **A Tale of Two Cities** *Eine Geschichte aus zwei Städten* [Roman von Charles Dickens] | **Dr Strangelove, or: How I Learned to Stop Worrying and Love the Bomb** [Film von Stanley Kubrick, deutscher Titel: *Dr. Seltsam oder Wie ich lernte, die Bombe zu lieben*] | **Advanced Learner's Dictionary of Current English** [Titel eines bekannten einsprachigen Wörterbuchs der englischen Sprache].

2   DAS GESCHLECHT DER HAUPTWÖRTER

Der Unterschied zwischen männlichen und weiblichen Personen wird im Englischen weit weniger deutlich als im Deutschen. Dies gilt insbesondere für Berufsbezeichnungen, wo die im Deutschen üblichen Differenzierungen wie *Arzt - Ärztin, Lehrer - Lehrerin, Kanzler - Kanzlerin* usw. selten sind. Hier einige Beispiele:

UNTERSCHIEDLICHE BEZEICHNUNGEN	IDENTISCHE BEZEICHNUNGEN
gentleman *Herr* – **lady** *Dame*	**boss** *Chef, Chefin*
husband *Ehemann* – **wife** *Ehefrau*	**cook** *Koch, Köchin*
king *König* – **queen** *Königin*	**driver** *Fahrer, Fahrerin*
widower *Witwer* – **widow** *Witwe*	**doctor** *Arzt, Ärztin*
nephew *Neffe* – **niece** *Nichte*	**neighbo(u)r** *Nachbar, Nachbarin*
son *Sohn* – **daughter** *Tochter*	**teacher** *Lehrer, Lehrerin*
uncle *Onkel* – **aunt** *Tante*	**student** *Student, Studentin*

Wenn deutlich werden soll, ob eine männliche oder eine weibliche Person gemeint ist, werden der jeweiligen Bezeichnung die Adjektive **male** *(männlich)* bzw. **female** *(weiblich)* vorangestellt: **a male cousin** *(ein Vetter)*, **a male nurse** *(ein Krankenpfleger)*, **a female student** *(eine Studentin)*, **a female manager** *(eine Managerin)*.

Bei typischen Frauenberufen, etwa dem der *Hebamme* (**midwife**) entstehen dabei zuweilen etwas kurios anmutende, fast widersinnig erscheinende Bezeichnungen wie **male midwife** *(Geburtshelfer, Entbindungspfleger)*.

Anstelle von **female** können Sie auch **lady** oder **woman** verwenden, wobei **lady** die höflichere Form ist: **a lady doctor** *(eine Ärztin)*, **a woman police constable** [kurz: **WPC**] *(eine Polizistin)*.

▶ **male** *(männlich)* und **female** *(weiblich)* beziehen sich ausschließlich auf das biologische Geschlecht, die grammatikalischen Bezeichnungen lauten **masculine** und **feminine**.

▶ Die Hervorhebung durch **male, female, lady** oder **woman** unterbleibt, wenn sich das Geschlecht der betreffenden Person aus dem Zusammenhang ergibt: **She wants to be a nurse**. Hier wäre der Zusatz **female** wegen des voraufgegangenen **she** überflüssig.

ANDERE KENNZEICHNUNGEN
Bestimmte Personen sind an der Endung -**ess** als weiblich zu erkennen:

actor – **actress** *Schauspieler – Schauspielerin*, **count** – **countess** *Graf, Gräfin*,
baron – **baroness** *Baron – Baronin*, **duke** – **duchess** *Herzog – Herzogin*,
emperor – **empress** *Kaiser – Kaiserin*, **god** – **godess** *Gott – Göttin*,
host – **hostess** *Gastgeber – Gastgeberin*, **prince** – **princess** *Prinz, Fürst – Prinzessin, Fürstin*.

Berufsbezeichnungen auf -**man** lassen sich durch die Endung -**woman** einer weiblichen Person zuordnen. Beispiele:

businessman – **businesswoman** *Geschäftsmann – Geschäftsfrau*, **chairman** – **chairwoman**
Vorsitzender – Vorsitzende, **Englishman** – **Englishwoman** *Engländer – Engländerin*,
leading man – **leading woman** [Film] *Hauptdarsteller – Hauptdarstellerin*,
policeman – **policewoman** *Polizist – Polizistin*, **postman** – **postwoman** *Postbote, Briefträger –
Postbotin, Briefträgerin*, **salesman** – **saleswoman** *Verkäufer, Vertreter – Verkäuferin, Vertreterin*,
sportsman – **sportswoman** *Sportler – Sportlerin*, **stuntman** – **stuntwoman** *Stuntman – Stuntfrau*.

3   NEUTRALISIERUNG

Auch im Englischen geht, zumindest in seiner geschriebenen Form, die Tendenz hin zu einer „geschlechterneutralen" Sprache ("gender-neutral" oder "gender-fair" language). Sie entwickelte sich im Zuge der Debatten um Gleichberechtigung und "political correctness" und soll einer – tatsächlichen und unterstellten – Diskriminierung von Frauen durch Sprache entgegenwirken.

Ein Ergebnis dieser Entwicklung war die Ersetzung der Endungen -**man** und -**woman** durch -**person**. An die Stelle von bis dahin üblichen Bezeichnungen wie **chairman** *(Vorsitzender)* und **chairwoman** *(Vorsitzende)* oder auch **spokesman** *(Sprecher)* und **spokeswoman** *(Sprecherin)* traten nun Begriffe wie **chairperson** und **spokesperson**:

The post of chairperson is currently vacant.
Die Position des Vorsitzenden ist zurzeit unbesetzt.

The government spokesperson informed the press.
Der Regierungssprecher / Die Regierungssprecherin informierte die Presse.

Auch die *Feuerwehrfrau* (**firewoman**) ist in der Bezeichnung **firefighter**
(falls nötig, auch: **female firefighter**) aufgegangen:

Donna wants to be a firefighter.
Donna will Feuerwehrfrau werden.

4 WORTBILDUNG: TYPISCHE HAUPTWORT-ENDUNGEN

Jedes Hauptwort ist Teil einer Wortfamilie, zu der als „Verwandte" auch Verben, Adjektive oder andere Hauptwörter gehören. Ihr verbindendes Merkmal ist ein gemeinsamer Wortstamm, aus dem durch Anfügen bestimmter Nachsilben verwandte Wörter entstehen.

Viele Hauptwörter sind daher schon an ihrer Endung als solche zu erkennen, z.B. **difference**, **reality** oder **negotiation**. Umgekehrt kann man von einem Hauptwort auf die Bedeutung verwandter Wörter schließen: auf Verben (**differ**, **realise**, **negotiate**), Adjektive (**different**, **real**, **negotiable**) oder auch auf andere Hauptwörter (**differentiation**, **realist**, **negotiator**).

Es folgt eine Auswahl typischer Hauptwort-Endungen mit Wortbeispielen und Ableitungen

BEZEICHNUNG VON PERSONEN UND DINGEN
Hier verwendete Abkürzungen: **vb**: verb, **n**: noun, **adj**: adjective

4.1 ENDUNG -er bei Personen
Die Endung **-er** bezeichnet Personen nach ihrer Tätigkeit:

baker (vb: bake) *Bäcker,* **brewer** (vb: brew) *Bierbrauer,* **butcher** (vb: butcher) *Fleischer ,*
buyer (vb: buy) *Käufer,* **dealer** (vb/n: deal) *Händler,* **dreamer** (vb/n: dream) *Träumer,*
driver (vb/n: drive) *Fahrer,* **employer** (vb: employ) *Arbeitgeber,* **gardener** (vb/n: garden) *Gärtner,*
master (vb: master) *Meister,* **murderer** (vb/n: murder), *Mörder,*
photographer (vb/n: photograph) *Fotograf,* **painter** (vb/n: paint) *Maler,* **reader** (vb: read) *Leser,*
swimmer (vb/n: swim) *Schwimmer,* **swindler** (vb/n: swindle) *Schwindler,* **teacher** (vb: teach) *Lehrer,*
usher (vb: usher) *Saalordner, Platzanweiser,* **worker** (vb/n: work) *Arbeiter.*

▶ Die Bezeichnung **grocer** *(Lebensmittelhändler)* ist
  von dem französischen Wort *grossier (Großhändler)* abgeleitet.

▶ Ein *Koch* ist ein **cook**, kein **cooker**. Mit **cooker** werden Küchengeräte
  wie **pressure cooker**, **gas cooker** oder **microwave cooker** bezeichnet.

▶ Bei Verben, die auf **-e** enden, wird nur **-r** angefügt: **writer** (vb: write) *Schriftsteller.*

▶ Bei Verben, die auf Kurzvokal + Konsonant enden, wird dieser vor **-er**
  verdoppelt: **kidnapper** (vb: kidnap) *Entführer, Geiselnehmer, Kidnapper.*

4.2 ENDUNG -er bei Sachen
Die Endung **-er** bezeichnet viele technische Geräte nach ihrer Funktion:

CD/DVD/MP3 player (vb/n play), **coffee maker** (vb: make) *Kaffeemaschine,*
computer (vb: compute) *Rechner, Computer,* **dishwasher** (vb/n: wash) *Geschirrspüler,*
dryer (vb: dry) *Trockner,* **freezer** (vb: freeze) *Gefriertruhe,* **lawn mower** (vb: mow) *Rasenmäher,*
lighter (vb/n: light) *Feuerzeug,* **printer** (vb/n: print) *Drucker,* **scanner** (vb/n: scan) *Scanner,*
shredder (vb/n: shred) *Reißwolf, Häcksler,* **toaster** (vb: toast) *Toaster,*
vacuum cleaner (vb/n: clean) *Staubsauger.*

4.3 ENDUNG -ar
Einige wenige Hauptwörter enden auf **-ar**:

PERSONEN: **beggar** (vb: beg) *Bettler,* **burglar** (vb: burgle) *Einbrecher,* **liar** (vb/n: lie), *Lügner,*
pedlar, AmE: **peddler** (vb: peddle) *Hausierer,* **registrar** (vb/n: register) *Standesbeamter,*
scholar *Gelehrter,* auch: *Stipendiat,* **vicar** *Pfarrer, Vikar*
SACHEN: **calendar** *Kalender,* **cellar** *Keller,* **collar** *Kragen,*
caterpillar *Raupenfahrzeug,* **pillar** *Pfeiler*

4.4 ENDUNG -or
Auch die Endung **-or** bezeichnet Personen nach ihrer Tätigkeit, kommt aber seltener vor als **-er**. Sie findet sich überwiegend bei Wörtern lateinischer Herkunft, die an typischen Vorsilben wie **ac-**, **ad-**, **con-**, **in-** oder **re-** zu erkennen sind:

actor (vb/n: act) *Schauspieler,* **auditor** (vb/n: audit) *Wirtschaftsprüfer, Buchprüfer,*
conductor (vb/n: conduct) *Schaffner, Dirigent,* **editor** (vb: edit) *Redakteur, Herausgeber,*
inspector (vb: inspect) *Inspektor,* **inventor** (vb: invent) *Erfinder,* **mediator** (vb: mediate)
Vermittler, Mittelsmann, **narrator** (vb: narrate) *Erzähler,* **prosecutor** (vb: prosecute)
Ankläger, Staatsanwalt, **sailor** (vb: sail) *Seemann,* **successor** (vb: succeed) *Nachfolger,*
supervisor (vb: supervise) *Aufseher,* **surveyor** (vb: survey) *Sachverständiger, Gutachter,*
tailor (vb: tailor) *Schneider,* **translator** (vb: translate) *Übersetzer,* **visitor** (vb: visit) *Besucher.*

▶ Keine (oder nur selten verwendete) Verbformen haben: **author** *Autor, Verfasser,*
  bachelor *Junggeselle,* **chancellor** *Kanzler,* **doctor** *Arzt,* **mayor** *Bürgermeister*
  juror *Geschworener,* **suitor** *Freier, Verehrer,* **traitor** *Verräter*

▶ Technische Begriffe: **accelerator** *Beschleuniger,* [Auto] *Gaspedal,* **calculator** *Taschenrechner,*
  incubator *Brutkasten,* **razor** *Rasierer,* **refrigerator** *Kühlschrank*

4.5 ENDUNG -ician ['ɪʃən]
Dieser Personenkreis ist in Bereichen tätig, die auf -ic bzw. -ics enden:

magician (magic) *Zauberkünstler,* **mathematician** (mathematics) *Mathematiker,*
musician (music) *Musiker,* **optician** (optics) *Optiker,* **physician** (physique) *Arzt,*
politician (politics) *Politiker,* **statistician** (statistics) *Statistiker*

4.6 ENDUNG -ic
Hier unterlaufen dem Lernenden leicht Fehler, da die deutschen Bezeichnungen auf **-er** enden,
die englischen jedoch nicht:

alcoholic *Alkoholiker* [**alcohol** *Alkohol*], **critic** *Kritiker* [**critical** *kritisch;* **criticism** *Kritik*],
cynic *Zyniker* [**cynical** *zynisch;* **cynicism** *Zynismus*], **mechanic** *Mechaniker* [**mechanical** *mechanisch;*
mechanism *Mechanismus*], **sceptic** *Skeptiker* [**sceptical** *skeptisch;* **scepticism** *Skepsis*]

4.7 ENDUNG -ist
Die Endung **-ist** weist auf die folgenden Personengruppen hin:

BERUFSMUSIKER
cellist (instrument: cello) *Cellist,* **flutist** (flute) *Flötist,* **guitarist** (guitar) *Gitarrist,*
harpist (harp) *Harfenist,* **oboist** (oboe) *Oboist,* **organist** (organist) *Organist,*
pianist (piano) *Pianist,* **saxophonist** (saxophone) *Saxophonist,*
trombonist (trombone) *Posaunist,* **violist** (viola) *Bratschist,* **violinist** (violin) *Violinist, Geiger*

▶ Nicht auf **-ist** enden **drummer** (drum) und **trumpeter** (trumpet).
▶ Beachten Sie auch: Ein *Solist* ist ein **soloist**, kein *solist.
  Ein *Komponist* ist ein **composer**, kein *componist.
▶ Als Hobbymusiker ist man lediglich **player** (seines Instruments):
  piano player, guitar player, harp player, violin player usw.

PERSONEN MIT EINEM SPEZIALGEBIET
artist (art) *Künstler,* **chemist** (chemistry) *Chemiker, Drogist,* **dentist** (dentistry) *Zahnarzt,*
journalist (journal) *Journalist,* **novelist** (novel) *Romanschriftsteller,*
pharmacist (pharmacy) *Apotheker,* **physicist** (physics) *Physiker,*
psychiatrist (psychiatry) *Psychiater,* **scientist** (science) *Wissenschaftler,* **specialist** *Spezialist,*
therapist (therapy) *Therapeut,* **tourist** (tour) *Tourist*

▶ Deutsche Berufsbezeichnungen auf **-ologe** und **-onom** werden zu **-ologist** und **-onomist**:
  biologist (biology) *Biologe,* **cardiologist** (cardiology) *Kardiologe, Herzspezialist,*
  ecologist (ecology) *Ökologe, Umweltexperte,* **economist** (economy) *Ökonom, Volkswirt*
  graphologist (graphology) *Graphologe,* **philologist** (philology) *Philologe, Sprachwissenschaftler,*
  psychologist (psychology) *Psychologe,* **sociologist** (sociology) *Soziologe*
▶ Beachten Sie: Ein *Astrologe* ist ein **astrologer**, kein *astrologist.

PERSONEN MIT EINER BESTIMMTEN PERSÖNLICHEN HALTUNG ODER WELTANSCHAUUNG
atheist *Atheist,* **Buddhist** *Buddhist,* **capitalist** *Kapitalist,* **chauvinist** *Chauvinist,*
communist *Kommunist,* **environmentalist** *Umweltschützer,* **fascist** *Faschist,* **feminist** *Feminist(in),*
idealist *Idealist,* **islamist** *Islamist,* **Marxist** *Marxist,* **optimist** *Optimist,* **pacifist** *Pazifist,*
pessimist *Pessimist,* **racist** *Rassist,* **realist** *Realist,* **socialist** *Sozialist,* **terrorist** *Terrorist*

4.8 ENDUNG -ant / -ent
Hauptwörter mit diesen Endungen sind lateinischen Ursprungs.

-ANT: **applicant** (vb: apply) *Bewerber,* **accountant** (vb/n: account) *Steuerberater, Buchprüfer*
assistant (vb: assist) *Assistent,* **consultant** (vb: consult) *Berater,*
emigrant (vb: emigrate) *Auswanderer,* **immigrant** (vb: immigrate) *Einwanderer,*
inhabitant (vb: inhabit) *Einwohner,* **migrant** (vb: migrate) *Übersiedler, Migrant,*
servant (vb: serve) *Diener*

--ENT: **correspondent** (vb: correspond) *Berichterstatter, Korrespondent, Briefpartner,*
descendent (vb: descend) *Nachkomme, Nachfahre,* **opponent** (vb: oppose) *Gegner, Gegenspieler,*
resident (vb: reside) *Anwohner, Bewohner*

▶ Keine verwandte Verbform haben: **merchant** *Kaufmann, Händler,* **tenant** *Mieter,*
  truant *Schulschwänzer,* **sergeant** *Feldwebel,* **lieutenant** *Leutnant*
  adolescent *Heranwachsender,* **agent** *Agent, Vertreter,* **client** *Klient, Auftraggeber,*
  dissident *Andersdenkender, Dissident,* **patient** *Patient*
▶ Ein **defendant** ist in einem Gerichtsverfahren der *Beklagte,* nicht sein *Verteidiger* (defending lawyer,
  defence lawyer), obwohl das zugrunde liegende Verb (**defend**) *verteidigen* bedeutet.
▶ **-ant** und **-ent** kommen auch als Endung von Adjektiven vor,
  von denen sich dann wiederum Hauptwörter auf **-ance/-ancy** bzw. **-ence/-ency** ableiten lassen.

4.9 ENDUNG -ability / -ibility

Diesen Hauptwörtern liegen immer Adjektive auf -able und -ible zugrunde.

ability (adj: able) *Fähigkeit,* **compatibility** (adj: compatible) *Vereinbarkeit, Verträglichkeit,* **countability** (adj: countable) *Berechenbarkeit,* **credibility** (adj: credible) *Glaubwürdigkeit,* **possibility** (adj: possible) *Möglichkeit,* **probability** (adj: probable) *Wahrscheinlichkeit,* **readability** (adj: readable) *Lesbarkeit,* **reliability** (adj: reliable) *Zuverlässigkeit,* **responsibility** (adj: responsible) *Verantwortung,* **visibility** (adj: visible) *Sicht, Sichtbarkeit*

4.10 ENDUNG -al

Die allermeisten Hauptwörter auf -al sind von Verben abgeleitet:

appraisal (vb: appraise) *Schätzung, Bewertung,* **approval** (vb: approve) *Billigung, Genehmigung,* **arrival** (vb: arrive) *Ankunft,* **denial** (vb: deny) *Leugnung,* **proposal** (vb: propose) *Vorschlag,* **refusal** (vb: refuse) *Ablehnung, Weigerung,* **rehearsal** (vb: rehearse) *[Theater] Probe,* **removal** (vb: remove) *Beseitigung,* **renewal** (vb: renew) *Erneuerung,* **withdrawal** (vb: withdraw) *Abzug, Rückzug; [Konto, Geldautomat] Abhebung*

4.11 ENDUNGEN -ance / -ence und -ancy / -ency

Die folgenden Hauptwörter sind aus Adjektiven auf -ant/-ent abgeleitet:

-ANCE: **arrogance** (adj: arrogant) *Überheblichkeit, Arroganz,* **importance** (adj: important) *Wichtigkeit, Bedeutung,* **dominance** (adj: dominant) *Vorherrschaft, Dominanz,* **ignorance** (adj: ignorant) *Unwissenheit, Unkenntnis, Ungebildetheit*

-ENCE: **absence** (adj: absent) *Abwesenheit,* **competence** (adj: competent) *Befähigung, Zuständigkeit,* **confidence** (adj: confident) *Vertrauen, Zuversicht,* **existence** (adj: existent) *Dasein, Existenz,* **dependence / independence** (adj: dependent / independent) *Abhängigkeit/Unabhängigkeit,* **innocence** (adj: innocent) *Unschuld,* **patience** (adj: patient) *Geduld,* **presence** (adj: present) *Anwesenheit,* **silence** (adj: silent) *Schweigen, Stille,* **violence** (adj: violent) *Gewalt*

-ANCY: **expectancy** (adj: expectant) *Erwartung,* **redundancy** (adj: redundant) *Entlassung, Freistellung,* **vacancy** (adj: vacant) *freies Zimmer, [Arbeitsmarkt] freie Stelle*

-ENCY: **currency** (adj: current) *Währung,* **complacency** (adj: complacent) *Selbstgefälligkeit, Selbstzufriedenheit,* **constituency** (adj: constituent) *[in Großbritannien] Wahlkreis,* **decency** (adj: decent) *Anstand,* **efficiency** (adj: efficient) *Leistungsfähigkeit*

4.12 ENDUNG -dom

Die altenglische Nachsilbe -dom bezeichnet ein Herrschaftsgebiet (deutsch: -tum), einen Rang, einen Zustand:

boredom *Langeweile,* **dukedom** *Herzogtum,* **freedom** *Freiheit,* **kingdom** *Königreich,* **officialdom** *Beamtentum, Bürokratie,* **stardom** *Ruhm, Berühmtheit,* **wisdom** *Weisheit*

4.13 ENDUNG -hood

Anstelle der altenglischen Endung -hood werden in der Schriftsprache häufig die entsprechenden Begriffe lateinischen Ursprungs verwendet:

boyhood *Kindheit [eines Jungen],* **brotherhood** (fraternity) *Bruderschaft,* **childhood** *Kindheit,* **falsehood** (falsity) *Falschheit,* **fatherhood** (paternity) *Vaterschaft,* **knighthood** *Ritterschaft,* **likelihood** (probability) *Wahrscheinlichkeit,* **maidenhood** (virginity) *Jungfernschaft, Jungfräulichkeit,* **motherhood** (maternity) *Mutterschaft,* **neighbourhood** (vicinity) *Nachbarschaft*

4.14 ENDUNG -ness

Hauptwörter auf -ness entstehen aus Adjektiven, die einen Zustand bezeichnen:

brightness (adj: bright) *Helligkeit,* **business** (adj: busy) *Geschäftigkeit, Geschäftsleben,* **carelessness** (adj: careless) *Sorglosigkeit, Fahrlässigkeit,* **cleverness** (adj: clever) *Klugheit,* **darkness** (adj: dark) *Dunkelheit,* **eagerness** (adj: eager) *Eifer, Strebsamkeit* **happiness** (adj: happy) *Glücklichsein, Glück,* **homelessness** (adj: homeless) *Obdachlosigkeit,* **hopelessness** (adj: hopeless) *Hoffnungslosigkeit,* **laziness** (adj: lazy) *Faulheit,* **loneliness** (adj: lonely) *Einsamkeit,* **sadness** (adj: sad) *Traurigkeit,* **sharpness** (adj: sharp) *Schärfe,* **youthfulness** (adj: youthful) *Jugendlichkeit, jugendliche Frische*

▶ Beachten Sie den Unterschied: **wildness** [ˈwaɪldnəs] *Wildheit* − **wilderness** [ˈwɪldənəs] *Wildnis*

4.15 ENDUNG -ism

Hauptwörtern mit der Endung -ism entsprechen deutsche Begriffe auf -ismus. Sie bezeichnen Ideen, Systeme, persönliche Haltungen oder Weltanschauungen:

atheism, capitalism, communism, conservatism, cynicism, fatalism, optimism, pessimism, realism, socialism

4.16 ENDUNG -our, AmE: -or

Hauptwörter auf -our gehen auf lateinische Wörter zurück:

behaviour (vb: behave) *Betragen, Benehmen,* **colour** (vb: colour) *Farbe,* **favour** (vb: favour) *Gunst,*
harbour (vb: harbour) *Hafen,* **parlour** *Empfangszimmer, Stube, Salon,* **rumour** (vb: rumour) *Gerücht,*
saviour (vb: save) *Retter, Erlöser,* **splendour** (adj: splendid) *Pracht, Glanz,*
vigour (adj: vigorous) *Kraft, Vitalität*

4.17 ENDUNG -ment

Vielen Begriffen mit der Endung -ment lassen sich Verben zuordnen:

advertisement (vb: advertise) *Anzeige,* **agreement** (vb: agree) *Abmachung, Vereinbarung,*
argument (vb: argue) *Argument, Streit,* **commitment** (vb: commit) *Verpflichtung, Engagement,*
development (vb: develop) *Entwicklung,* **employment** (vb: employ) *Beschäftigung [= Arbeitsplatz],*
equipment (vb: equip) *Ausrüstung, Ausstattung,* **government** (vb: govern) *Regierung,*
judgment vb: judge) *Beurteilung, Urteil,* **movement** (vb: move) *Bewegung,*
payment (vb: pay) *Bezahlung,* **treatment** (vb: treat) *Behandlung*

▶ Einige wenige Formen auf -ment sind gleichzeitig Verben: **comment** *Kommentar/kommentieren,*
  compliment *Kompliment/komplimentieren,* **experiment** *Experiment/experimentieren,*
  document *Dokument/dokumentieren,* **ornament** *Verzierung/verzieren, schmücken*
  Aber: **implement** - *[Gesetz, Plan, Vorhaben] umsetzen, durchführen,* **implementation** *Umsetzung*
▶ Keine ableitbaren Verbformen haben: **element** *Element,* **garment** *Kleidungsstück,* **ointment** *Salbe,*
  sentiment *Empfindung,* **monument** *Bauwerk, Monument,* **parliament** *Parlament*

4.18 ENDUNG -ion

Hauptwörter auf -ion sind in vielen europäischen Sprachen vertreten und unterscheiden sich nur durch
ihre „landesspezifischen" Endungen – z.B. -ion (deutsch, französisch), -ione (italienisch), -ión (spanisch)
oder -ão (portugiesisch). Da auch die ihnen zugrunde liegenden Verben durch eine bestimmte Endung
gekennzeichnet sind, lässt sich recht häufig von der einen auf die andere Wortart schließen. Beispiele:

- Verb-Endung -de, Hauptwort-Endung -sion:
  allusion (vb: allude) *Andeutung,* **conclusion** (vb: conclude) *Schlussfolgerung,*
  decision (vb: decide) *Entscheidung,* **division** (vb: divide) *Abteilung, Aufteilung,*
  explosion (vb: explode) *Explosion,* **invasion** (vb: invade) *Einmarsch, Invasion*

- Verb-Endung -ess, Hauptwort-Endung -ession:
  confession (vb: confess) *Bekenntnis,* **expression** (vb: express) *Ausdruck,*
  impression (vb: impress) *Eindruck,* **oppression** (vb: oppress) *Unterdrückung*

- Verb-Endung -cede, Hauptwort-Endung -cession:
  accession (vb: accede) *Amtsantritt, Thronbesteigung,* **concession** (vb: concede)
  Einräumung, Eingeständnis, **recession** (vb: recede) *Flaute, Abschwung, Rezession*

- Verb-Endung -mit, Hauptwort-Endung -mission:
  emission (vb: emit) *Ausstoß, Emission,* **permission** (vb: permit) *Erlaubnis,*
  submission (vb: submit) *Angebot [bei Ausschreibung]*

- Verb-Endung -ceive, Hauptwort-Endung -ception:
  conception (vb: conceive) *Auffassung, Idee, Vorstellung,* **deception** (vb: deceive) *Enttäuschung,*
  perception (vb: perceive) *Wahrnehmung,* **reception** (vb: receive) *Empfang*

- Verb-Endung -vert, Hauptwort-Endung -version:
  aversion (vb: avert) *Abneigung,* **conversion** (vb: convert) *Umwandlung, Bekehrung,*
  diversion (vb: divert) *Umleitung,* **inversion** (vb: invert) *Umkehrung,* **perversion** (vb: pervert)
  Abartigkeit, Perversion, **subversion** (vb: subvert) *Untergrabung, Subversion*

- Verb-Endung -ate, Hauptwort-Endung -ation:
  accommodation (vb: accommodate) *Unterbringung, Unterkunft,*
  celebration (vb: celebrate) *Feier,* **donation** (vb: donate) *Spende, Stiftung,*
  participation (vb: participate) *Teilnahme,* **renovation** (vb: renovate) *Erneuerung, Renovierung,*
  situation (vb: situate) *Lage, Situation,* **translation** (vb: translate) *Übersetzung*

- Verb-Endung -ect, Hauptwort-Endung -ection:
  collection (vb: collect) *Sammlung,* **connection** (vb: connect) *Verbindung,*
  direction (vb: direct) *Leitung, Richtung,* **infection** (vb: infect) *Ansteckung, Infektion,*
  injection (vb: inject) *Spritze,* **protection** (vb: protect) *Schutz,* **reaction** (vb: react) *Reaktion*

- Verb-Endung -duce, Hauptwort-Endung -duction:
  introduction (vb: introduce) *Einleitung, Einführung,* **production** (vb: produce) *Erzeugung,*
  Produktion, **reduction** (vb reduce) *Verringerung,* **reproduction** (vb: reproduce) *Wiedergabe,*
  Fortpflanzung, **seduction** (vb: seduce) *Verführung*

- Ande re: **action** (vb: act) *Handlung,* **addition** (vb: add) *Hinzufügung, Addition,*
  exhibition (vb: exhibit) *Ausstellung,* **information** (vb: inform) *Information,* **pollution** (vb: pollute)
  Verschmutzung, **preparation** (vb: prepare) *Vorbereitung,* **resolution** (vb: resolve) / **solution**
  (vb: solve) *Lösung,* **suggestion** (vb: suggest) *Anregung, Vorschlag*

4.19 ENDUNG -ship

Altenglische Nachsilbe, der noch in vielen deutschen Wörtern
die Endung -schaft entspricht. Mit dem Wort **ship** Schiff hat sie nichts zu tun.
craftsmanship Handwerkskunst, **fellowship** Gemeinschaft, Kameradschaft,
scholarship Studienbeihilfe, Stipendium, **friendship** Freundschaft, **hardship** Härte, Mühsal,
membership Mitgliedschaft, **partnership** Partnerschaft, Teilhaberschaft, Sozietät,
readership Leserschaft, **relationship** Beziehung, Verwandtschaft, **showmanship** Selbstdarstellung,
statesmanship Kunst der Staatsführung, **workmanship** handwerkliche Ausführung einer Arbeit

4.20 ENDUNG -th

Hauptwörter auf **-th** leiten sich überwiegend aus Adjektiven her:
death (adj: dead) Tod, **depth** (adj: deep) Tiefe, **growth** (adj: grown, vb: grow) Wachstum,
health (adj: healthy) Gesundheit, **length** (adj: long) Länge, **truth** (adj: true) Wahrheit,
warmth (adj/vb: warm) Wärme, **wealth** (adj: wealthy) Wohlstand, **width** (adj: wide) Breite
▶ Aber: Höhe ist **height**, nicht *heigth, Gewicht ist **weight**, nicht *weigth

4.21 ENDUNG -tude

-**tude** ist ene typische Endung für Hauptwörter lateinischer Herkunft:
altitude Höhe, **attitude** Haltung, Einstellung, **gratitude** Dankbarkeit, **latitude** Breitengrad,
longitude Längengrad, **magnitude** Ausmaß, Größe, **multitude** Masse, Menge, Vielzahl

4.22 ENDUNG -ure

Auch -**ure** kennzeichnet Hauptwörter lateinischer Herkunft:
adventure (vb: adventure) Abenteuer, **creature** (vb: create) Geschöpf, Wesen, **departure**
(vb: depart) Abreise, **exposure** (vb: expose) [Foto] Belichtung, Aufnahme, **failure** (vb: fail) Versagen,
Scheitern, **nature** Natur, **pressure** (vb: press) Druck, **procedure** (vb: proceed) Verfahren,
torture (vb: torture) Qual, Folter, **venture** (vb: venture) Wagnis, Unternehmung

4.23 ENDUNG -y

Eine große Zahl von Hauptwörtern lateinischer Herkunft sind durch Nachsilben gekennzeichnet,
die mit einem -**y** enden. Hier eine Auswahl:

- **-DY: comedy** (adj: comical) Komödie, **melody** (adj: melodic) Melodie,
parody (vbj: parody) Parodie, **tragedy** (adj: tragic) Tragödie

- **-GY: energy** (adj: energetic) Energie, **orgy** (adj: orgiastic) Orgie,
prodigy (adj: prodigious) Wunder, Wunderkind.

- **-RY: adultery** Ehebruch, **burglary** (vb: burgle) Einbruch, **bribery** (vb: bribe) Bestechung,
cutlery (vb: cut) Besteck, **forgery** (vb: forge) Fälschung,
misery (adj: miserable) Elend, Not, **mystery** (adj: mysterious) Geheimnis, Rätsel,
nursery (vb: nurse) Kinderkrippe, Kindertagesstätte, **rivalry** (vb: rival) Rivalität

- **-SY: hypocrisy** (adj: hypocritical) Heuchelei, Scheinheiligkeit,
courtesy (adj: courteous) Höflichkeit, Gefälligkeit, **jealousy** (adj: jealous) Eifersucht

- **-TY: beauty** (adj: beautiful) Schönheit, **certainty** (adj: certain) Gewissheit,
cruelty (adj: cruel) Grausamkeit, **honesty** (adj: honest) Ehrlichkeit,
loyalty (adj: loyal) Treue, Anhänglichkeit, **poverty** (adj: poor) Armut, **safety** (adj: safe) Sicherheit

- **-ITY: availability** (adj: available) Verfügbarkeit, Lieferbarkeit, **charity** Nächstenliebe, Wohltätigkeit,
community (adj: common) Gemeinschaft, Gemeinde,
curiosity (adj: curious) Merkwürdigkeit, Neugier, **facility** (vb: facilitate) Anlage, Einrichtung,
generosity (adj: generous) Großzügigkeit, **gravity** (adj: grave) Erdanziehung, Schwerkraft,
hostility (adj: hostile) Feindseligkeit, **majority** (adj: major) Mehrheit,
minority (adj: minor) Minderheit, **necessity** (adj: necessary) Notwendigkeit,
nobility (adj: noble) Adel, **obesity** (adj: obese) Fettsucht, Fettleibigkeit,
prosperity (vb: prosper) Wohlstand, Zeit wirtschaftlicher Blüte,
publicity (adj: public) Werbung, öffentliche Aufmerksamkeit,
serenity (adj: serene) Gelassenheit, **simplicity** (adj: simple) Einfachheit, Schlichtheit,
sincerity (adj: sincere) Aufrichtigkeit, **utility** (vb: utilise) Nützlichkeit, [Computer] Dienstprogramm

  Vielen Hauptwörtern auf -**ity** entsprechen deutsche Fremdwörter auf -tät:
  activity Aktivität, **authority** Autorität, **formality** Formsache, Formalität, **immobility**
  Unbeweglichkeit, Immobilität, **mobility** Beweglichkeit, Mobilität, **mentality** Denkweise, Mentalität,
  mortality Sterblichkeit, Mortalität, **nationality** Nationalität, **normality** Normalität,
  priority Vorrang, Priorität, **rarity** Seltenheit, Rarität, **reality** Wirklichkeit, Realität,
  speciality Besonderheit, Spezialität, **stability** Stabilität, **university** Universität,

- **-IETY: anxiety** (adj: anxious) Angst, **sobriety** (adj: sober) Besonnenheit, Nüchternheit,
society (adj: social) Gesellschaft, **variety** (adj: various) Vielfalt

4.24 ENDUNG -ing
HAUPTWÖRTER, DIE AKTIVITÄTEN BEZEICHNEN (-ing-NOUNS)

Die Hauptwörter dieser Gruppe bezeichnen Vorgänge, Abläufe, Aktivitäten in verallgemeinernder Form. Alle enden auf auf -ing. Die entsprechende Form des Deutschen wird durch die Verbindung des Artikels *das* und der mit großem Anfangsbuchstaben geschriebenen Grundform eines Verbs gebildet:

bathing, **dancing**, **fishing**, **shopping**, **skiing** usw.
das Baden, das Tanzen, das Angeln, das Einkaufen, das Skilaufen usw.

Die grammatikalische Bezeichnung für ein aus einem Verb gebildetes Hauptwort lautet *Gerundium*.

Hier eine Auswahl bekannter Sport- und Freizeitaktivitäten:

angling, **fishing**	*Angeln*
boating	*Boot fahren*
bowling	*Kegeln*
canoeing	*Kanufahren*
caravanning	*Wohnwagen-Urlaub machen*
cycling	*Radfahren*
diving	*Tauchen*
hang-gliding	*Drachenfliegen*
hiking	*Wandern*
(ice) skating	*Eislaufen, Schlittschuhlaufen*
inline skating	*Inliner fahren*
jogging	*Joggen*
motorcycling	*Motorradfahren*
mountaineering	*Bergsteigen*
rafting	*Rafting, Wildwasserfahren*
riding	*Reiten*
rowing	*Rudern*
sailing	*Segeln*
shopping	*Einkaufen*
sightseeing	*Besichtigungen machen*
skateboarding	*Skateboard fahren*
skiing	*Skifahren*
snorkelling, AmE: **snorkeling**	*Schnorcheln*
snowboarding	*Snowboarden*
surfing	*Surfen*
walking	*Gehen*
waterskiing	*Wasserski fahren*
weightlifting	*Gewichtheben*
window-shopping	*einen Schaufensterbummel machen*

→ ALLES ZUM THEMA **Gerundium** ab Seite 229

5 EINZAHL UND MEHRZAHL

Hauptwörter lassen sich nach ihrer Zahl (gramm.: Numerus, engl.: number) bestimmen. Das heißt, sie stehen entweder

– in der Einzahl (Singular, engl.: singular) oder
– in der Mehrzahl (Plural, engl.: plural).

Es liegt auf der Hand, dass nur solche Wörter eine Mehrzahl bilden können, die etwas Zählbares bezeichnen. Einem zählbaren Hauptwort (engl.: countable noun), können der Artikel **a** (bzw. **an**) oder die Angabe einer Anzahl (**one**, **two**, **three**, **many**, **most** usw.) vorangestellt werden:

an apple, **one** apple, **two** apples, **three** apples, **a dozen** apples, **most** children *usw.*

Bei einem unzählbaren Hauptwort (engl.: uncountable noun) ist dies nicht möglich: *one snow, *twenty dusts usw. Unzählbare Hauptwörter kommen darum nur in der Einzahl vor.

Eine besondere Schwierigkeit bei der Mehrzahlbildung ergibt sich daraus, dass bestimmte Hauptwörter, die im Deutschen zählbar sind, im Englischen als unzählbar gelten. Dies hat zur Folge, dass einige deutsche Hauptwörter im Plural, z.B. *Möbel, Beweise* oder *Informationen,* durch englische im Singular wiedergegeben werden müssen: **furniture**, **evidence**, **information** [Nicht *furnitures, *evidences, *informations [→ **45** (8)]. Umgekehrt kann es vorkommen, dass einem deutschen Wort, das in der Einzahl gebraucht wird, z.B. *Hose, Brille, Treppe* oder *Zoll,* eine englische Mehrzahl entspricht: **trousers**, **glasses**, **stairs**, **customs** [→ **48** (9)].

6 DIE BILDUNG DER MEHRZAHL

Hauptwörter bilden ihre Mehrzahl in den allermeisten Fällen dadurch, dass sie ihrer Einzahl-Form ein -s anfügen:

boys, girls, lions, birds, tables, books, times
Jungen, Mädchen, Löwen, Vögel, Tische, Bücher, Zeiten

Es gibt allerdings einige Hauptwörter, die von dieser Regel abweichen.
Hierzu gehören

- Wörter, die ihre Mehrzahlform **auf -es** bilden [→ **41** (6.2)]
- Wörter, die ihre Mehrzahlform **ohne -s** bilden [→ **42** (6.3)]
- Wörter, deren Mehrzahlform mit der Einzahl identisch ist [→ **43** (6.5)]

6.1 DIE MEHRZAHLFORM AUF -s

Eine Mehrzahlform steht **ohne Apostroph**. Schreiben Sie also keinesfalls *two apple's, auch nicht *two video's oder *two CD's, selbst wenn Ihnen solche Schreibweisen im Alltag hin und wieder begegnen.

Die Wortendung **'s** zur Kennzeichnung einer Mehrzahlform wird nur in ganz wenigen Fällen als korrekt angesehen, etwa wenn es darum geht, unansehnliche oder irreführende Formen zu vermeiden. Dies ist beispielsweise der Fall, wenn Buchstaben, Zahlen oder andere Zeichen in die Mehrzahl gesetzt werden sollen:

You spell *bookkeeper* with two o's, two k's and two e's
(statt: *... with two os, two ks and two es.)
Man schreibt "bookkeeper" mit zwei o, zwei k und zwei e.

I've thrown two 1's, three 2's and two 5's.
(statt: *... two 1s, three 2s and two 5s.)
Ich habe 2 Einser, vier Zweier und drei Vierer gewürfelt.

Ansonsten wird **'s** nur in den folgenden Fällen verwendet:
- zur Bildung des *Besitzfalles* → **54** (12)
  the **boy's** dog   *der Hund des Jungen*
  Germany's new tennis star   *Deutschlands neuer Tennisstar*
- als verkürzte Schreibweise von **is** und **has** wie z.B. in:
  It's (= It is) always the same.   *Es ist immer dasselbe.*
  He's (= He has) got a new computer.   *Er hat einen neuen Computer.*

6.2 MEHRZAHLFORM AUF -es

Bei einer Reihe von Hauptwörtern endet die Mehrzahlform auf **-es**:

- Wörter, die mit **-f** bzw. **-fe** enden,
  bilden ihre Mehrzahlform (unter Wegfall des **-f** bzw. **-fe**) mit **-ves**:

one **calf**	*ein Kalb*	two **calves**	*zwei Kälber*
one **elf**	*eine Elfe*	two **elves**	*zwei Elfen*
one **half**	*eine Hälfte*	two **halves**	*zwei Hälften*
one **leaf**	*ein Blatt*	two **leaves**	*zwei Blätter*
one **loaf**	*ein Laib (Brot)*	two **loaves**	*zwei Laibe*
one **scarf**	*ein Schal*	two **scarves**	*zwei Schals*
one **shelf**	*ein Regal*	two **shelves**	*zwei Regale*
one **thief**	*ein Dieb*	two **thieves**	*zwei Diebe*
one **wolf**	*ein Wolf*	two **wolves**	*zwei Wölfe*
one **knife**	*ein Messer*	two **knives**	*zwei Messer*
one **wife**	*eine Ehefrau*	two **wives**	*zwei Ehefrauen*
one **life**	*ein Leben*	two **lives**	*zwei Leben*

ABER:
one **still life**   *ein Stillleben [Malerei]*   two **still lifes**   *zwei Stillleben*

▶ SONDERFÄLLE

Die Wörter **chiefs** (Häuptlinge), **briefs** (Slips) und **beliefs** (Überzeugungen)
bilden eine regelmäßige Mehrzahlform mit **-s**.

In einigen Fällen ist der Gebrauch schwankend, so z.B.
- bei Wörtern mit Doppelvokal: **roofs/rooves** (Dächer), **hoofs/hooves** (Hufe)
- bei Wörtern auf **-arf**: **dwarfs/dwarves** (Zwerg, Zwerge), **wharfs/wharves** (Kai, Kais)

- Die folgenden Wörter auf -o:

one **buffalo**	*ein Büffel*	two **buffaloes**	*zwei Büffel*
one **echo**	*ein Echo*	two **echoes**	*zwei Echos*
one **hero**	*ein Held*	two **heroes**	*zwei Helden*
one **mosquito**	*eine Mücke*	two **mosquitoes**	*zwei Mücken*
one **negro**	*ein Neger* ANM	two **negroes**	*zwei Neger*
one **potato**	*eine Kartoffel*	two **potatoes**	*zwei Kartoffeln*
one **tomato**	*eine Tomate*	two **tomatoes**	*zwei Tomaten*
one **tornado**	*ein Tornado*	two **tornadoes**	*zwei Tornados*
one **torpedo**	*ein Torpedo*	two **torpedoes**	*zwei Torpedos*
one **volcano**	*ein Vulkan*	two **volcanoes**	*zwei Vulkane*

ANM | Beachten Sie, dass **negro** eine herabwürdigende Bezeichnung für Menschen dunkler Hautfarbe ist. Sagen Sie stattdessen **black man, black woman, black people** oder **black persons**. Dies wird von den meisten Farbigen weder als beleidigend noch gar als rassistisch empfunden.

▶ AUSNAHMEN

Die folgenden Wörter bilden eine regelmäßige Mehrzahlform mit **-s**:

Kurzformen: **kilos, memos, photos**
Völker: **Eskimos, Filipinos, Latinos**
Wörter, die auf **Vokal + o** enden: **radios, studios, videos**
Wörter fremder Herkunft: **albinos, casinos, machos, pianos, silos**

- Wörter, die auf einem **Zischlaut** (-s, -ss, -sh, -ch, -x) enden:

one **bus**	*ein Bus*	two **buses**	*zwei Busse*
one **kiss**	*ein Kuss*	two **kisses**	*zwei Küsse*
one **wish**	*ein Wunsch*	two **wishes**	*zwei Wünsche*
one **inch**	*ein Zoll*	two **inches**	*zwei Zoll*
one **watch**	*eine Uhr*	two **watches**	*zwei Uhren*
one **fox**	*ein Fuchs*	two **foxes**	*zwei Füchse*

- Wörter, die mit der Lautfolge **Konsonant + y** enden, also auf -by, -cy, -dy, -fy, -gy, -ky, -ly, -my, -ny, -py, -ry, -sy, -ty, -vy, -xy oder -zy.
  Das Schluss-**y** der Einzahlform wird vor Anfügen von -es zu -i:

one **lady**	*eine Dame*	two **ladies**	*zwei Damen*
one **fly**	*eine Fliege*	two **flies**	*zwei Fliegen*
one **copy**	*eine Kopie*	two **copies**	*zwei Kopien*
one **country**	*ein Land*	two **countries**	*zwei Länder*
one **city**	*eine Stadt*	two **cities**	*zwei Städte*

▶ Bei **Eigennamen** findet diese Regel keine Anwendung:

There are four **Billys** in my class.	[Nicht: *four Billies]
She knows a lot about **the Kennedys**.	[Nicht: *the Kennedies]
Until 1990 there were **two Germanys**.	[Nicht: *two Germanies]

GEDÄCHTNISSTÜTZE: Wer „Eselsbrücken" mag, kann sich das Wort **FOSHY** einprägen. Es setzt sich aus den Lauten **f, o, sh** (Zischlaute) und **y** zusammen und erinnert daran, für welche Hauptwörter diese Form der Mehrzahlbildung (Endung -es) in Frage kommt – die auf -f, -o, -sh und -y.

6.3 DIE MEHRZAHLFORM OHNE -s

Die folgenden 9 Hauptwörter bilden ihre Mehrzahl nicht durch Anfügen von -s oder -es, sondern auf andere Weise, wie hier gezeigt:

- Mehrzahlform auf **-en**:

man	[mæn]	*Mann*	**men**	[men]	*Männer*
woman	[ˈwʊmən]	*Frau*	**women**	[ˈwɪmɪn]	*Frauen*
child	[ˈtʃaɪld]	*Kind*	**children**	[ˈtʃɪldrən]	*Kinder*
ox	[ɔks]	*Ochse*	**oxen**	[ɔksən]	*Ochsen*

- Mehrzahlbildung durch *Lautveränderung*:
  Einzahl **-oo-** [uː] / [ʊ] wird zu Mehrzahl **-ee-** [iː]

goose	[guːs]	*Gans*	**geese**	[giːs]	*Gänse*
foot	[fʊt]	*Fuß*	**feet**	[fiːt]	*Füße*
tooth	[tuːθ]	*Zahn*	**teeth**	[tiːθ]	*Zähne*

- Einzahl **-ous-** [aʊs] wird zu Mehrzahl **-ic-** [aɪs]

mouse	[maʊs]	*Maus*	**mice**	[maɪs]	*Mäuse*
louse	[laʊs]	*Laus*	**lice**	[laɪs]	*Läuse*

6.4 FREMDWÖRTER

Einige ins Englische übernommene Fremdwörter aus dem Griechischen und Lateinischen behalten die Mehrzahlform ihrer Ursprungssprache bei. Sie finden hauptsächlich in der Wissenschaft und in bestimmten intellektuellen Milieus Verwendung:

MEHRZAHL AUF -a

bacterium	*Bakterie*	**bacteria**	*Bakterien*
criterion	*Kriterium*	**criteria**	*Kriterien*
medium	*Medium*	**media**	*Medien*
phenomenon	*Phänomen*	**phenomena**	*Phänomene*
spectrum	*Spektrum*	**spectra**	*Spektren*

MEHRZAHL AUF -ae

alga	*Alge*	**algae** [ˈældʒaɪ]	*Algen*
antenna	*Antenne*	**antennae***	*Antennen* [ANM 2]
encyclopaedia	*Enzyklopädie*	**encyclopaediae***	*Enzyklopädien* [ANM 2]
formula	*Formel*	**formulae***	*Formeln* [ANM 2]
vertebra	*Rückenwirbel*	**vertebrae**	*Rückenwirbel*

MEHRZAHL AUF -es

analysis	*Analyse*	**analyses**	*Analysen*
axis	*Achse*	**axes**	*Achsen*
crisis	*Krise*	**crises**	*Krisen*
hypothesis	*Hypothese*	**hypotheses**	*Hypothesen*
index	*Index*	**indices**	*Indizes*
oasis	*Oase*	**oases**	*Oasen*
parenthesis	*runde Klammer* [ANM 1]	**parentheses**	*runde Klammern*
synthesis	*Synthese*	**syntheses**	*Synthesen*
thesis	*Doktorarbeit*	**theses**	*Doktorarbeiten*
virus	*Virus*	**viruses**	*Viren*

MEHRZAHL AUF -i

cactus	*Kaktus*	**cacti** [ˈkæktaɪ]	*Kakteen* [ANM 2]
fungus	*Pilz*	**fungi**	*Pilze*
radius	*Radius*	**radii**	*Radien*
stimulus	*Stimulus, Anreiz*	**stimuli**	*Stimuli, Anreize*

ANM 1 | Auch: **round brackets**: ( ), im Gegensatz zu **square brackets:** [ ]
ANM 2 | Möglich sind auch: **antennas, encyclopaedias, formulas, cactuses**

6.5 EINZAHL UND MEHRZAHL IDENTISCH

Einige Hauptwörter haben in Einzahl und Mehrzahl die gleiche Form. Zu ihnen gehören:

- Bestimmte Tiere und Speisefischarten, die bejagt werden und deren Fleisch zum Verzehr bestimmt ist:

bison	*Bison*	**bison**	*Bisons*
deer	*Hirsch, Reh*	**deer**	*Rotwild*
grouse	*Waldhuhn*	**grouse**	*Waldhühner*
moose	AmE: *Elch*	**moose**	*Elche*
reindeer	*Rentier*	**reindeer**	*Rentiere*
sheep	*Schaf*	**sheep**	*Schafe*
cod	*Kabeljau, Dorsch*	**cod**	*Kabeljaus, Dorsche*
fish	*Fisch*	**fish**	*Fische* [ANM 1]
herring	*Hering*	**herring**	*Heringe* [ANM 2]
mackerel	*Makrele*	**mackerel**	*Makrelen*
salmon	*Lachs*	**salmon**	*Lachse*
trout	*Forelle*	**trout**	*Forellen*

▶ ANM 1 | Auch das Deutsche bevorzugt hier den Gebrauch der Einzahlform:
Wir essen gern Fisch (Nicht: *... gern Fische*).
*Die Bestände an **Kabeljau** und **Hering** gehen zurück* [Nicht: *... an Kabeljaus und Heringen*].

Es existiert auch die Mehrzahlform **fishes**, die i.S.v. Fischarten verwendet wird:
New **fishes** have been found in these waters.
*Man hat in diesen Gewässern neue **Fischarten** entdeckt.*

▶ ANM 2 | Wenn von einer bestimmten Anzahl von Exemplaren einer Fischart die Rede ist, steht ebenfalls die normale Mehrzahlform:
Take two **herrings** and cut them into pieces
Nimm zwei Heringe und schneide sie in Stücke. [Nicht: *... two herring*]

- Bewohner von Ländern, deren Namen auf einem Zischlaut endet:

  He is **British**, **Chinese**, **French**, **Japanese**, **Swiss**, **Welsh**
  Er ist Brite, Chinese, Franzose, Japaner, Schweizer, Waliser

  They are **British**, **Chinese**, **French**, **Japanese**, **Swiss**, **Welsh**
  Sie sind Briten, Chinesen, Franzosen, Japaner, Schweizer, Waliser

- Fahrzeuge mit dem Wortbestandteil -**craft**:

  one **aircraft**, one **watercraft**, one **hovercraft**, one **spacecraft**
  ein Flugzeug, ein Wasserfahrzeug, ein Luftkissenboot, ein Raumfahrzeug

  two **aircraft**, two **watercraft**, two **hovercraft**, two **spacecraft**
  zwei Flugzeuge, zwei Wasserfahrzeuge, zwei Luftkissenboote, zwei Raumfahrzeuge

- Werksanlagen mit dem Wortbestandteil -**works**:

  one **aluminium works**, one **steelworks**, one **gasworks**, one **waterworks**
  ein Aluminiumwerk, ein Stahlwerk, ein Gaswerk, ein Wasserwerk

  two **aluminium works**, two **steelworks**, two **gasworks**, two **waterworks**
  zwei Aluminiumwerke, zwei Stahlwerke, zwei Gaswerke, zwei Wasserwerke

- Die folgenden Wörter (darunter viele auf -**s**):

crossroads	*Kreuzung* [AmE: **crossroad**]	**crossroads**	*Kreuzungen*
blues	*Blues* [Musikgattung]	**blues**	*Blues*
gallows	*Galgen*	**gallows**	*Galgen*
grapefruit	*Pampelmuse*	**grapefruit**	*Pampelmusen*
means	*Mittel*	**means**	*Mittel*
series	*Serie*	**series**	*Serien*
species	*Gattung*	**species**	*Gattungen*

7 VOM DEUTSCHEN ABWEICHENDER SPRACHGEBRAUCH

Bei der Frage Einzahl oder Mehrzahl weichen deutscher und englischer Sprachgebrauch auch in anderen Punkten voneinander ab. Beispiele:

7.1 GELDBETRAG, MENGE, ZEITSPANNE

Wir sagen: zwei *Pfund*, fünf *Dollar*, zwanzig *Euro*, fünfzig *Cent* usw. Im Englischen heißt es dagegen: two **pounds**, five **dollars**, twenty **euros**, fifty **cents**.

Obwohl aber die Beträge selbst in der Mehrzahl stehen, werden sie mit Verbformen der Einzahl verbunden, da man sie als eine Summe, einen Betrag, als etwas Ganzheitliches ansieht:

Is 200 pounds more than 200 euros?
Sind *200 Pfund mehr als 200 Euro?*

Auch bei den folgenden Angaben überwiegt oft die Vorstellung von etwas Ganzem:

Forty litres of petrol **was** not enough.
Vierzig Liter Benzin [eine Füllmenge] ***waren*** *nicht genug.*

Eighty years **is** a long time.
Achtzig Jahre [eine Zeitspanne] ***sind*** *eine lange Zeit.*

One hundred metres **is** the shortest sprint race.
100 Meter [eine Distanz] ***sind*** *die kürzeste Sprintstrecke.*

Fish and chips **is** one of Britain's most popular dishes.
Fisch und Chips [ein Gericht] ***sind*** *eine der beliebtesten Speisen in England.*

Aber: The fish and the chips **are** fried in hot oil.
Der Fisch und die Chips [als Einzelteile] ***werden*** *in heißem Öl gebraten.*

7.2 ERGÄNZUNG VON GLEICHSETZUNGSVERBEN

Beachten Sie: Ein Gleichsetzungsverb (in der Regel **be**, siehe Seite 157) steht – anders als im Deutschen – auch dann im Singular, wenn eine Verb-Ergänzung im Plural folgt:

His only hobby **is** girls.
Sein einziges Hobby ***sind*** *Mädchen.*

What I hate the most about school **is** boring lessons.
Was ich an der Schule am meisten hasse, ***sind*** *langweilige Unterrichtsstunden.*

It **is** always the others who pay.
Es ***sind*** *immer die anderen, die bezahlen.*

What we saw **was** two men in dark brown suits.
Was wir sahen, ***waren zwei Männer*** *in dunkelbraunen Anzügen.*

7.3 MEHRERE VON DEMSELBEN

Wir sagen: *im 18. und 19. **Jahrhundert*** oder: *das englische und das deutsche **Volk***, obwohl wir in Wirklichkeit von zwei Jahrhunderten und zwei Völkern sprechen. Das Englische ist hier konsequenter und verwendet die Mehrzahl:

These novels were quite popular in the 18th and 19th **centuries**.
*Diese Romane waren im 18. und 19. **Jahrhundert** recht beliebt.*

Do the English and German **peoples** have much in common?
*Haben das deutsche und das englische **Volk** viel gemeinsam?*

Ähnlich verhält es sich in den folgenden Fällen:

They shook their **heads** when they heard what had happened.
*Sie schüttelten den **Kopf**, als sie hörten, was passiert war.*

Will you please keep your **mouths** shut now?
*Haltet ihr jetzt bitte den **Mund**?*

Go and wash your **faces** before you go to bed.
*Geht und wascht euch das **Gesicht**, bevor ihr ins Bett geht.*

Thousands lost their **lives** in the tsunami.
*Tausende verloren bei dem Tsunami ihr **Leben**.*

8 EINZAHLWÖRTER (Singular Words)
WÖRTER, DIE NORMALERWEISE UNZÄHLBAR SIND

Englische Hauptwörter werden ausschließlich in der Einzahl verwendet, wenn sie Dinge bezeichnen, die sich nicht zählen lassen. Hierzu gehören vor allem Stoff- und Materialbezeichnungen wie *Öl, Stahl, Zucker* usw., aber auch abstrakte Begriffe wie *Zuverlässigkeit, Erziehung* oder *Demokratie*.

Hier einige Beispiele aus dem alltäglichen Gebrauchswortschatz:

8.1 STOFFE, MATERIALIEN, SUBSTANZEN

- NAHRUNGSMITTEL, GETRÄNKE: **beef** *Rindfleisch*, **beer** *Bier*, **bread** *Brot*, **cheese** *Käse*, **food** *Essen, Nahrung*, **ham** *Schinken*, **jam** *Marmelade*, **juice** *Saft*, **meat** *Fleisch*, **milk** *Milch*, **pork** *Schweinefleisch*, **poultry** *Geflügel*, **rice** *Reis*, **salt** *Salz*, **soup** *Suppe*, **sugar** *Zucker*, **veal** *Kalbfleisch*, **wine** *Wein*, **yoghurt** *Joghurt*.

  Getränke wie Kaffee, Tee oder Bier usw., die man in einem Gefäß (Glas, Becher, Tasse usw.) serviert bekommt, werden im Alltag oft wie zählbare Begriffe verwendet: **two coffees, four teas, another six beers** usw.

- HAUSHALTSMITTEL, KÖRPERPFLEGE: **detergent** *Waschmittel, Spülmittel*, **fuel** *Treibstoff*, **glue** *Klebstoff*, **ink** *Tinte*, **insecticide** *Insektengift*, **ointment** *Salbe*, **paint** *(Maler)farbe*, **perfume** *Parfüm*, **poison** *Gift*, **soap** *Seife*.

- STOFFE, MATERIALIEN: **cloth** *Tuch, Stoff*, **cotton** *Baumwolle*, **leather** *Leder*, **plastic** *Plastik*, **rubber** *Gummi*, **silk** *Seide*, **velvet** *Samt*, **wood** *Holz*, **wool** *Wolle*.

- METALLE, BODENSCHÄTZE: **coal** *Kohle*, **copper** *Kupfer*, **iron** *Eisen*, **lead** *Blei*, **metal** *Metall*, **oil** *Öl*, **ore** *Erz*, **petrol** *Benzin*, **steel** *Stahl*, **uranium** *Uran*.

- SUBSTANZEN IN DER UMWELT: **dust** *Staub*, **gravel** *Kies, Schotter*, **mud** *Matsch, Schlamm*, **sand** *Sand*, **snow** *Schnee*, **soil** *Boden, Erde (Erdreich)*, **waste** [AmE: **garbage**] *Abfall, Müll*.

Diesen und ähnlichen Wörtern kann normalerweise kein Zahlwort vorangehen. Formen wie *ten sands*, *one velvet* oder *several petrols* wären schlicht unsinnig und würden sicher auch niemandem einfallen. Stattdessen gebrauchen wir sie meist mit der Angabe einer bestimmten oder unbestimmten Menge: **some velvet, ten loads of sand, several kinds of petrol** usw.

In bestimmten Fällen jedoch lassen sich einige dieser Wörter auch im Plural verwenden, und zwar dann, wenn von verschiedenen *Arten* oder *Sorten* eines Stoffs oder Materials die Rede ist, wie sie beispielsweise im Handel zu erwerben sind:

We only use **environment-friendly detergents**.
Wir verwenden nur umweltfreundliche Waschmittel.

There are **soaps** for nearly every type of skin.
Es gibt Seifen für nahezu jeden Hauttyp.

Do we really need so many different **toothpastes**? [Oder: ... different types of toothpaste].
Brauchen wir wirklich so viele verschiedene Zahnpasta-Sorten?

These plants only grow on fertile **soils**.
Diese Pflanzen wachsen nur auf fruchtbaren Böden.

8.2 ABSTRAKTE BEGRIFFE

Auch abstrakte Hauptwörter können im Einzelfall in der Mehrzahl verwendet werden, wenn sie etwas bezeichnen, das in unterschiedlichen Arten, Formen und Ausprägungen existiert:

All countries in Western Europe are parliamentary **democracies**.
Alle Länder in Westeuropa sind parlamentarische Demokratien.

We met to exchange our **experiences**.
Wir trafen uns, um unsere Erfahrungen auszutauschen.

Our community is based on common **values**.
Unsere Gemeinschaft ist auf gemeinsame Werte gegründet.

My worst **fears** came true.
Meine schlimmsten Befürchtungen wurden wahr.

8.3 WÖRTER, DIE NUR IM DEUTSCHEN ZÄHLBAR SIND

Die folgenden Wörter verdienen besondere Beachtung, weil das Englische sie als *unzählbar* ansieht, während sie im Deutschen *zählbar* sind. Allerdings gibt es auch hier einige Bedeutungsvarianten, die eine Mehrzahlform erforderlich machen.

advice *Rat, Ratschläge*
It would be better to get a lawyer's **advice** on this matter.
Es wäre besser, in dieser Angelegenheit den Rat eines Anwalts einzuholen.

damage *Schaden, Schäden* (**to** sth. - *an etwas*)
The storm caused great **damage** to the area.
Der Sturm richtete in dem Gebiet schwere Schäden an.

► Die Mehrzahlform **damages** steht für *Schadenersatz, Entschädigung*:
The victim of the assault demanded 5,000 euros in **damages**.
Das Opfer des Überfalls verlangte 5.000 Euro Schadenersatz.

evidence *Beweise, Beweismaterial*
There wasn't sufficient **evidence** to convict him of murder.
Es gab nicht genügend Beweise, um ihn des Mordes zu überführen.

furniture *Möbel, Mobiliar*
We need more modern **furniture** for our office.
Wir brauchen modernere Möbel für unser Büro.

hair *Haar, Haare*
Susan has blue-green eyes and dark blond **hair**.
Susan hat blaugrüne Augen und dunkelblonde Haare.

information *Informationen*
We still have too little **information** to make a decision.
Wir haben immer noch zu wenige Informationen, um eine Entscheidung zu treffen.

knowledge *Kenntnisse, Wissen*
Applicants have to demonstrate good **knowledge** of English.
Bewerber müssen gute Englischkenntnisse nachweisen.

luggage, AmE: **baggage** *Gepäck*
What do we need so much luggage for?
Wozu brauchen wir soviel Gepäck?

news *Nachrichten*
Manchmal ist zu hören, dass **news** eine Kurzform von **N**ew **E**vent **W**ith **S**ignificance (*Neues Ereignis von Bedeutung*) darstelle oder aus den Anfangsbuchstaben von **N**orth, **E**ast, **W**est und **S**outh gebildet sei. Tatsächlich ist **news** die Pluralform des heute nur noch als Adjektiv existierenden alten Hauptworts **new** (*Neues*), wird aber, obwohl es auf -**s** endet, konsequent nur als Einzahl behandelt:
The latest **news** from the warzone **is** depressing.
*Die neuesten Nachrichten aus dem Kriegsgebiet **sind** deprimierend.*

progress *Fortschritte*
The talks have made little **progress** so far.
Die Gespräche haben bislang wenig Fortschritte gemacht.

research *Forschung, Forschungen*
For the most part, our **research** is financed by private sponsors.
Unsere Forschungen werden größtenteils von privaten Geldgebern finanziert.

work *Arbeit, Arbeiten*
The tunnel has been closed for repair **work** since last week.
Der Tunnel ist seit letzter Woche wegen Reparaturarbeiten geschlossen.

► Die Mehrzahlform **works** kann bedeuten:
Werk, Betrieb: cement **works**, **works** council, Bavarian Motor **Works**/BMW
Werke [eines Autors]: The Complete **Works** of William Shakespeare

Halten wir fest: Die hier genannten Wörter bilden keine Mehrzahlform. Sprechen Sie also nicht von *advices, *evidences oder *informations, auch wenn dies vom Deutschen her *(Ratschläge, Beweise, Informationen)* naheliegend erscheint.

Vermeiden Sie auch den Gebrauch dieser Wörter mit dem unbestimmten Artikel. Sagen Sie niemals: *a good advice, *an evidence oder *one information.

Wollen Sie aber ausdrücklich von *einer* ausgezeichneten Arbeit, *einer* schrecklichen Nachricht, *einem* guten Rat, *zwei* wichtigen Informationen usw. sprechen, so können Sie dies durch die Voranstellung von **a piece of** … oder **a bit of** … deutlich machen. Vergleichen Sie:

excellent **work**	*gute Arbeit*
an excellent **piece of work**	*eine gute Arbeit*
terrible **news**	*schreckliche Nachrichten*
a terrible **piece of news**	*eine schreckliche Nachricht*
too much **luggage**	*zuviel Gepäck*
too many **pieces of luggage**	*zu viele Gepäckstücke*
good **advice**	*gute Ratschläge*
a good **bit of advice**	*ein guter Rat*
important **information**	*wichtige Informationen*
two important **bits of information**	*zwei wichtige Informationen*

ANGLEICHUNG DER WORTUMGEBUNG

Achten Sie unbedingt auch darauf, dass die dem Hauptwort zugeordneten Verben und Bestimmungswörter der Einzahlform angepasst werden müssen. Das folgende Beispiel macht den Unterschied deutlich:

deutsch (Mehrzahl):	**Diese**	Möbel	**sind**	sehr alt.
englisch (Einzahl):	**This**	furniture	**is**	very old.

Nicht: *these furnitures *are very old.

8.4 EINZAHLWÖRTER, DIE MIT -s ENDEN

Es mag für deutsche Ohren befremdlich klingen, aber einige Wörter, die auf **-s** enden, ihrer Form nach also Mehrzahl sind, werden mit Verbformen der Einzahl (**is**, **has**, bei Vollverben mit der **s-Form**) verbunden. Hier eine Übersicht:

* **Geographische** und **politische** Bezeichnungen:

The Netherlands	*die Niederlande*
The Philippines	*die Philippinen*
The United Arab Emirates	*die Vereinigten Arabischen Emirate*
The United States of America	*die Vereinigten Staaten von Amerika*
The United Nations	*die Vereinten Nationen*

The Netherlands **is** a member of NATO. [Nicht: *… are a member]
*Die Niederlande **sind** Mitglied der NATO.*

The Philippines **takes** part in the Olympics. [Nicht: *… take part]
*Die Philippinen **nehmen** an der Olympiade teil.*

The USA **is** often called "the land of unlimited possibilities". [Nicht: *are often called]
*Die USA **werden** oft „das Land der unbegrenzten Möglichkeiten" genannt.*

The UN **has** passed another resolution. [Nicht: *have passed]
*Die Vereinten Nationen **haben** eine weitere Resolution verabschiedet.*

* Hauptwörter auf **-ics**, die ein *Lehrfach* oder eine *Wissenschaftsdisziplin* bezeichnen:

acoustics	*Akustik*
athletics	*Leichtathletik, Sport*
economics	*Volkswirtschaftslehre*
electronics	*Elektronik*
genetics	*Genetik*
gymnastics	*Gymnastik, Turnen*
linguistics	*Linguistik, Sprachwissenschaft*
logistics	*Logistik*
mathematics	*Mathematik*
kurz: **maths** [BE], **math** [AmE]	*Mathe*
mechanics	*Mechanik*
physics	*Physik*
politics	*Politik*
statistics	*Statistik*

In anderer Verwendung, wenn nicht von einem Studienfach oder einem Wissenschaftsgebiet die Rede ist, steht die Mehrzahl. Vergleichen Sie:

Acoustics **is** the study of sound.
Akustik [= das Fachgebiet] ist die Lehre vom Klang.

The acoustics of the new hall **are** excellent.
Die Akustik [= die akustischen Eigenschaften] der neuen Halle ist hervorragend.

Statistics **is** applied in various fields of science.
Statistik [= die Methode der Datenerfassung und -auswertung]
wird in verschiedenen Wissenschaftsgebieten angewandt.

The statistics **say** that crime rates **are** declining.
Die Statistik [= das konkrete Zahlenmaterial] sagt, dass die Kriminalitätsrate sinkt.

- Bezeichnungen für einige **Krankheiten**

chickenpox	*Windpocken*
diabetes	*Zuckerkrankheit, Diabetes*
measles	*Masern*
mumps	*Mumps, Ziegenpeter*
rabies	*Tollwut*
rickets	*Rachitis*
smallpox	*Pocken*

Measles **occurs** mainly in young children.
Masern treten hauptsächlich bei kleinen Kindern auf.

Chickenpox **is** no longer a dangerous disease.
Windpocken sind keine gefährliche Erkrankung mehr.

Smallpox **was** a highly infectious disease but **has** now been eliminated.
Pocken waren eine hochansteckende Krankheit, sind jetzt aber ausgerottet.

- Bezeichnungen für einige **Spiele**:

billiards	*Billard*
bowls	*Boule* [Spiel mit Kugeln]
darts	*Darts* [Spiel mit Wurfpfeilen]
dominoes	*Domino*
draughts, AmE: **checkers**	*Dame*
skittles	*Kegeln*

Darts **is** regularly televised in Britain.
Darts wird in Großbritannien regelmäßig im Fernsehen übertragen.

Skittles **is** one of her passions.
Kegeln ist eine ihrer Leidenschaften.

Billiards **demands** a great deal of precision.
Billard verlangt eine Menge Präzision.

9 MEHRZAHLWÖRTER (Plural Words)

Eine nicht unbedeutende Zahl von Hauptwörtern wird im Englischen ausschließlich in der Mehrzahlform verwendet. Darunter nicht wenige, die wir im Deutschen als Einzahlwörter kennen und auch als solche verwenden wie *Brille* (**glasses**), *Treppe* (**stairs**), *Hose* (**trousers**) oder *Ware* (**goods**).

Typische Mehrzahlwörter finden sich vor allem in den folgenden Gruppen:

9.1 PAARWÖRTER

Mit dem Begriff *Paarwörter* werden Gegenstände bezeichnet, die aus zwei miteinander verbundenen gleichen Teilen zusammengesetzt sind. Dazu gehören

– WERKZEUGE UND GEBRAUCHSGEGENSTÄNDE

binoculars	*Fernglas*
clippers [auch sg: **clipper**]	*Schere, Knipszange* (für Nägel)
compasses, auch: **dividers**	*Zirkel*

► Die Form **compass** bezeichnet dagegen einen *Kompass*

field-glasses	*Feldstecher*
nutcrackers [auch sg: **nutcracker**]	*Nussknacker*

► Der *Nussknacker* als Holzfigur ist immer Einzahl, ebenso natürlich der auf einer solchen Figur basierende Titel des populären Balletts von Peter Tschaikowsky: **The Nutcracker**

opera glasses	*Opernglas*

pincers	Kneifzange, Beißzange
pliers	Zange, Seitenschneider
tongs	Zuckerzange
scales	Waage
scissors	Schere (im Haushalt)
shears	Gartenschere, Heckenschere
tweezers	Pinzette

► im medizinischen Bereich: **forceps**

– BEKLEIDUNG

bermudas	Bermuda-Shorts
braces, AmE: **suspenders**	Hosenträger
briefs	Slip
clothes	Kleidung, Klamotten

► Die Einzahlform **cloth** bezeichnet ein Stück *Tuch, Stoff, Decke* wie in **dishcloth** *(Geschirrtuch)* oder **tablecloth** *(Tischdecke)*

cords	Cordhose
jeans	Jeans
jodhpurs, auch: **breeches**	Reithose
knickerbockers	Kniebundhose, Knickerbocker
knickers, AmE: **panties**	(Damen-, Mädchen-) *Schlüpfer, Slip*
leggings	Leggings,
overalls	Latzhose

► Die Einzahlform **overall** bezeichnet einen *Overall*, eine *Arbeitsanzug*

pants	BE: *Herrenunterhose*, AmE: *lange Hose*
pyjamas, AmE: **pajamas**	Schlafanzug, Pyjama
rompers	Strampler, Strampelanzug
shorts	kurze Hose, Shorts
swimming trunks	Badehose
tights	Strumpfhose

► Die Form **tight** ist ein Adjektiv und bedeutet *eng (anliegend), stramm, fest*

tracksuit trousers	Trainingshose, Jogginghose
trousers	(lange) Hose

– AM KÖRPER GETRAGENE GEGENSTÄNDE

(dental) **braces**	Zahnspange
dentures	Gebiss, Zahnersatz
glasses, auch: **spectacles**, **specs**	Brille
goggles	Schutzbrille, Taucherbrille
sunglasses	Sonnenbrille

BEZEICHNUNG EINZELNER EXEMPLARE

Will man diese Gegenstände und Kleidungsstücke zählbar machen, so stellt man ihnen **a pair of**..., **two pairs of**... usw. voran:

Take **a sharper pair of scissors**.
Nimm eine schärfere Schere.

I badly need **a new pair of glasses**.
Ich brauche dringend eine neue Brille.

Which **pair of trousers** shall I put on?
Welche Hose soll ich anziehen?

On cold days I sometimes wear **two pairs of tights**.
An kalten Tagen trage ich manchmal zwei Strumpfhosen.

9.2 ANDERE MEHRZAHLWÖRTER

Auch diese Hauptwörter werden im Plural gebraucht:

belongings	Habe, Hab und Gut, „Siebensachen"
goods	Ware
headquarters	Zentrale, Hauptquartier
lodgings	möbliertes Zimmer, „Bude"
odds	Gewinnchancen, (Wett)Quote
outskirts	Stadtrand, Außenbezirke
surroundings, environs	Umgebung, Umland
thanks	Dank

Bei den folgenden Wörtern ist Vorsicht geboten. Sie haben in Einzahl und Mehrzahl zum Teil abweichende oder unterschiedliche Bedeutungen:

accounts *(Geschäfts)bücher, Buchführung, Konten:*
He had manipulated the accounts for years.
Er hatte jahrelang die Bücher frisiert.

▶ Die Einzahlform **account** hat mehrere Bedeutungen, u.a.
Konto: a **current account** *(ein Girokonto)*, a **savings account** *(ein Sparkonto)*
Abrechnung: an **account** of expenses *(eine Spesenabrechnung)*
Bericht: a detailed **account** of the meeting *(ein detaillierter Bericht über die Sitzung)*

appearances *der Anschein, der äußere Schein*
Appearances are deceiving.
Der Schein trügt.

Die Einzahlform **appearance** bedeutet:
Auftreten, Auftritt: her first TV **appearance** *(ihr erster Fernsehauftritt)*
äußere Erscheinung: an attractive **appearance** *(eine attraktive Erscheinung)*

arms *Waffen*
In this country everybody has the right to bear arms.
In diesem Land hat jeder das Recht, Waffen zu tragen.

Eine einzelne Waffe ist **a weapon**. Diese Bezeichnung umfasst alles, was zum Zwecke einer Drohung, eines Angriffs oder auch der Verteidigung eingesetzt wird:
Civil disobedience can be an effective **weapon**.
Ziviler Ungehorsam kann eine wirkungsvolle Waffe sein.

Attack dogs can be used as **weapons**.
Kampfhunde können als Waffen benutzt werden.

arms [oft in der Bezeichnung **coat of arms**] kann auch *Wappen* bedeuten:
The Royal Coat of Arms adorns the gate of Buckingham Palace.
Das königliche Wappen ziert das Tor des Buckingham-Palasts.

ashes *Asche* [sterbliche Überreste]
His ashes were spread over the water.
Seine Asche wurde über das Wasser verstreut.

▶ Die Einzahlform **ash** steht für
Asche (Verbrennungsrückstand): Don't drop your cigarette **ash** on the floor.
Lass deine Zigarettenasche nicht auf den Boden fallen.
Esche (Baum): Our dog lies buried under an **ash** (tree).
Unser Hund liegt unter einer Esche begraben.

barracks *Kaserne*
The barracks were torn down after the soldiers had withdrawn.
Die Kaserne wurde abgerissen, nachdem die Soldaten abgezogen waren.

barracks ist die Pluralform von **barrack** (Baracke), wird aber auch in der Bedeutung *Kaserne* gelegentlich als Einzahl konstruiert: The barracks **was** torn down.

contents *Inhalt*
The contents of the cartons were thoroughly examined.
Der Inhalt der Kartons wurde gründlich überprüft.

Die Einzahlform **content** bedeutet *Gehalt, Substanz:*
The alcoholic content of beer averages 5%.
Der Alkoholgehalt von Bier liegt bei durchschnittlich 5%.

customs *Zoll*
customs, immer ohne **the**, bezeichnet nicht nur den *Zoll* als Behörde, sondern auch die Abgaben, die von dieser erhoben werden:
The goods were confiscated by customs.
Die Ware wurde vom Zoll beschlagnahmt.

We had to pay 200 euros in customs. [Besser jedoch: … in customs duty.]
Wir mussten 200 Euro Zoll(abgaben) bezahlen.

▶ Die Einzahlform **custom** bedeutet *Brauch, Gepflogenheit:*
Putting up a Christmas tree is an old custom in our family.
Das Aufstellen eines Weihnachtsbaums ist in unserer Familie ein alter Brauch.

Auch die Bezeichnung **customer** (Kunde) rührt von dessen Gewohnheit her, seine Besorgungen immer in demselben Laden bzw. bei demselben Händler zu erledigen.

dishes *Geschirr* [als Abwasch]
After clearing the table I do the dishes right away.
Nachdem ich den Tisch abgeräumt habe, mache ich sofort den Abwasch.

Die Einzahlform **dish** bedeutet *Gericht, Essen:*
a **delicious dish** *(ein leckeres Gericht)*

looks *Aussehen*
It's her good looks that got her the job.
Es ist ihr gutes Aussehen, das ihr den Job eingebracht hat.

▶ Die Einzahlform **look** bedeutet *Blick:*
We would like to take a look into the living room.
Wir würden gern einen Blick in das Wohnzimmer werfen.

minutes *Protokoll* [z.B. einer Sitzung]
We have taken minutes of all our meetings.
Wir haben von allen unseren Sitzungen ein Protokoll angefertigt.

▶ Die Einzahlform **minute** bedeutet, wie bekannt, *Minute.*

premises *Grundstück, Gelände*
Parking cars on school premises is prohibited.
Das Abstellen von Autos auf dem Schulgelände ist verboten.

▶ Die Einzahlform **premise** bedeutet dagegen *Annahme*
[als Voraussetzung für ein bestimmtes Denken und Handeln], *Prämisse:*
This policy was based on a completely wrong premise.
Diese Politik basierte auf einer völlig falschen Annahme.

stairs, steps *Treppe*
Als **stairs** bezeichnet man gemeinhin eine *Treppe* im Haus,
während es sich bei **steps** um eine *Steintreppe*, eine *Treppe im Freien* handelt.
You have to walk down these stairs to get to the dining room.
Sie müssen diese Treppe hinuntergehen, um zum Speisesaal zu kommen.

▶ Eine einzelne Stufe ist **a stair** bzw. **a step:**
I tripped over a step and twisted my ankle.
Ich bin über eine Stufe gestolpert und habe mir den Knöchel verstaucht.

9.3 MEHRZAHLWÖRTER OHNE -s

Einige Hauptwörter sehen, da sie nicht auf **-s** enden, wie Einzahlwörter aus, sind jedoch ihrer Bedeutung nach Mehrzahl und entsprechend zu behandeln. Das heißt, ihnen folgen – anders als im Deutschen – Verbformen im Plural: **are**, **were** und **have.** Hier die wichtigsten:

cattle *Vieh* [einzelnes Tier: **cow**]
The cattle **were** at pasture during the night.
*Das Vieh **war** während der Nacht auf der Weide.*

▶ Einzelne Tiere werden als **head** gezählt: **1000 head of cattle** *(1000 Stück Vieh)*

clergy *Klerus, Kirchenleute* [einzelne Person: **clergyman**]
In some countries clergy **are** financed by the state.
*In einigen Ländern **wird** der Klerus vom Staat finanziert.*

police *Polizei* [einzelne Person: **policeman**, neutral: **police officer**]
The police still **have** no evidence in the recent murder case.
*Die Polizei **hat** im jüngsten Mordfall immer noch keine Beweise.*

youth *Jugend* [einzelne Person: **young person**]
Is it true that the youth of today **are** not interested in politics?
*Stimmt es, dass die Jugend von heute nicht an Politik interessiert **ist**?*

youth *(Jugendlicher, junger Mensch)* ist ein zählbares Hauptwort
und bildet die Mehrzahlform **youths** *(Jugendliche, junge Leute):*
A group of **youths** had gathered in front of the disco.
Eine Gruppe von Jugendlichen hatte sich vor der Diskothek versammelt.

data und **media**

Die Fremdwörter **data** *(Daten)* und **media** *(Medien)* sind Mehrzahlformen, zu erkennen an der lateinischen Pluralendung **-a** (die Singularform endet auf **-um: datum, medium**), werden aber im Englischen uneinheitlich behandelt.

data wird im BE, vor allem im Zusammenhang mit Computern
oder wenn die *Gesamtheit der Daten*, der *Datenbestand*, gemeint ist, meist
als Einzahlwort wie **evidence, advice, furniture** usw. [→ **46** (8.3)] behandelt:
This data **is** strictly confidential.
Diese Daten sind streng vertraulich.

Versteht man *Daten* dagegen als konkrete, individuelle *Angaben*, auf die man einzeln zugreifen kann, wird eine Konstruktion im Plural bevorzugt:
These data **are** strictly confidential.
Diese Angaben sind streng vertraulich.

Bei **media** liegt der Fall einfacher, weil wir es hier mit zwei unterschiedlichen Bedeutungen eines Begriffs zu tun haben:

Die *Medien* als übergreifende Bezeichnung für Presse, Funk, Fernsehen und Internet können als Einzahl oder Mehrzahl konstruiert werden:

The media **has / have** enormous influence on public opinion.
*Die Medien **haben** enormen Einfluss auf die öffentliche Meinung.*

Medien im Sinne von Speichermedien oder Datenträgern sind, wie im Deutschen, immer Mehrzahl:

The new media **have** enormous storage capacity.
*Die neuen Medien **haben** enorme Speicherkapazitäten.*

10 BEZEICHNUNG VON GRUPPEN - Einzahl oder Mehrzahl?

Viele Hauptwörter bezeichnen eine feste, klar umrissene, durch gemeinsame Merkmale verbundene Gruppierung wie *Familie, Schulklasse, Mannschaft, Regierung usw.* Im Deutschen werden sie durchweg als Einzahl behandelt. Nicht so im Englischen, wo die Wahl zwischen Singular und Plural einmal mehr von unterschiedlichen Sichtweisen abhängt.

10.1 GRUPPIERUNGEN, DIE ALS MEHRZAHL BEHANDELT WERDEN

Eine Gruppe wird vor allem dann als Mehrzahl behandelt, wenn man sie als eine Gemeinschaft individuell handelnder Personen betrachtet – etwa als Mitglieder einer Familie, als Spieler einer Mannschaft, als Musiker eines Orchesters usw.

In diesem Fall werden die betreffenden Hauptwörter nicht durch **it** ersetzt, sondern durch **they**. Sind sie mit den Verben **be** oder **have** verbunden, so folgen ihnen die Formen **are**, **were** und **have** (und nicht: **is**, **was** und **has**). Beispiele:

My host family **are** wonderful. **They** help me wherever **they** can.
*Meine Gastfamilie **ist** wunderbar. Sie hilft mir, wo immer sie kann.*

The government **are** preparing a law against smoking in public.
*Die Regierung **bereitet** ein Gesetz gegen das Rauchen in der Öffentlichkeit vor.*

Our football team **are** playing very well at the moment.
*Unsere Fußballmannschaft **spielt** zurzeit sehr gut.*

England **are** playing Germany on Saturday.
*England [die Nationalmannschaft] **spielt** am Sonnabend gegen Deutschland.*

Das Wort **people**, das sowohl *Leute* als auch *Volk* bedeuten kann, wird durchweg wie ein Mehrzahlwort behandelt:

The Russian people **have** suffered incredibly during the war.
Das russische Volk hat während des Krieges unglaublich gelitten.

10.2 GRUPPIERUNGEN, DIE ALS EINZAHL BEHANDELT WERDEN

Sieht man eine Gruppierung als unpersönliche Einheit an, deren Mitglieder uns nicht bekannt oder nicht wichtig sind, werden die entsprechenden Hauptwörter als Einzahl behandelt:

An average family **has** fewer children, but more money than 50 years ago.
*Eine Durchschnittsfamilie **hat** weniger Kinder, aber mehr Geld als vor 50 Jahren.*

Our hockey team **is** sponsored by a local brewery.
*Unsere Hockeymannschaft **wird** von einer hiesigen Brauerei finanziell unterstützt.*

A good cast **doesn't** always guarantee a good movie.
*Eine gute Besetzung **garantiert nicht** immer einen guten Film.*

England **is** part of Great Britain.
*England **ist** Teil Großbritanniens.*

Hier eine Liste der wichtigsten dieser Wörter:

army	*Armee*
audience	*Publikum* [Besucher eines Konzerts u.ä.]
band	*Kapelle, Band*
the B.B.C.	*die BBC* [British Broadcasting Corporation, britische Rundfunk- und Fernsehanstalt]
cast	*Besetzung* [z.B. eines Films, Musicals]
choir	*Chor*
class	*Klasse*
club	*(Sport)club*
company	*Gesellschaft, Firma*
crew	*Besatzung*
crowd	*Menschenmenge*

England	*England* [und alle Ländernamen]
family	*Familie*
gang	*Bande*
government	*Regierung*
group	(Gesangs-, Pop- usw.) *gruppe*
jury	*Jury* [im Strafprozess: *die Geschworenen*]
majority	*Mehrheit*
minority	*Minderheit*
number	*Anzahl*
orchestra	*Orchester*
party	(Fest-, Reise-) *gesellschaft*
press	*Presse*
staff	*Personal, Belegschaft*
team	*Mannschaft, Team*
union	*Gewerkschaft*

11 ZUSAMMENGESETZTE HAUPTWÖRTER

Bei zusammengesetzten Hauptwörtern (**compound nouns**) verbinden sich zwei selbständige Wörter (von denen zumindest eines ein Hauptwort ist), zu einem neuen Begriff. Beispiele:

- HAUPTWORT + HAUPTWORT
  bedroom, boyfriend, daylight, handbag, snowman, songbook
- HAUPTWORT + VERB oder VERB + HAUPTWORT
  bus stop, rainfall, sunshine, dance hall, playground, showroom
- ADJEKTIV + HAUPTWORT
  blackboard, greenhouse, hard disk, loudspeaker, shorthand
  Bei der Verbindung Adjektiv + Hauptwort ist unbedingt darauf zu achten, dass die beiden Wörter wirklich einen neuen Begriff bilden (Zusammenschreibung) und nicht als Verbindung Adjektiv + Hauptwort (Getrenntschreibung) gedeutet werden können. Vergleichen Sie:
  a blackbird *eine Amsel* – **a black bird** *ein schwarzer Vogel*
  a greenhouse *ein Treibhaus* – **a green house** *ein grünes Haus*
  a loudspeaker *ein Lautsprecher* – **a loud speaker** *ein lauter Sprecher*
- HAUPTWORT + ADVERB oder ADVERB + HAUPTWORT
  hanger-on *Mitläufer*, **passer-by** *Passant*, **bystander** *Schaulustiger*, **onlooker** *Zuschauer*
- VERBINDUNGEN OHNE HAUPTWORT
  breakdown *Zusammenbruch, Panne*, **flyover** *(Straßen)überführung*, **income** *Einkommen*, **output** *Ausstoß, Ertrag*, **lookout** *Aussichtspunkt*, **takeover** *(Geschäfts)übernahme*

SCHREIBUNG

Es gibt für die Schreibung zusammengesetzter Hauptwörter keine verbindlichen Regeln. Üblicherweise werden kurze, allgemein bekannte und gebräuchliche Wortverbindungen zusammengeschrieben:

airport, bookshop, football, girlfriend, masterpiece

Auch der Gebrauch des Bindestrichs schwankt. In aller Regel steht er aber bei Verbindungen mit einer Präposition:

sit-in, hanger-on, passer-by

Wird die Verbindung zu lang oder sind in ihr weniger bekannte Wörter enthalten, so ist die Getrenntschreibung (ohne Bindestrich) vorzuziehen:

switchboard operator, crossword puzzle, video recorder, tennis racket, communication cord

Diese Schreibung wird auch verwendet, um ein Aufeinandertreffen von zwei gleichen Buchstaben zu vermeiden:

hard disk, bus stop, fast train, boat trip [Nicht: *harddisk, busstop, fasttrain, boattrip]

MEHRZAHL ZUSAMMENGESETZTER HAUPTWÖRTER

Es tritt immer dasjenige Wort-Element in die Mehrzahl, das die Bedeutung trägt.
Im Normalfall ist es das zweite:

bus stop *Bushaltestelle* – **bus stops**, matchbox *Streichholzschachtel* – **matchboxes**,
shareholder *Aktionär* - **shareholders**, onlooker *Zuschauer* – **onlookers**,
great-**grandfather** *Urgroßvater* – great-**grandfathers**,
breakdown *Zusammenbruch* – **breakdowns**

In einigen Fällen jedoch trägt das **erste** Wortelement die Bedeutung und tritt daher in die Mehrzahl. Dies ist der Fall bei

- Zusammensetzungen des Typs Hauptwort-Präposition-Hauptwort:
  mother-in-law *Schwiegermutter* – **mothers**-in-law,
  man-of-war [historisch, auch: man-o'war] *Kriegsschiff* – **men**-of-war / **men**-o'-war
- Verbindungen wie **passer**-by [auch: **passerby**] *Passant* – **passers**-by [auch: **passersby**]
  hanger-on [auch: **hangeron**] *Mitläufer* – **hangers**-on [auch: **hangerson**] .

  Beginnt die Verbindung mit **man** oder **woman**, so nehmen beide Wortelemente
  die Mehrzahlform an:

  manservant *Hausdiener* – **menservants,** woman bus driver *Busfahrerin* – **women bus drivers**

12 DER BESITZFALL VON HAUPTWÖRTERN

Hauptwörter bilden einen Besitzfall (Genitiv, engl.: **genitive** oder **possessive case**), eine Form, durch die deutlich gemacht wird, dass jemandem etwas gehört bzw. dass Personen oder Dinge zusammengehören.

Im Deutschen können wir ein solches Besitz- oder Zusammengehörigkeitsverhältnis auf zweierlei Weise zum Ausdruck bringen:

GENITIVISCH	PRÄPOSITIONAL: *von* …
der Hund *meines Nachbarn*	der Hund *von meinem Nachbarn*
das Haus *unserer Eltern*	der Haus *von unseren Eltern*
der Preis *des Autos*	der Preis *von dem Auto*

In der Alltagssprache sind beide Varianten zu hören, auch wenn die genitivische eindeutig als das bessere Deutsch angesehen wird.

Der englische Besitzfall ist von der Form her dem deutschen ähnlich. Er wird gebildet

- durch Anfügen von **'s**:   my **neighbour's** dog
- durch Anfügen von **'**:   our **parents'** house
- durch eine Konstruktion mit **of**:   the price **of the car**

Ob die genitivischen Varianten (mit **'s** / **'**) oder die Konstruktion mit **of** vorzuziehen sind, hängt von mehreren Faktoren ab, wobei auch stilistische und klangliche Aspekte eine Rolle spielen. Zwar wird man immer sagen: **my neighbour's dog** und **the price of the car**, und nicht: *the dog of my neighbour* oder *the car's price*. Für *das Haus unserer Eltern* kommen dagegen als Übersetzung sowohl **our parents' house** als auch **the house of our parents** in Frage. Richten Sie sich am besten nach den folgenden Hinweisen, dann können Sie nichts falsch machen:

12.1 DER GENITIVISCHE BESITZFALL

Diese Form des Besitzfalls, die durch Anfügen von **'s** oder **'** gebildet wird, findet vor allem bei Lebewesen, häufig aber auch bei Zeit- und Ortsangaben Verwendung.

DER BESITZFALL BEI LEBEWESEN

- Hauptwörtern (oft Eigennamen) und Hauptwortgruppen in der Einzahl
  wird **'s** angefügt:
  Bob's flat, **Mr Cole's** wife, **The President's** suite, in **God's** name
  Bobs Wohnung oder: die Wohnung von Bob, Mr Coles Frau oder: die Frau von Mr Cole,
  die Suite des Präsidenten, in Gottes Namen oder: im Namen Gottes

  the **boy's** ball, my **mother's** eyes, the **cat's** food
  der Ball des Jungen, die Augen meiner Mutter, das Futter der Katze

  the little girl's doll, **The Duchess of Kent's** husband
  die Puppe des kleinen Mädchens, der Ehemann der Herzogin von Kent

- An eine Mehrzahlform ohne -s wird ebenfalls **'s** angefügt:

  the **men's** names, the **women's** work, the **children's** eyes
  die Namen der Männer, die Arbeit der Frauen, die Augen der Kinder

  Gleiches geschieht, besonders im britischen Englisch, bei Vornamen, die mit -s enden:
  Charles's car, **Denis's** new girlfriend, **St. James's** Park
  Aussprache der Endung: [ɪzɪz]

- Nachnamen, die mit -s enden, erhalten dagegen nur ein **'**:
  Mr Gates' fortune, **Socrates'** philosophy, **Keith Richards'** guitar

- Auch bei Mehrzahlformen auf -s wird lediglich ein **'** angefügt:
  the **boys'** ball, the **girls'** doll, the **cats'** food
  der Ball der Jungen, die Puppe der Mädchen, das Futter der Katzen

- EIN **BESITZER** VON ETWAS

  Der Besitzfall mit **'s** drückt ein Verhältnis aus, das folgendes besagt:
  einem bestimmten Lebewesen gehört eine bestimmte Sache:
  grandfather's clock ist die Uhr, die dem Großvater gehört
  the cat's food ist das Futter, das einer bestimmten Katze gehört

- EINE BESTIMMTE **ART** VON ETWAS

  Bezeichnet der erste Begriff dagegen eine spezielle Art oder Sorte des zweiten,
  so steht kein **'s**:
  a grandfather clock ist eine bestimmte Art von Uhr: eine **Stand**uhr
  [im Unterschied zu einer *Wanduhr*, einer *Turmuhr* oder einer *Kuckucksuhr*.]
  cat food ist eine besondere Sorte **food**: **Katzen**futter
  [im Unterschied zu *Viehfutter, Hundefutter* oder *Vogelfutter*.]

DER BESITZFALL BEI ZEITANGABEN

Der Besitzfall mit **'s** (Mehrzahl: **'**) steht häufig auch dann,
wenn etwas mit einem bestimmten Zeitraum verbunden wird:

today's newspaper	*die Zeitung von heute*
tomorrow's weather	*das Wetter von morgen*
last night's party	*die Party von gestern Abend*
A Midsummer Night's dream	*ein Sommernachtstraum*
yesterday's TV programme	*das Fernsehprogramm von gestern*
a day's work	*die Arbeit eines Tages*
a **two weeks'** holiday	*ein zweiwöchiger Urlaub*
in **ten years'** time	*in zehn Jahren*

DER BESITZFALL BEI ORTSANGABEN

Auch in Verbindung mit Ortsbezeichnungen, insbesondere
bei Städte- und Ländernamen, ist diese Konstruktion üblich:

London's best restaurants	*die besten Restaurants Londons*
the city's oldest district	*der älteste Bezirk der Stadt*
this village's charm	*der Reiz dieses Dorfes*
our nation's pride	*der Stolz unserer Nation*
a country's wealth	*der Wohlstand eines Landes*
Germany's future	*die Zukunft Deutschlands*
Australia's history	*die Geschichte Australiens*

Möglich ist aber auch: the best restaurants **of London**, the oldest district **of the city**, the charm
of this village, the pride **of our nation**, the future **of Germany**, the history **of Australia**.

DER ALLEINSTEHENDE BESITZFALL

Bewohner, Inhaber, Betreiber bestimmter Räumlichkeiten (z.B. einer Wohnung, eines Ladens,
einer Praxis, eines Restaurants usw.), ebenso Kaufhäuser und Kirchen, werden in der Regel
alleinstehend genannt, also ohne Angabe dessen, was sie besitzen:

at **Linda's**	*bei Linda* [in ihrer Wohnung]
at **Stuart and Helen's**	*bei Stuart und Helen* [zu Hause]
at **the Bakers'**	*bei den Bakers* [zu Hause]
at **the baker's**	*beim Bäcker* [in seinem Laden]
at **the doctor's** / at **the dentist's**	*beim Arzt/Zahnarzt* [in der Praxis]
at **St Paul's**	*in der St. Paul's Kathedrale*

statt: Linda's flat, the baker's shop, St. Paul's Cathedral usw.

▶ NAMEN VON KAUFHÄUSERN

Seltsam, aber wahr: Große britische Kaufhäuser lassen den Apostroph (**'**) in ihrem Namen gewöhnlich wegfallen, in amerikanischen dagegen bleibt er stehen:

at **Harrods**, at **Selfridges**	*bei Harrods, Selfridges* (in London)
at **Macy's**, at **Tiffany's**	*bei Macy's, Tiffany's* (in New York)

Harrod, Selfridge, Macy und Tiffany sind die Namen der jeweiligen Firmengründer.

Auch das berühmte Londoner Wachsfigurenkabinett, einst als *Madame Tussaud's* bekannt, hat
den Apostroph fallengelassen und schreibt sich nun *Madame Tussauds*.

12.2 DER BESITZFALL MIT of ...

Diese Konstruktion ist üblich, wenn der „Besitzer" von etwas nicht eine Person, sondern eine Sache ist. Dabei geht es oft gar nicht um ein Besitzverhältnis im eigentlichen Sinne, sondern darum, dass zwei Dinge zusammengehören, wobei die mit **of** angeschlossene Ergänzung das vorangehende Hauptwort näher bestimmt:

The roof **of the house** was covered with snow.
Das Dach des Hauses war mit Schnee bedeckt.

We couldn't remember the name **of the street**.
Wir konnten uns nicht an den Namen der Straße erinnern.

The King **of Spain** declared the ceremony open.
Der König von Spanien erklärte die Zeremonie für eröffnet.

The end **of the story** was rather sad.
Das Ende der Geschichte war ziemlich traurig.

12.3 DER DOPPELTE BESITZFALL

Eine dem Deutschen fremde, dem Englischen aber sehr vertraute Struktur ist der sogenannte „doppelte" Besitzfall - gebildet aus **of** + **'s**:

Mike is an old friend **of our father's**.
[Man hört allerings auch: ... an old friend of our father.]
Mike ist ein alter Freund unseres Vaters.

Sätze dieses Typs sind vergleichbar mit den Formen des alleinstehenden Besitzfalls. Wenn man sie gedanklich um das weggelassene Hauptwort ergänzt, wird das Besitzverhältnis wieder sichtbar: Mike is an old friend **of our father's** (**friends**).

Voraussetzung für eine solche Konstruktion ist jedoch,
dass das Hauptwort *belebt* und *unbestimmt* sein muss:
A friend **of our father's** ist korrekt, nicht aber: *a friend of this house's.

Steht zur Angabe des Besitzers ein Fürwort, so muss dieses konsequenterweise
ein *besitzanzeigendes* Fürwort sein:

Mike is an old friend **of his**.
[Nicht: *... of him.]
Mike ist ein alter Freund von ihm.

Durch die Verwendung des doppelten Besitzfalls lassen sich auch
Missverständnisse vermeiden. Vergleichen Sie:

This is a photograph **of Martina**.
Dies ist ein Foto von Martina. [= Das Foto **zeigt** Martina.]

This is a photograph **of Martina's**.
Dies ist ein Foto von Martina. [= Das Foto **gehört** Martina.]

3 Artikel

Artikel (engl.: articles) gehen einem Hauptwort oder einer Hauptwortgruppe voran:
- **the** station, **the** railway station, **the** oldest British railway station
- **a** woman, **a** nice woman, **a** very nice woman, **an** elderly woman

Anders als im Deutschen, wo der Lernende zwischen *der, die* und *das* bzw. *ein* und *eine* unterscheiden muss, kennt das Englische für alle Hauptwörter, unabhängig von deren Geschlecht, nur jeweils einen *bestimmten* und einen *unbestimmten* Artikel. Das ist die gute Nachricht zu diesem Thema. Weniger erfreulich ist die Tatsache, dass das Englische seine Artikel häufig in anderer Weise verwendet, als wir dies vom Deutschen her gewohnt sind. Generell lässt sich sagen, dass der bestimmte Artikel im Englischen seltener, der unbestimmte Artikel aber häufiger gebraucht wird als im Deutschen.

Von ihrer Funktion her gehören die Artikel zu den *Bestimmungswörtern* [→ ab Seite 65] und bilden zusammen mit diesen und den Adjektiven die Hauptwortgruppen eines Satzes.

1 DER BESTIMMTE ARTIKEL

In der Regel geht jeder näher bestimmten, durch vorherige Erwähnung bereits bekannten oder auf der Welt nur einmal existierenden Person oder Sache ein *bestimmter* Artikel (definite article) voraus. Dieser lautet für alle Hauptwörter der Einzahl und Mehrzahl **the**.

Der bestimmte Artikel **the** ist [ðiː] auszusprechen, wenn der erste *Laut* des Folgewortes – also nicht unbedingt der erste Buchstabe – ein Vokal ist. Vergleichen Sie:

the [ðə] book	Anfangslaut des Folgeworts: [b]
the [ðə] uniform	Anfangslaut des Folgeworts: [juː]
the [ðiː] hour	Anfangslaut des Folgeworts: [aʊ]
the [ðiː] English book	Anfangslaut des Folgeworts: [ɪ]

Der Artikel **the** in der Aussprache [ðiː] wird darüberhinaus auch zur besonderen Betonung sowie im Sinne von: *der führende, der beste, die Nr. 1* usw. benutzt:
I once met Camilla. Not **the** [ðiː] Camilla of course.
Ich habe einmal Camilla getroffen. Natürlich nicht DIE Camilla. [Die Herzogin von Cornwall.]
Hatchards is **the** [ðiː] shop for rare books.
Hatchards ist DER Laden für seltene Bücher. [= Ich kenne keinen besseren.]

1.1 VERALLGEMEINERNDER GEBRAUCH

Englische Hauptwörter stehen *ohne* bestimmten Artikel, wenn sie in verallgemeinerndem Sinne gebraucht werden:

Life is short, **art** is long.
Das Leben ist kurz, die Kunst ist lang.

There is no reason for being afraid of **death**.
Es gibt keinen Grund, Angst vor dem Tod zu haben.

Hier werden allgemeine Betrachtungen über Leben und Tod angestellt. Dagegen geht es in den folgenden Sätzen um das Leben und den Tod bestimmter Personen:

The book is about a day in **the life** of a rockstar.
Das Buch handelt von einem Tag im Leben eines Rockstars.

The deaths of so many people shocked me.
Der Tod so vieler Menschen schockierte mich.

Weitere Beispiele für verallgemeinernden Gebrauch:
What can we learn from **history**?
Was können wir aus der Geschichte lernen?

Aber: He was a great name in **the history** of music.
Er war ein großer Name in der Geschichte der Musik.

Can you hear **the music**?
Hörst du die Musik? [Gemeint ist eine bestimmte Musik.]

People are afraid of **war**.
Die Menschen haben Angst vor dem Krieg.

Aber: **The people** on this island live in permanent fear.
Die Menschen auf dieser Insel leben in ständiger Furcht.

The war between their countries has finally ended.
Der Krieg zwischen ihren Ländern ist endlich beendet.

It's a song about **love**.
*Es ist ein Lied über **die Liebe***.

Aber: She was **the love** of my life.
*Sie war **die Liebe** meines Lebens.*

I love the beauties of **nature**.
*Ich liebe die Schönheiten **der Natur**.*

Aber: It's in **the nature** of things.
*Es liegt in **der Natur** der Dinge.*

1.2 GEBRAUCH BEI EIGENNAMEN

Vornamen, Nachnamen und Verwandtschaftsbezeichnungen stehen ohne bestimmten Artikel. Regionale Eigenarten des Deutschen wie z.B. *der Uwe, die Elke, der Herr Müller* usw. sind dem Englischen unbekannt:

Philip is my colleague, and **Mr Johnson** is our boss.
Philip ist mein Kollege, und Mr Johnson ist mein Chef.

Uncle Frank will certainly lend us some money.
Onkel Frank wird uns bestimmt etwas Geld leihen.

Es steht auch dann kein Artikel, wenn dem Namen ein Adjektiv vorangeht:

Little Tom is crazy about sweets.
***Der kleine Tom** ist verrückt nach Süßigkeiten.*

Everyone loves **old Mr Pitt**.
*Alle lieben **den alten Mr Pitt**.*

1.3 GEOGRAPHISCHE BEZEICHNUNGEN

Der Gebrauch des bestimmten Artikels bei geographischen Bezeichnungen weist im Englischen einige Besonderheiten auf.

- **Regionen**

  Geographisch oder politisch bedeutsame Gebiete und Regionen der Welt stehen in aller Regel mit dem bestimmten Artikel:

  the Arctic, **the** Antarctic, **the** Sahara, **the** North Pole, **the** Middle East

- **Weltraum und Planeten**

  Anders als im Deutschen werden der Begriff **space** *(Weltraum)* sowie die Namen der Planeten ohne Artikel gebraucht:

  They've been in **space** for over a year now. [Nicht: *in the space]
  Sie sind jetzt seit über einem Jahr im Weltraum.

  Which is farther away? **Mars** or **Venus**? [Nicht: *the Mars / *the Venus]
  *Was ist weiter entfernt? **Der Mars** oder **die Venus**?*

- **Kontinente und Länder**

  Kontinente und Länder stehen ohne Artikel, und zwar – anders als im Deutschen – auch dann, wenn ein Adjektiv vorangeht:

  Asia, Africa, Australia, America, Europe
  Turkey *die Türkei*, **Ukraine** *die Ukraine*, **Switzerland** *die Schweiz*,
  Iran *(der) Iran*, **Iraq** *der Irak*, **Lebanon** *der Libanon*
  beautiful France *das schöne Frankreich*, **modern Spain** *das moderne Spanien*

  Hiervon ausgenommen sind:

  - Länder, deren Name eine Mehrzahlform ist: **The** Netherlands *die Niederlande*,
    The Bahamas *die Bahamas*, **The** Philippines *die Philippinen*

  - Namen, zu denen als fester Bestandteil ein zählbares Hauptwort gehört, wie z.B. Republic, Union, Kingdom, States, Emirates usw.:

The Federal Republic of Germany	*die Bundesrepublik Deutschland*
The European Union, **The** EU	*die Europäische Union, die EU*
The United Kingdom, **The** UK	*das Vereinigte Königreich*
The United States of America, **The** USA	*die Vereinigten Staaten von Amerika*
The United Arab Emirates, **The** UAE	*die Vereinigten Arabischen Emirate*

    ▶ Ein Sonderfall ist der afrikanische Staat **The** Gambia *(Gambia)*

- **Seen**

  Die Namen von *Binnenseen* werden ohne bestimmten Artikel gebraucht:

  Lake Erie is one of the five Great Lakes.
  Der Eriesee ist einer der fünf großen Seen.

  We spent a week on **Lake Garda**.
  Wir haben eine Woche am Gardasee verbracht.

- **Meere und Wasserwege**

  Ozeane, Meere, Flüsse und Kanäle stehen mit dem bestimmten Artikel. Der Zusatz *Ocean, Sea* oder *River* kann entfallen, wenn es sich um bekannte Gewässer handelt:

  the Atlantic (Ocean), **the** Pacific (Ocean), **the** Indian Ocean,
  the Arctic Ocean *der Arktische Ozean, das Nordpolarmeer,*
  the North Sea, **the** Dead Sea *das Tote Meer,* **the** Baltic (Sea) *die Ostsee,*
  the Mediterranean (Sea) *das Mittelmeer,* **the** Persian Gulf, **the** Gulf of Mexico,
  the Amazon, **the** Mississippi, **the** Nile, **the** Rhine, **the** Thames *die Themse*
  the Suez Canal, **the** Panama Canal, **the** Kiel Canal *der Nord-Ostsee-Kanal*

  ► **the** Ruhr steht sowohl für den Fluss *Ruhr* als auch für den Ballungsraum *Ruhrgebiet*

- **Inseln, Berge, Gebirgszüge**

  Einzelne Inseln oder Berge werden ohne, Inselgruppen und Gebirgszüge dagegen mit bestimmtem Artikel (und immer in der Mehrzahl) gebraucht:

  Sicily *Sizilien,* **Crete** *Kreta,* **Greenland** *Grönland,*
  the Orkneys *die Orkney-Inseln,* **the** Hebrides *die Hebriden,* **the** Maldives *die Malediven,*
  the Balearics *die Balearen,* **the** Azores *die Azoren,* **the** Canaries *die Kanaren*

  Mount Etna, Mount Everest, Ben Nevis,
  Table Mountain *der Tafelberg,* **Sugar Loaf Mountain** *der Zuckerhut*
  the Andes, **the** Alps, **the** Himalayas, **the** Pyrenees, **the** Rocky Mountains

  Deutschsprachige Namen von Bergen stehen immer **mit** dem Artikel:
  the Feldberg, **the** Matterhorn, **the** Brocken, **the** Zugspitze

- **Städte**

  Notieren Sie: **The Hague** *Den Haag* [Regierungssitz der Niederlande], **The Bronx** *die Bronx* [Stadtbezirk von New York City], **The Vatican** *Der Vatikan*

1.4 INNERSTÄDTISCHE BEZEICHNUNGEN

Auch bei den Namen von Straßen, Plätzen, Gebäuden und Einrichtungen verwenden das Deutsche und das Englische den Artikel unterschiedlich.

- **Straßen und Plätze**

  Die Namen englischer Straßen und Plätze stehen ohne Artikel:
  We often shop in **Oxford Street**.
  *Wir kaufen oft in **der Oxford Street** ein.*

  We met in **Trafalgar Square** and then went to **Hyde Park**.
  *Wir trafen uns auf **dem Trafalgar Square** und gingen dann **zum Hyde Park**.*

  Eine Ausnahme bilden die Londoner Straßennamen **The Mall** und **The Strand**.
  Auch **The High Street** – so heißt in vielen englischen Kleinstädten die Haupt- und Einkaufsstraße – steht mit Artikel.

- **Gebäude und Einrichtungen mit Doppelnamen**

  Ist der erste Begriff eines Doppelnamens ein *Eigenname,*
  z.B. ein Orts- oder Personenname, so steht er *ohne* Artikel:

Victoria Station	Gatwick Airport
Wellington House	London Transport
Buckingham Palace	Trinity College
Brooklyn Bridge	Oxford University
Rockefeller Center	Windsor Castle
Barclay's Bank	Westminster Abbey
Birmingham Zoo	St Martin's Church
Covent Garden	St Paul's Cathedral

  Ist der erste Begriff eines Doppelnamens dagegen ein *Adjektiv,*
  wird er *mit* dem bestimmten Artikel gebraucht.
  Gleiches gilt, wenn beide Namen durch **of** verbunden sind:

the White House	**the** Bank **of** England
the Supreme Court	**the** Tower **of** London
the Empire State Building	**the** Houses **of** Parliament:
the Golden Gate Bridge	- **the** House **of** Commons *Unterhaus*
the British Museum	- **the** House **of** Lords *Oberhaus*
the National Gallery	**the** Museum **of** Modern Art

- **Hotels, Restaurants, Theater, Kinos** usw.

  Namen von Hotels, Restaurants, Theatern, Kinos, Museen usw. werden mit dem bestimmten Artikel gebraucht, bei Pubs manchmal in deren altenglischer Form **Ye**:

  the Savoy, **the** Hilton
  the Guinea Grill, **the** Waterside Inn, **the** Peacock
  the Red Lion, **the** Black Friar, **Ye** Olde Cock, **Ye** Olde Cheshire Cheese
  the Odeon, **the** Palace Theatre

1.5 RADIO UND FERNSEHEN

Radio und Fernsehen als technische Systeme bzw. als Bereiche der Medienindustrie stehen ohne, das Radio- bzw. Fernseh*gerät* dagegen mit Artikel:

My wife works in **radio**, my brother writes for **television**.
Meine Frau arbeitet beim Radio [beim Rundfunk], mein Bruder schreibt für das Fernsehen.

There is always good music on **the radio**.
Es gibt immer gute Musik im Radio.

They never turn off **the television** [kurz: **the TV**], not even at dinner.
Sie schalten nie den Fernseher aus, nicht einmal beim Essen.

VERGLEICHEN SIE:
How does **television** work?
Wie funktioniert das Fernsehen? [= die Technik des Fernsehens]
How does **the television** work?
Wie funktioniert der Fernseher? [= das Fernsehgerät]

1.6 MUSIZIEREN UND TANZEN

Musikinstrumente oder Gesellschaftstänze werden, anders als im Deutschen, meist mit dem bestimmten Artikel gebraucht:

I play **the guitar** and **the piano**.
Ich spiele Gitarre und Klavier.

Could anyone teach me to dance **the waltz**?
Könnte mir jemand beibringen, Walzer zu tanzen?

1.7 MAHLZEITEN

Die Mahlzeiten werden ohne bestimmten Artikel gebraucht:
Isn't it about time for **breakfast**?
Ist es nicht langsam Zeit für das Frühstück?

Will you come to **dinner** please?
Kommt ihr bitte zum Abendessen?

1.8 GEBRAUCH NACH PRÄPOSITIONEN

- **Nutzung einer Einrichtung**

  Bei einer öffentlichen Einrichtung wie Schule, Krankenhaus oder Gefängnis steht (im BE) kein Artikel, wenn ausgedrückt werden soll, dass man sich zu dem Zweck dorthin begibt bzw. sich dort aufhält, für den die Einrichtung gedacht ist: im Falle von Schule, Krankenhaus und Gefängnis also als Schüler, als Patient oder als Gefangener:

We go ...		We are...	
to work	*zur Arbeit*	at work	*bei der Arbeit*
to school	*zur Schule*	at school	*in der Schule*
to university	*zur Universität*	at university	*auf der Universität*
to church	*zur Kirche*	at church	*in der Kirche*
to sea	*zur See*	at sea	*auf der See*
home [kein to!]	*nach Hause*	at home	*zu Hause*
to town	*in die Stadt*	in town	*in der Stadt*
to prison	*ins Gefängnis*	in prison	*im Gefängnis*
to hospital	*ins Krankenhaus*	in hospital	*im Krankenhaus*
to bed	*ins Bett*	in bed	*im Bett*

Werden Orte und Einrichtungen zu anderen Zwecken aufgesucht als zu denen, für die sie gedacht sind, so steht **the**:
We had a meeting **in the church**. [Kirche als Treffpunkt]
I went **to the hospital** [als Besucher eines Patienten].
I was **in the prison** last week [als Besucher eines Gefangenen].
You can put everything **on the bed**. [Bett als Ablagefläche]

- **Verkehrsmittel und Reiseart**

Nach **by** in Ausdrücken zur Angabe des benutzten Verkehrsmittels oder der gewählten Reiseart steht kein Artikel:

We go … / We travel …

by road	*auf dem Landwege*	**by bicycle**	*mit dem Fahrrad*
by air	*auf dem Luftwege*	**by bus**	*mit dem Bus*
by sea	*auf dem Seeweg*	**by ship**	*mit dem Schiff*
by car	*mit dem Auto*	**by train**	*mit dem Zug*
by plane	*mit dem Flugzeug*	**by underground**	*mit der U-Bahn*

Auch die folgenden Fortbewegungsarten kommen ohne Artikel aus:
go **on foot**, ride **on horse-back**, ride **on donkey-back**, ride **on camel-back** usw.

- **Gebrauch bei Zeitangaben**

Bei Zeitangaben schwankt der Gebrauch von **the**. Außerdem gibt es Unterschiede zwischen britischem und amerikanischem Englisch. Beispiele:

OHNE ARTIKEL

Monate:	in January, in February, in March usw.
Wochentage:	on Monday usw. (oft auch ohne **on**: See you Monday.)
Zeitpunkte:	at sunrise, at sunset, at noon, at night, at midnight
Feiertage:	at Easter, at Halloween, at Christmas,
	on Good Friday, on Christmas Eve, on holiday

MIT ARTIKEL

Tageszeiten:	in **the** morning, in **the** afternoon, in **the** evening
	during **the** day, throughout **the** day, in **the** night
Wochenende:	at **the** weekend, over **the** weekend
näher bestimmt:	on **the** morning of my departure, in **the** summer of '69,
	on **the** night before our wedding

Jahreszeiten lassen beide Varianten zu. Im britischen Englisch stehen sie meist ohne, im amerikanischen eher mit Artikel: **in (the) spring**, **in (the) summer**, **in (the) autumn**, **in (the) winter**.

1.9 GEBRAUCH BEI most

most in der Bedeutung *die meisten* steht immer ohne **the**:

Most children like animals. [Nicht: *The most children …]
Die meisten Kinder lieben Tiere.

For **most** of us it was a big surprise. [Nicht: *For the most of us …]
Für die meisten von uns war es eine große Überraschung.

Die Verbindung **the most** bildet die 2. Steigerungsstufe eines mehrsilbigen Adjektivs:

It was **the most** exciting moment of the day.
Es war der aufregendste Moment des Tages.

most oder **the most** in Verbindung mit Verben bedeutet *am meisten*:

What I hate **(the) most** is his arrogance.
Was ich am meisten hasse, ist seine Arroganz.

1.10 WEITERE BEISPIELE FÜR ABWEICHENDEN GEBRAUCH

Auch in den folgenden Ausdrücken und Wendungen verwendet das Englische seinen bestimmten Artikel abweichend vom Deutschen:

ENGLISCH: **Kein Artikel**	DEUTSCH: **Bestimmter Artikel**
at first sight	*auf den ersten Blick*
win first prize	*den ersten Preis gewinnen*
be in power	*an der Macht sein*
be out of practice	*aus der Übung sein*
in public	*in der Öffentlichkeit*
in view of	*im Hinblick auf*
live from hand to mouth	*von der Hand in den Mund leben*
lose control	*die Kontrolle verlieren*
lose courage	*den Mut verlieren*
lose face	*das Gesicht verlieren*
lose interest	*das Interesse verlieren*
lose patience	*die Geduld verlieren*
take advantage (of …)	*den Vorteil nutzen*

ENGLISCH: **Bestimmter Artikel**	DEUTSCH: **Kein Artikel**
at/in **the beginning**	*am Anfang, zu Beginn*
from **the beginning**	*von Anfang an*
in **the future**	*in Zukunft*
in **the short/the long** run	*auf kurze/lange Sicht*

ZUR ERINNERUNG: Fügungen mit **of**... verlangen **the**:

the father of two children	*Vater von zwei Kindern*
at **the expense** of ...	*auf Kosten von ...*
with **the assistance** of ...	*mit Unterstützung von ...*
with **the consent** of ...	*mit Zustimmung von ...*
with **the exception** of ...	*mit Ausnahme von ...*
with **the help** of ...	*mit Hilfe von ...*
with **the permission** of ...	*mit Erlaubnis von ...*

2 DER UNBESTIMMTE ARTIKEL

Jeder nicht näher bestimmten, noch nicht eingeführten bzw. noch nicht bekannten Person oder Sache geht ein unbestimmter Artikel (indefinite article) voraus. Dieser lautet für alle Hauptwörter der Einzahl **a** bzw. **an**. Die Form **an** wird benötigt, wenn der erste *Laut* des Folgeworts – das muss nicht unbedingt der erste Buchstabe sein – ein Vokal ist.

a	car	Anfangslaut des Folgeworts:	[k]
a	used car	Anfangslaut des Folgeworts:	[juː]
an	angry man	Anfangslaut des Folgeworts:	[æ]
an	honest man [stummes **h**]	Anfangslaut des Folgeworts:	[ɔ]
	aber: **a** hotel [gesprochenes **h**]		

Die unbestimmten Artikel **a** und **an** stehen vor allen *zählbaren* Begriffen in der Einzahl, auch wenn das Deutsche sie dort nicht verwendet:

a woman, a photograph, an answer, an argument, in **a hurry** *(in Eile)*, without **a break** *(ohne Pause)*, a room with **a view** *(ein Zimmer mit Aussicht)*, **an eye** for **an eye**, **a tooth** for **a tooth** *(Auge um Auge, Zahn um Zahn)*.

Wie bei **the** entspricht auch die Verwendung von **a** und **an** in vielen Fällen nicht dem Gebrauch der deutschen Artikel *ein/eine*.

2.1 BERUFE, KONFESSIONEN, WELTANSCHAUUNGEN

a bzw. **an** stehen, anders als im Deutschen, bei Berufsbezeichnungen, Konfessionen und Weltanschauungen:

John is **a carpenter.**
*John ist **Zimmermann**.*

As **an expert** in this field he should know a little more about it.
*Als **Experte** auf diesem Gebiet sollte er etwas mehr darüber wissen.*

He studied for three years and then became **a taxi driver**.
*Er studierte drei Jahre und wurde dann **Taxifahrer**.*

He is **a Protestant**, she is **a Catholic**.
Er ist Protestant, sie ist Katholikin.

a bzw. **an** stehen nicht, wenn ein Amt oder eine Position nur einmal zu vergeben sind:

As **President** he is **Commander-in-Chief** of the armed forces.
Als Präsident ist er Oberbefehlshaber der Streitkräfte.

VERGLEICHEN SIE:

As **Chairman of the Board** [Auch: As **CEO** ...] he assumed full responsibility.
Als Vorstandsvorsitzender übernahm er die volle Verantwortung. [Es gibt nur einen.]

Aber: As **a member of the Board** he assumed full responsibility.
Als Vorstandsmitglied übernahm er die volle Verantwortung. [Eines von mehreren.]

2.2 UNBESTIMMTER ARTIKEL ANSTELLE VON ONE

Das Zahlwort **one** wird (anstelle von **a**) vor allem dann verwendet, wenn es tatsächlich auf die Menge „1" ankommt: **One** ticket please. *(Eine Karte bitte – also nicht 2, 3 oder noch mehr.)* In allen anderen Fällen genügt **a**: **a** hundred, **a** thousand, **a** million (möglich sind aber auch: **one** hundred, **one** thousand, **one** million).

Nach **in** und **just** steht **a**, nicht **one**: **in a** second, **in a** minute, **just a** minute, **just a** moment. Alleinstehend verwendet, heißt es dagegen: **one** second, **one** minute, **one** moment.

2.3 ZEIT-, MASS- UND MENGENANGABEN

Bei Zeit-, Maß- und Mengenangaben stehen **a/an** anstelle von **per** *(pro)*:

We receive **hundreds of e-mails a day**.
Wir erhalten Hunderte von e-mails am Tag.

Last summer we sold **up to one thousand umbrellas a month**.
Letzten Sommer haben wir bis zu tausend Regenschirmen im Monat verkauft.

Today they are selling bananas at **80 pence a kilo**.
Heute verkaufen sie Bananen zu 80 pence das Kilo.

Quality wallpaper cost at least **£20 a metre**.
Qualitätstapeten kosten mindestens 20 Pfund pro Meter.

2.4 BESONDERHEITEN DER SATZSTELLUNG

In bestimmten Verbindungen stehen **a/an** in einer anderen Satzposition
als deren deutsche Entsprechungen *ein/eine*. Hier die wichtigsten:

- **such a** ... / **such an** ...
  ein(e) so ..., so ein(e) ..., ein solcher, eine solche, ein solches ..., solch ein(e)
  I have never eaten **such a** big steak.　　　*... **ein so** großes Steak.*
  Have you ever seen **such an** idiot?　　　*... **so einen** / ... **einen solchen** Idioten?*

- **half a** ... / **half an** ...
  ein halber ..., eine halbe ..., ein halbes ..., einen halben ...
  He had drunk **half a** bottle of whisky.　　　*... **eine halbe** Flasche Whisky.*
  We arrived **half an** hour late.　　　*... **eine halbe** Stunde zu spät.*
  [Nicht: *... a half bottle of whisky, *... a half hour late]

- **quite a** ... / **quite an** ...
  ein ganz ..., eine ganz ..., einen ganz ...
  She's **quite a** good tennis player.　　　*... **eine ganz** gute Tennisspielerin.*
  It's **quite an** interesting theory.　　　*... **eine ganz** interessante Theorie.*
  [Nicht: * ... a quite good tennis player, *... a quite interesting theory.]

- **many a** ... / **many an** ...
  so manche(r, s) ..., so manch ein(e) ...
  Many a student has to work in his holidays.　　　**So mancher** Student ...
  I've spent **many an** hour there.　　　... **so manche** Stunde ...

2.5 BESONDERE STELLUNG BEI as / so / too + Adjektiv

Dies ist eine typische Konstruktion des Englischen, der man aber überwiegend
in der Schriftsprache begegnet. Beispiele:

I have never met **as pretty a girl** as Emma.
*Ich bin noch nie **einem so hübschen Mädchen** begegnet wie Emma.*

It was **so boring a film** that we decided to leave.
*Es war **ein so langweiliger Film**, dass wir beschlossen zu gehen.*

Nicht minder korrekt – und in der Umgangssprache gebräuchlicher – wären:
... **such a** pretty girl, ... **such a** boring film

2.6 AUSRUFE: What a ... / What an ...

Was für ein(e) ...! Welch ein(e) ...! Was für ein(e) ...!

What a beautiful view!　　　*Was für eine schöne Aussicht!*
What an exciting trip!　　　*Was für eine aufregende Fahrt!*

NOTIEREN SIE AUCH:

What a pity!	*Wie schade!*
What a shame!	*Wie schade!* [Auch: *So eine Schande!*]
What a mess!	*Was für eine Schweinerei!*
What a nuisance!	*Wie ärgerlich!*
What a waste!	*Was für eine Verschwendung!*
What a coincidence!	*Welch ein Zufall!*
What a sight!	*Was für ein Anblick!*
What (a) cheek!	*Was für eine Frechheit!*
What (a) nerve!	*Was für eine Unverschämtheit!*
What lovely weather!	*Was für ein schönes Wetter!*
What nonsense!	*Was für ein Blödsinn!*
What luck!	*Was für ein Glück!*

2.7 WEITERE BEISPIELE FÜR ABWEICHENDEN GEBRAUCH

ENGLISCH: Unbestimmter Artikel   **DEUTSCH: Kein Artikel**

as **a result** (of...)	als Ergebnis, als Folge (von...)
as **a rule**	in der Regel
as **a whole**	als Ganzes
be in **a hurry** ...	... in Eile sein
be in **a position** (to...)	in der Lage sein, (zu...)
come to **a standstill**	zum Stillstand kommen
come to **an end**	zu Ende gehen
fly into **a rage**	in Wut geraten
for **a change**	zur Abwechslung
for **a long time**	für lange Zeit
have **a temperature / a fever**	(erhöhte) Temperatur / Fieber haben
have **a headache**	Kopfschmerzen haben
have **a birthday**	Geburtstag haben [= Geburtstag feiern]
have **a right** (to...)	das Recht haben, (zu...)
in **a low voice**	mit leiser Stimme
in **a loud voice**	mit lauter Stimme
make **a noise**	Krach machen, Lärm machen
ride **a bicycle**, ride **a bike**	Fahrrad fahren
take **a break**	Pause machen
take **a holiday**	Urlaub machen
take **a seat**	Platz nehmen
take **an interest** (in...)	Interesse haben (an...)
without **a break**	ohne Pause, pausenlos

ENGLISCH: Kein Artikel   **DEUTSCH: Unbestimmter Artikel**

be/become **part of** ...	ein Teil von ... sein/werden
have **good hearing**	einen gutes Gehör haben
have **good taste**	einen guten Geschmack haben
have **endless patience**	eine endlose Geduld haben
move **flat**	in eine andere Wohnung ziehen
move **house**	in ein anderes Haus ziehen

4 Bestimmung und Begleitung

Hauptwörter stehen selten allein im Satz, sondern werden von Wörtern begleitet, die die genannten Personen, Dinge und Begriffe genauer bestimmen und sie dadurch unterscheidbar machen. Aufgrund dieser Eigenschaft werden sie unter der Bezeichung *Bestimmungswörter* (engl.: determiner) zusammengefasst.

Personen oder Sachen lassen sich auf sehr unterschiedliche Weise bestimmen. Dies kann zum Beispiel dadurch geschehen, dass wir auf sie zeigen, ihnen eine Mengenangabe voranstellen oder einen Besitzer angeben:

John has been teaching at **this** college for ten years.
That woman is **my teacher's** wife.
I've made **some** sandwiches for **our** picnic.
Each student had to answer **lots of** difficult questions.
I saw **your** photo in **yesterday's** newspaper.

Bestimmungswörter sind neben den Artikeln und den Adjektiven die wichtigsten Begleiter des Hauptworts und bilden zusammen mit diesem die Hauptwortgruppen eines Satzes.

1 BESTIMMUNG DURCH HINWEIS

Die **hinweisenden** Bestimmungswörter des Englischen lauten

– für Hauptwörter der Einzahl:

this	*dieser, diese, dieses, diesen*
that	*der (da), die (da), das (da); jener, jene, jenes, jenen*

– für Hauptwörter der Mehrzahl:

these	*diese, die hier*
those	*die (da), jene*

- **this** und **these** weisen auf etwas hin, das dem Sprecher räumlich, zeitlich und gedanklich nahe bzw. gegenwärtig ist:

  From **this** room you have a nice view of the mountains.
  *Von **diesem** Zimmer aus hat man einen schönen Blick auf die Berge.*

  I'm travelling to Britain **this** weekend.
  *Ich reise **dieses** Wochenende nach England.*

  I can't walk in **these** boots. They are too tight.
  Ich kann in diesen Stiefeln nicht laufen. Sie sind zu eng.

  Most of **these** children come from poor families.
  *Die meisten **dieser** Kinder kommen aus armen Familien.*

- **that** und **those** verweisen auf etwas räumlich oder gedanklich Fernes bzw. etwas zeitlich Zurückliegendes:

  That building over there is the Bank of England.
  ***Das** Gebäude dort drüben ist die Bank von England.*

  On **that** day I woke up later than usual.
  *An **dem** (oder: **jenem**) Tag bin ich später aufgewacht als gewöhnlich.*

  Could you show me **those** red shoes?
  *Könnten Sie mir **die** roten Schuhe **da** zeigen?*

  We have met only once or twice in all **those** years.
  *Wir sind uns in all **den** Jahren nur ein oder zweimal begegnet.*

2 BESTIMMUNG DURCH FRAGEWORT

Die Wörter **what** *(was für ein … /eine …)*, **which** *(welche, -er, -es, -en)* und **whose** *(wessen)* fragen nach einer näheren Bestimmung des Hauptworts:

What music do you normally listen to?
***Was für (eine)** Musik hörst du normalerweise?*

Let's meet next week. - All right, **which** day would be good for you?
*Treffen wir uns doch nächste Woche. - Gut, **welcher** Tag wäre dir recht?*

Whose idea was it to take the dog along?
***Wessen** Idee war es, den Hund mitzunehmen?*

3 BESTIMMUNG DURCH NENNUNG EINES BESITZERS

Hauptwörter lassen sich auch dadurch bestimmen, dass man sagt,
wem bzw. zu wem jemand oder etwas gehört:

my brother's boss	... meines Bruders, ... von meinem Bruder
Linda's phone number	Lindas ..., ... von Linda
our grandparents' farm	... unserer Großeltern, ... von unseren Großeltern
a mother's job	... einer Mutter
the bird's nest	... des Vogels

Anstelle der namentlichen Nennung eines Besitzers kann dieser auch
durch ein begleitendes Fürwort bezeichnet werden:

my camera	mein, meine ...
your name	dein, deine; Ihr, Ihre ...
his computer	sein, seine ...
her dog	ihr, ihre ...
its church ᴬᴺᴹ	sein, ihr; seine, ihre ...
our friends	unser, unsere ...
your luggage	euer, eure; Ihr, Ihre ...
their children	ihr, ihre ...
everybody's darling	... von jedermann, jedermanns...
nobody's fault	... von niemandem, niemandes...

ANM | **its** wird verwendet, wenn der „Besitzer" von etwas eine Sache ist:

The city of Canterbury is well known for **its** cathedral.
Die Stadt Canterbury ist bekannt für ihre Kathedrale [oder: ... wegen ihrer Kathedrale].

4 BESTIMMUNG DURCH ANZAHL UND MENGE

Der Bestimmung eines Hauptworts dienen auch Angaben zu Menge und Anzahl. Englische
Grammatiken bezeichnen sie manchmal als *quantifier*. Hier die wichtigsten:

4.1 BESTIMMUNG *ZÄHLBARER* HAUPTWÖRTER

a, one ticket, **an** answer	ein, eine ...
another question	noch ein, noch eine ...
another two weeks	weitere, noch ...
both sisters	beide ...
every day	(ausnahmslos) jeder, jede ...
each student	jeder, jede (einzelne) ...
all passengers	alle ...
any door	jeder, jede (beliebige) ...
some man	irgendein, irgendsoein ...
no key	kein, keine ...
certain situations	gewisse, bestimmte ...
some words	einige ...
many children	viele ...
more jobs	mehr ...
few people	wenige ...
fewer visitors	weniger ...
a few dollars	ein paar ...
enough drinks	genug ...
most women	die meisten ...
several reasons	mehrere ...
various ways	verschiedene ...
no problems	keine ...

4.2 BESTIMMUNG *UNZÄHLBARER* HAUPTWÖRTER

some time	etwas ...
little hope	wenig ...
a little luck	ein wenig ...
less rain	weniger ...
much fun	viel ...
enough money ᴬᴺᴹ	genug ...
more patience	mehr ...
no success	kein, keine ...

ANM | Eine Nachstellung von **enough** (money **enough**) ist grundsätzlich möglich,
klingt aber – mit Ausnahme der häufig zu hörenden Verbindung **time enough** – ein wenig veraltet.

5 BESTIMMUNG DURCH ANGABE EINER TEILMENGE

Die folgenden mit **of** gebildeten Angaben bezeichnen einen Teil der durch das Hauptwort benannten Personen oder Sachen:

5.1 UNGEFÄHRE ANZAHL UND MENGE

hundreds of miles	*Hunderte von ...*
thousands of years	*Tausende von ...*
dozens of people	*Dutzende von ...*
millions of insects	*Millionen von ...*
billions of dollars	*Milliarden von ...*
a couple of minutes	*ein paar ...*
a lot of time	*viel ...*
a lot of friends	*viele ...*
a number of lessons	*eine Reihe von ...*
a variety of birds	*eine Vielfalt an ...*
lots of books	*viele ..., jede Menge ...*
masses of people	*Massen von ..., Unmengen von ...*
plenty of gold	*reichlich, jede Menge ...*
tons of food	*tonnenweise ...*

5.2 GEWICHT, FÜLLMENGE

a kilo of potatoes	*ein Kilo ...*
a litre of milk	*ein Liter ...*
a pound of apples	*ein Pfund ...*
a quarter of margerine	*ein Viertel ...*
a ton of coal	*eine Tonne ...*
a basketful of apples	*ein Korb voll ...*
a bucketful of sand	*ein Eimer voll ...*
a cupful of sugar	*eine Tasse (voll) ...*
a handful of coins	*eine Handvoll ...*
a pocketful of money	*eine Tasche voll ...*
a sackful of potatoes	*ein Sack voll ...*
a spoonful of honey	*ein Löffel (voll) ...*

5.3 TEILMENGEN, VERPACKUNGSEINHEITEN

a bar of chocolate	*eine Tafel ...*
a barrel of beer	*ein Fass ...*
a bottle of wine	*eine Flasche ...*
a bowl of salad	*eine Schüssel, eine Schale ...*
a box of matches	*eine Schachtel ...*
a bunch of flowers	*ein Strauß ..., ein Bund ...*
a bundle of letters	*ein Bündel von ...*
a case of wine	*eine Kiste ...*
a drop of blood	*ein Tropfen ...*
a glass of water	*ein Glas ... [für Getränke]*
a jar of honey	*ein Glas ... [für Marmelade]*
a packet of cigarettes	*eine Packung ...*
a pair of shoes	*ein Paar ...*
a piece of cake	*ein Stück ...*
a pile of wood	*ein Stapel ...*
a portion of chips	*eine Portion ...*
a scoop of ice-cream	*eine Kugel ...*
a sheet of paper	*ein Blatt ...*
a slice of ham	*eine Scheibe ...*
a tin of sardines	*eine Dose ...*

5.4 GRUPPEN

a flock of sheep	*eine Herde ...*
a flock of geese	*eine Schar..., ein Schwarm ...*
a school of fish	*ein Schwarm ...*
a gang of thieves	*eine Bande von ...*
a group of visitors	*eine Gruppe ...*
a herd of cows	*eine Herde von ...*
a pack of wolves	*ein Rudel (von) ...*
a team of experts	*ein Team von ..., eine Gruppe von ...*

6   BESTIMMUNG EINER HAUPTWORTGRUPPE

Bei der Bestimmung einer *Hauptwortgruppe* durch eine Mengenangabe steht diese in jedem Fall mit **of**. Wird dagegen nur das Hauptwort bestimmt, steht kein **of**.

VERGLEICHEN SIE:

each visitor	*jeder Besucher*
each of the visitors	*jeder der Besucher*
many students	*viele Studenten*
many of these students	*viele dieser Studenten*
most TV shows	*die meisten Fernsehshows*
most of today's TV shows	*die meisten der heutigen TV-Shows*
several colleagues	*mehrere Kollegen*
several of my colleagues	*mehrere meiner Kollegen*
some friends	*einige Freunde*
some of our best friends	*einige unserer besten Freunde*
two children	*zwei Kinder*
two of their children	*zwei ihrer Kinder*

ANOTHER, EVERY und **NO**

Auf **another**, **every** und **no** kann keine Ergänzung mit **of** ... folgen.
Sagen Sie also nicht *another of ..., *every of ... oder *no of ... .

Anstelle von **of** steht in diesen Fällen **one of** ... :

one of his ideas	*eine seiner Ideen*
not one of your words	*nicht eines deiner Worte*
another one of these rainy days	*noch einer dieser Regentage*
every one of our guests	*jeder unserer Gäste*

Die Bestimmung **no one of** ... wird in der Regel zu **none of** ... zusammengezogen:

no one of my children
oder: **none of** my children   *keines meiner Kinder*

7   UNTERSCHEIDUNG BEDEUTUNGSÄHNLICHER WÖRTER

7.1   MUCH, MANY, A LOT OF / LOTS OF

much *(viel)* steht bei unzählbaren, **many** *(viele)* bei zählbaren Hauptwörtern.
Bei **a lot of** bzw. **lots of** entfällt diese Unterscheidung.

- In Fragesätzen sowie in Verbindung mit **how**, **so**, **too** und **not**
  werden ausschließlich **many** und **much** verwendet:

  How **much** energy is needed to heat a building like this?
  Wie viel Energie wird benötigt, um ein solches Gebäude zu beheizen?

  Why do **so many** couples divorce these days?
  Warum lassen sich heutzutage so viele Paare scheiden?

  There is still **so much** work to be done.
  Es gibt immer noch so viel Arbeit zu erledigen.

  I still make **too many** spelling mistakes.
  Ich mache immer noch zu viele Rechtschreibfehler.

  You will **not** find **many good restaurants** here.
  Du wirst hier nicht viele gute Restaurants finden.

- In bejahten Aussagesätzen steht anstelle von **much** oder **many**
  häufig **a lot of** bzw. **lots of** *(viel, viele, eine Menge)*, vor allem in der Schriftsprache:

  It will cost **a lot of** money to get the damage repaired.
  Es wird eine Menge Geld kosten, den Schaden repariert zu bekommen.

  Online shopping is fun and offers **lots of** advantages.
  Online Shopping [Einkaufen im Internet] macht Spaß und bietet viele Vorteile.

  a lot of ... und **lots of** ... lassen sich sowohl mit unzählbaren *(viel)*
  als auch mit zählbaren Hauptwörtern *(viele)* verwenden:

  We have **a lot of / lots of** trouble with the new software.
  *Wir haben **viel** Ärger mit der neuen Software.*

  There are **a lot of / lots of** old castles in Britain.
  *Es gibt in England, Schottland und Wales **viele** alte Burgen.*

Die Wahl zwischen **a lot of** … und **lots of** … hat keine nennenswerten Auswirkungen auf die Aussage des Satzes. Man könnte allenfalls sagen, dass **lots of** eher die Vorstellung von einer überdurchschnittlich großen Anzahl oder Menge hervorruft, worin es deutschen Angaben wie *haufenweise, massenweise, jede Menge* entspricht:

My younger sister always gets **lots of** presents.
Meine jüngere Schwester bekommt immer haufenweise Geschenke.

There are **lots of** things to be considered before a wedding.
Vor einer Hochzeit gibt es jede Menge Sachen zu bedenken.

7.2 PLENTY OF…

Auf ein Überangebot an etwas verweist auch **plenty of** …,
was soviel bedeutet wie *jede Menge* oder *reichlich*:

There's still **plenty of** food in the fridge, but nothing to drink.
Es ist noch reichlich Essen im Kühlschrank, aber nichts zu trinken.

Vielleicht kennen einige von Ihnen auch die folgende Zeile aus dem alten Seemannslied vom *Hamborger Veermaster*:

There's **plenty of** gold, so I am told, on the banks of Sacramento.
Es gibt, so erzählte man mir, jede Menge Gold an den Ufern des Sacramento.

7.3 A GOOD DEAL OF …, A GREAT DEAL OF …

In der Umgangssprache ebenfalls gebräuchlich, wenn es
um eine größere Anzahl oder Menge geht, sind Angaben wie
a good deal of… oder **a great deal of**…
(etwa: *ein Gutteil von …, ein Großteil von …, eine ganze Menge …, ziemlich viel …*):

A good deal of the tickets were already sold.
Ein Großteil der Karten war bereits verkauft.

A good deal of time is wasted with red tape.
Ein Gutteil der Zeit wird mit Behördenkram vergeudet.

I have **a great deal of** respect for these people.
Ich habe eine Menge Respekt vor diesen Leuten.

Our late arrival caused **a great deal of** annoyance.
Unsere verspätete Ankunft verursachte ziemlich viel Ärger.

7.4 LITTLE und FEW

little *(wenig)* ist das Gegenteil von **much** *(viel)*
und steht bei Hauptwörtern im Singular:

The skiing competition was cancelled because there was too **little** snow.
Der Skiwettbewerb wurde abgesagt, weil es zu wenig Schnee gab.

I have **little** hope that the truth will ever emerge.
Ich habe wenig Hoffnung, dass die Wahrheit je herauskommt.

few *(wenige)* ist das Gegenteil von **many** *(viele)*
und steht bei Hauptwörtern im Plural:

Only **few** passengers survived the plane crash.
Nur wenige Passagiere haben den Flugzeugabsturz überlebt.

We are one of the **few** profitable companies in town.
Wir sind eines der wenigen profitablen Unternehmen in der Stadt.

7.5 LESS und FEWER

less *(weniger)* ist die Steigerungsform von **little** und steht bei Hauptwörtern im Singular:

I am not prepared to work more hours for **less** money.
Ich bin nicht bereit, für weniger Geld mehr Stunden zu arbeiten.

less steht im Zusammenhang mit Zahlen, Geldbeträgen, Entfernungsangaben, die als Einzahl behandelt werden [→ 44 (7.1)]: **less than** 500 dollars, in **less than** two hours, it's **less than fifty kms** from here.

fewer *(weniger)* ist die Steigerungsform von **few** und steht bei Hauptwörtern im Plural:

The governing party won **fewer** votes than in the last election.
Die Regierungspartei errang weniger Stimmen als bei der letzten Wahl.

Allerdings wird der Unterschied zwischen **fewer** und **less** in der Umgangssprache häufig ignoriert. Unser Satzbeispiel wäre also auch in der folgenden Fassung akzeptabel:

The governing party won **less** votes than in the last election.
Die Regierungspartei errang weniger Stimmen als bei der letzten Wahl.

7.6 SOME und ANY

some und **any** entsprechen deutschen Angaben wie *einige, ein paar, etwas, irgendwelche*. Oft bleiben sie aber auch unübersetzt, was dem Lernenden gelegentlich Probleme bereitet.

Der wesentliche Unterschied zwischen **some** und **any** liegt darin, dass es bei **some** immer um etwas *Vorhandenes* oder *als vorhanden Angenommenes* geht, während sich **any** auf etwas *nicht Vorhandenes* bezieht bzw. nach dem *Vorhandensein* von etwas fragt. Beispiele:

VERWENDUNG VON *SOME*

- **some** steht in nicht verneinten Aussagesätzen:
  I'm not ill, I just need **some** rest.
  *Ich bin nicht krank, ich brauche nur (**etwas**) Ruhe.*

- **some** steht in allen Fragen, mit denen um etwas gebeten oder etwas angeboten wird:
  Could we have **some** more water please?
  *Könnten wir noch **etwas** Wasser haben?* [Frage, mit der um etwas gebeten wird]
  Would you like **some** homemade biscuits?
  *Möchtest du **ein paar** selbstgebackene Kekse?* [Ein Angebot in Frageform]

- **some** vor einem zählbaren Hauptwort in der Einzahl bedeutet
  irgendein …, irgendsoein …:
  There must be **some** mistake.
  Da muss ein Irrtum vorliegen.
  Some guy from the insurance company wanted to see you.
  Irgendsoein Typ von der Versicherung wollte dich sprechen.

- **some** vor einem Hauptwort in der Einzahl bringt Erstaunen, Überraschung, Ungläubigkeit usw. zum Ausdruck. In deutschen Sätzen wird eine vergleichbare Wirkung meist durch den Zusatz *vielleicht …* erzielt:
  That was **some** weather.
  Das war vielleicht ein Wetter!
  You have **some** nerve!
  Ihr habt vielleicht Nerven!
  Some friend you are!
  Du bist mir vielleicht ein Freund!

- **some** steht auch vor Zahlen zum Ausdruck einer ungefähren Angabe
  im Sinne von *etwa …, rund …, so um die …, an die … :*
  Within one year **some** 50,000 people have lost their jobs.
  *Innerhalb eines Jahres haben **an die** 50.000 Menschen ihre Arbeit verloren.*

VERWENDUNG VON *ANY*

- In verneinten Sätzen, also in Verbindung mit **not** oder **never**, steht immer **any**, da von etwas *nicht Vorhandenem* die Rede ist:
  There isn't **any** ice in the fridge.
  Es ist kein Eis im Kühlschrank.
  We have never had **any** problems with this computer.
  Wir haben noch nie Probleme mit diesem Computer gehabt.
  At the moment, we can't give you **any** further information.
  Im Moment können wir Ihnen keine weiteren Informationen geben.
  not ... **any** ist gleichbedeutend mit **no** *(kein, keine, keinen)*, wirkt allerdings zurückhaltender als das resolutere **no** und wird daher in der Umgangssprache meist bevorzugt.

- **any** steht, wenn nach etwas gefragt wird (aber nicht, wenn um etwas gebeten wird):
  Do you have **any** plans for your holiday?
  Haben Sie (irgendwelche) Pläne für Ihren Urlaub?
  Are there **any** more questions on that issue?
  Gibt es noch (weitere) Fragen zu diesem Thema?

- **any** vor einem Hauptwort in der Einzahl bedeutet *jede / jeder / jedes beliebige …:*
  You can phone me at **any** time.
  Du kannst mich jederzeit [= wann immer du willst] anrufen.
  You can buy food at almost **any** petrol station these days.
  Man kann heutzutage an fast jeder Tankstelle Lebensmittel kaufen.
  It's incredibly easy. **Any** child could do it.
  Es ist unglaublich leicht. Jedes Kind könnte es.

7.7 EVERY und EACH

every bedeutet *jeder ... / jede ... / jedes ... ohne Ausnahme*:

Every person has the right to freedom of expression.
Jeder Mensch hat das Recht auf freie Meinungsäußerung.

Every day thousands of children die from malnutrition.
Jeden Tag sterben Tausende von Kindern an Unterernährung.

each bedeutet *jeder ... / jede ... / jedes ... für sich,*
jede einzelne Person oder Sache aus einer begrenzten Anzahl:

At the entrance **each** visitor was scanned with a metal detector.
Am Eingang wurde jeder Besucher mit einem Metalldetektor abgetastet.

The management have installed a CCTV ^{ANM} camera in **each** room.
Die Geschäftsleitung hat in jedem Raum eine Überwachungskamera installiert.
ANM | CCTV - **C**losed-**c**ircuit **t**elevision camera

Will man eine Aussage verstärken, ihr zusätzlich Nachdruck verleihen,
kann man beide Wörter zu der Wendung **each and every** verbinden:

We try to provide help for **each and every** person in need.
Wir versuchen jedem (einzelnen) Menschen in Not Hilfe anzubieten.

My family are supporting me in **each and every** way.
Meine Familie unterstützt mich auf jede (nur denkbare) Weise.

7.8 BOTH und EITHER (BE: [ˈaɪðə], AmE: [ˈiːðər])

both drückt aus, dass die im Satz enthaltene Aussage
beide genannten Personen, Dinge oder Sachverhalte betrifft – nicht nur eine:

You were right in **both** cases.
Du hattest in beiden Fällen Recht.

Both parents suffered from a rare disease.
Beide Eltern litten an einer seltenen Krankheit.

▶ Zu **both** als Nebenbestimmung siehe → **72** (8.1)

either steht für *beide* im Sinne von: *jede von zwei vorhandenen,*
wie z.B. bei **side**, **end**, **hand** usw.:

She had a baby on **either** arm.
Sie hatte auf jedem Arm ein Baby.

Roses grew on **either** side of the door.
Zu beiden Seiten der Tür wuchsen Rosen.

Die verneinte Form **neither** (BE: [ˈnaɪðə], AmE: [ˈniːðər]) steht für *keine(-r, -s, -n) von beiden*:

Neither candidate was qualified for the job.
Keiner der (beiden) Kandidaten war für die Stelle geeignet.

8 NEBENBESTIMMUNG

In einer Hauptwortgruppe können nicht zwei Bestimmungswörter nebeneinander auftreten.
Wendungen wie **this my country* oder **some few questions* sind dem Englischen fremd.

Es gibt aber eine kleine Gruppe von Wörtern, die ein Bestimmungswort begleiten können und
damit eine zusätzliche Präzisierung des Hauptworts bewirken. Einige dieser Wörter – englische
Grammatiken bezeichnen sie als *predeterminer* – gehen dem eigentlichen Bestimmungswort
voran, andere – die sogenannten *postdeterminer* – folgen ihm.

Vor allem die vorangestellten Wörter verdienen Beachtung, denn ihre Stellung im Satz ist eine
andere als die der entsprechenden Wörter des Deutschen. Vergleichen Sie:

Mein Vater hat	sein **ganzes** Leben	dort verbracht.
My father has spent	**all** his life	there.
Ich kann nur	eine **halbe** Stunde	bleiben.
I can only stay for	**half** an hour.	
Wir brauchen mindestens	die **doppelte** Menge	an Gläsern.
We need at least	**twice** the number	of glasses.

Wie die Beispiele zeigen, steht in einem deutschen Satz die jeweilige Nebenbestimmung *(ganz,
halb, doppelt)* unmittelbar vor dem *Hauptwort*, in einem englischen dagegen vor dem *Bestim-
mungswort*. Dies gilt es unbedingt zu beachten, damit Ihnen keine Fehler unterlaufen wie **his
all life*, **a half year* oder **the double amount*.

8.1 NEBENBESTIMMUNGEN (vorangestellt)

Hier eine Liste wichtiger *predeterminer*. Beachten Sie auch hier die im Englischen und Deutschen unterschiedliche Satzstellung:

all	my life	mein **ganzes** Leben
both	these girls	diese **beiden** Mädchen
double	the price	der **doppelte** Preis
half	an hour	eine **halbe** Stunde
many	a student	so **mancher** Schüler
twice	the distance	die **doppelte** Entfernung
quite	a shock	ein **ziemlicher** Schock
such	a day	ein **solcher** Tag, **so ein** Tag

8.2 NEBENBESTIMMUNGEN (nachgestellt)

In die Kategorie der *postdeterminer* gehören die Zahlwörter sowie Angaben, die eine *Abfolge, Reihenfolge, Rangfolge* von etwas bezeichnen:

Sara's	**two** sisters	Saras **zwei** Schwestern
Dana's	**first** child	Danas **erstes** Kind
Scotland's	**last** king	Schottlands **letzter** König
his	**latest** film	sein **neuester, jüngster** Film
this	**next** song	dieses **nächste** Lied
her	**former** boss	ihr **ehemaliger** Chef
my	**previous** job	mein **vorheriger** Job
the	**following** story	die **folgende** Geschichte
all	**subsequent** generations	alle **nachfolgenden** Generationen
no	**further** questions	keine **weiteren** Fragen
our	**only** child	unser **einziges** Kind
some	**other** mistakes	einige **andere** Fehler
the	**same** persons	die**selben** Personen

Aufgrund ihrer Stellung unmittelbar vor dem Hauptwort sind diese Wörter den Adjektiven ähnlich und werden diesen manchmal auch zugerechnet. Ihrem Wesen nach jedoch unterscheiden sie sich von ihnen, denn im Gegensatz zu Adjektiven *beschreiben* sie die Personen und Sachen nicht, die sie begleiten.

Ein Blick in unterschiedliche Grammatiken macht deutlich, dass eine präzise Differenzierung und Kategorisierung hauptwortbegleitender Wörter noch aussteht. Auch hinsichtlich der in diesem Zusammenhang verwendeten Terminologie (neben der Bezeichnung *determiner* begegnet man auch Begriffen wie *modifier, qualifier* oder *quantifier*) besteht unter Grammatikern bislang keine Einigkeit. Dem Lernenden kann dies jedoch gleichgültig sein, denn für den praktischen Umgang mit dem Englischen sind solche Unterscheidungen letzten Endes unerheblich.

5 Adjektive

Adjektive *(Eigenschaftswörter,* engl.: adjectives) sind Wörter wie **stupid, boring, useful, blue, friendly, American, dangerous, increasing, disappointed** usw. Ihre Aufgabe im Satz besteht darin, ein Hauptwort zu **beschreiben,** zu **klassifizieren** oder zu **verstärken.**

1 DIE FUNKTION VON ADJEKTIVEN

1.1 BESCHREIBUNG

Adjektive *beschreiben* das Hauptwort, dem sie zugeordnet sind und sorgen so dafür, dass man sich ein Bild von der betreffenden Person oder Sache machen kann:

My new neighbours are **friendly** and **helpful.**
Meine neuen Nachbarn sind freundlich und hilfsbereit.

Aline is **tall, fair** and very **pretty.**
Aline ist groß, blond und sehr hübsch.

Before the match the **young** goalkeeper was rather **nervous.**
Vor dem Spiel war der junge Torhüter ziemlich nervös.

We climbed up a **big old rickety** staircase.
Wir stiegen eine große alte klapprige Treppe hinauf.

Da Eigenschaften von Personen und Sachen unterschiedlich stark ausgeprägt sind, lassen sich beschreibende Adjektive durch Steigerungsformen (**bigger, the oldest, more important** usw.) oder durch vorangestellte Wörter wie **very, quite, rather** oder **too** nach Bedarf abstufen und weiter präzisieren: **very angry, quite interesting, rather bad, too powerful** usw.

1.2 KLASSIFIZIERUNG

Klassifizierende Adjektive ordnen Personen und Dinge einer Gruppe, Klasse oder Kategorie zu. Da eine solche Zuordnung immer eine eindeutige Festlegung darstellt (entweder man gehört einer bestimmten Klasse an oder nicht), lassen sich diese Adjektive in der Regel weder steigern noch durch Wörter wie **very, quite, rather** usw. abstufen.

Bavarian beer is my father's **favourite** drink.
Bayerisches Bier ist das Lieblingsgetränk meines Vaters.

What will be the **social** and **economic** consequences of **global** warming?
Was werden die sozialen und wirtschaftlichen Folgen der Erderwärmung sein?

An **international** panel of experts discussed **potential** risks
related to the use of **nuclear** power and the disposal of **radioactive** waste.
Ein internationales Expertengremium diskutierte mögliche Risiken im Zusammenhang mit der Nutzung der Atomkraft und der Entsorgung von radioaktivem Müll.

Klassifizierende Adjektive treten im Deutschen häufig als Bestandteil eines zusammengesetzten Hauptwortes auf wie in *Privatstunden* (**private lessons,** wörtlich: *private* Stunden), *Auslandswährung* (**foreign currency,** wörtlich: *ausländische Währung), Tageszeitung* (**daily newspaper** oder **daily paper**; wörtlich: *tägliche* Zeitung), *Zweitwagen* (**second car,** wörtl.: zweiter Wagen, zweites Auto), *Grundproblem* (**basic problem,** wörtlich: *grundlegendes* Problem).

Zu den klassifizierenden Adjektiven zählen auch Bezeichnungen von Nationalitäten, Formen, Farben usw.:

NATIONALITÄTEN (eine Auswahl)

-an	**Asian** *asiatisch,* **African, American, Australian, European** **Albanian** *albanisch,* **Austrian** *österreichisch,* **Belgian, Brazilian, Bulgarian,** **Canadian, Croatian, Egyptian** *ägyptisch,* **Estonian** *estnisch,* **German,** **Hungarian** *ungarisch,* **Indian** *indisch,* **Iranian, Italian, Korean, Latvian** *lettisch,* **Lithuanian** *litauisch,* **Mexican** *mexikanisch,* **Moroccan** *marokkanisch,* **Norwegian** *norwegisch,* **Roman** *römisch,* **Rumanian** *rumänisch,* **Russian** *russisch,* **Serbian** *serbisch,* **Slovakian** *slowakisch,* **Tunisian** *tunesisch,* **Ukrainian** *ukrainisch*
-ese	**Chinese, Japanese, Portuguese, Vietnamese, Lebanese** *libanesisch,* **Maltese** *maltesisch,* **Taiwanese** *taiwanesisch*
-ish	**British, Danish, English, Finnish, Irish, Polish, Scottish,** **Spanish, Swedish, Turkish**
einsilbig:	**Dutch** *holländisch,* **Czech** *tschechisch,* **French** *französisch,* **Welsh** *walisisch,* **Greek** *griechisch,* **Swiss** *schweizerisch*

STÄDTENAMEN

Auch Städtenamen können einem Hauptwort in adjektivischer Funktion vorangestellt werden. Hierbei ändern sie, anders als im Deutschen, nicht ihre Form. Vergleichen Sie:

We met on the **London** underground.
*Wir lernten uns in der **Londoner** U-Bahn kennen.*

The fall of the **Berlin** Wall was an outstanding event in recent history.
*Der Fall der **Berliner** Mauer war ein herausragendes Ereignis*
der jüngeren Geschichte.

The **Salzburg** Festival starts in the last week of July.
*Die **Salzburger** Festspiele beginnen in der letzten Juliwoche.*

FARBEN UND FORMEN

Farben und Farbtöne:
black, **blue**, **brown**, **green**, **grey** (AmE: **gray**), **orange**, **pink**,
purple *lila*, **red**, **scarlet** *scharlachrot*, **white**, **yellow**

light brown *hellbraun*, **pale green** *blassgrün*,
dark blue *dunkelblau*, **deep red** *tiefrot*
greenish, **reddish**, **yellowish** usw. *grünlich, rötlich, gelblich*

Formen:
oval, **round**, **elliptical** *elliptisch*, **triangular** *dreieckig*, **rectangular** *rechteckig*, **square** *quadratisch*
five-cornered [oder: **pentagonal**] *fünfeckig*, **six-cornered** [oder: **hexagonal**] *sechseckig*

STOFFE, MATERIALIEN

Die folgenden adjektivisch verwendeten Wörter, darunter zahlreiche Hauptwörter, geben an, aus welchem Stoff oder Material etwas besteht:

a **copper** coin	*eine Kupfermünze*	
a **gold** watch	*eine goldene Uhr*	[= aus Gold]
golden hair	*goldenes Haar*	[= von goldener Farbe]
an **iron** bar	*eine Eisenstange*	
a **lead** pipe	*ein Bleirohr*	
a **leather** jacket	*eine Lederjacke*	
a **metal** bucket	*ein Metalleimer*	
a **plastic** bag	*eine Plastiktüte*	
a **silver** tray	*ein Silbertablett*	
raw material	*Rohmaterial*	
a **wooden** box	*eine Holzkiste*	
a **wollen** [AmE: **woolen**] scarf	*ein Wollschal*	

1.3 VERSTÄRKUNG, WERTUNG

In der Umgangssprache überaus häufig zu hören sind Adjektive, durch die die Wirkung einer Aussage verstärkt werden soll:

That's **complete** nonsense.	*Das ist kompletter Unsinn!*
That's the **perfect** moment.	*Das ist genau der richtige Moment.*
That was **pure** chance.	*Das war reiner Zufall.*
It was a **real** disaster.	*Es war eine echte Katastrophe.*
It was **sheer** desperation.	*Es war schiere Verzweiflung.*
The show was a **total** flop.	*Die Show war ein totaler Reinfall.*
That's what I call **true** love.	*Das nenne ich wahre Liebe.*

Auch das Wort **very** – normalerweise ein Adverb, das zur Abstufung von Adjektiven dient (wie in **very old**, **very difficult** usw.) – kann als Adjektiv zur Präzisierung eines Hauptworts verwendet werden, zum Beispiel in Angaben wie

at the **very** back	*ganz hinten*
at the **very** front	*ganz vorne*
at the **very** top	*ganz oben*
at the **very** beginning	*ganz am Anfang*
at the **very** end	*ganz am Ende*
her **very** words	*ihre genauen Worte*
at that **very** moment	*genau in dem Moment*
on that **very** day	*an dem besagten Tag*
for this **very** reason	*aus eben diesem Grunde*
in the **very** act	*auf frischer Tat*
the **very** thing I need	*genau das, was ich brauche*

In subjektiv gefärbte, emotional aufgeladene Aussagen fließen mitunter Adjektive ein, die von anderen Gesprächsbeteiligten als ungebührlich, ja anstößig empfunden werden könnten. Man sollte sie darum, wenn überhaupt, nur dort verwenden, wo man sicher sein kann, dass sich durch sie niemand unangenehm berührt fühlt. Hier nur eine kleine, eher harmlose Auswahl:

You **blithering** idiot!	*Du Blödmann! Du Armleuchter!*
What a **blundering** fool!	*Was für ein Volltrottel!*
This **bloody** heat is killing me.	*Diese verdammte Hitze bringt mich um.*
That **wretched** dog has bitten me.	*Der Scheißköter hat mich gebissen.*
Turn that **goddamn** TV off!	*Mach den gottverdammten Fernseher aus!*
Crappy weather, isn't it?	*Mistwetter, was?*

2   DIE FORM VON ADJEKTIVEN

Viele der in der Umgangssprache verbreiteten Adjektive sind germanischen Ursprungs – kurze, meist einsilbige, endungslose Wörter wie **great**, **long**, **cheap** oder **bright**. Andere sind durch typische Endungen wie **-y**, **-ive**, **-ish**, **-ful**, **-less** oder **-ous** gekennzeichnet. Sie sind ein Hinweis darauf, dass die betreffenden Adjektive von Wörtern einer anderen Wortklasse (vor allem von Hauptwörtern, aber auch von Verben) abgeleitet sind: **fatty** (von **fat**), **active** (von **act**), **childish** (von **child**), **useful** (von **use**), **hopeless** (von **hope**), **dangerous** (von **danger**).

Abgesehen von ihrer Steigerung ändern englische Adjektive niemals ihre Form. Das ist im Deutschen anders, wo sich ein Adjektiv in Geschlecht und Zahl nach dem Hauptwort richtet, das es begleitet. Wir sagen z.B.:

ein *guter* Lehrer, eine *gute* Übersetzung, ein *gutes* Restaurant,
bei *gutem* Wetter, in *guten* Zeiten.

Überträgt man diese Beispiele ins Englische, so steht in allen Fällen ausnahmslos **good**:
a **good** teacher, a **good** translation, a **good** restaurant, in **good** weather, in **good** times.

2.1   VERBFORMEN ALS ADJEKTIVE

In der Umgangssprache weit verbreitet sind Adjektive wie **amazing, confusing, surprising, divided, broken, torn** usw. Der Form nach sind sie Partizipien, also Verbformen, und erhalten von daher auch ihre Bedeutung.

ADJEKTIVE AUF -ing
Adjektive mit der Endung **-ing** bringen zweierlei zum Ausdruck:

- Sie beschreiben die Wirkung, die das zugeordnete Hauptwort ausübt:

worrying news	*beunruhigende* Nachrichten
a **refreshing** bath	*ein erfrischendes* Bad
an **interesting** book	*ein interessantes* Buch
an **exciting** city	*eine aufregende* Stadt

- Sie besagen, dass sich das zugeordnete Hauptwort in einem vorübergehenden Zustand befindet oder einen bestimmten Prozess durchläuft:

a **booming** town	*eine aufstrebende* Stadt
the **sleeping** child	*das schlafende* Kind
the **growing** number of …	*die wachsende* Zahl von …
a **dying** tradition	*eine aussterbende* Tradition

HIER EINE LISTE GEBRÄUCHLICHER ADJEKTIVE AUF -ing:

Adjektiv	abgeleitet von	deutsch
an **alarming** increase	alarm	*alarmierend*
an **amazing** piece of work	amaze	*erstaunlich*
an **amusing** conversation	amuse	*amüsant, belustigend*
an **annoying** habit	annoy	*ärgerlich, lästig*
an **astonishing** project	astonish	*erstaunlich*
bewildering complexity	bewilder	*verwirrend, verblüffend*
a **booming** economy	boom	*[wirtschaftlich] blühend, boomend*
a **boring** film	bore	*langweilig*
a **caring** mother	care	*liebevoll, fürsorglich*
a **challenging** task	challenge	*reizvoll, anspruchsvoll*
a **charming** cottage	charm	*reizend, charmant*
a **confusing** variety	confuse	*verwirrend*
a **convincing** example	convince	*überzeugend*
a **decreasing** number	decrease	*abnehmend*
a **depressing** life	depress	*deprimierend*
a **devastating** flood	devastate	*verheerend*

a **disappointing** answer	disappoint	*enttäuschend*
a **disgusting** smell	disgust	*ekelhaft, widerlich*
a **disturbing** noise	disturb	*störend*
his **dwindling** popularity	dwindle	*schwindend*
an **embarrassing** remark	embarrass	*peinlich, beschämend*
encouraging words	encourage	*ermutigend, aufmunternd*
an **entertaining** evening	entertain	*unterhaltend, unterhaltsam*
an **exciting** woman	excite	*aufregend, erregend*
the **existing** building	exist	*bestehend, derzeitig*
fattening food	fatten	*dick machend, fett machend*
a **frightening** monster	frighten	*furchterregend*
a **frustrating** experience	frustrate	*frustrierend*
the **governing** party	govern	*regierend*
increasing problems	increase	*zunehmend, wachsend*
an **interesting** lesson	interest	*interessant*
an **inviting** atmosphere	invite	*einladend*
a **leading** representative	lead	*führend*
a **living** creature	live	*lebend*
an **overwhelming** sight	overwhelm	*überwältigend*
a **pleasing** day	please	*angenehm, nett*
the **prevailing** weather	prevail	*vorherrschend*
a **promising** talent	promise	*vielversprechend*
a **refreshing** drink	refresh	*erfrischend, belebend*
relaxing days at the beach	relax	*entspannend*
a **rewarding** job	reward	*lohnend, einträglich*
the **rising** sun	rise	*aufgehend, steigend*
the **ruling** class	rule	*herrschend*
satisfying results	satisfy	*zufriedenstellend*
shocking news	shock	*schockierend*
sparkling diamonds	sparkle	*funkelnd*
the **starving** population	starve	*hungernd, Hunger leidend*
a **surprising** explanation	surprise	*überraschend*
a **threatening** storm	threaten	*drohend, bedrohlich*
a **thrilling** story	thrill	*fesselnd, packend*
a **tiring** journey	tire	*ermüdend*
a **winding** road	wind	*kurvenreich, sich windend*
worrying signs	worry	*beunruhigend*

ADJEKTIVE AUF -ed oder -n

Adjektive, die mit der **3.** Form eines Vollverbs identisch sind, also auf **-ed** oder auf **-n** enden, bezeichnen einen Zustand, der als Folge bzw. als Ergebnis des im Satz berichteten Geschehens eingetreten ist:

His behaviour *annoys* me – I am **annoyed**.
Sein Verhalten ärgert mich. [Ergebnis: *Ich bin **verärgert**.*]

A cool drink on a hot day *refreshes* me – I feel **refreshed**.
Ein kühles Getränk an einem heißen Tag erfrischt mich. [Ergebnis: *Ich bin **erfrischt**.*]

The results were *disappointing* – I was **disappointed**.
Die Ergebnisse waren enttäuschend. [Ergebnis: *Ich bin **enttäuscht**.*]

HIER EINE LISTE GEBRÄUCHLICHER ADJEKTIVE AUF -ed bzw. -n :

Adjektiv	abgeleitet von	deutsch
an **abandoned** place	abandon	*aufgegeben, verlassen*
an **abbreviated** version	abbreviate	*gekürzt, Kurz-...*
an **acknowledged** expert	acknowledge	*anerkannt*
an **advanced** state	advance	*fortgeschritten*
the police were **alarmed**	alarm	*alarmiert*
the **armed** forces	arm	*bewaffnet*
an **armoured** car	armour	*gepanzert*
attempted murder	attempt	*versucht*
we were **bored**	bore	*gelangweilt*
broken glass	break	*gebrochen, zerbrochen*
a **civilised** people	civilise	*zivilisiert*
a few **committed** people	commit	*engagiert*
in **concentrated** form	concentrate	*konzentriert*
I was **confused**	confuse	*verwirrt*
he was **convinced**	convince	*überzeugt*
a **dedicated** fighter	dedicate	*engagiert*
she looked **depressed**	depress	*deprimiert*
everything was **devastated**	devastate	*verwüstet*
the girl was **disappointed**	disappoint	*enttäuscht*

a **divided** country	divide	*geteilt*
I felt **encouraged**	encourage	*ermutigt*
fixed prices	fix	*fest, fest vereinbart*
a **forced** smile	force	*gezwungen, gequält*
frightened faces	frighten	*verängstigt*
a **frustrated** teacher	frustrate	*frustriert*
a **furnished** flat	furnish	*möbliert, eingerichtet*
a **given** number	give	*gegeben, vorgegeben*
a **hidden** door	hide	*verborgen, versteckt*
an **improved** version	improve	*verbessert*
his **injured** leg	injure	*verletzt*
I was not **interested**	interest	*interessiert*
a **known** fact	know	*bekannt*
a **noted** scientist	note	*namhaft, bekannt*
organised crime	organise	*organisiert*
we were **overwhelmed**	overwhelm	*überwältigt*
a well-**paid** job	pay	*bezahlt, entlohnt*
at a **reduced** speed	reduce	*vermindert, herabgesetzt*
relaxed people	relax	*entspannt*
the **required** measures	require	*gefordert, erforderlich*
a **respected** person	respect	*respektiert*
a **retired** teacher	retire	*pensioniert, im Ruhestand*
I was quite **satisfied**	satisfy	*zufrieden*
a **split** decision	split	*gespalten, nicht einstimmig*
the **spoken** language	speak	*gesprochen*
everyone was **surprised**	surprise	*überrascht*
we were all **tired**	tire	*müde, ermüdet*
a **torn** sheet of paper	tear	*zerrissen*
a **towed** vehicle	tow	*abgeschleppt*
a **trained** nurse	train	*ausgebildet*
united efforts	unite	*vereinigt, vereint*
an **updated** version	update	*aktualisiert*
wasted time	waste	*vergeudet, verschwendet*
she was **worried**	worry	*beunruhigt, besorgt*
a **written** confirmation	write	*schriftlich, geschrieben*

2.2 ZUSAMMENGESETZTE ADJEKTIVE

Adjektive treten auch in zusammengesetzter Form auf, wobei die einzelnen Wörter einer solchen Verbindung gar keine Adjektive sein müssen, sondern auch anderen Wortarten angehören können. Die meisten werden durch Bindestriche verbunden. Einige Beispiele:

MIT ADJEKTIVISCHEM BESTANDTEIL

heartfelt sympathy	*tiefempfundes Mitgefühl*
a **well-known** restaurant	*ein bekanntes Restaurant*
a **multiple-choice** questionnaire	*ein Auswahlfragebogen*
an **easy-to-use** appliance	*ein leicht zu bedienendes Gerät*
a **hard-and-fast** rule	*eine Faustregel*
a **topsy-turvy** world	*eine verrückte Welt*
the **poverty-stricken** population	*die verarmte Bevölkerung*

OHNE ADJEKTIVISCHEN BESTANDTEIL

a **breathtaking** show	*eine atemberaubende Show*
homemade marmelade	*hausgemachte Marmelade*
stop-and-go traffic	*stockender Verkehr*
an **off-the-shoulder** top	*ein schulterfreies Oberteil*
a **middle-of-the-road** party	*eine Partei der Mitte*
mouth-to-mouth resuscitation	*Mund-zu-Mund-Beatmung*
over-the-counter [kurz: **OTC**] medication	*frei verkäufliche Arzneimittel*

MIT ZAHLEN

BEACHTEN SIE: Bei adjektivischen Zusammensetzungen, die mit einer Grundzahl beginnen, steht das verbundene Hauptwort *in der Einzahl*:

a **two-day** strike [Nicht: *a two-days strike]	*ein zweitägiger Streik*
a **four-week** holiday	*ein vierwöchiger Urlaub*
a **five-hour** outing	*ein fünfstündiger Ausflug*
a **seven-year-old** child	*ein siebenjähriges Kind*
a **fifty-pound** note	*eine 50 Pfund-Note*
the **one-million-dollar** question	*die 1 Million Dollar-Frage*
a **1000-page** report	*ein 1000-seitiger Bericht*

3 DIE STELLUNG VON ADJEKTIVEN

3.1 ATTRIBUTIVE STELLUNG

Adjektive, die Teil einer Hauptwortgruppe sind, geben an, um *was für eine* Person, *um was für eine* Sache, *um was für einen* Sachverhalt es sich handelt. Beispiel:

The **young** lady in the **blue** dress is a **well-known** actress.

Was für eine Dame?	a **young** lady
In was für einem Kleid?	the **blue** dress
Was für eine Schauspielerin?	a **well-known** actress

Alle diese Adjektive stehen unmittelbar neben ihrem Bezugswort. In der Regel gehen sie ihm voran, in einigen wenigen Fällen werden sie ihm nachgestellt. Grammatiker sprechen hier von der **attributiven** *(beigefügten)* Stellung des Adjektivs.

REIHENFOLGE

Gehen dem Hauptwort mehrere Adjektive voran, so sollten Sie eine bestimmte Abfolge einhalten. Dies ist aber lediglich als Empfehlung zu verstehen, zumal eine übertriebene Häufung von Adjektiven in der Umgangssprache unüblich ist:

Qualität, Wert:	pretty, beautiful, lovely, dirty, important
vor *Größe/Gewicht:*	big, large, small, little, tiny, heavy, light
vor *Alter/Temperatur:*	old, young, new, cold, warm, hot
vor *Aussehen/Form:*	round, triangular, circular, V-shaped
vor *Farbe:*	white, greenish, light blue, dark red
vor *Herkunft/Stil:*	German, foreign, domestic, Victorian
vor *Stoff/Material:*	wooden, wollen, plastic, metal, iron

My aunt has got a **precious old round wooden** table.
Meine Tante hat einen wertvollen alten runden Holztisch.

We liked those **lovely old-fashioned black London** taxis.
Wir mochten jene hübschen altmodischen schwarzen Londoner Taxis.

She was wearing a headscarf made of **colourful Indian** silk.
Sie trug ein aus indischer Seide gefertigtes Kopftuch.

This is one of the **most beautiful old Victorian iron** gates in town.
Dies ist eines der schönsten alten viktorianischen Eisentore in der Stadt.

VERBINDUNG DURCH **AND**

Anders als im Deutschen werden zwei inhaltlich verwandte Adjektive in der Regel mit **and** verbunden:

a **black and white** television	*ein Schwarz-Weiß-Fernseher*
a **blue and white** jersey	*[Sport] ein blauweißes Trikot*
a **warm and damp** region	*eine feuchtwarme Gegend*
a **sweet and sour** dish	*ein süßsaures Gericht*
a **wet and cold** winter's day	*ein nasskalter Wintertag*

Die Verbindung mit **and** entfällt natürlich, wenn es sich bei dem ersten Element um ein Wort (meist ein Adverb) handelt, das das Adjektiv näher bestimmt: a **deep blue** jersey, a **slightly sour** dish, an **ice-cold** day.

Vor das letzte Wort einer Aufzählung attributiver Adjektive tritt kein **and**:

a **long**, **narrow**, **dusty** road *eine lange, schmale, staubige Straße*
Aber: The road was long, narrow **and** dusty.

3.2 PRÄDIKATIVE STELLUNG

Adjektive lassen sich durch sogenannte *Gleichsetzungsverben* [→ 80 (5.1)] wie **be**, **look**, **seem** oder **smell** von ihrem Bezugswort trennen und werden so zu einem Teil des Prädikats, weshalb man diese Position als *prädikative* Stellung bezeichnet.

Vergleichen Sie:

attributive Stellung: It was an **interesting journey**.
Das Adjektiv *interesting* steht direkt bei seinem Bezugswort *journey*.

prädikative Stellung: The **journey** was **interesting**.
Das Adjektiv *interesting* ist von seinem Bezugswort *journey* durch eine Verbform (**was**) getrennt.

Die meisten Adjektive sind in beiden Satzpositionen zu finden. Einige dagegen lassen sich nur attributiv (vorangestellt), nur attributiv (nachgestellt) oder nur prädikativ verwenden. Manchmal ändert sich, je nach Satzposition, auch ihre Bedeutung. Wie dies im Einzelnen aussieht, erläutern die folgenden Kapitel.

4 DAS ADJEKTIV IN ATTRIBUTIVER STELLUNG

Wie bereits erwähnt, können die meisten Adjektive, wie im Deutschen auch, sowohl attributiv als auch prädikativ gebraucht werden. Beachtung verdienen daher vor allem die Fälle, in denen eine prädikative Stellung im Englischen nicht möglich ist.

4.1 VORANGESTELLT

elder *ältere, älterer, älteres* – **eldest** *ältester, älteste, ältestes*
My **elder** brother is a computer genius.
Mein älterer Bruder ist ein Computergenie.
Aber nicht: *My brother is three years elder than I.
Richtig wäre: My brother is three years **older** than I.

little *klein*
Wouldn't that be a nice present for your **little** sister?
Wäre das nicht ein nettes Geschenk für deine kleine Schwester?
Nicht jedoch: *My sister is little.

live [laɪf] *lebend, lebendig*
Have you ever seen a **live** crocodile?
Hast du schon einmal ein lebendes Krokodil gesehen?
Nicht möglich wäre dagegen: *The crocodile is live.
Richtig hieße es: The crocodile is **alive**.

late *verstorben*
Everything in this house reminds me of my **late** husband.
Alles in diesem Haus erinnert mich an meinen verstorbenen Mann.
► In prädikativer Stellung bedeutet **late** immer *verspätet, zu spät:*
My husband is late. *Mein Mann verspätet sich* oder: *... kommt zu spät.*

4.2 NACHGESTELLT: -able und -ible

Adjektive auf **-able** und **-ible** werden ihrem Bezugswort nachgestellt,
wenn man sie zu einem Partizipsatz [→ THEMA **23**, ab Seite 263] erweitern könnte:
These were the only tickets **available**.
Dies waren die einzigen erhältlichen Karten.
[Man könnte ergänzen: These were the only tickets **available at this price**.]
I'd like to speak to the persons **responsible**.
Ich möchte mit den verantwortlichen Personen sprechen.
[Man könnte ergänzen: I'd like to speak to the persons **responsible for this disaster**.]

4.3 STELLUNG VERÄNDERT BEDEUTUNG: present und proper

Die Adjektive **present** und **proper** können, in unterschiedlicher Bedeutung,
in beiden Satzpositionen verwendet werden:

present
vorangestellt: *gegenwärtig, derzeitig*, nachgestellt: *anwesend*
Who are the **present members** of the Committee?
Wer sind die derzeitigen Mitglieder des Ausschusses?
The **members present** voted against the proposal.
Die anwesenden Mitglieder stimmten gegen den Vorschlag.

proper
vorangestellt: *richtig, wirklich*, nachgestellt: *eigentlich, selbst*
He is not a **proper teacher**.
Er ist kein richtiger Lehrer.
In the **town proper** everything was quiet.
In der Stadt selbst war alles ruhig.

4.4 FESTE VERBINDUNGEN

Notieren Sie sich in diesem Zusammenhang die folgenden festen Verbindungen
mit *nachgestelltem* attributivem Adjektiv:

the **Attorney General**	*der Generalstaatsanwalt*, USA: *Justizminister*
the **court-martial**	*das Kriegsgericht*
the **heir apparent**	*der gesetzliche Erbe*
the **notary public**	USA: *Notar*
the **President-elect**	USA: *der gewählte Präsident*
the **Secretary General**	*der Generalsekretär*
God Almighty!	*Allmächtiger Gott!*

5 DAS ADJEKTIV IN PRÄDIKATIVER STELLUNG

In prädikativer Stellung wird das Adjektiv zu einem Teil des Prädikats. Doch obwohl es in dieser Position auf ein Verb folgt, bleibt es ein Adjektiv und wird nicht, wie man annehmen könnte, zu einem Adverb.

Ob es sich bei einem Wort, das eine Eigenschaft angibt, um ein *Adjektiv* oder um ein *Adverb* handelt, entscheidet nicht die Stellung, sondern der Bezug: ein Adjektiv macht – ganz gleich, wo es steht – nähere Angaben zum *Hauptwort*: wie es ist, aussieht, zu sein scheint usw. Ein Adverb dagegen beschreibt die Eigenschaften eines *Verbs*: es sagt aus, wie, auf welche Art und Weise etwas geschieht.

Hier einige Beispiele für die Verbindung eines Verbs mit einem Adjektiv:

5.1 EIGENSCHAFT DES SUBJEKTS (GLEICHSETZUNG):

Auf ein Gleichsetzungsverb folgt immer ein Adjektiv:

be	Learning English **was** difficult. Speaking it **is** easy.
	*Englisch zu lernen **war** schwierig. Es zu sprechen **ist** leicht.*
become	It **became clear** that he was afraid.
	*Es **wurde** klar, dass er Angst hatte.*
seem	A solution **seems impossible**.
	*Eine Lösung **erscheint** unmöglich.*
appear	The task didn't **appear difficult** at first.
	*Die Aufgabe **erschien** anfangs nicht schwierig.*
look	She **looks beautiful** in her new dress.
	*Sie **sieht** hübsch **aus** in ihrem neuen Kleid.*
sound	What he says **sounds interesting**.
	*Was er sagt, **klingt** interessant.*
feel	A baby's skin **feels soft** and **smooth**.
	*Die Haut eines Babys **fühlt sich** weich und glatt **an**.*
smell	The buttermilk **smells bad**.
	*Die Buttermilch **riecht** schlecht.*
taste	The fish soup **tastes delicious**.
	Die Fischsuppe schmeckt köstlich.

5.2 ZUSTAND DES SUBJEKTS

Bestimmte Verb-Adjektiv-Verbindungen beschreiben, in welchem Zustand sich das Subjekt befindet bzw. in welchen Zustand es sich bringt:

Please **sit still** and **keep quiet**.
Sitz bitte still und sei ruhig.

The bankrobber ordered everyone to **lie flat** on the ground.
Der Bankräuber befahl allen, sich flach auf den Boden zu legen.

People **marry young** these days.
Die Leute heiraten jung heutzutage.

Did you **make sure** that the door is locked?
Hast du dich vergewissert, dass die Tür abgeschlossen ist?

The dog **broke loose** from its chain.
Der Hund riss sich von seiner Kette los.

5.3 VERÄNDERUNG DES SUBJEKTS

Adjektive, die auf Verben der Veränderung wie **become**, **get**, **go**, **grow**, **turn** oder **fall** folgen, beschreiben das Ergebnis dieser Veränderung:

Life has **become expensive**.
Das Leben ist teuer geworden.

After a few days everything was **getting better**.
Nach ein paar Tagen wurde alles besser.

The milk has **gone sour**.
Die Milch ist sauer geworden.

I feel that I am **growing old**.
Ich fühle, dass ich alt werde.

She saw him come in and her face **turned pale**.
Sie sah ihn hereinkommen und wurde blass im Gesicht.

When she heard what had happened, she **fell unconscious** to the floor.
Als sie hörte, was passiert war, fiel sie bewusstlos zu Boden.

5.4 ZUSTAND DES OBJEKTS

Adjektive, die unmittelbar auf das **Objekt** eines Satzes folgen, können zum Ausdruck bringen, in welchem Zustand sich das Objekt befindet:

You shouldn't **drink** your milk **cold**.
Du solltest deine Milch nicht kalt trinken.

The situation **made** immediate action **necessary**.
Die Lage machte ein sofortiges Handeln erforderlich.

Some **like** it **hot**.
Manche mögen's heiß. [Titel eines Filmklassikers]

It isn't advisable to **eat** the steak **raw**.
Es ist nicht ratsam, das Steak roh zu essen.

She always **buys** her clothes **new**.
Sie kauft ihre Kleidung immer neu.

Please **keep** the entrance door **shut**.
Bitte halten Sie die Eingangstür geschlossen.

In allen Beispielen beschreibt das Adjektiv den Zustand des Objekts: die Milch ist *kalt*, die Kleidung *neu*, das Steak *roh* und die Eingangstür *geschlossen*.

5.5 VERÄNDERUNG DES OBJEKTS

Adjektive, die unmittelbar auf das **Objekt** eines Satzes folgen, können zum Ausdruck bringen, wie sich die Handlung auf das Objekt auswirkt bzw. was dem Objekt „angetan" wird:

He drew his revolver and **shot** him **dead**.
Er zog seinen Revolver und erschoss ihn. [Wörtl.: ... schoss ihn tot.]

Don't **tie** your belt too **tight**.
Zieh deinen Gürtel nicht so stramm.

The prisoner **pushed** the door **open** and ran away.
Der Gefangene stieß die Tür auf und rannte weg.

I'm going to **paint** the walls **white**.
Ich werde die Wände weiß streichen.

Are you really going to **dye** your hair **green**?
Hast du wirklich vor, dir die Haare grün zu färben?

This girl **drives** him **mad**.
Dieses Mädchen macht ihn verrückt.

A little more exercise would **do** you **good**.
Ein wenig mehr Bewegung würde dir gut tun.

In diesen Beispielen wird das Objekt in einen bestimmten Zustand versetzt: die Wände *weiß*, der Gürtel *stramm*, die Tür *offen* und die beiden männlichen Personen erwischt es besonders heftig – der eine *verrückt*, der andere *tot*.

5.6 ADJEKTIVE, DIE NUR PRÄDIKATIV GEBRAUCHT WERDEN

Einige Adjektive werden ausschließlich prädikativ gebraucht. Dazu gehören:

content *zufrieden*
We were quite **content** with what we had.
Wir waren ganz zufrieden mit dem, was wir hatten.
Die attributive Form lautet **contented**: They say that contented cows give more milk.

glad *froh*
I'll be **glad** when everything is over.
Ich bin froh, wenn alles vorüber ist.
Attributive Formen sind **happy, joyful**: Happy Christmas, a joyful message

upset *verärgert*
She was **upset** because she had missed the last train.
Sie war verärgert, weil sie den letzten Zug verpasst hatte.
In attributiver Stellung steht **angry**: an angry young man

well *gut* [gesundheitliches Befinden]
How is your mother? – She is **well** again.
Wie geht es deiner Mutter? – Es geht ihr wieder gut.
Verwenden Sie in attributiver Stellung **healthy**: She has always been a healthy person.

ill *krank, erkrankt*
His wife has been **ill** for weeks.
Seine Frau ist seit Wochen krank.
Die attributive Form lautet **sick**: He has to look after his sick wife.

sick *überdrüssig, satt, (spei)übel*

I am **sick** of this same routine every day.
Ich habe diesen immer gleichen Alltagstrott satt.

I was **sick** all night.
Ich musste mich die ganze Nacht übergeben.
Das AmE verwendet **sick** auch im Sinne von *krank* [BE: ill]: His wife has been **sick** for weeks.

Auch zweisilbige Adjektive mit unbetontem a- wie **afraid**, **alike**, **alive**, **alone**, **ashamed** oder **asleep** sind nur prädikativ verwendbar:

Is anybody here **afraid** of crocodiles?
Hat hier jemand Angst vor Krokodilen?
attributiv: **frightened**

The two pictures were almost **alike**.
Die beiden Bilder waren fast gleich.
attributiv: **similar**

It's a wonder that we are still **alive**.
Es ist ein Wunder, dass wir noch am Leben sind.
attributiv: **live**

Is she all **alone**? - No, a friend is with her.
Ist sie ganz allein? - Nein, ein Freund/eine Freundin ist bei ihr.

Mary was **ashamed** of her husband's behaviour.
Mary schämte sich für das Verhalten ihres Mannes.

Please be quiet. Mother is still **asleep**.
Sei bitte ruhig. Mutter schläft noch.
attributiv: **sleeping**

You can go in now. John is **awake**.
Ihr könnt jetzt hineingehen. John ist wach.

Are you really **aware** of the dangers of smoking?
Bist du dir der Gefahren des Rauchens wirklich bewusst?

Bilden Sie also auf keinen Fall Verbindungen wie: *two alike pictures, *an alone man, *ashamed children, *an asleep woman, *an aware person usw.

6 ADJEKTIV MIT FOLGENDEM NEBENSATZ

Auf die Verbindung **be** + Adjektiv folgt oft eine Ergänzung mit **to** (verneint: **not to**) oder ein Nebensatz mit **that**:

6.1 ADJEKTIV + to-SATZ

We were not **able** to do anything for them.
Wir waren nicht in der Lage, irgendetwas für sie zu tun.

The Portuguese language is not **easy** to understand.
Die portugiesische Sprache ist nicht leicht zu verstehen.

It would be more **sensible** to leave the car in a car park.
Es wäre vernünftiger, den Wagen auf einem Parkplatz stehen zu lassen.

I'm not **willing** to listen to this any longer.
Ich bin nicht gewillt, mir das noch länger anzuhören.

It was **impossible** not to be carried away by her beauty.
Es war unmöglich, von ihrer Schönheit nicht hingerissen zu sein.

6.2 ADJEKTIV + that-SATZ

We were **sure** that he knew more than he was **willing** to say.
Wir waren sicher, dass er mehr wusste, als er zu sagen bereit war.

I'm **aware** that I have to improve my English before going abroad.
Mir ist bewusst, dass ich mein Englisch verbessern muss, bevor ich ins Ausland gehe.

Mary was **surprised** that so many people had written to her.
Mary war überrascht, dass so viele Leute ihr geschrieben hatten.

He was **convinced** that nobody had seen him.
Er war überzeugt, dass ihn niemand gesehen hatte.

Enthält der Nebensatz ein eigenes Subjekt, so kann **that** entfallen (**Kontaktsatz**), hierzu ausführlich [→ **248** (1.3)]

She was **sure** he knew more than he was **willing** to say.
Sie war sicher, dass er mehr wusste, als er zu sagen bereit war.

7 ADJEKTIV MIT FOLGENDER PRÄPOSITION

Adjektive in prädikativer Stellung ziehen zur Verdeutlichung der Aussage oft eine präpositionale Ergänzung nach sich. Sätze wie **She is allergic**, **George is accustomed** oder **I am aware** sind wenig aussagekräftig, solange nicht deutlich wird, *wogegen* jemand allergisch ist, *woran* man sich gewöhnt hat oder *wessen* man sich bewusst ist.

Wie auf jede Präposition, so folgt auch hier
* eine Hauptwortgruppe:
  A lot of people are not used **to shift work.**
  Viele Menschen sind nicht an Schichtarbeit gewöhnt.

* eine **-ing-Form**
  A lot of people are not used **to working** at night.
  Viele Menschen sind es nicht gewohnt, nachts zu arbeiten.

  Hierzu ausführlich → THEMA **Gerundium**, ab Seite 229

Die folgende Liste enthält die wichtigsten Verbindungen. Einige Adjektive können durch verschiedene Präpositionen ergänzt werden, was ihre Bedeutung beeinflusst bzw. verändert:

ADJEKTIV + **ABOUT**

be **anxious** about sb/sth	*wegen jmdm/etw besorgt sein*
be **careless** about sth	*sorglos mit etw umgehen*
be **concerned** about sb/sth	*wegen jmdm/etw beunruhigt, besorgt sein*
be **crazy** about sb/sth	*nach jmdm/etw verrückt sein*
be **enthusiastic** about sb/sth	*von jmdm/etw begeistert sein*
be **glad** about sth	*über etw froh sein*
be **happy** about sth	*über etw glücklich sein*
be **knowledgeable** about sth	*von etw Ahnung haben*
be **mad** about sb/sth	*nach jmdm/etw verrückt sein*
be **positive** about sth	*sich einer Sache sicher sein*
be **right** about sth	*in/mit etw Recht haben*
be **sad** about sth	*über etw traurig sein*
be **serious** about sb/sth	*es mit jmdm/etw ernst meinen*
be **sure** about sth	*sich einer Sache sicher sein*
be **suspicious** about sth	*einer Sache mit Misstrauen begegnen*
be **worried** about sb/sth	*sich um jmdn/etw Sorgen machen*
be **wrong** about sth	*in/mit etw Unrecht haben*

ADJEKTIV + **AT**

Eine Ergänzung mit **at** folgt häufig auf Adjektive, die bestimmte Gefühlsreaktionen wie Erstaunen, Freude, Enttäuschung, Überraschung usw. zum Ausdruck bringen:

be **alarmed** at sth	*wegen etw alarmiert sein*
be **amazed** at sb/sth	*über jmdn/etw erstaunt sein*
be **amused** at sb/sth	*über jmdn/etw amüsiert sein*
be **annoyed** at sb/sth	*über jmdn/etw verärgert sein*
be **appalled** at sth	*über etw entsetzt sein*
be **astonished** at sb/sth	*über jmdn/etw verwundert sein*
be **delighted** at sb/sth	*von jmdn/etw entzückt sein*
be **disappointed** at sb/sth	*von jmdn/etw enttäuscht sein*
be **excited** at sb/sth	*von jmdn/etw begeistert sein*
be **horrified** at sb/sth	*über jmdn/etw entsetzt sein*
be **indignant** at sb/sth	*über jmdn/etw aufgebracht, empört sein*
be **mad** at sb/sth	*auf jmdn/etw böse sein*
be **pleased** at sth	*über etw erfreut sein*
be **shocked** at sth	*über etw schockiert sein*
be **surprised** at sb/sth	*von jmdn/etw überrascht sein*

Bei Adjektiven, die eine Fähigkeit oder Leistung bewerten (wie **good**, **bad**, **brilliant** usw.) beschreibt das mit **at** angefügte Objekt, auf welchem Gebiet jemand *gut, schlecht, hervorragend* usw. ist. Es heißt also nicht: good *in English, sondern: good **at English**.

be **bad** at sth	*schlecht in etw sein*
be **brilliant** at sth	*etw hervorragend beherrschen*
be **clever** at sth	*klug, geschickt in etw sein*
be **clumsy** at sth	*ungeschickt, unbeholfen in etw sein*
be **excellent** at sth	*etw ausgezeichnet können*
be **expert** at sth	*sich in etw gut auskennen*
be **good** at sth	*gut in etw sein*
be **hopeless** at sth	*ein hoffnungsloser Fall in etw sein*
be **poor** at sth	*schwach, schlecht in etw sein*
be **quick** at sth	*schnell in etw sein*
be **weak** at sth	*schlecht, schwach in etw sein*

ADJEKTIV + **FOR**

be **anxious** for sth	*auf etw aus sein, nach etw streben*
be **bound** for somewhere	*irgendwohin unterwegs sein*
be **eager** for sth	*auf etw aus sein, auf etw erpicht sein*
be **eligible** for sth	*für etw in Frage kommen*
be **famous** for sth	*für etw berühmt sein*
be **good** for sb/for sth	*für jmdn/zu etw gut sein*
be **grateful** for sth	*für etw dankbar sein*
be **in** for sth	*auf etw gefasst sein, mit etw rechnen*
be **known** for sth	*für etw bekannt sein*
be **late** for sth	*zu etw zu spät kommen*
be **liable** for sth	*für etw haften, haftbar sein,*
be **praised** for sth	*für etw gelobt werden*
be **prepared** for sth	*für etw bereit sein*
be **qualified** for sth	*für etw tauglich, qualifiziert sein*
be **ready** for sth	*zu etw bereit sein*
be **responsible** for sth	*für etw verantwortlich sein*
be **suitable** for sth	*für etw passend, geeignet sein*
be **tried** for sth	*wegen etw vor Gericht stehen*
be **thankful** for sth	*für etw dankbar sein*
be **unfit** for sth	*für etw ungeeignet sein*
be **useful** for sth	*für etw nützlich, hilfreich sein*

ADJEKTIV + **FROM**

be **absent** from sth	*von etw abwesend sein*
be **different** from sb/sth	*von jmdm/etw verschieden sein*
be **exempt** from sth	*von etw befreit sein*
be **free** from pain, from worry	*schmerzfrei, sorgenfrei sein*
be **far** from doing sth	*weit davon entfernt sein, etw zu tun*
be **hidden** from sb/ sth	*vor jmdm/etw verborgen sein*
be **safe** from sb/sth	*vor jmdm/etw sicher sein*
be **separate** from sb/sth	*von jmdm/etw getrennt sein*
be **tired** from sth	*von etw müde sein*

ADJEKTIV + **IN**

be **absorbed** in sth	*in etw vertieft sein*
be **accurate** in sth	*in etw sehr genau, gründlich sein*
be **blind** in one eye	*auf einem Auge blind sein*
be **deaf** in one ear	*auf einem Ohr taub sein*
be **disappointed** in sb	*von jmdm enttäuscht sein*
be **lame** in one leg	*ein lahmes Bein haben*
be **experienced** in sth	*mit etw Erfahrung haben*
be **engaged** in sth	*mit etw beschäftigt sein, an etw beteiligt sein*
be **interested** in sb/sth	*an jmdm/etw interessiert sein*
be **involved** in sth	*in etw verwickelt sein*
be **poor** in sth	*arm an etw sein*
be **proficient** in sth	*etw beherrschen, etw sehr gut können*
be **rich** in sth	*reich an etw sein*
be **specialized** in sth	*auf etw spezialisiert sein*
be **successful** in sth	*mit/in etw erfolgreich sein*

ADJEKTIV + **OF**

be **accused** of sth	*einer Sache beschuldigt werden*
be **acquitted** of sth	*von etw freigesprochen werden*
be **afraid** of sb/sth	*vor jmdm/etw Angst haben*
be **ahead** of sb/sth	*jmdm/einer Sache voraus sein*
be **ashamed** of sth	*sich einer Sache schämen*
be **aware** of sth	*sich einer Sache bewusst sein*
be **careful** of sb/sth	*auf jmdn/etw Acht geben, aufpassen*
be **careless** of sth	*mit etw sorglos umgehen*
be **certain** of sth	*sich einer Sache gewiss sein*
be **characteristic** of sb/sth	*für jmdn/etw charakteristisch sein*
be **convinced** of sb/sth	*von jmdm/etw überzeugt sein*
be **cured** of sth	*von etw geheilt, kuriert sein*
be **envious** of sb/sth	*auf jmdn/etw neidisch sein*
be **fond** of sb/sth	*jmdn/etw sehr mögen*
be **frightened** of sb/sth	*sich vor jmdm/etw fürchten*
be **full** of sth	*von etw voll sein, von etw erfüllt sein*
be **guilty** of sth	*(eines Vergehens) schuldig sein*
be **independent** of sb/sth	*von jmdm/etw unabhängig sein*
be **jealous** of sb/sth	*auf jmdn/etw eifersüchtig sein*
be **proud** of sb/sth	*auf jmdn/etw stolz sein*

be **representative** of sth	stellvertretend für etw stehen
be **short** of sth	mit etw knapp dran sein
be **sick** of sb/sth	einer Person/einer Sache überdrüssig sein
be **suspected** of sth	einer Sache verdächtig sein
be **tired** of sb/sth	jmdn/etw satt haben
be **typical** of sb/sth	für jmdn/etw typisch sein

ADJEKTIV + **ON**

be **dependent** on sb/sth	von jmdm/etw abhängig sein
be **keen** on sb/sth	von jmdn/etw angetan sein
be **reliant** on sb/sth	auf jmdn/etw angewiesen sein

ADJEKTIV + **TO**

be **acceptable** to sb	für jmdn annehmbar, akzeptabel sein
be **accustomed** to sb/sth	an jmdn/etw gewohnt sein
be **addicted** to (drugs usw.)	(drogen- usw.) süchtig sein
be **allergic** to sth	gegen etw allergisch sein
be **averse** to sth	einer Sache abgeneigt sein
be **committed** to sb/sth	sich für jmdn/etw einsetzen, engagieren
be **comparable** to sth	einer Sache vergleichbar sein
be **condemned** to sth	zu etw verdammt, verurteilt sein
be **contrary** to sth	etw entgegengesetzt sein
be **devoted** to sth	sich einer Sache widmen, hingeben
be **engaged** to sb	mit jmdm verlobt sein
be **entitled** to sth	auf etw Anspruch haben
be **equal** to sth	einer Sache gewachsen sein
be **essential** to sth	für etw entscheidend sein
be **faithful** to sb/sth	jmdm/einer Sache treu sein
be **familiar** to sb/sth	mit jmdm/etw vertraut sein
be **harmful** to sb/sth	für jmdn/etw schädlich sein
be **immune** to sth	gegen etw immun sein
be **important** to sb/sth	für jmdn/etw wichtig sein
be **inclined** to sth	zu etw neigen
be **indebted** to sb	jmdm zu Dank verpflichtet sein
be **inferior** to sb	jmdm unterlegen sein
be **insensible** to sth	für etw unempfänglich sein
be **irrelevant** to sb/sth	für jmdn/etw ohne Bedeutung sein
be **lethal** to sth	für jmdn/etw tödlich sein
be **married** to sb	mit jmdm verheiratet sein
be **new** to sb	für jmdn neu sein
be **open** to sth	für etw offen, aufgeschlossen sein
be **opposed** to sb/sth	gegen jmdn/etw sein
be **related** to sb/sth	mit jmdm verwandt sein, mit etw in Verbindung stehen
be **reluctant** to sb/sth	etw nur widerstrebend, widerwillig tun
be **resistant** to sth	etw widerstehen, gegen etw resistent sein
be **responsive** to sb/sth	auf jmdn/etw eingehen
be **seductive** to sb	für jmdm verlockend sein
be **sensitive** to sth	für etw empfänglich sein
be **similar** to sb/sth	jmdm/einer Sache ähnlich sein
be **subject** to sth	einer Sache bedürfen, unterliegen
be **superior** to sb	jmdm überlegen sein
be **used** to sb/sth	an jmdm/etw gewohnt sein

ADJEKTIV + **WITH**

be **angry** with sb	auf jmdn böse sein
be **acquainted** with sb	mit jmd bekannt sein
be **ashamed** with sth	sich wegen etw schämen
be **compatible** with sth	mit etw vereinbar, verträglich sein
be **conversant** with sth	in etw bewandert sein
be **cross** with sb/sth	auf jmdn/etw sauer sein
be **disappointed** with sb/sth	von jmdn/etw enttäuscht sein
be **disgusted** with sb/sth	von jmdn/etw angewidert sein
be **entrusted** with sth	mit etw betraut sein
be **familiar** with sth	mit etw vertraut sein, sich mit etw auskennen
be **fed up** with sb/sth	von jmdn/etw die Nase voll haben
be **filled** with sth	mit etw gefüllt sein
be **ill** with sth	an etw erkrankt sein
be **impressed** with sb/sth	von jmdn/etw beeindruckt sein
be **involved** with sb	mit jmdm zusammen sein, liiert sein
be **patient** with sb/sth	mit jmdn/etw Geduld haben
be **satisfied** with sb/sth	mit jmdn/etw zufrieden sein
be **stricken** with sth	von etw geplagt sein, heimgesucht werden

8 ALLEINSTEHENDE ADJEKTIVE

8.1 SUBSTANTIVIERTE ADJEKTIVE

Im Deutschen lässt sich jedes Adjektiv „substantivieren", also zu einem Hauptwort machen: *der Glückliche, die Kleine, das Interessante* usw.

Im Englischen sind Formen wie *the happy, *the little oder *the interesting selten. Lediglich in gehobener Sprache oder in der Literatur trifft man auf Wendungen wie **the good** (das Gute), **the bad** (das Schlechte), **the evil** (das Böse), **the positive** (das Positive), **the beautiful** (das Schöne), **the impossible** (das Unmögliche), **the inexpressible** (das Unaussprechliche) usw.

Ansonsten gilt: Ein im Deutschen alleinstehend gebrauchtes Adjektiv wird im Englischen um den Zusatz **person** (bei Personen) bzw. **thing** (bei Sachen) erweitert:

A **disabled person** still faces a number of obstacles in everyday life.
*Ein **Behinderter** trifft im Alltag immer noch auf viele Hindernisse.* [Nicht: *A disabled still faces …]

The **interesting thing** about the new job is flexible working time.
*Das **Interessante** an dem neuen Job ist die flexible Arbeitszeit.*
[Nicht: *the interesting about the new job …]

Anstelle eines zuvor bereits genannten Hauptworts steht **one/ones**:

The crocodile is a fascinating animal, and a most dangerous **one** too.
Das Krokodil ist ein faszinierendes Tier, und ein höchst gefährliches obendrein.

Yellow roses are nice, but I prefer the red **ones** myself.
Gelbe Rosen sind hübsch, aber ich persönlich mag die roten lieber.

Zum Gebrauch von **one/ones** ausführlich → **98** (3)

8.2 SUPERLATIVE

Ein Adjektiv in der 2. Steigerungsform lässt sich alleinstehend verwenden:

She is the **oldest** in our class.
Sie ist die Älteste in unserer Klasse.

We save a lot of money, because we always buy the **cheapest**.
Wir sparen eine Menge Geld, weil wir immer das Billigste kaufen.

The **most expensive** is not always the **best**.
Das Teuerste ist nicht immer das Beste.

8.3 GRUPPEN

Alleinstehend gebrauchte Adjektive stehen oft zur Bezeichnung sozialer Gruppierungen oder Klassen, die als gemeinsames Merkmal eine bestimmte Eigenschaft aufweisen.

Beispiele:

the **blind**	*die Blinden*
the **dead**	*die Toten*
the **disabled**	*die Behinderten*
the **handicapped**	*die Behinderten*
the **good**	*die Guten*
the **homeless**	*die Obdachlosen*
the **hungry**	*die Hungernden*
the **ignorant**	*die Ungebildeten*
the **jobless**	*die Arbeitslosen*
the **old**	*die Alten*
the **poor**	*die Armen*
the **privileged**	*die Privilegierten*
the **rich**	*die Reichen*
the **sick**	*die Kranken*
the **strong**	*die Starken*
the **unemployed**	*die Arbeitslosen*
the **weak**	*die Schwachen*
the **wealthy**	*die Wohlhabenden*
the **well-heeled**	*die Gutbetuchten*
the **wounded**	*die Verwundeten*
the **young**	*die Jungen*

Fehlt das Merkmal einer geschlossenen sozialen Gruppierung, so steht das jeweilige Adjektiv mit der Ergänzung **ones**:

the only ones (die Einzigen), **the loved ones** (die Angehörigen, die Lieben), **the guilty ones** (die Schuldigen), **the little ones** (die Kleinen, die Kinder).

8.4   STAATSBÜRGER

Auch ethnische Gruppen und Bürger eines Staates werden durch substantivierte Adjektive bezeichnet und alleinstehend verwendet:

the **Germans**   *die Deutschen*

Ebenso alle anderen Bezeichnungen, deren Adjektive auf -**an** enden:
The **Africans**, the **Americans**, the **Europeans**, the **Italians**, the **Russians** usw.

the **Chinese**   *die Chinesen*

Ebenso alle anderen Bezeichnungen, deren Adjektive auf -**ese** enden:
the **Japanese**, the **Potuguese**, the **Lebanese**, the **Maltese** usw.

the **British** [Auch: the **Brits**]	*die Briten, die Engländer*
the **Danish** [Auch: the **Danes**]	*die Dänen*
the **Spanish** [Auch: the **Spaniards**]	*die Spanier*
the **Irish**	*die Iren*
the **Welsh**	*die Waliser*
the **Czechs**	*die Tschechen*

Notieren Sie sich auch:

the **Dutch**	*die Holländer*
the **French**	*die Franzosen*
the **Greeks**	*die Griechen*
the **Finns**	*die Finnen*
the **Poles**	*die Polen*
the **Scots**	*die Schotten*
the **Swiss**	*die Schweizer*
the **Swedes**	*die Schweden*
the **Turks**	*die Türken*

9   DIE STEIGERUNG VON ADJEKTIVEN

Die Steigerung von Adjektiven macht es möglich, Personen und Dinge in Bezug auf ihre Eigenschaften miteinander zu vergleichen.

9.1   DIE ZWEI STUFEN DER STEIGERUNG

Das Englische kennt, wie das Deutsche, zwei Stufen der Steigerung: die erste Steigerungsstufe (Komparativ) und die zweite Steigerungsstufe (Superlativ).

Beispiel: **fast** *(schnell)*
* 1. Steigerungsstufe (Komparativ)   **faster** *schneller*
* 2. Steigerungsstufe (Superlativ)   **fastest** *schnellste*

Beispiel: **expensive** *(teuer)*
* 1. Steigerungsstufe (Komparativ)   **more expensive** *teurer*
* 2. Steigerungsstufe (Superlativ)   **most expensive** *teuerste*

Mit der ersten Steigerungsstufe lassen sich **zwei** Personen oder Dinge in Bezug auf eine bestimmte Eigenschaft vergleichen:

A train is always **faster** than a bus.
Ein Zug ist immer schneller als ein Bus.

Wine is normally **more expensive** than beer.
Wein ist normalerweise teurer als Bier.

Die zweite Steigerungsstufe drückt aus, dass eine bestimmte Person oder Sache allen anderen, mit denen man sie vergleicht, in der genannten Eigenschaft überlegen ist:

The **fastest** train in the world reaches a top speed of 400 kms per hour.
Der schnellste Zug der Welt erreicht eine Spitzengeschwindigkeit von 400 km/h.

How much is a night at the **most expensive** hotel in town?
Wie viel kostet eine Nacht im teuersten Hotel der Stadt?

9.2   DIE ZWEI ARTEN DER STEIGERUNG

Wie die oben angeführten Beispiele zeigen, lassen sich englische Adjektive auf unterschiedliche Weise steigern:

STEIGERUNG MIT -**ER** UND -**EST**

Bei dieser Steigerungsart wird dem Adjektiv eine Silbe angefügt, und zwar -**er** für die erste und -**est** für die zweite Steigerungsstufe:

fast – **faster** – **fastest**, big – **bigger** – **biggest**

Diese Steigerungsart entspricht der des Deutschen und anderer germanischer Sprachen und wird darum als *germanische* Steigerung bezeichnet.

STEIGERUNG MIT **MORE** und **MOST**

Bei dieser Steigerungsart stellt man dem Adjektiv in der ersten Steigerungsstufe **more** *(mehr)* und in der zweiten Stufe **most** *(am meisten)* voran. Das Adjektiv selbst bleibt unverändert:

useful	*nützlich*	**more** useful	**most** useful
important	*wichtig*	**more** important	**most** important

Diese Form der Steigerung durch Voranstellung von *mehr* bzw. *am meisten* entspricht der der romanischen Sprachen (Französisch, Spanisch, Italienisch, Portugiesisch, Rumänisch) und wird daher als *romanische* Steigerung bezeichnet.

9.3 REGELN FÜR DIE STEIGERUNG: GERMANISCH ODER ROMANISCH?

Welche der beiden Steigerungsarten anzuwenden ist, hängt von der Länge des betreffenden Adjektivs ab, genauer gesagt: von der *Anzahl seiner Silben.*

EINSILBIGE ADJEKTIVE
Einsilbige Adjektive steigern immer germanisch, also mit -**er** und -**est**

old	*alt*	**old**er	**old**est
cheap	*billig*	**cheap**er	**cheap**est
high	*hoch*	**high**er	**high**est
hot	*heiß, scharf*	**hot**ter	**hot**test
strong	*stark*	**strong**er	**strong**est

ZWEISILBIGE ADJEKTIVE

ZWEISILBIGE ADJEKTIVE AUF -**y**
Zweisilbige Adjektive, die auf -**y** enden, steigern ebenfalls immer mit -**er** und -**est**.
Wie wir es bereits vom Hauptwort her kennen, wird das -**y** vor Anfügen dieser Endungen in -**i** umgewandelt:

heavy	*schwer*	heav**ier**	heav**iest**
funny	*komisch*	funn**ier**	funn**iest**
lazy	*faul*	laz**ier**	laz**iest**
pretty	*hübsch*	prett**ier**	prett**iest**
tidy	*aufgeräumt*	tid**ier**	tid**iest**

DIE ADJEKTIVE **QUIET** UND **CLEVER**
quiet und **clever** steigern mit -**er** und -**est**:

quiet	*ruhig*	quiet**er**	quiet**est**
clever	*klug, schlau*	clever**er**	clever**est**

ANDERE ZWEISILBIGE ADJEKTIVE
Andere zweisilbige Adjektive steigern mit **more** und **most**:

boring	*langweilig*	**more** boring	**most** boring
honest	*ehrlich*	**more** honest	**most** honest
modern	*modern*	**more** modern	**most** modern
tired	*müde*	**more** tired	**most** tired
useful	*nützlich*	**more** useful	**most** useful

BEIDE STEIGERUNGSARTEN MÖGLICH
Bei einer Reihe zweisilbiger Adjektive sind beide Steigerungsform möglich, insbesondere bei solchen auf -**e**, -**ow**, -**le**, -**er**:

common	*gebräuchlich*		common**er**		common**est**
		oder	**more** common	*oder*	**most** common
cruel	*grausam*		cruel**lest**		cruel**lest**
		oder	**more** cruel	*oder*	**most** cruel
gentle	*sanft*		gentl**er**		gentl**est**
		oder	**more** gentle	*oder*	**most** gentle
narrow	*eng, schmal*		narrow**er**		narrow**est**
		oder	**more** narrow	*oder*	**most** narrow
pleasant	*angenehm*		pleasant**er**		pleasant**est**
		oder	**more** pleasant	*oder*	**most** pleasant
polite	*höflich*		polit**er**		polit**est**
		oder	**more** polite	*oder*	**most** polite
simple	*einfach*		simpl**er**		simpl**est**
		oder	**more** simple	*oder*	**most** simple

MEHRSILBIGE ADJEKTIVE

Mehrsilbige Adjektive steigern in jedem Fall mit **more** und **most**:

beautiful	schön	**more** beautiful	**most** beautiful
dangerous	gefährlich	**more** dangerous	**most** dangerous
difficult	schwierig	**more** difficult	**most** difficult
exciting	aufregend	**more** exciting	**most** exciting
important	wichtig	**more** important	**most** important
necessary	notwendig	**more** necessary	**most** necessary

BESONDERHEITEN DER SCHREIBUNG

Adjektive, die auf **-e** enden (wie **nice** oder **large**) fügen ihren Steigerungsformen nur ein **-r** bzw. **-st** an: nice – nice**r** – nice**st**, large – large**r** – large**st**

Einsilbige Adjektive, die mit der Lautfolge Konsonant – Kurzvokal – Konsonant enden (wie **hot** oder **big**), **verdoppeln** vor dem Anfügen von -er bzw. -est ihren Endkonsonanten: hot – ho**tt**er – ho**tt**est, big – bi**gg**er – bi**gg**est

Adjektive, die mit der Lautfolge Konsonant + **y** enden (z.B. **dry**), verwandeln vor dem Anfügen von -er / -est das **y** in ein **i**: dry – dr**i**er – dr**i**est, funny – funn**i**er – funn**i**est

Einen Sonderfall bildet **shy** *(scheu)* mit den Steigerungsformen **shyer** und **shyest**.

9.4 UNREGELMÄSSIG GESTEIGERTE ADJEKTIVE

Einige Adjektive steigern unregelmäßig:

- **good / well** *gut* – **better** – **best**

  Good food and regular exercise is the **best** way to keep fit.
  Gutes Essen und regelmäßige Bewegung ist die beste Art, gesund zu bleiben.
  This town has seen **better** days.
  Diese Stadt hat schon bessere Tage gesehen.

  well bezieht sich als Adjektiv ausschließlich auf das Wohlbefinden von Personen:
  If you aren't **well**, we can put off our appointment.
  Wenn es dir nicht gut geht, können wir unsere Verabredung verschieben.

- **bad** *schlecht, schlimm* – **worse** – **worst**

  She had a **bad** accident last week and is now at hospital.
  Sie hatte letzte Woche einen schlimmen Unfall und liegt jetzt im Krankenhaus.

  Wie **bad**, so steigert auch **ill** *(krank)* mit **worse** und **worst**:
  She was quite **ill** last week, but now she is **better**.
  Sie war ziemlich krank letzte Woche, aber jetzt geht es ihr besser.

- **far** *weit* – **farther** oder **further** – **farthest** oder **furthest**

  Für einen Vergleich von *Entfernungen* kommen
  sowohl **farther / farthest** als auch **further / furthest** in Frage:
  Gatwick Airport is **farther / further** from here than Heathrow Airport.
  Der Flughafen Gatwick ist weiter von hier (entfernt) als der Flughafen Heathrow.
  The motel was **farther / further** down the road than we thought.
  Das Motel lag weiter die Straße hinunter, als wir dachten.

  further (nicht **farther**!) kann darüberhinaus im Sinne von
  weitere ..., zusätzliche ... verwendet werden:
  I have no **further** questions. [Nicht: * ... no farther questions.]
  Ich habe keine weiteren Fragen.
  For the time being, no **further** information is available.
  Zurzeit sind keine weiteren Informationen zu bekommen.
  These regulations remain in force until **further** notice.
  Diese Anordnungen bleiben bis auf weiteres in Kraft.

- **near** *nahe* – **nearer** – **nearest / next**

  next bezieht sich immer auf eine *Reihenfolge*, **nearest** hingegen
  bezeichnet eine räumliche oder verwandtschaftliche Nähe:
  The **next** stop on our tour of Britain is Liverpool.
  Die nächste Station auf unserer Englandreise ist Liverpool.
  I'm ready now to take the **next** step.
  Ich bin jetzt bereit, den nächsten Schritt zu tun.
  The **nearest** post office is next to the station.
  Das nächstgelegene Postamt befindet sich neben dem Bahnhof.
  Who are her **nearest** relatives?
  Wer sind ihre nächsten Verwandten?

- **old** *alt* – **older** oder **elder** – **oldest** oder **eldest**

  Wenn von Familienangehörigen die Rede ist, gebraucht man häufig die Steigerungsformen **elder** / **eldest** anstelle von **older** / **oldest**.

  Denken Sie aber daran, dass **elder** und **eldest** *nur attributiv* verwendet werden können, dem Hauptwort also vorangestellt sein müssen:

  I have an **elder** brother who lives in Canada.
  Ich habe einen älteren Bruder, der in Kanada lebt.

  He assigned his property to his **eldest** son.
  [Aber: … to his **oldest** boy.]
  Er übertrug sein Eigentum seinem ältesten Sohn.

  Für die Bezeichnung *„der Ältere"*, die zur Unterscheidung historischer Personen gleichen Namens verwendet wird, steht ausschließlich **the Elder**:

  This portrait is an early painting by Lucas Cranach **the Elder**.
  Dieses Porträt ist ein frühes Gemälde von Lucas Cranach dem Älteren.

- **late** *spät* (nur prädikativ) – **later** – **latest** / **last**

  Die Form **latest** bezeichnet das *(bislang) letzte, jüngste, neueste*:

  Have you read his **latest** book?
  Hast du sein neuestes Buch gelesen?

  This kind of hat seems to be the **latest** craze in town.
  Diese Art Hut scheint in der Stadt der letzte Schrei zu sein.

  last steht für das *letzte, vergangene*:

  The Magic Flute was Mozart's **last** opera.
  „Die Zauberflöte" war Mozarts letzte Oper.

  I have been back to work since **last** week.
  Ich bin seit letzter Woche wieder bei der Arbeit.

10 VERGLEICHSSÄTZE

Mit Hilfe der Steigerungsformen lassen sich Sätze bilden, in denen die Eigenschaften einer Person oder einer Sache mit denen anderer Personen oder Sachen verglichen werden.

10.1 SÄTZE MIT DEM KOMPARATIV:
X hat mehr als Y

Vergleichssätze mit dem Komparativ drücken einen Unterschied zwischen zwei Personen, zwei Sachen oder zwei Sachverhalten aus. Das dem deutschen *als* entsprechende Vergleichswort des Englischen lautet **than**:

The underground is **faster than** the bus.
Die U-Bahn ist schneller als der Bus.

Our kitchen is **larger than** the living room.
Unsere Küche ist größer als das Wohnzimmer.

To me Spanish is **easier to learn than** any other language.
Für mich ist Spanisch leichter zu lernen als irgendeine andere Sprache.

Nothing is **more important** to me **than** my health.
Nichts ist mir wichtiger als meine Gesundheit.

Is German really **more difficult than** English?
Ist Deutsch wirklich schwieriger als Englisch?

10.2 SÄTZE MIT DEM SUPERLATIV:
X hat mehr als alle anderen

Vergleichssätze mit der zweiten Steigerungsstufe drücken aus, dass eine Person oder Sache in Bezug auf die genannte Eigenschaft einer beliebig großen Zahl von anderen Personen oder Sachen überlegen ist:

The Plaza Hotel is **the highest** building in town.
Das Plaza Hotel ist das höchste Gebäude in der Stadt.

Those were **the happiest** days of my life.
Das waren die glücklichsten Tage meines Lebens.

Dubai is one of **the most modern** cities in the world.
Dubai ist eine der modernsten Städte der Welt.

The **most difficult** problem for me was the language.
Das schwierigste Problem für mich war die Sprache.

10.3 VERGLEICH VON GLEICHEM: as... as...

Einem deutschen Vergleichssatz des Typs *so... wie...* entspricht ein englischer Satz mit der Struktur **as ... as ...**:

A flight to New York takes **as long as** a train journey to Munich.
Ein Flug nach New York dauert so lange wie eine Bahnfahrt nach München.

The film was **as interesting as** the book.
Der Film war so interessant wie das Buch.

After the third piece of chocolate cake I was **as sick as** a dog.
Nach dem dritten Stück Schokoladenkuchen war mir hundeelend.

The computer is second hand, but **as good as** new.
Der Computer ist gebraucht, aber so gut wie neu.

Never before had I met a guy **as funny as** Pete.
Nie zuvor war ich einem so witzigen Typen wie Pete begegnet.

10.4 WEITERE WENDUNGEN MIT as ... as ...

IDIOMATISCHE WENDUNGEN

Das Englische kennt eine Reihe populärer Redewendungen, die auf der Struktur **as ... as ...** basieren, wobei auffällt, dass die verwendeten Bilder oft andere sind, als wir sie im Deutschen verwenden. Einige Beispiele:

as black **as** pitch	*schwarz wie die Nacht*
as bright **as** day	*hell wie der Tag, taghell*
as cold **as** marble	*kalt wie eine Hundeschnauze*
as daft **as** a brush	*dumm wie Bohnenstroh*
as dead **as** a dodo	*mausetot, weg vom Fenster*
as deaf **as** a post	*stocktaub*
as drunk **as** a lord	*stockbesoffen*
as dry **as** dust	*staubtrocken*
as dull **as** ditchwater	*stinklangweilig*
as fit **as** a fiddle	*topfit, kerngesund*
as flat **as** a pancake	*platt wie ein Pfannkuchen*
as heavy **as** lead	*schwer wie Blei*
as light **as** a feather	*federleicht*
as nutty **as** a fruitcake	*total verrückt*
as pale **as** death	*blass wie der Tod, leichenblass*
as pretty **as** a picture	*bildhübsch*
as proud **as** a peacock	*stolz wie ein Pfau*
as quick **as** a flash	*blitzschnell*
as quiet **as** a mouse	*mäuschenstill*
as sober **as** a judge	*stocknüchtern*
as sick **as** a parrot	*speiübel, kotzübel*
as soft **as** a baby's bottom	*weich wie ein Babypopo*
as sure **as** hell	*todsicher*
as thin **as** a rake	*spindeldürr [Wörtl.: dünn wie eine Harke]*
as white **as** chalk	*kreidebleich*
as white **as** a sheet	*totenbleich, leichenblass*

WENDUNGEN MIT **as good as** ...

as good **as** new	*so gut wie neu*
as good **as** certain	*so gut wie sicher*
as good **as** cured	*so gut wie geheilt*
as good **as** done	*so gut wie erledigt*

MERKEN SIE SICH AUCH

as soon as possible	*sobald [prp] wie möglich*
as soon as I have an answer	*sobald [conj] ich eine Antwort habe*
as long as I live	*solange ich lebe*
as far as I know	*soweit ich weiß*
as far back as 1789	*schon 1789*
as recently as last week	*erst letzte Woche*
as late as 1996	*erst 1996*

We went **as far as** Belfast.	*... ganz bis Belfast*
It will cost **as much as** 200 euros.	*... mindestens 200 Euro*
We phoned **as many as** twenty times.	*... bestimmt zwanzig Mal*
We got there **as early as** five o'clock.	*... schon um fünf Uhr*

Das Vergleichsverhältnis lässt sich durch bestimmte Angaben, die der Struktur **as ... as ...** vorangestellt werden, noch genauer bestimmen:

almost as ... as	**fast** *so ... wie*
nearly as ... as	**beinahe** *so ... wie*
just as ... as	**genauso**, **ebenso** *... wie*
about as ... as	**etwa**, **ungefähr** *so ... wie*
half as ... as	**halb** *so ... wie*
twice as ... as	**doppelt**, **zweimal** *so ... wie*
three times as ... as	**dreimal** *so ... wie*
not (quite) as ... as	**nicht (ganz)** *so ... wie*

My son is **almost as old as** my youngest brother.
Mein Sohn ist fast so alt wie mein jüngster Bruder.

English is **just as difficult as** French.
Englisch ist genauso schwierig wie Französisch.

North America is **about as big as** South America.
Nordamerika ist ungefähr so groß wie Südamerika.

I get only **half as much as** my boss.
Ich bekomme nur halb so viel wie mein Chef.

His new desk is at least **twice as big as** his old one.
Sein neuer Schreibtisch ist mindestens doppelt so groß wie sein alter.

A long life is **not as important as** good health. [Hier auch: **not so** important as ...]
Ein langes Leben ist nicht so wichtig wie gute Gesundheit.

A flat out here is **not quite as expensive as** (it is) in the city.
Eine Wohnung hier draußen ist nicht ganz so teuer wie in der Innenstadt.

10.5 VERGLEICHSSÄTZE MIT DER STRUKTUR **THE ... THE ...**

Die Struktur **the... the...** + Komparativ beschreibt zwei gleichzeitig ablaufende Vorgänge oder Entwicklungen, die sich wechselseitig beeinflussen. Sie entspricht der deutschen Konstruktion *je ... desto ...* bzw. *je ... umso ...*

The longer I think about it, **the less** I like the idea.
Je länger ich darüber nachdenke, **desto weniger** *gefällt mir die Idee.*

The older people get, **the more forgetful** they become.
Je älter Menschen werden, **desto vergesslicher** *werden sie.*

10.6 SO MUCH THE BETTER

Für das deutsche *umso besser, umso schlechter* usw. stehen im Englischen
so much the better, **so much the worse** usw:

If you already know what we need, **so much the better.**
Wenn wir du schon weißt, was wir brauchen, **umso besser.**

I have worked in similar jobs before. – **So much the better for you.**
Ich habe schon in ähnlichen Jobs gearbeitet. – **Umso besser für dich.**

10.7 VERGLEICHSSÄTZE MIT DER STRUKTUR **RATHER ... THAN ...**

Beachten Sie, dass **rather than ...** anders in den englischen Satz eingefügt wird
als das entsprechende *eher... als...* in den deutschen:

To me that's **blue rather than green**. [Nicht: *... rather blue than green.]
Für mich ist das **eher blau als grün**.

I would call him **tricky rather than intelligent**. [Nicht: *... rather tricky than intelligent.]
Ich würde ihn **eher trickreich als intelligent** *nennen.*

10.8 DIE STETIGE STEIGERUNG: **DOPPELTER KOMPARATIV**

Die langsame, allmähliche Zunahme einer Eigenschaft über einen längeren Zeitraum hinweg wird im Deutschen durch *immer* + Komparativ ausgedrückt, z.B.: *immer höher, immer besser, immer komplizierter* usw.

Das Englische verwendet zum Ausdruck einer solchen „stetigen" Steigerung einen doppelten (durch **and** verbundenen) Komparativ: **higher and higher**, **better and better**, **more and more** complicated usw.:

The balloon rose **higher and higher**.
Der Ballon stieg immer höher.

Your English is getting **better and better**.
Dein Englisch wird **immer besser**.

The situation became **more and more complicated**.
Die Lage wurde **immer komplizierter**.

6 Ersetzung

Wir müssen Personen und Sachen nicht jedes Mal beim Namen nennen. wenn wir von ihnen sprechen, sondern können sie – sofern alle Beteiligten wissen, von wem oder wovon die Rede ist – durch ein **Fürwort** (engl.: pro-word, auch: pro-form) ersetzen.

Wichtigste Gruppe unter den Fürwörtern sind die *Pronomen* (von lat.: pro - für, nomen - *Name*; korrekte Mehrzahlform: *Pronomina*, englisch: pronouns). Sie stehen anstelle eines Hauptworts oder einer Hauptwortgruppe. Es lassen sich jedoch auch Verben, Adjektive, Orts- und Zeitangaben, ja selbst ganze Sätze durch geeignete Fürwörter vertreten. Wie dies im Einzelnen zu geschehen hat, erfahren Sie in den folgenden Kapiteln.

1 PERSÖNLICHE FÜRWÖRTER (Personalpronomen)

Fürwörter, die anstelle einer zuvor namentlich erwähnten Person oder Sache stehen, heißen *Personalpronomen* (personal pronouns). Entsprechend ihrer Stellung im Satz werden sie entweder als Subjekt- oder als Objekt-Pronomen benötigt.

1.1 SUBJEKTPRONOMEN

Betrachten Sie die folgenden Satzpaare:

Subjekt **namentlich** genannt:	**Samantha** goes shopping every Saturday morning.
Name durch **Fürwort** ersetzt:	**She** goes shopping every Saturday morning.
Subjekt **namentlich** genannt:	**Her children** often stay with their grandparents.
Name durch **Fürwort** ersetzt:	**They** often stay with their grandparents.

Samantha und **her children** sind die handelnden Personen, also die *Subjekte* ihrer jeweiligen Sätze, und werden darum durch *Subjekt*-Pronomen (**she** und **they**) ersetzt.

▶ ALLE SUBJEKT-PRONOMEN AUF EINEN BLICK:

I	*ich*	**I** need a new pair of glasses.
you	*du, Sie*	**You** look tired.
he	*er*	**He** is a good driver.
she	*sie*	**She** is our only daughter.
it	*es*	**It** wasn't a good idea to buy that car.
we	*wir*	**We** could meet in front of the station.
you	*ihr, Sie*	**You** work too much.
they	*sie*	Ask the children what **they** want.

Beachten Sie: Subjekt-Pronomen werden nie allein, sondern nur in Verbindung mit einem Hilfsverb verwendet [→ **194** (1.2)]: **Who knows his address**? – **I do**. [Nicht nur: *I.] **Who will do the shopping**? – **We will**. [Nicht nur: *We.]

1.2 OBJEKTPRONOMEN

Betrachten Sie nun die folgenden Satzpaare:

Subjekt **namentlich** genannt:	I see **Samantha** every weekend.
Name durch **Fürwort** ersetzt:	I see **her** every weekend.
Subjekt **namentlich** genannt:	We have a present for **her children**.
Name durch **Fürwort** ersetzt:	We have a present for **them**.

Hier sind **Samantha** und **her children** nicht *Subjekte* (das sind **I** und **we**), sondern *Objekte* ihrer Sätze und müssen demzufolge durch ein *Objekt*-Pronomen (**her**, **them**) ersetzt werden.

▶ ALLE OBJEKT-PRONOMEN AUF EINEN BLICK:

me	*mir*	Pass **me** the newspaper, please.
	mich	Can you understand **me**?
you	*dir, Ihnen*	Paulina will tell **you** everything.
	dich, Sie	There is a message for **you**.
him	*ihm*	The question is: can we believe **him**?
	ihn	You can find **him** there almost every day.
her	*ihr*	It's Ann's birthday. Have you phoned **her** yet?
	sie	That job was too hard for **her**.
it	*es*	I like this shirt. How much is **it**?
us	*uns*	Come and see **us** if you like.
you	*euch, Ihnen*	I'm really sorry, but I can't help **you**.
	euch, Sie	Can I reach **you** by phone?
them	*ihnen*	Give **them** a little more time.
	sie	I buy books and sell **them**.

2 GEBRAUCH DER PERSONALPRONOMEN

2.1 OBJEKT-FORM STATT SUBJEKT-FORM

Manchmal verwendet das Englische anstelle der Subjekt-Formen (**I**, **he**, **she**, **we** und **they**) die Objekt-Formen (**me**, **him**, **her**, **us** und **them**), und zwar in den folgenden Fällen:

- ALLEINSTEHEND (OHNE VERB)

  Which of you saw the man? – Just **me** and my dog. [Nicht: *Just I and my dog.]
  Wer von euch hat den Mann gesehen? – Nur ich und mein Hund.

- NACH **IS** UND **WAS**

  Who is there? – It's only **me**.
  Wer ist da? – Ich bin's nur.

  I know it wasn't **him**, but it wasn't **us** either.
  Ich weiß, dass er es nicht war, aber wir waren es auch nicht.

- NACH **LIKE, AS** UND **THAN**

  A man **like me** doesn't need much to live happily.
  Ein Mann wie ich braucht nicht viel, um glücklich zu leben. [Nicht: *A man like I …]

  People **like us** are born to work.
  Leute wie wir sind zum Arbeiten geboren. [Nicht: *People like we …]

  Jenny is more gifted than her brother, but not **as** ambitious **as him**.
  Jenny ist begabter als ihr Bruder, aber nicht so ehrgeizig wie er.

  No girl is prettier **than her**, and no one more in love with her **than me**.
  Kein Mädchen ist hübscher als sie, und niemand verliebter in sie als ich.

  Nach **as** und **than** sind auch die Subjekt-Formen möglich: … but not as ambitious **as he** (is).
  No girl is prettier **than she is**, and no one more in love with her **than I** (am).

2.2 YOU

Ob Kind oder Erwachsener, ob Verwandter oder Fremder, ob Durchschnittsbürger oder Hoch-wohlgeboren – im Englischen dürfen Sie, von der Queen und ihrer Familie einmal abgesehen, jedermann ohne Ansehen der Person mit **you** ansprechen. Anders als im Deutschen, wo wir uns zwischen *du* und *Sie* zu entscheiden haben, macht das Englische keinen Unterschied zwi-schen vertraulicher und höflicher Anrede:

You have no reason to complain.
Du hast / Ihr habt / Sie haben keinen Grund, dich / euch / sich zu beklagen.

As I told **you**, we are leaving on Saturday.
Wie ich dir / euch / Ihnen sagte, reisen wir Sonnabend ab.

2.3 HE und HIM

he und **him** *(er, ihm, ihn)* stehen für eine männliche Person, auch für ein männliches Tier, vor allem dann, wenn es zum eigenen Haushalt gehört:

John asked me to phone **him**, but **he** didn't give me his number.
John bat mich ihn anzurufen, aber er hat mir seine Nummer nicht gegeben.

This is Spencer, our dog. **He** likes children, and children like **him** too.
Das ist Spencer, unser Hund. Er mag Kinder, und die Kinder mögen ihn auch.

2.4 SHE und HER

she und **her** *(sie, ihr)* stehen für eine weibliche Person oder ein weibliches Tier, insbesondere dann, wenn es zum eigenen Haushalt gehört:

Where is Ann? I've got something for **her**. – **She** is upstairs in **her** room.
Wo ist Ann? Ich habe etwas für sie. – Sie ist oben in ihrem Zimmer.

Is the cat in? – No, **she** isn't. I have put **her** out.
Ist die Katze im Haus? – Nein, ich habe sie rausgelassen.

she und **her** können zum Ausdruck einer besonderen Zuneigung oder Anhänglichkeit auch für Länder, Schiffe, Boote, Autos, Motorräder usw. stehen:

Scotland is very proud of **her** history.
*Schottland ist sehr stolz auf **seine** Geschichte.*

The TITANIC was on **her** maiden voyage when **she** hit an iceberg.
*Die TITANIC war auf **ihrer** Jungfernfahrt, als **sie** einen Eisberg rammte.*

This is my new car. Doesn't **she** look terrific?
*Dies ist mein neues Auto. Sieht **es** nicht super aus?*

Natürlich ist in diesen Beispielen auch **it** möglich: Scotland is very proud of **its** history.
The TITANIC was on **its** maiden voyage when **it** hit an iceberg. Doesn't **it** look terrific?

2.5 IT

Das Pronomen **it** *(es)* bezeichnet Unbelebtes und Abstraktes, ebenso Tiere, deren Geschlecht nicht bekannt oder nicht von Bedeutung ist:

An elephant is very heavy. **It** can weigh up to five tons.
Ein Elefant ist sehr schwer. **Er** *kann bis zu fünf Tonnen wiegen.*

This is a photo of my old school. **It's** no longer there, they have torn **it** down.
Dies ist ein Foto meiner alten Schule. **Sie** *ist nicht mehr da, man hat* **sie** *abgerissen.*

The flu is anything but harmless. **It** can kill you.
Eine Grippe ist alles anderes als harmlos. **Sie** *kann einen umbringen.*

Da im Deutschen auch Gegenstände und Begriffe männlich oder weiblich sind, werden sie dort durch die gleichen Fürwörter ersetzt wie Lebewesen, also durch *er, sie, ihm, ihn* oder *ihr*.

Im Englischen ist dies nicht möglich. Verwenden Sie also niemals **he**, **she**, **him** oder **her**, wenn Sie von einer Sache sprechen:

My key, where is **it**? I can't find **it**.
Mein Schlüssel, wo ist **er**? *Ich kann* **ihn** *nicht finden.*
[Nicht: *My key, where is *he*? I can't find *him*.]

This medicine was removed from the market because of **its** side effects.
Diese Medizin wurde wegen **ihrer** *Nebenwirkungen vom Markt genommen.*
[Nicht: *This medicine was removed from the market because of *her* side effects.]

UNPERSÖNLICHER GEBRAUCH

it leitet eine große Zahl sogenannter unpersönlicher Ausdrücke ein, Wendungen also, in denen kein handelndes Subjekt erkennbar ist. Hier ein Überblick über die wichtigsten Anwendungen:

ANGABEN ZUR ZEIT

It's eleven o'clock.	*Es ist elf Uhr.*
It's Friday at last.	*Es ist endlich Freitag.*
It's my birthday tomorrow.	*Ich habe morgen Geburtstag.*
It has been a hard working day.	*Es ist ein harter Arbeitstag gewesen.*
It was August, but very cold.	*Es war August, aber sehr kalt.*

ANGABEN ZUM WETTER

mit Adjektiven:

it's blowy	*es ist (sehr) windig*
it's chilly	*es ist kühl*
it's cloudy	*es ist bewölkt*
it's cold	*es ist kalt*
it's damp	*es ist feucht, stickig*
it's dry	*es ist trocken*
it's foggy	*es ist neblig*
it's frosty	*es ist frostig*
it's hot	*es ist heiß*
it's humid	*es ist feucht*
it's misty	*es ist dunstig, neblig*
it's muggy	*es ist schwül, drückend*
it's rainy	*es ist regnerisch*
it's showery	*es ist Schauerwetter*
it's stormy	*es ist stürmisch*
it's sunny	*es ist sonnig*
it's warm	*es ist warm*
it's wet	*es ist nass*
it's windy	*es ist windig*

mit Verben:

it's drizzling	*es nieselt*
it's hailing	*es hagelt*
it's pouring	*es gießt*
it's raining	*es regnet*
it's snowing	*es schneit*

Eine Änderung des Wetters (wie auch anderer Zustände) lässt sich durch die Verbindung von unpersönlichem **it** mit dem Verb **get** ausdrücken:

It gets dark very early.	*Es wird sehr früh dunkel.*
Let's go back. **It's getting cold**.	*Lass uns zurückgehen. Es wird kalt.*
It **was getting warmer** every day.	*Es wurde mit jedem Tag wärmer.*

ANKÜNDIGUNG EINES SUBJEKTS

Wenn eine *Grundform* oder ein *Nebensatz* (meist mit **that** ...) das Subjekt eines Satzes bilden, so stehen diese nicht, wie sonst bei Subjekten üblich, am Satzanfang, sondern werden durch ein einleitendes **it** vertreten, das sie gewissermaßen „ankündigt":

It hurts to lose your job after so many years of work. [Nicht: * To lose your job ... hurts.]
Es schmerzt [oder: *tut weh*], *nach so vielen Arbeitsjahren seine Stellung zu verlieren.*

It is a pity that you can't be with us. [Nicht: *That you can't be with us, is a pity.]
Es ist schade, dass du nicht bei uns sein kannst.

It's amazing how people change. [Nicht: *How people change is amazing.]
Es ist erstaunlich, wie sich Menschen ändern.

It's impossible to remember all these figures. [Nicht: *To remember ... is impossible.]
Es ist unmöglich, sich alle diese Zahlen zu merken.

It pays to be patient. [Nicht: *To be patient pays.]
Es zahlt sich aus, Geduld zu haben.

It would cost millions of pounds to finance such a project.
[Nicht: *To finance such a project would cost millions.]
Es kostet Millionen Pfund, so ein Projekt zu finanzieren.

It matters that people stick together in times of need.
[Nicht: *That people stick together in times of need matters.]
Es ist wichtig, dass Menschen in Notzeiten zusammenhalten.

It took me ten years to learn this language.
[Nicht: *To learn this language took me ten years.]
Ich brauchte zehn Jahre, um diese Sprache zu lernen.

HIER EINE AUSWAHL DER MEISTVERWENDETEN EINLEITUNGEN:

it's + Hauptwortgruppe

it's a matter of fact	*es ist eine Tatsache*
it's a mystery	*es ist ein Rätsel*
it's a nuisance	*es ist ärgerlich*
it's a pity	*es ist schade*
it's a shame	*es ist eine Schande*
it's a wonder	*es ist ein Wunder*

it's + Adjektiv

it's amazing	*es ist erstaunlich, verblüffend*
it's awful	*es ist furchtbar*
it's clear	*es ist klar*
it's doubtful (whether)	*es ist zweifelhaft (ob)*
it's frustrating	*es ist frustrierend*
it's funny	*es ist komisch, es ist seltsam*
it's interesting	*es ist interessant*
it's obvious	*es ist offensichtlich*
it's possible	*es ist möglich*
it's sad	*es ist traurig*
it's strange	*es ist merkwürdig*
it's true	*es ist wahr, es stimmt*
it's unbelievable	*es ist unglaublich*

it + Verb

it amazes me	*es erstaunt mich*
it annoys me	*es ärgert mich*
it bothers me	*es stört mich*
it frightens me	*es erschreckt mich*
it grieves me	*es betrübt mich*
it interests me	*es interessiert mich*
it moves me	*es (be)rührt mich*
it shocks me	*es schockiert mich*
it strikes me	*es fällt mir auf*
it surprises me	*es überrascht mich*
it upsets me	*es erschüttert mich*
it worries me	*es macht mir Sorgen*
it helps	*es hilft*
it makes no difference	*es macht keinen Unterschied*
it makes no sense	*es hat/macht keinen Sinn*
it pays	*es zahlt sich aus, es macht sich bezahlt*

2.6 THEY und THEM

they und **them** *(sie, ihnen)* stehen für mehrere Personen oder Sachen, über die gesprochen wird:

Our neighbours are moving out. **They** say their flat is too small for **them**.
Unsere Nachbarn ziehen aus. Sie sagen, ihre Wohnung sei zu klein für sie.

These are pills for diabetes. **They** cost a lot, but I need **them**.
Das hier sind Pillen gegen Diabetes. Sie kosten viel, aber ich brauche sie.

GEBRAUCH BEI EVERYONE / EVERYBODY, SOMEONE / SOMEBODY usw.

Aus Gründen der Geschlechterneutralität [→ **34** (3)] werden **they** und **them** inzwischen auch zur Ersetzung der unbestimmten Fürwörter **everybody / everyone**, **somebody / someone**, **anybody / anyone** und **nobody / no one**, **one** herangezogen:

If someone wants a good job these days, **they** must be able to use computers.
[Nicht: *... **he** must be able to use computers.]
Wenn jemand heutzutage einen guten Job will, muss er mit Computern umgehen können.

We need someone for the accounting department.
They should at least have 5 years of professional experience.
[Nicht: ... ***He** should at least have ...]
*Wir brauchen jemanden für die Buchhaltung. **Er** sollte mindestens 5 Jahre Berufserfahrung haben.*

Everybody should have **their** ID on **them**.
[Nicht: *... **his** ID on **him**.]
Jeder sollte seinen Ausweis bei sich haben.

2.7 DAS DEUTSCHE FÜRWORT MAN

Für das deutsche Fürwort *man* und seine Objektformen *einem*, *einen* bieten sich im Englischen drei Übersetzungsmöglichkeiten an: **you**, **one** und **they**.

- ### YOU

  you bezieht sich auf die Allgemeinheit und schließt den Sprecher mit ein:

  You can never be sure.
  Man kann nie sicher sein.

  You know what these people are like.
  Man weiß doch, wie diese Leute sind. [Der Sprecher weiß es auch.]

- ### ONE

  Möchte man ausschließen, dass sich der Gesprächspartner persönlich angesprochen fühlt, kann man anstelle von **you** auch **one** verwenden. Gleichwohl ist **one** in der Umgangssprache seltener als **you**.

  One should think before **one** speaks.
  Man sollte denken, bevor man spricht.

  How can **one** be so stupid?
  Wie kann man so dumm sein?

  He treats **one** like a slave.
  Er behandelt einen wie einen Sklaven.

  ► Beachten Sie, dass **one** *nur in verallgemeinerndem Sinne* gebraucht werden kann und immer die sprechende Person einschließen muss. Es darf sich – anders als das deutsche Fürwort *man* – nicht auf bestimmte Personen oder Gruppen beziehen, die man auch namentlich benennen könnte.
  In einem Satz wie *Man wird ihn entlassen müssen* steht das Fürwort *man* für etwas, das man auch ganz konkret benennen könnte, z.B. durch Angaben wie *sein Chef, die Firma* usw. Es kann deshalb nicht mit **one** wiedergegeben werden: *One will have to dismiss him.

- ### THEY

  they in der Bedeutung *man* meint immer *die anderen*: Menschen an einem anderen Ort oder aus einer anderen Zeit. Es schließt den Sprecher ausdrücklich *nicht* mit ein:

  In Italy **they** drink wine for breakfast.
  In Italien trinkt man Wein zum Frühstück.

  They once believed that the earth was flat.
  Man glaubte einst, die Erde sei eine Scheibe.

  In Anspielung auf die politischen Verhältnisse steht **they** häufig für *die Herrschenden, die Mächtigen, die Regierung*, für „die da oben":

  They take it from the little man and give it to the rich.
  Man nimmt es vom kleinen Mann und gibt es den Reichen.

3 DIE ERSETZUNG DES HAUPTWORTS: **ONE** und **ONES**

Die Fürwörter **he, she, it** und **they** ersetzen eine vollständige Hauptwortgruppe. Die Fürwörter **one** (Einzahl) und **ones** (Mehrzahl) dagegen ersetzen *nur das Hauptwort innerhalb einer Hauptwortgruppe*. Deren übrige Wörter bleiben von der Ersetzung unberührt. Vergleichen Sie:

ERSETZUNG DER HAUPTWORTGRUPPE

The red skirt looks good on me, and **it** fits perfectly.
Der rote Rock steht mir gut, und er sitzt perfekt.

Those shoes in the window look elegant, but **they** are too expensive.
Die Schuhe im Schaufenster sehen elegant aus, aber sie sind zu teuer.

In beiden Sätzen wird die jeweilige Hauptwortgruppe (**the red skirt** bzw. **those shoes in the window**) komplett ersetzt, und zwar im ersten Beispiel durch **it** (Einzahl: Rock) im zweiten durch **they** (Mehrzahl: Schuhe).

ERSETZUNG DES HAUPTWORTS INNERHALB DER HAUPTWORTGRUPPE

The red **skirt** looks good on me, but the blue **one** fits better.
*Der rote **Rock** steht mir gut, aber der blaue sitzt besser.*

In diesem Beispiel wird nur das Hauptwort (**skirt**) ersetzt, der Rest der Hauptwortgruppe (**the blue**) bleibt erhalten. Ebenso:

The **shoes** in the window look elegant, but the **ones** from the catalogue are less expensive.
*Die **Schuhe** im Schaufenster sehen elegant aus, aber die aus dem Katalog sind preiswerter.*

In den entsprechenden deutschen Sätzen findet keine Ersetzung statt. Das durch **one / ones** ersetzte Hauptwort wird einfach weggelassen. Weitere Beispiele:

Which of those girls is Rosanna? – The **one** with the dog.
Welches von den Mädchen ist Rosanna? – Die mit dem Hund.

Show me that book. – Which **one**? This **one**? – No, that **one** over there.
Zeigen Sie mir das Buch. – Welches? Dieses? – Nein, das dort drüben.

Our flat is too small, we need a larger **one**.
Unsere Wohnung ist zu klein. Wir brauchen eine größere.

In the long run second hand cars can be more expensive than new **ones**.
Gebrauchtwagen können langfristig teurer sein als neue.

I have erased most of the photos, except the **ones** on my mobile phone.
Ich habe die meisten Fotos gelöscht, außer denen auf meinem Handy.

4 RÜCKBEZÜGLICHE FÜRWÖRTER

Die rückbezüglichen Fürwörter (*Reflexivpronomen*, engl.: reflexive pronouns) des Englischen sind an den Endungen **-self** (Einzahl) und **-selves** (Mehrzahl) zu erkennen. Sie lauten

- in der Einzahl: **myself, yourself, himself, herself, itself, oneself**
- in der Mehrzahl: **ourselves, yourselves, themselves**

Rückbezügliche Fürwörter stehen in Sätzen, deren Subjekt und Objekt identisch sind. Die berichtete Handlung zielt nicht auf andere Personen oder Dinge, sondern ist *auf den Handelnden selbst* gerichtet:

He shot **himself** with a gun.
*Er hat **sich** mit einem Gewehr erschossen.*

Würde es sich bei dem Täter und dem Opfer hingegen um verschiedene Personen handeln, käme als Objekt-Pronomen nur **him** in Frage:

He shot **him** with a gun.
*Er hat **ihn** mit einem Gewehr erschossen.*

WEITERE BEISPIELE

I cut **myself** with a razor-blade this morning.
Ich habe mich heute morgen mit einer Rasierklinge geschnitten.

Here is a towel to dry **yourself**.
Hier ist ein Handtuch, um dich abzutrocknen.

When Linda is alone, she sometimes talks to **herself**.
Wenn Linda allein ist, redet sie manchmal mit sich selbst.

Everything in life repeats **itself**.
Alles im Leben wiederholt sich.

The party was great. We enjoyed **ourselves** very much.
Die Party war toll. Wir hatten einen Riesenspaß. [Wörtl.: … haben uns sehr vergnügt.]

Our children are old enough to look after **themselves**.
Unsere Kinder sind alt genug, um auf sich selbst aufzupassen.

Rückbezügliche Fürwörter stehen auch in Sätzen wie den folgenden,
in denen jemand etwas für sich selbst etwas kauft, erwirbt, zubereitet usw.:

I'll make **myself** some sandwiches for the journey.
Ich werde mir ein paar Brote für die Reise machen. [Nicht: *I'll make me ...]

You should try and get **yourself** a steady job.
Du solltest versuchen, dir eine feste Arbeit zu besorgen. [Nicht: *and get you ...]

He ordered **himself** another beer.
Er bestellte sich noch ein Bier. [Nicht: *He ordered him ...]

She poured **herself** another glass of wine.
Sie schenkte sich noch ein Glas Wein ein. [Nicht: *She poured her ...]

We have just bought **ourselves** a satellite dish.
Wir haben uns gerade eine Satellitenschüssel gekauft. [Nicht: *We have just bought us ...]

They found **themselves** a little cottage by the sea.
Sie haben sich kleines Haus am Meer gesucht. [Nicht: *They found them ...]

ALLTÄGLICHE HANDLUNGEN

Bei regelmäßig wiederkehrenden alltäglichen Handlungen wie *sich anziehen, sich rasieren* oder
sich waschen werden rückbezügliche Formen nicht verwendet:

I had no time to **shave** this morning.
Ich hatte heute morgen keine Zeit, mich zu rasieren. [Nicht: *... to shave myself]

Handelt es sich bei solchen Handlungen allerdings um Vorgänge, die nicht alltäglich sind (z.B.
wenn gesagt wird, dass sich jemand zum ersten Mal rasiert), greift man wieder auf die rückbe-
züglichen Formen zurück:

Believe it or not! Little John is **shaving himself**.
Ob du es glaubst oder nicht! Der kleine John rasiert sich.

VERSTÄRKUNG

myself, **yourself**, **himself** usw. dienen auch zur Betonung bzw. Verstärkung einer Aussage.
Sie entsprechen darin der deutschen Ergänzung *selbst (ich selbst, er selbst, wir selbst* usw.):

I know that **myself**.
Das weiß ich selbst.

Michael was born in Chippenham, like **myself**.
Michael wurde in Chippenham geboren, wie ich.

We know what the contract says; we signed it **ourselves**.
Wir wissen, was im Vertrag steht. Wir haben ihn selbst unterschrieben.

STELLUNG UND BEZUG

myself, **yourself**, **himself** usw. können direkt auf ihr Bezugswort folgen:

The flat **itself** is all right, but the landlord is a bit weird.
Die Wohnung selbst ist in Ordnung, aber der Vermieter ist ein bisschen seltsam.

The defendant **himself** had not appeared before the court.
Der Angeklagte selbst war nicht vor Gericht erschienen.

Achten Sie bei der Verwendung der -**self**/-**selves**-Formen auf den richtigen Bezug:

I spoke to the boss **myself**.
***Ich selbst** habe mit dem Chef gesprochen.*

I spoke **to the boss himself**, not to his secretary.
*Ich habe **mit dem Chef selbst** gesprochen, nicht mit seiner Sekretärin.*

▶ Auf keinen Fall darf das deutsche Wort *selbst* mit self oder selves wiedergegeben werden.
Sagen Sie also niemals: *I self spoke to the boss, *The flat self is all right oder *We selves
have signed it. Die Wortelemente -**self** bzw. -**selves** treten ausschließlich in Verbindung mit
Fürwörtern auf: my**self**, it**self**, one**self**, our**selves**, your**selves**, them**selves**.

by myself, by ourselves usw.

Mit der Verbindung **by** + ...-**self** (Mehrzahl: **by** + ...-**selves**) lässt sich ausdrücken, dass man
etwas ganz allein, ohne fremde Hilfe geschafft hat:

I can't possibly do everything **by myself**.
Ich kann unmöglich alles allein machen.

Do you really think she can make it **by herself**?
Glaubst du wirklich, sie kann es allein schaffen?

Did they paint all the rooms **by themselves**?
Haben sie alle Zimmer selbst gestrichen?

VERBEN, DIE NUR IM DEUTSCHEN RÜCKBEZÜGLICH SIND

Es gibt eine recht große Zahl von Verben und verbalen Ausdrücken, die im Deutschen rückbezüglich sind, im Englischen dagegen nicht. Sätze wie *Ich erinnere mich* oder *Wir treffen uns* werden darum auch nicht zu *I remember me, *I remember myself, *We meet us oder *We meet ourselves, sondern einfach zu **I remember** und **We meet**.

Hier eine Liste der wichtigsten dieser Verben:

abstain	*sich (der Stimme) enthalten*
abstain (from sth)	*sich (einer Sache) enthalten*
accelerate	*sich beschleunigen*
adopt	*sich aneignen*
afford (sth)	*sich (etw) leisten*
agree	*sich einigen, sich einig werden*
apologize (to sb/for sth)	*sich (bei jmdm/für etw) entschuldigen*
apply (for sth)	*sich (um etw, für etw) bewerben*
approach [Auch: **near**]	*sich nähern, näher kommen*
appropriate (sth)	*sich (etw) aneignen*
argue	*sich streiten*
behave	*sich benehmen, sich betragen*
bow (to sb)	*sich vor jmdm verneigen*
calm down	*sich beruhigen*
catch a cold	*sich erkälten*
change	*sich ändern*
check out	*sich abmelden*
cling (to sb, to sth)	*sich (an jmdn, an etw) klammern*
come to terms (with sb/sth)	*sich (mit jmdm/etw) arrangieren*
come true	[Wunsch usw.] *sich erfüllen*
communicate (with sb)	*sich (mit jmdm) verständigen*
complain (to sb/about sth)	*sich (bei jmdm/über etw) beklagen, beschweren*
concentrate	*sich konzentrieren*
cool down	*sich abkühlen*
dare	*sich trauen*
deal (with sth)	*sich (mit etw) befassen*
decide	*sich entschließen, sich entscheiden*
develop	*sich entwickeln*
divorce sb	*sich von jmdm scheiden lassen*
do well	*sich gut machen*
double	*sich verdoppeln*
drift apart	*sich auseinanderleben*
embrace	*sich umarmen*
endeavour	*sich bemühen*
enrol	*sich anmelden, sich eintragen, sich einschreiben*
excel	*sich auszeichnen*
expand	*sich ausdehnen, sich erstrecken*
fall in love (with sb/sth)	*sich (in jmdn/in etw) verlieben*
feel well	*sich wohl fühlen*
fill	*sich füllen*
form	*sich bilden, sich formen*
gather	*sich versammeln*
hang	[Computerprogramm] *sich aufhängen*
happen	*sich ereignen, sich abspielen*
have a look (at sth)	*sich etw ansehen*
hide	*sich verstecken*
hurry	*sich beeilen*
imagine (sth)	*sich (etw) vorstellen, sich (etw) denken*
improve	*sich verbessern*
increase	*sich erhöhen, sich vermehren*
inquire	*sich erkundigen*
intensify	*sich verstärken*
interfere	*sich einmischen*
join (sb/sth)	*sich (jmdm/etw) anschließen*
lie down	*sich hinlegen*
log in, AmE: **log on**	[Computer] *sich einloggen*
long (for sb/sth)	*sich nach jmdm/etw sehnen*
look after (sb/sth)	*sich (um jmdn/etw) kümmern*
look forward (to sb/sth)	*sich (auf jmdn/etw) freuen*
make an effort	*sich anstrengen*
make friends (with sb)	*sich (mit jmdm) anfreunden*
make sure	*sich vergewissern*
make up one's **mind**	*eine Wahl treffen, sich entscheiden*
meet (sb *oder* with sb)	*sich (mit jmdm) treffen*

miscalculate	*sich verrechnen*
mishear	*sich verhören*
mock (sb)	*sich (über jmdn) lustig machen*
move	*sich bewegen*
multiply	*sich vervielfachen*
narrow	*sich verengen, enger werden*
open	*sich öffnen*
oppose sb/sth	*sich jmdm/etw widersetzen*
organise	*sich organisieren*
part (with sb/sth)	*sich (von jmdm/etw) trennen*
pay	*sich auszahlen, sich bezahlt machen*
prepare (for sb/sth)	*sich (auf jmdn/etw) vorbereiten*
prove	*sich (als ...) erweisen*
put up (with sth)	*sich (mit etw) abfinden*
qualify (for sth)	*sich (für etw) qualifizieren*
quarrel	*sich streiten, sich zanken*
queue up	*sich anstellen, Schlange stehen*
refer (to sb/sth)	*sich (auf jmdn/etw) beziehen*
recall	*sich erinnern an*
reconcile	*sich versöhnen, wieder vertragen*
recover	*sich erholen*
refuse	*sich weigern*
relax	*sich entspannen*
rely (on sb/sth)	*sich (auf jmdn/etw) verlassen*
remember	*sich erinnern*
rest	*sich ausruhen*
rise	*sich erheben, sich erhöhen*
say goodbye (to sb)	*sich (von jmdm) verabschieden*
sell	*[Produkt] sich verkaufen*
separate	*sich trennen*
shave	*sich rasieren*
sign up (for sth)	*sich (für etw) anmelden*
sit down	*sich hinsetzen*
sneak in	*sich einschleichen*
specialize (in sth)	*sich (auf etw) spezialisieren*
spread	*sich verbreiten, sich ausbreiten*
stock up (with sth)	*sich mit etw eindecken*
surrender	*sich ergeben*
take turns (with sb)	*sich mit jmdm abwechseln*
treble, triple	*sich verdreifachen*
try hard	*sich Mühe geben, sich anstrengen*
turn (to sb)	*sich (jmdm) zuwenden*
turn round	*sich umdrehen*
undress	*sich ausziehen*
unite	*sich vereinigen*
warm up	*sich aufwärmen, warm machen*
wash	*sich waschen*
weaken	*sich abschwächen, schwächer werden*
widen	*sich verbreitern, breiter werden*
win through	*sich durchsetzen*
withdraw	*sich zurückziehen*
wonder	*sich fragen*
worry (about/over sb/sth)	*sich (über jmdn/etw) Sorgen machen*

IM DEUTSCHEN RÜCKBEZÜGLICH – IM ENGLISCHEN: be + Adjektiv

Einigen Verben, die im Deutschen rückbezüglich sind, entspricht im Englischen ein verbaler Ausdruck mit **be**. Hierzu gehören:

be afraid	*sich fürchten*
be agreed	*sich einig sein*
be annoyed, **be angry** (at sth)	*sich (über etw) ärgern*
be ashamed	*sich schämen*
be aware (of sth)	*sich (über etw) im klaren sein*
be bored	*sich langweilen*
be brief	*sich kurz fassen*
be called	*sich nennen*
be careful	*sich vorsehen*
be comfortable	*sich wohlfühlen*
be committed	*sich engagieren*
be complementary	*sich ergänzen*
be delayed	*sich verzögern*
be embarrassed	*sich genieren, sich schämen*

be frightened, be scared	*sich ängstigen*
be glad	*sich freuen*
be interested (in sb/sth)	*sich (für jmdn/etw) interessieren*
be late	*sich verspäten*
be lost	*sich verirrt, verlaufen, verfahren haben*
be mistaken	*sich täuschen*
be on one's guard	*sich hüten, sich vorsehen*
be out (by ...)	*sich (um ...) verschätzen*
be patient	*sich gedulden*
be pleased	*sich freuen*
be seated	*sich setzen*
be ready	*sich bereithalten*
be sick	*sich übergeben*
be situated, AmE: located	*sich befinden*
be suitable	*sich eignen*
be surprised	*sich wundern*
be worth it	*sich lohnen*
be wrong	*sich irren*

IM DEUTSCHEN RÜCKBEZÜGLICH – IM ENGLISCHEN: get + Adjektiv

Einigen Verben, die im Deutschen rückbezüglich sind, entspricht im Englischen ein verbaler Ausdruck mit **get**. Hierzu gehören:

get about, get around	*sich herumsprechen*
get better	*sich bessern, sich erholen*
get bored	*sich langweilen*
get boozed, get stoned	*sich besaufen*
get changed	*sich umziehen*
get divorced	*sich scheiden lassen*
get dressed	*sich anziehen*
get dressed up	*sich hübsch machen*
get drunk	*sich betrinken*
get engaged	*sich verloben*
get entangled	*sich verheddern*
get excited	*sich begeistern, sich aufregen*
get free	*sich befreien*
get frightened	*sich erschrecken*
get involved (with sb/in sth)	*sich (mit jmdm/in etw) einlassen*
get lost	*sich verlaufen, sich verfahren, sich verirren*
get married	*sich verheiraten, heiraten*
get ready	*sich fertig machen, sich bereit machen*
get together	*sich zusammentun, sich verbünden*
get undressed	*sich ausziehen*
get used (to sb/sth)	*sich (an jmdn/etw) gewöhnen*
get well	*sich erholen, gesund werden*
get worried	*sich Sorgen machen*
get worse	*sich verschlechtern*

5   BESITZANZEIGENDE FÜRWÖRTER

Auf ein besitzanzeigendes Fürwort (*Possessivpronomen*, engl.: possessive pronoun) folgt – anders als bei den besitzanzeigenden *Bestimmungswörtern* **my**, **your**, **his, her, us** und **their** – keine weitere Ergänzung:

This camera is **mine**. [Aber: This is **my** camera. Keinesfalls: *This is mine camera.]

ALLE FORMEN IM ÜBERBLICK

mine	*meiner, meine, mein(e)s:* Alan's computer is much more complicated than **mine**.
yours	*deiner, deine, dein(e)s; eurer, eure, eures; Ihrer, Ihre, Ihr(e)s:* My mobile is flat. Can I use **yours**? These are our suitcases. And where are **yours**?
his	*seiner, seine, sein(e)s:* Is this Walter's car? – Yes, it's **his**.
hers	*ihrer, ihre, ihr(e)s:* You must give these photos back to Annika. They are **hers**.
ours	*unserer, unsere, unser(e)s:* If your caravan is too small, you can have **ours**.
theirs	*ihrer, ihre, ihres:* My sister and her husband have bought the flat, it's **theirs** now.

SAGEN, WEM ETWAS GEHÖRT

Mit der Verbindung **is / are** + besitzanzeigendes Fürwort (... **is mine**, ... **is yours**, ... **is his** usw., Mehrzahl: ... **are mine**, ... **are yours**, ... **are his** usw.) lässt sich ausdrücken, dass jemandem etwas gehört. Sie ersetzt eine Konstruktion mit dem Verb **belong** (**to**...):

This pen belongs to me. It's **mine**.	... *Er gehört mir.*
That farm belongs to my grandparents. It's **theirs**.	... *Sie gehört ihnen.*
The dog belongs to both of us. It's **ours**.	... *Er gehört uns.*
Those tools belong to you. They **are yours**.	... *Sie gehören dir.*
These hats belong to Ann. They **are hers**.	... *Sie gehören ihr.*
These CDs belong to my brother. They are **his**.	... *Sie gehören ihm.*

... OF MINE, ... OF YOURS usw.

Eine andere Möglichkeit auszudrücken, dass Personen oder Dinge zusammengehören, ist ein der Hauptwortgruppe nachgestelltes ... **of mine**, ... **of yours**, ... **of his** usw.

Robert is a good friend **of mine**.
Robert ist ein guter Freund von mir.
[Nicht: *... is a good friend of me.]

I know Professor Henson well. I was a student **of his**.
Ich kenne Professor Henson gut. Ich war ein Schüler von ihm.
[Nicht: *... I was a student of him.]

Christopher and Susan are good friends **of ours**.
Christopher und Susan sind gute Freunde von uns.
[Nicht: * ... are good friends of us.]

Auch dies sind typische Konstruktionen mit besitzanzeigenden Fürwörtern:
The choice is **yours**.
Du hast / Ihr habt / Sie haben die Wahl.

The fault wasn't **ours**.
Die Schuld lag nicht bei uns.

The decision is **mine** and **no one else's**.
Die Entscheidung liegt bei mir und bei niemandem sonst.

6 WECHSELBEZÜGLICHE FÜRWÖRTER

Wenn Personen einander kennen, mögen, helfen, respektieren oder vertrauen, so handelt es sich dabei um eine wechselseitige Beziehung, um ein Handeln oder Verhalten, das auf Gegenseitigkeit beruht.

Ein solches Verhältnis wird im Englischen durch die sogenannten *wechselbezüglichen* Fürwörter *(Reziprokpronomen,* engl.: *reciprocal pronouns)* **each other** und **one another** *(einander)* ausgedrückt:

- **EACH OTHER**
  each other bezeichnet eine Wechselbeziehung zwischen **zwei** Personen:

  Mary and Joan don't like **each other** very much.
  Mary und Joan mögen sich [= einander] *nicht besonders.*

  They hadn't seen **each other** for more than twenty years.
  Sie hatten sich [= einander] *seit mehr als zwanzig Jahren nicht gesehen.*

  They have little in common, but respect **each other**.
  Sie haben wenig gemeinsam, aber respektieren einander.

- **ONE ANOTHER**
  Mit **one another** lassen sich Wechselbeziehungen zwischen einer größeren Anzahl von Personen (mehr als zwei) ausdrücken:

  At school we often helped **one another** with our homework.
  In der Schule halfen wir einander [oder: *uns untereinander*] *oft bei unseren Hausaufgaben.*

  The peoples of the world don't often know much about **one another**.
  Die Völker der Welt wissen oft nicht viel voneinander.

  We will meet **one another** in two days' time.
  Wir treffen uns in zwei Tagen.

  Im Deutschen wird der Unterschied zwischen *wechsel*bezüglichen und *rück*bezüglichen Fürwörtern oft nicht deutlich, im Englischen sehr wohl. Vergleichen Sie:
  They looked at **themselves**. *Sie sahen sich an.* [= Jeder sah auf sich selbst]
  They looked at **each other**. *Sie sahen einander an.* [= Jeder sah auf den anderen]

7 UNBESTIMMTE FÜRWÖRTER

Unbestimmte Fürwörter (*Indefinitpronomen*, engl.: indefinite pronouns) stehen für nicht näher bestimmte Personen, Dinge und Sachverhalte. Wie in der Übersicht zu sehen, sind sie aus zwei Wortbestandteilen zusammengesetzt:

	every-	some-	any-	no-
unbestimmte Personen: -body / -one	**everybody** **everyone** *alle, jeder*	**somebody** **someone** *(irgend)jemand*	**anybody** **anyone**	**nobody** **no one** *niemand*
unbestimmte Dinge: -thing	**everything** *alles*	**something** *(irgend)etwas*	**anything**	**nothing** *nichts*

▶ Zwischen den Pronomen auf **-body** und denen auf **-one** besteht keinerlei Bedeutungsunterschied. Es spielt keine Rolle, ob Sie **everybody** oder **everyone**, **somebody** oder **someone**, **anybody** oder **anyone**, **nobody** oder **no one** sagen. (Angeblich überwiegen in der englischen Umgangssprache die auf **-one** endenden Formen.)

▶ **not** ... **anybody** entspricht **nobody** *(niemand)*:
There is**n't anybody** there. [Oder: There is **nobody** there.]

not ... **anything** entspricht **nothing** *(nichts)*:
You should**n't** give him **anything**. [Oder: You should give him **nothing**.]

Auch diese Formen können unterschiedslos verwendet werden. Die Varianten mit **no** klingen eine Spur betonter, entschiedener, die mit **not** ... **any** wirken zurückhaltender, verbindlicher und werden daher in der Umgangssprache bevorzugt.

8 BESTIMMUNGSWÖRTER ALS FÜRWÖRTER

Die meisten Bestimmungswörter [→ ab Seite **65**] lassen sich auch als Fürwörter verwenden, das heißt, ohne ein folgendes Hauptwort. Zu ihnen gehören:

8.1 HINWEISENDE FÜRWÖRTER:
THIS, THAT, THESE und **THOSE**

Die hinweisenden Fürwörter **this** (*dies, dieser, diese, dieses*) und **that** (*das, jener, jene, jenes*) beziehen sich auf Personen, Dinge und Sachverhalte in der Einzahl, **these** (*diese*) und **those** (*jene, die da*) beziehen sich auf die Mehrzahl:

This is Jenny, my brother's girlfriend.
[Vorstellung von Personen] *Das ist Jenny, die Freundin meines Bruders.*

This is Mary Weaver (speaking). Is **that** you, Miss Fox?
[Am Telefon] *Hier spricht Mary Weaver. Sind Sie das, Miss Fox?*

I can't give you any more money. **This** is all I have.
Ich kann dir nicht mehr Geld geben. Dies ist alles, was ich habe.

A job in Paris? **That** sounds good. Tell me more about it.
Ein Job in Paris? Das hört sich gut an. Erzählen Sie mir mehr darüber.

Was **that** really you on TV last night?
Warst das wirklich du im Fernsehen gestern Abend?

I need a pair of shoes. - Well, how about **these**?
Ich brauche ein paar Schuhe. - Nun, wie wäre es mit diesen?

These are our suitcases, **those** over there belong to somebody else.
Dies sind unsere Koffer, die da drüben gehören jemandem anders.

The apples from our garden taste much better than **those** from the supermarket.
Die Äpfel aus unserem Garten schmecken viel besser als die aus dem Supermarkt.

8.2 MENGENBEZEICHNENDE FÜRWÖRTER:
SOME, ANY, MUCH, MANY usw.

I need new batteries for my camera. Have you got **any**?
Ich brauche neue Batterien für meine Kamera. Haben Sie welche?

You are looking for matches? There must be **some** in the top drawer.
Du suchst Streichhölzer? Da müssen welche in der obersten Schublade sein.

For just five euros you can eat as **much** as you like here.
Für nur fünf Euro kannst du hier essen, soviel du willst.

Some of our friends still smoke, but not **many**.
Einige unserer Freunde rauchen noch, aber nicht viele.

Go and get some more eggs. We haven't got **enough** for the cake.
Geh und besorge noch ein paar Eier. Wir haben nicht genug für den Kuchen.

Three people were killed and **several** injured.
Drei Menschen wurden getötet und mehrere verletzt.

There are lots of candidates, but only **a few** are suitable for the post.
Es gibt viele Kandidaten, aber nur wenige sind für den Posten geeignet.

I had read about the incident, but still knew **little** about it.
Ich hatte viel über den Vorfall gelesen, wusste aber immer noch wenig darüber.

Some more wine? – No thanks, I have had **plenty**.
Noch etwas Wein? – Nein danke, ich habe reichlich gehabt.

There is no difference between *anyone* and *anybody*. **Both** are correct.
Es gibt keinen Unterschied zwischen anyone *und* anybody. *Beide sind korrekt.*

8.3 NONE

Beachten Sie: **no** ist ein Begleiter, lässt sich also nur in Verbindung mit einem Hauptwort verwenden: **no** question, **no** problem, **no** money usw. Als Fürwort wird es zu **none**:

There were some smaller roads, but **none** was marked on our map.
Es gab ein paar kleinere Straßen, aber keine war auf unserer Karte verzeichnet.
[Nicht: * … but no was marked on our map.]

We wanted to order tickets for the show, but there were **none** left.
Wir wollten Karten für die Show bestellen, aber es waren keine mehr da.
[Nicht: * … but there were no left.]

A lame excuse is better than **none** at all.
Eine dumme Ausrede ist besser als gar keine.
[Nicht: * … better than no at all.]

9 FRAGEFÜRWÖRTER

Die Fragefürwörter (*Interrogativpronomen*, engl.: interrogative pronouns) des Englischen lauten
– für Personen: **who** und **whom**
– für Sachen: **what** und **which**

9.1 WHO (Frage nach dem **Subjekt**)

Who fragt nach Personen, die Täter oder Urheber eines Geschehens sind und somit das Subjekt eines Satzes bilden: *Wer …?*

Who will win the election?	*Wer wird die Wahl gewinnen?*
Who would have thought that?	*Wer hätte das gedacht?*
Who invented the computer?	*Wer hat den Computer erfunden?*
Who wrote *Animal Farm*?	*Wer schrieb „Die Farm der Tiere"?*

DENKEN SIE DARAN: Alle **Wer**-Fragen, also Fragen nach dem Subjekt eines Satzes, werden ohne **do**, **does** oder **did** gebildet.

9.2 WHO (Frage nach dem **Objekt**)

Who fragt nach Personen, die Opfer oder Betroffene eines Geschehens sind und somit das Objekt eines Satzes bilden: *Wen …? Wem …?*

Who could we ask?	*Wen könnten wir fragen?*
Who is Paula going to marry?	*Wen wird Paula heiraten?*
Who does she mean?	*Wen meint sie?*
Who did she meet there?	*Wen hat sie dort getroffen?*

BEACHTEN SIE: Alle **Wen**-Fragen, also Fragen nach dem Objekt eines Satzes – ganz gleich, ob mit oder ohne Präposition – werden mit **do**, **does**, **did** gebildet, sofern kein anderes Hilfsverb vorhanden ist. Hierzu ausführlich → **276** (8.3)

VERB MIT PRÄPOSITION

Ist das Verb mit einer Präposition verbunden, so tritt diese an das Ende des Satzes. Eine solche Konstruktion mag für deutsche Ohren etwas gewöhnungsbedürftig klingen, wird aber in der Umgangssprache gegenüber der etwas altertümlich wirkenden Form **whom** bevorzugt:

Who will you be staying **with**?	*Bei wem werdet ihr wohnen?*
Who do you work **for**?	*Für wen arbeiten Sie?*
Who did you think **of**?	*An wen hattest du gedacht?*
Who are you talking **about**?	*Über wen redet ihr?*

9.3 WHOM

Whom, die traditionelle Objekt-Form von **who,** wird in der Umgangssprache immer seltener verwendet und durch **who** ersetzt:

Who(m) could I phone?	**Wen** könnte ich anrufen?
Who(m) can one trust these days?	**Wem** kann man heutzutage trauen?
Who(m) do you believe?	**Wem** glaubst du?
Who(m) did you tell about it?	**Wem** hast du davon erzählt?

Dem Fragefürwort **Whom** kann eine Präposition vorangehen: **for whom** …? **to whom** …?, **with whom**…? usw. Allerdings ist auch diese Frageform in der modernen Umgangssprache weit weniger verbreitet als die zuvor beschriebene Struktur mit **who** und *nachgestellter* Präposition [→ **105** (9.2)]:

For whom are you going to vote?	**Für wen** werdet ihr stimmen?
To whom do we owe this mess?	**Wem** verdanken wir diese Sauerei?
With whom did you go there?	**Mit wem** bist du dort hingegangen?
About whom are you talking?	**Über wen** redet ihr?

Ebenfalls möglich (und gebräuchlicher): **Who** are you going to vote **for**? **Who** do we owe this mess **to**? **Who** did you go there **with**? **Who** are you talking **about**?

9.4 WHAT (Frage nach dem Subjekt)

What fragt ganz allgemein nach Dingen, Begriffen und Sachverhalten, die das Subjekt eines Satzes bilden: *Was* …?

What comes next?	**Was** kommt als nächstes?
What makes you so sure?	**Was** macht dich so sicher?
What happened then?	**Was** passierte dann?
What was your first impression?	**Was** war Ihr erster Eindruck?
What might have changed his mind?	**Was** mag ihn umgestimmt haben?

Wie für **who**, so gilt auch für **what**: Fragen nach dem Subjekt werden ohne **do**, **does**, **did** gebildet.

9.5 WHAT (Frage nach dem Objekt)

What fragt ganz allgemein nach Dingen, Begriffen und Sachverhalten, die das Objekt eines Satzes bilden: *Was* …?

What do you mean by that?	**Was** meinen Sie damit?
What does an investment banker do?	**Was** macht ein Investmentbanker?
What would you like to drink?	**Was** möchtest du trinken?
What did the police want to know?	**Was** wollte die Polizei wissen?

Eine Präposition tritt, wie bei **who**, ans Ende des Satzes:

What do you need it **for**?	**Wozu** brauchst du es?
What is he complaining **about**?	**Worüber** beklagt er sich?
What is she so afraid **of**?	**Wovor** hat sie solche Angst?
What does this key belong **to**?	**Wozu** gehört dieser Schlüssel?
What are you driving **at**?	**Worauf** wollen Sie hinaus?
What do these people live **on**?	**Wovon** leben diese Menschen?
What will the weather be **like**?	**Wie** wird das Wetter werden?

9.6 WHICH

Which is …? / **Which are** …? bzw. **Which was** …? bzw. **Which were** …? fragen sowohl nach bestimmten Personen *(Welcher …? Wer von …?)* als auch nach Dingen und Sachverhalten *(Was …? Welcher …? Welche …? Welches …?)*, die in begrenzter Menge oder Anzahl zur Auswahl stehen:

Which is easier?	**Was** ist leichter? – Englisch oder Deutsch?
Which came first?	**Was** war zuerst da?
The chicken or the egg?	Die Henne oder das Ei?
Which is Ann? – The one with plaits.	**Welche** ist Ann? – Die mit den Zöpfen.
Which was the best film	**Was** war der beste Film,
you've ever seen?	den du je gesehen hast?

Beachten Sie auch dies: Die Frage nach bestimmten Personen aus einer begrenzten Anzahl *(Wer von …? Welcher von …?)*, lautet immer **Which of** …? [Nicht: *Who of…]:

Which of you is Jennifer Eccles?	**Wer** von euch ist Jennifer Eccles?
Which of those boys is your son?	**Welcher** von den Jungs ist Ihr Sohn?
Which of us goes first?	**Wer** von uns geht als erster?

10 ANDERE ERSETZUNGEN

10.1 ERSETZUNG EINES VOLLVERBS: DO, DOES, DID

Das Hilfsverb **do** mit seinen Formen **does** und **did** kann ein zuvor genanntes Vollverb ersetzen:

Some people may watch those programmes. We never **do**.
Einige Leute schauen sich diese Programme vielleicht an. Wir nie.

I speak no French, but my daughter **does**.
Ich spreche kein Französisch, aber meine Tochter.

We didn't sign the petition, but most of our friends **did**.
Wir haben die Petition nicht unterschrieben, die meisten unserer Freunde ja.

► Geht es um ein Handeln in ganz konkreten, einmaligen Situationen, steht meist **do so**:

Anna studied a year abroad. Lots of young people **do so** these days.
Anna hat ein Jahr im Ausland studiert. Viele junge Leute machen das heutzutage.

10.2 ERSETZUNG VON NEBENSÄTZEN: SO und NOT

Ein von den Verben **think**, **guess**, **hope**, **suppose**, **expect** und **be afraid** abhängiger Nebensatz (Objekt-Satz) – mit oder ohne einleitendes **that** – kann komplett durch **so** ersetzt werden:

Have we got everything? – I think **so**.
[Statt: I think (**that**) **we have got everything**.]
Haben wir alles? – Ich glaube ja. / Ich glaube schon.

Is Daniel coming with us? – I guess **so**. [Statt: I guess **Daniel is coming with us**].
Kommt Daniel mit uns? – Ich denke schon.

Will we have good sailing weather? – I hope **so**.
[Statt: I hope (**that**) **we'll have good sailing weather**].
Werden wir gutes Segelwetter haben? – Ich hoffe es. / Hoffentlich.

Do London taxi drivers accept euros? – I suppose **so.**
[Statt: I suppose **London taxi drivers accept euros**.]
Akzeptieren Londoner Taxifahrer Euros? – Das nehme ich (doch) an.

Bei negativen Antworten steht **not** anstelle von **so**:

Are Tim and Lucy bringing their dog along? – I hope **not**.
[Statt: I hope (**that**) **they are not bringing their dog along**].
Bringen Tim und Lucy ihren Hund mit? – Ich hoffe nicht.

Has Steve found a job at last? – I'm afraid **not**. [Statt: I'm afraid **Steve hasn't found a job**.]
Hat Steve endlich einen Job gefunden? – Leider nein.

► Mit **think** ist diese Art der Verneinung nicht möglich.
Ich glaube nicht heißt darum immer: I don't think **so**. [Nicht: *I think not.]
Will they charge us extra for this service? – I don't think **so**.
[Statt: I don't think **they will charge us** ....]
Werden sie uns diesen Service extra berechnen? - Ich glaube nicht.

► Bei **suppose** und **expect** schwankt der Gebrauch zwischen
I suppose not / I expect not und **I don't suppose so. / I don't expect so.**
Ganz und gar ausgeschlossen sind dagegen Antworten nach Art des Deutschen wie:
*I think yes oder *I hope it.

10.3 IF SO und IF NOT

Eine besondere Form der Ersetzung mit **so** und **not** sind die Wendungen **if so** und **if not**, für die im Deutschen mehrere Entsprechungen zur Auswahl stehen:

- **if so** - *Wenn ja ..., Wenn das so ist..., Wenn dem so ist..., Falls das zutrifft...*
- **if not** - *Wenn nicht,..., Wenn dem nicht so ist..., Wenn das nicht der Fall ist...*

Did you enjoy your stay? **If so**, recommend us to your friends.
[Statt: If **you enjoyed your stay**, ...]
Hat Ihnen Ihr Aufenthalt gefallen? Wenn ja, empfehlen Sie uns Ihren Freunden.

Are you over sixty-five? **If so**, you get in for free. [Statt: If **you are over 65**, ...]
Sind Sie über 65? Wenn ja, kommen Sie umsonst hinein.

Will they approve the project? And **if so,** who is supposed to pay for it?
[Statt : And if **they approve the project**, ...]
Wird man das Projekt genehmigen? Und wenn ja, wer soll das bezahlen?

Were you properly advised? **If not**, you may cancel the contract.
[Statt: If **you weren't properly advised**, ...]
Wurden Sie ordentlich beraten? Wenn nicht, können Sie den Vertrag rückgängig machen.

10.4 SAY SO

Mit **say so** können Sie Äußerungen anderer Personen wiedergeben oder kommentieren und zugleich deutlich machen, dass Sie diese für bloße *Behauptungen* halten, sie bezweifeln oder als wenig glaubhaft ansehen:

They're closing down the factory. – Who says **so**?
[Statt: Who says (**that**) **they're closing down the factory**?]
Sie schließen die Fabrik. – Wer sagt das?
[Gemeint ist: *Wer **behauptet** das?*]

I am not involved with Robert. Anyone who says **so** is a liar.
[Statt: Anyone who says (**that**) **I'm involved with Robert** is a liar.]
Ich habe nichts mit Robert [= habe kein Verhältnis mit ihm.] *Wer das sagt, lügt.*
[Gemeint ist: *Wer das behauptet, …*]

You are making a big mistake! – If you say **so** …
[Statt: If you say (**that**) **I'm making a big mistake** …]
Du machst einen großen Fehler! – Wenn du das sagst …
[Missbilligend: Ich finde nicht, dass ich einen Fehler mache.]

Auch durch eine nachgeschobene Bemerkung, die mit **So** … (oder mit **Or so** …) beginnt, kann man zum Ausdruck bringen, dass man eine Information nur wiedergibt, ohne mit Gewissheit sagen zu können, ob sie zutrifft.
Diese Konstruktion wird vor allem in Verbindung mit den Verben **say**, **tell** und **hear** gebraucht. Sie ist nicht möglich mit einem Verb der Vermutung wie **think**, **hope**, **guess** oder **suppose**.
Beispiele:

The company plans to move into a new office building. **So I heard** at least.
Die Firma plant, in ein neues Bürogebäude umzuziehen. Das habe ich wenigstens gehört.

She feels quite comfortable in her new job. (**Or**) **so she says**.
Sie fühlt sich ganz wohl in ihrem neuen Job. Jedenfalls sagt sie das!

Our climate is changing dramatically. **So the papers say**.
Unser Klima ändert sich dramatisch. So steht es in den Zeitungen.

He works in the film business. (**Or**) **so he told me.**
Er arbeitet beim Film. Jedenfalls hat er mir das erzählt.

► Statt mit **So** … lassen sich Sätze dieser Art auch mit **That's what**… einleiten:
The company plans to move … **That's what I heard** at least.
She feels quite comfortable … **That's what she says**.
Our climate is changing dramatically. **That's what the papers say**.

► Auch in folgenden Wendungen wird Ihnen **say so** begegnen:

If I may say so.	*Wenn ich so sagen darf …*
I should say so.	*Das will ich meinen!*
I wouldn't say so.	*Das würde ich nicht sagen.*
Yes, you can say so.	*Ja, das kann man sagen.*
You can't say so.	*Das kann man nicht sagen.*
You may well say so.	*Das kannst du (kann man) wohl sagen.*
Because I say so.	*Weil ich es sage!*
Everyone says so.	*Alle sagen das.*
aber: **You don't say**!	*Was du nicht sagst! Sag bloß! Na sowas!*

► Mit **I told you so** geben Sie Ihrem Gesprächspartner zu verstehen, dass Sie sich in einer vorherigen Einschätzung bestätigt sehen, dass Sie in etwas recht behalten haben: *Ich hab's dir ja (gleich) gesagt. Sagte ich ja. Da hast du's! Siehste!?*
They don't accept credit cards. – **I told you so!**
Sie akzeptieren keine Kreditkarten. – Habe ich dir ja (gleich) gesagt!

10.5 SAY THAT

Will man eine Äußerung nicht als Behauptung, sondern als sachliche Mitteilung verstanden wissen, so ist nicht **say so**, sondern **say that** die richtige Wahl:

Judy needs to try harder. **All her teachers say that**.
[Statt: All her teachers say (**that**) **Judy needs to try harder**.]
Judy muss sich mehr anstrengen. Alle ihre Lehrer sagen das [… und wir bezweifeln es nicht].

He's the right man for the job. **Everyone says that**.
[Statt: Everyone says (**that**) **he's the right man for the job**.]
Er ist der richtige Mann für den Job. Jeder sagt das [… und wir denken das auch].

7 Präpositionen

Eine **Präposition** (das Wort bedeutet: *Voranstellung)* steht vor Hauptwörtern oder Hauptwortgruppen, vor einem als Hauptwort verwendeten Verb [→ THEMA **18** (Gerundium), ab Seite 229] sowie den sie ersetzenden Fürwörtern.

Präpositionen geben vor allem (aber nicht ausschließlich) das räumliche und zeitliche Verhältnis von Personen und Dingen zueinander an. Hieraus erklärt sich ihre deutsche Bezeichnung *Verhältniswörter.*

DIE PRÄPOSITIONALGRUPPE

Die Verbindung einer Präposition mit einem Hauptwort oder einer Hauptwortgruppe wird als **Präpositionalgruppe** bezeichnet:

We live	(**in**) a farmhouse	(**on**) the road	(**to**) the old mill.
	Präpositionalgruppe	Präpositionalgruppe	Präpositionalgruppe
Wir wohnen	**in** *einem Bauernhaus*	**an** *der Straße*	**zur** *alten Mühle.*

Präpositionalgruppen erfüllen vor allem zwei Aufgaben:

- Sie ergänzen eine Hauptwortgruppe zwecks näherer Bestimmung:
  Who lives in the house **on the hill**?
  An old woman **in black** was sitting on the steps **in front of the church**.
  The streets **of London** are busy at any time of the day.
- Sie beschreiben die Umstände des berichteten Geschehens:
  My sister works **at a travel agency**. (Wo?)
  She usually does her housework **in the afternoon**. (Wann?)
  We stopped the car **because of a heavy shower**. (Warum?)

DIE FORM VON PRÄPOSITIONEN

Das Englische kennt *einfache* und *zusammengesetzte* Präpositionen, außerdem *präpositionale Ausdrücke,* die sich aus mehreren Einzelwörtern zusammensetzen:

- einfache Präpositionen bestehen aus einem Wort: **at, in, on, by, to, from, about, with** usw.
- in zusammengesetzten Formen verschmelzen zwei Präpositionen zu einem Wort:
  into *(in ... hinein)*, **onto** *(auf ... hinauf)*, **upon** *(auf ... hin)*, **within** *(innerhalb)*, **without** *(ohne)*
- präpositionale Ausdrücke sind u.a.:
  because of *(wegen)*, **in front of** *(vor)*, **apart from** *(abgesehen von...)*

PRÄPOSITIONEN UND ADVERBIEN

Viele Präpositionen (z.B. **on, about, over, by** und andere mehr) sind mit Adverbien identisch, lassen sich aber aufgrund ihrer Zuordnung gut unterscheiden: Präpositionen gehen einem Hauptwort oder einer Hauptwortgruppe voran, Adverbien dagegen sind Teil einer Verbgruppe. Vergleichen Sie:

	on	**about**	**over**	**by**
als Präposition:	**on** the roof	**about** football	**over** the wall	**by** himself
als Adverb:	go **on**	wander **about**	talk **over**	stand **by**

WORTSCHATZ

Wer englische Präpositionen richtig anwenden will, sollte sich nicht zu sehr nach dem Deutschen richten, das beim Gebrauch seiner Präpositionen viel freizügiger verfährt. Dies wird am Beispiel von **at** deutlich, dem 5 verschiedene deutsche Entsprechungen gegenüberstehen. Vergleichen Sie:

Englisch:	**at** home	**at** the bar	**at** work	**at** school	**at** sea
Deutsch:	**zu** Hause	**an** der Bar	**bei** der Arbeit	**in** der Schule	**auf** See

Die folgenden Seiten informieren über alle wichtigen Präpositionen des Englischen. Versuchen Sie, die den Wörtern innewohnende „Idee" zu erfassen und prägen Sie sich diese mit Hilfe der ihnen zugeordneten Kurzbeschreibungen und Beispielsätze nach und nach ein.

1 about
etwas/jemanden BETREFFEND, bei Büchern, Filmen usw.: ZUM INHALT HABEND

We still know little about the origins of the universe. *Wir wissen immer noch wenig über die Anfänge des Universums.* | **I saw a fascinating film about insects the other day.** *Ich habe neulich einen faszinierenden Film über Insekten gesehen.* | **The book is about life on a farm.** *Das Buch handelt vom Leben auf einem Bauernhof.* | **The good thing about this CD is that it can be played on any equipment.** *Das Gute an dieser CD ist, dass sie auf jedem Gerät abgespielt werden kann.* | **We must do something about the heating. It isn't working properly.** *Wir müssen etwas wegen der Heizung unternehmen. Sie funktioniert nicht richtig.*

NOTIEREN SIE AUCH

How about...? [einen Vorschlag unterbreitend] *Wie wär's mit....?:*
How about a cup of coffee? *(Wie wär's mit einer Tasse Kaffee?)*
What about...? [nachfragend] *Wie steht's mit...? Was ist mit...?:*
What about the children? Are they ready at last? *(Was ist mit den Kindern? Sind sie endlich soweit?)*
And **what about** me? *(Und was ist mit mir?)*

2 above
ÜBER, OBERHALB VON ... [meist in ruhender Position]

My bedroom is right above Mr Coe's workshop. *Mein Schlafzimmer liegt direkt über Mr Coes Werkstatt.* | **A rescue helicopter was hovering above our neighbour's house.** *Ein Rettungshubschrauber schwebte über unserem Nachbarhaus.* | **Above us there was nothing but the sky.** *Über uns war nur noch Himmel.* | **The sun rose above the horizon.** *Die Sonne ging über dem Horizont auf.*

NOTIEREN SIE AUCH

above average	*über dem Durchschnitt*
above zero	*über Null*
above sea-level	*über dem Meeresspiegel*

3 across
QUER ÜBER etwas HINWEG, VON EINER SEITE AUF DIE ANDERE

We walked across an old stone bridge. *Wir gingen über eine alte Steinbrücke.* | **The tree had fallen across the road.** *Der Baum war quer über die Straße gefallen.* | **The path led across fields and meadows** into the forest. *Der Weg führte über Felder und Wiesen in den Wald.* | **Is it possible to sail across the English Channel in less than an hour?** *Ist es möglich, in weniger als einer Stunde über den Ärmelkanal zu segeln?*

4 after
SPÄTER ALS EIN GENANNTER ZEITPUNKT ODER ZEITRAUM

Right after the exams we will get our diplomas. *Gleich nach den Prüfungen bekommen wir unsere Abschlusszeugnisse.* | **After 2 hours you should take the duck out of the oven.** *Nach 2 Stunden solltest du die Ente aus dem Ofen nehmen.* | **After years in prison he had become a different person.** *Nach Jahren im Gefängnis war er ein anderer Mensch geworden.*

ANGABE EINER REIHENFOLGE oder RANGFOLGE

One after the other, they came down the stairs. *Sie kamen einer nach dem anderen die Treppe herunter.* | **I'm leaving the day after tomorrow.** *Ich reise übermorgen ab.* | **The new term begins the week after next.** *Das neue Semester beginnt übernächste Woche.* | **After you!** *Nach Ihnen!*

5 against
GEGEN etwas ANGELEHNT, EINGESTELLT, ANKÄMPFEND

We put the bed sofa against the wall. *Wir haben die Schlafcouch gegen die Wand gestellt.* | **What those people are doing is against the law.** *Was diese Leute machen, ist gegen das Gesetz.* | **Are you for me or against me?** *Bist du für mich oder gegen mich?* | **The little girl was pressing her nose against the shop window.** *Das kleine Mädchen drückte seine Nase gegen das Schaufenster.* | **We sailed against a strong wind.** *Wir segelten gegen einen kräftigen Wind.* | **Have you been vaccinated against malaria?** *Seid ihr gegen Malaria geimpft?*

NOTIEREN SIE AUCH

against the background of ...	*vor dem Hintergrund von ...*
against expectations	*wider Erwarten*
against all odds	*allen Widrigkeiten zum Trotz*
against all reason	*gegen alle Vernunft*
against the regulations	*gegen die Vorschriften*

6 along
AN etwas ENTLANG, PARALLEL ZU etwas

We walked along the remains of the old city wall. *Wir gingen an den Überresten der alten Stadtmauer entlang.* | **The road runs along the river bank for a couple of miles.** *Die Straße verläuft ein paar Meilen am Flussufer entlang.* | **Tall trees grew along both sides of the stream.** *Hohe Bäume wuchsen an beiden Seiten des Baches (entlang).* | **They are planning to build hundreds of new apartment blocks along the coast.** *Sie planen, entlang der Küste Hunderte von neuen Wohnblocks zu bauen.*

7 among [veraltet auch: amongst, amid, amidst]
INMITTEN VON ..., UNTER, ZWISCHEN

We could hardly see the house among all those trees. *Wir konnten das Haus zwischen all den Bäumen kaum sehen.* | **Melanie grew up among Indians.** *Melanie ist unter Indianern aufgewachsen.* | **We discovered them among a large crowd.** *Wir entdeckten sie in einer großen Menschenmenge.* | **We were the only women among hundreds of men.** *Wir waren die einzigen Frauen unter Hunderten von Männern.* | **Among other things**, we had to fill in endless **forms.** *Unter anderem mussten wir endlose Formulare ausfüllen.*

NOTIEREN SIE AUCH

among experts	*unter Fachleuten, in Fachkreisen*
among other things	*unter anderem*
first among equals	*Erster unter Gleichen, Primus inter Pares*

8 apart from
ABGESEHEN VON, AUSSER...

Apart from one rainy day, it was a perfect holiday. *Von einem Regentag abgesehen, war es ein perfekter Urlaub.* | **Apart from an elderly lady, there was no one on the bus.** *Außer einer älteren Dame war niemand im Bus.* | **I had no money on me, apart from a couple of euros I had won at the amusement arcade.** *Ich hatte kein Geld bei mir, außer ein paar Euro, die ich im Spielsalon gewonnen hatte.* | **Apart from a few spelling mistakes, the essay was quite all right.** *Von ein paar Rechtschreibfehlern abgesehen, war der Aufsatz ganz in Ordnung.*

Im AmE steht anstelle von **apart from** ... häufig **aside from** ...: **Aside from** one rainy day ...

9 at
AN EINEM BESTIMMTEN PUNKT, PLATZ, ORT

Wait for me at the exit. *Warte am Ausgang auf mich.* | **It's the big building at the end of the street.** *Es ist das große Gebäude am Ende der Straße.* | **Turn left at the traffic lights.** *Biegen Sie an der der Ampel links ab.* | **You'll get tickets at the counter over there.** *Sie bekommen Karten am Schalter dort drüben.* | **Steven spends most of the day at the computer.** *Steven verbringt die meiste Zeit des Tages am Computer.*

AUFENTHALT ZU EINEM BESTIMMTEN ZWECK

Bei dieser Anwendung von **at** wird betont, dass man sich aus einem bestimmten Anlass oder zu einem bestimmten Zweck irgendwo aufhält: z.B. in der Schule (um zu lernen), in einem Geschäft (um Einkäufe zu machen), in der Kirche (als Gottesdienstbesucher) oder bei einer Veranstaltung (als Teilnehmer oder Zuschauer):

We will be staying at a hotel near Southampton. *Wir werden in einem Hotel in der Nähe von Southampton wohnen.* | **I meet her at the baker's now and then.** *Ich treffe sie ab und zu beim Bäcker.* [Eigentlich: I meet her **at the baker's shop** ..., *beim Bäcker im Laden.*] | **The party is at Jeremy's.** *Die Party ist bei Jeremy.* [Eigentlich: ... **at Jeremy's flat** oder: **at Jeremy's place,** ... *bei Jeremy zu Hause.*] | **Members of the management were not present at the meeting.** *Mitglieder der Geschäftsleitung waren bei der Sitzung nicht anwesend.*

NOTIEREN SIE AUCH DIE FOLGENDEN ANGABEN OHNE ARTIKEL

at home	*zu Hause, daheim*
at work / at play	*bei der Arbeit / beim Spielen*
at breakfast / at lunch / at dinner / at table	*beim Frühstück / Mittagessen / Abendessen / bei Tisch*
at school / at college / at university	*in der Schule / auf dem College / an der Universität* Auch: *at Oxford, at Cambridge, at Harvard*
at church	*in der Kirche, beim Gottesdienst*
at court	*bei Gericht, früher auch: bei Hofe*
at sea / at anchor	*auf See / vor Anker*
at pasture	*auf der Weide*
at war / at peace	*im Krieg / im Frieden*

I had to get up at half past five this morning. *Ich musste heute Morgen um halb sechs aufstehen.* | **Will there be any snow at Christmas this year**? *Wird es dieses Jahr zu Weihnachten Schnee geben?* | **We often went down to the beach at sunrise**. *Wir sind oft bei Sonnenaufgang zum Strand hinuntergegangen.* | **The late show starts at midnight**. *Die Spätvorstellung beginnt um Mitternacht.* | **We earned very little at that time**. *Wir haben zu der Zeit sehr wenig verdient.* | **I'm sorry, Miss Robinson isn't available at the moment**. *Tut mir leid, Miss Robinson ist im Moment nicht erreichbar.* | **At the end of the month we are always short of money**. *Am Ende des Monats sind wir immer knapp bei Kasse.* | **She had her first baby at the age of fifteen**. *Sie bekam ihr erstes Kind im Alter von fünfzehn Jahren.* | **At twenty-three you should know what you want**. *Mit dreiundzwanzig sollte man wissen, was man will.*

NOTIEREN SIE AUCH

We **look / point / aim / shoot at** sb/sth	sehen / zeigen / zielen / schießen auf etw
We are **good / brilliant / great at** sth	gut / brillant / groß(artig) in etw
We are **bad / hopeless at** sth	schlecht / ein hoffnungsloser Fall in etw
We are **pleased / surprised / shocked at** sth	erfreut / überrascht / schockiert über etw

10 because of
WEGEN ... (DEN GRUND, DIE URSACHE für etwas BEZEICHNEND)

I'm applying for this post because of the excellent pay. *Ich bewerbe mich um diese Stelle wegen der hervorragenden Bezahlung.* | **I was almost an hour late because of an accident on the motorway**. *Ich bin wegen eines Unfalls auf der Autobahn fast eine Stunde zu spät gekommen.* | **She said she had done it just because of him**. *Sie sagte, sie habe es nur seinetwegen getan.* | **The document was invalid because of a missing signature**. *Das Dokument war ungültig wegen einer fehlenden Unterschrift.*

11 before
VOR EINEM GENANNTEN ZEITPUNKT

I can't remember, that was long before my time. *Ich kann mich nicht erinnern, das war lange vor meiner Zeit.* | **The new school building won't be finished before the end of next year**. *Das neue Schulgebäude wird nicht vor Ende nächsten Jahres fertig sein.* | **He lost his job like so many before him**. *Er verlor seine Arbeit, wie so viele vor ihm.* | **She had never performed before such a big audience**. *Sie war noch nie vor so großem Publikum aufgetreten.*

ANGABE EINER REIHENFOLGE oder RANGFOLGE

Pride comes before a fall. *Hochmut kommt vor dem Fall.* | **Our guests arrived shortly before midnight**. *Unsere Gäste sind kurz vor Mitternacht angekommen.* | **We moved here before our neighbours**. *Wir sind vor unseren Nachbarn hierher gezogen.* | **Work comes before partying**. etwa: *Erst kommt die Arbeit, dann das Vergnügen.* | **In an English sentence, adverbs of place normally come before adverbs of time**. *In einem englischen Satz kommen Ortsadverbien normalerweise vor Zeitadverbien.*

12 behind
HINTER jemandem/etwas

The castle lay behind a high wall. *Die Burg lag hinter einer hohen Mauer.* | **The police car behind us made me nervous**. *Der Polizeiwagen hinter uns machte mich nervös.* | **My grandparents live in the house right behind ours**. *Meine Großeltern wohnen in dem Haus gleich hinter unserem.* | **He had spent most of his life behind bars**. *Er hatte die meiste Zeit seines Lebens hinter Gittern verbracht.* | **The authorities had no idea who was behind the plot**. *Die Behörden hatten keine Ahnung, wer hinter dem Anschlag steckte.*

NOTIEREN SIE AUCH

behind schedule	hinter dem Zeitplan, im Rückstand
behind the scenes	hinter den Kulissen
behind the wheel	hinter dem Steuer

13 below
UNTER, UNTERHALB VON ...

The scream came from the flat below us. *Der Schrei kamen aus der Wohnung unter uns.* | **We could see corals right below the surface of the water**. *Wir konnten direkt unter der Wasseroberfläche Korallen sehen.* | **There were days when the temperature fell to 25 degrees below zero**. *Es gab Tage, an denen die Temperatur auf 25 Grad unter Null fiel.* | **The jobless rate in our town is below the national average**. *Die Arbeitslosenquote in unserer Stadt liegt unter dem Landesdurchschnitt.* | **The recent sales figures were far below expectations**. *Die letzten Verkaufszahlen lagen weit unter den Erwartungen.*

14 beneath

etwas veraltet: UNTER (oft im übertragenem Sinne)

It was good to feel the earth beneath one's feet again. *Es war gut, wieder Land unter den Füßen zu spüren.* | **His behaviour was beneath contempt.** *Sein Verhalten war unter aller Kanone.* | **In this building four generations live beneath one roof.** *In diesem Haus leben vier Generationen unter einem Dach.* | **The chalet collapsed beneath the weight of the snow.** *Die Hütte brach unter der Last des Schnees zusammen.* | **It would simply be beneath my dignity** [oder: … **beneath me**] **to reply to such a remark.** *Es wäre schlicht unter meiner Würde, auf so eine Bemerkung zu antworten.*

In den meisten dieser Sätze wäre auch **under** möglich: … feel the earth **under one's feet again**, … four generations live **under one roof**, … collapsed **under the weight of snow**.

15 beside

NEBEN, AN DER SEITE VON jemandem/etwas

You can put everything beside the piano. *Ihr könnt alles neben das Klavier stellen.* | **I always have a dictionary beside me when I do a translation.** *Ich habe immer ein Wörterbuch neben mir, wenn ich eine Übersetzung mache.* | **Gloria asked the bus driver if she could sit beside him.** *Gloria fragte den Busfahrer, ob sie neben ihm sitzen dürfe.* | **They found him lying on the floor with a few empty bottles beside him.** *Sie fanden ihn auf dem Fußboden liegend mit ein paar leeren Flaschen neben sich.*

NOTIEREN SIE AUCH

beside the point   *unerheblich, nicht das Thema betreffend*
beside oneself with joy, rage etc.   *außer sich vor Freude, Wut usw.*

16 besides

AUSSER i.S.v. NEBEN, ZUSÄTZLICH zu jmdm/etw

Which languages do you know besides English and French? *Welche Sprachen können Sie außer Englisch und Französisch?* | **Besides Rome, we are going to visit Venice, Florence and Naples.** *Außer Rom werden wir Venedig, Florenz und Neapel besuchen.* | **Besides our two cats, we have a dog, a rabbit, a guinea pig, a parrot and a number of goldfish.** *Außer unseren beiden Katzen haben wir einen Hund, ein Kaninchen, ein Meerschweinchen, einen Papagei und ein paar Goldfische.*

17 between

ZWISCHEN

Margaret and Tim live somewhere between Portsmouth and Brighton. *Margaret und Tim wohnen irgendwo zwischen Portsmouth und Brighton.* | **I would like to sit between Claire and Susanna.** *Ich würde gern zwischen Claire und Susanna sitzen.* | **You sometimes have to read between the lines.** *Manchmal muss man zwischen den Zeilen lesen.* | **Trains between Dover and London run every hour.** *Die Züge zwischen Dover und London verkehren jede Stunde.*

What is the difference between a hare and a rabbit? *Was ist der Unterschied zwischen einem Hasen und einem Kaninchen?* | **There are still some unresolved problems between the two countries.** *Es gibt immer noch ein paar ungelöste Probleme zwischen den beiden Ländern.* | **We were able to choose between rice, mashed potato and chips.** *Wir konnten zwischen Reis, Kartoffelbrei und Pommes Frites wählen.* | **Do you have to work between Christmas and New Year?** *Musst du zwischen Weihnachten und Neujahr arbeiten?*

NOTIEREN SIE AUCH

between ourselves   *unter uns, untereinander*
between you and me
[manchmal ergänzt durch:
… **and the bedpost** oder … **and the lamp post**]   *unter uns (gesagt), ganz im Vertrauen*
halfway between   *auf halbem Wege zwischen*

18 by

IN PASSIVSÄTZEN [→ 238 (7)] **VON…, DURCH…**
(DEN VERURSACHER, URHEBER, AUTOR BEZEICHNEND)

The girl was hit by a falling brick. *Das Mädchen wurde von einem herabfallenden Ziegelstein getroffen.* | **Large areas of woodland are destroyed by deforestation.** *Große Flächen bewaldeten Landes werden durch Abholzung vernichtet.* | **The new congress centre was designed by a Chinese architect.** *Die neue Kongresszentrum wurde von einem chinesischen Architekten entworfen.* | **A woman from our neighbourhood has been attacked by a dog.** *Eine Frau aus unserer Nachbarschaft ist von einem Hund angefallen worden.* | **The Bible was translated into German by Martin Luther.** *Die Bibel wurde von Martin Luther ins Deutsche übersetzt.*

ANGABE EINES MITTELS: **MIT..., PER..., DURCH...**

We travel by train because it's safe and comfortable. *Wir reisen mit dem Zug, weil es sicher und bequem ist.* | **We still make our reservations by phone**. *Wir erledigen unsere Reservierungen immer noch per Telefon.* | **It is a small island to which you can get only by sea**. *Es ist eine kleine Insel, zu der man nur auf dem Seeweg gelangt.* | **Would you like to pay cash, by cheque or by credit card**? *Möchten Sie (in) bar, mit Scheck oder mit Kreditkarte bezahlen?*

BIS SPÄTESTENS... , NICHT SPÄTER ALS...

I need the book back by Friday. *Ich brauche das Buch bis Freitag zurück.* | **You'll have an answer by tomorrow evening**. *Du bekommst bis morgen Abend eine Antwort.* | **Do you think you can finish it by the weekend**? *Glaubst du, du bekommst es bis zum Wochenende fertig?* | **Be at the meeting point by 10 o'clock**! *Seid bis spätestens 10 Uhr am Treffpunkt!*

NOTIEREN SIE AUCH

We normally work **by day** *(bei Tag)* and sleep **by night** *(bei Nacht)*
Things happen **by chance** *(zufällig)*, we do sth **by mistake** *(versehentlich)*
We sit **by the window** *(am Fenster)* and **by the fire** *(am Feuer, am Kamin)*
We live **by the river** *(am Fluss)* and **by the sea** *(am Meer, an der Küste)*
We get paid **by the hour**, **by the week** or **by the month**
    (stundenweise/nach Stunden, wöchentlich oder monatlich)
We know people **by name** *(dem Namen nach)* or **by sight** *(vom Sehen her)*
We make things **by hand** *(per Hand)* and learn sth **by heart** *(auswendig)*
We come in **one by one** *(einer nach dem anderen)*
We walk **side by side** *(Seite an Seite)*
We learn sth **step by step** *(Schritt für Schritt)*
We go through a list / a contract **point by point** *(Punkt für Punkt)*

19 despite
TROTZ ..., UNGEACHTET ...

She had gone to work despite her illness. *Sie war trotz ihrer Krankheit zur Arbeit gegangen.* | **Despite his talents, he never found a steady job**. *Trotz seiner Begabungen fand er nie eine geregelte Arbeit.* | **Despite a severe gale warning they went for a sail**. *Trotz einer dringenden Sturmwarnung sind sie segeln gegangen.* | **Mike and Jennifer decided to get married despite the enormous age difference between them**. *Mike und Jennifer haben beschlossen zu heiraten, trotz des enormen Altersunterschiedes zwischen ihnen.*

Gleichbedeutend mit **despite** ist **in spite of** ...: Man könnte also auch sagen: ... **in spite of** her illness, **in spite of** his talents ..., **in spite of** a gale warning ..., **in spite of** the enormous age difference ... usw.

20 down
HINUNTER, HERUNTER, RUNTER

Beads of sweat ran down his face. *Schweißperlen liefen ihm das Gesicht herab.* | **Mr Dean's office? Down the corridor, the last but one door on the right**. *Das Büro von Mr Dean? Den Gang hinunter, die vorletzte Tür rechts.* | **He tripped over a stone and rolled down the hill**. *Er stolperte über einen Stein und rollte den Hügel hinunter.* | **A shiver ran down my spine when I heard about it**. *Ein Schauer lief mir den Rücken hinunter, als ich davon hörte.*

21 due to
AUFGRUND VON ..., INFOLGE ...

Our plane was unable to take off due to fog. *Unsere Maschine konnte wegen Nebels nicht starten.* | **A lot of motoring accidents happen due to excessive speed**. *Viele Verkehrsunfälle passieren infolge überhöhter Geschwindigkeit.* | **Due to the bus drivers' strike, classes are cancelled for the rest of the week**. *Infolge des Busfahrerstreiks fällt der Unterricht für den Rest der Woche aus.* | **The firm has gone bust due to mismanagement**. *Die Firma ist aufgrund von schlechtem Management pleite gegangen.*

22 during
WÄHREND EINES GENANNTEN ZEITRAUMS
WÄHREND EINES GLEICHZEITIG VERLAUFENDEN GESCHEHENS

During the last weeks of the war we had almost nothing to eat. *Während der letzten Kriegswochen hatten wir fast nichts zu essen.* | **During my flight to Chile I learned some Spanish**. *Während meines Fluges nach Chile lernte ich etwas Spanisch.* | **We are not allowed to use mobile phones during classes**. *Es ist uns nicht gestattet, während des Unterrichts Handys zu benutzen.* | **I almost fell asleep during his speech**. *Ich bin während seiner Rede fast eingeschlafen.* | **The president was assassinated during a military parade**. *Der Präsident wurde während einer Militärparade ermordet.*

23 except

AUSSER, AUSGENOMMEN, MIT AUSNAHME VON...

Most shops in town are open every day except Sunday. *Die meisten Geschäfte in der Stadt haben jeden Tag geöffnet, außer am Sonntag.* | **Everyone except Rosanna started to laugh.** *Alle außer Rosanna fingen an zu lachen.* | **On this island you'll find everything except a place to rest**. *Auf dieser Insel finden Sie alles, außer einem Platz zum Ausruhen.* | **All western countries except the United States have signed the agreement**. *Alle westlichen Länder mit Ausnahme der Vereinigten Staaten haben die Vereinbarung unterzeichnet.*

except for ... entspricht dem deutschen *abgesehen von* ...: **Except for a D in maths, I have improved in all subjects.** *Von einer 4 in Mathe abgesehen, habe ich mich in allen Fächern verbessert.*

24 for

for entspricht in den meisten Anwendungen dem deutschen FÜR...

What can we do for you? *Was können wir für Sie tun?* | **Here is a little present for the baby.** *Hier ist ein kleines Geschenk für das Baby.* | **Are there any letters for me today?** *Sind heute Briefe für mich da?* | **She looks quite young for her age.** *Sie sieht recht jung aus für ihr Alter.* | **Of course I can only speak for myself.** *Ich kann natürlich nur für mich selbst sprechen.* | **We should buy a few drinks and some fruit for the journey.** *Wir sollten für die Reise ein paar Getränke und etwas Obst kaufen.* | **It's unusually cold for this time of year.** *Es ist ungewöhnlich kalt für diese Jahreszeit.* | **What's the English for *Notbremse*?** *Wie heißt „Notbremse" auf Englisch?* | **He has played for Germany over a hundred times.** *Er hat über einhundert Mal für Deutschland gespielt.* | **It's no fun working for a company like this.** *Es macht keinen Spaß, für so eine Firma zu arbeiten.* | **You get an excellent meal there for quite a small cost.** *Man bekommt dort für ganz wenig Geld ein ausgezeichnetes Essen.*

MAHLZEITEN, BESTIMMTE ANLÄSSE

What is there for breakfast today? *Was gibt es heute zum Frühstück?* | **We had roast beef for dinner last night**. *Wir hatten gestern Roastbeef zum Abendessen.* | **For my 9th birthday I got my first mobile phone.** *Zu meinem 9. Geburtstag habe ich mein erstes Handy bekommen.*

GRUND, URSACHE, ZWECK, BESTIMMUNG

Should we be late for some reason, please don't wait for us. *Sollten wir uns aus irgendeinem Grund verspäten, wartet bitte nicht auf uns.* | **A short walk in the fresh air is good for headaches**. *Ein kurzer Spaziergang an der frischen Luft ist gut gegen Kopfschmerzen.* | **Most people give up smoking for health reasons**. *Die meisten Menschen geben aus gesundheitlichen Gründen das Rauchen auf.* | **The toilets were closed for cleaning**. *Die Toiletten waren wegen Reinigungsarbeiten geschlossen.* | **We aren't doing this for fun.** *Wir machen das nicht zum Spaß.* | **People in that area sometimes have to walk miles for a bucket of water.** *Die Menschen in der Gegend müssen für einen Eimer Wasser manchmal meilenweit gehen.*

NOTIEREN SIE AUCH

We **ask / fight / care / apply for** sth *(wir bitten, kämpfen, kümmern uns, bewerben uns um etw)*
We **hope / wait / look for** sth *(hoffen auf etw, warten auf etw, suchen etw)*
We do sth **for the first/second** usw. **/ last time** *(zum ersten, zweiten usw., letzten Mal)*
We do sth **for a change** *(zur Abwechslung)*
Things are **for hire / for rent** *(zu mieten)*, **for sale** *(zu verkaufen)*
Something **is true for** ... *(trifft zu auf ...)*, **goes for** ... *(gilt für ...)*

25 for und since

FOR: SEIT...
(ÜBER EINEN GENANNTEN ZEITRAUM HINWEG) IMMER NOCH ANDAUERND

We have had a new boss for a week. *Wir haben seit einer Woche einen neuen Chef.* | **I have read this newspaper for 30 years.** *Ich lese diese Zeitung seit 30 Jahren.* | **This company has existed for almost a century**. *Diese Firma existiert seit fast einem Jahrhundert.* | **We hadn't heard anything from her for ages**. *Wir hatten seit Ewigkeiten nichts von ihr gehört.* | **He has been sitting in a wheelchair for five months.** *Er sitzt seit fünf Monaten im Rollstuhl.*

SINCE: SEIT...
(VON EINEM GENANNTEN ZEITPUNKT AN) IMMER NOCH ANDAUERND
Vergleichen Sie diese Sätze mit den unter **for** angeführten Beispielen:

We have had a new boss since last Monday. *Wir haben seit letztem Montag einen neuen Chef.* | **I have read this newspaper since my studenthood.** *Ich lese diese Zeitung seit meiner Studentenzeit.* | **This company has existed since 1926.** *Diese Firma existiert seit 1926.* | **We hadn't heard anything from her since the day we left school**. *Wir hatten seit dem Tag unserer Schulentlassung nichts von ihr gehört.* | **He has been sitting in a wheelchair since his motorcycle accident.** *Er sitzt seit seinem Motorradunfall im Rollstuhl.*

26 from
VON EINEM ORT, EINEM ABSENDER KOMMEND (Woher?)

Due to the strike, the train from Manchester will be late. *Wegen des Streiks hat der Zug aus Manchester Verspätung.* | **We have lots of visitors from the USA here.** *Wir haben viele Besucher aus den USA hier.* | **Most of these words come from Latin.** *Die meisten dieser Wörter kommen aus dem Lateinischen.* | **Take five cards from the pile.** *Nimm fünf Karten vom Stapel.* | **An eight month-old baby from the neighbourhood survived a fall from the 2nd floor.** *Ein acht Monate altes Baby aus der Nachbarschaft hat einen Sturz aus dem 2. Stock überlebt.* | **Climatologists from all over the world are meeting in Berlin this week.** *Klimaforscher aus aller Welt treffen sich diese Woche in Berlin.*

AB EINEM PUNKT, EINER UNTERGRENZE, ENTFERNT VON ...
Von wo aus? Wie weit entfernt von ...? [Menge, Preis usw.] Ab wie viel?

One can see much better from up here. *Man kann von hier oben viel besser sehen.* | **At this shop they sell jeans from £5.99.** *In diesem Laden verkaufen sie Jeans ab £5.99* | **Our hotel was only a stone's throw from Hyde Park.** *Unser Hotel lag nur einen Steinwurf vom Hyde Park entfernt.* | **We were about 20 miles from the nearest garage.** *Wir waren etwa 20 Meilen von der nächstgelegenen Werkstatt entfernt.*

NOTIEREN SIE AUCH

from a distance, from afar	*aus der Ferne*
from my point of view	*aus meiner Sicht*
We do things **from scratch**	*ganz von vorn, von Anfang an*
Some people / things are **different from** others	*anders als ...*
We are **tired / weak / exhausted from** sth	*müde / schwach / erschöpft von* etw
We **suffer / die from** sth	*leiden / sterben an* etw
We **recover from** sth	*erholen uns von* etw

27 from ... to ...
VON ... NACH ..., VON ... BIS ...

A car is still the best way of getting from A to B. *Ein Auto ist immer noch der beste Weg, um von A nach B zu kommen.* | **How far is it from here to the North Pole?** *Wie weit ist es von hier bis zum Nordpol?* | **The Danube flows from west to east into the Black Sea.** *Die Donau fließt von Westen nach Osten ins Schwarze Meer.*

NOTIEREN SIE AUCH

from A to Z	*von A bis Z*
from bad to worse	*vom Regen in die Traufe*
from beginning to end	*von Anfang bis Ende*
from head to foot	*von Kopf bis Fuß*
from tip to toe	*vom Scheitel bis zur Sohle*
from hand to mouth	*von der Hand in den Mund*
from pillar to post	*von Pontius zu Pilatus*
from rags to riches	*vom Tellerwäscher zum Millionär*
	[wörtlich: von Lumpen zu Reichtümern]

28 in

IN etwas ENTHALTEN, VON etwas (einer Fläche, einem Raum) UMGEBEN, UMSCHLOSSEN

The keys were in my coat pocket. *Die Schlüssel waren in meiner Manteltasche.* | **Thousands of people were dancing in the streets.** *Tausende von Menschen tanzten auf den Straßen.* | **We would rather live in the country.** *Wir würden lieber auf dem Lande leben.* | **I can't hear anything when I am in the shower.** *Ich kann nichts hören, wenn ich unter der Dusche stehe.* | **The tallest building in the world is a hotel.** *Das höchste Gebäude auf der Welt ist ein Hotel.* | **She has a great deal of experience in this field.** *Sie hat eine Menge Erfahrung auf diesem Gebiet.* | **There were days when there wasn't a single cloud in the sky.** *Es gab Tage, da war nicht eine einzige Wolke am Himmel.* | **It's a hard job, but I am always in the fresh air.** *Es ist harte Arbeit, aber ich bin immer an der frischen Luft.* | **The boy in the picture over there – is that you?** *Der Junge auf dem Bild dort drüben – bist du das?*

INNERHALB EINES GENANNTEN ZEITRAUMS

The old railway bridge was built in 1896. *Die alte Eisenbahnbrücke wurde 1896 erbaut.* | **It was still early in the day when we arrived.** *Es war noch früh am Tag, als wir ankamen.* | **Both my grandfathers were killed in World War II.** *Meine beiden Großväter sind im Zweiten Weltkrieg gefallen.* | **In the beginning, the film was deadly boring.** *Am Anfang war der Film todlangweilig.* | **In the end, everyone was convinced of his innocence.** *Am Ende waren alle von seiner Unschuld überzeugt.* | **Of course we would like to have children, but not in the near future.** *Natürlich möchten wir Kinder haben, aber nicht in naher Zukunft.* | **I would like to travel to the moon once in my lifetime.** *Ich möchte einmal in meinem Leben zum Mond reisen.*

NOTIEREN SIE AUCH

[ohne Artikel] **in town, in bed, in heaven, in hell, in office, in power, in prison**
in der Stadt, im Bett, im Himmel, in der Hölle, im Amt [Nicht: im Büro], *an der Macht, im Gefängnis*

We are **in a good mood, in a bad mood, in a hurry, in trouble, in love**
Wir haben gute Laune, haben schlechte Laune, sind in Eile, haben Ärger, sind verliebt

We are **in pocket** (gut bei Kasse), we are **in debt** (verschuldet)
We are **interested in** sb/sth (an jmdm/etw interessiert) and **specialised in** sth (auf etw spezialisiert)
We **believe in** sb or sth (glauben an jmdn/etw), we **take part in** sth (nehmen teil an etw)
We write **in pencil** (mit Bleistift) or **in ink** (mit Tinte)

29 in front of

[räumlich] VOR jemandem/etwas

Amanda can spend whole nights in front of the telly. *Amanda kann ganze Nächte vor dem Fernseher verbringen.* | **We had to stop in front of a level crossing.** *Wir mussten vor einem Bahnübergang halten.* | **It was pretty exciting to speak in front of such a big audience.** *Es war ganz schön aufregend, vor einer so großen Zuhörerschaft zu sprechen.*

30 inside

IN etwas DRINNEN, INNERHALB VON etwas

Should it rain, the party will take place inside the house. *Sollte es regnen, findet die Party im Haus statt.* | **It was pitch-dark inside the cave.** *Es war stockfinster in der Höhle.* | **Inside a plane you are safe from a lightning strike.** *In einem Flugzeug ist man vor Blitzschlag sicher.* | **There are rumours about disagreement inside the management.** *Es gibt Gerüchte über Meinungsverschiedenheiten innerhalb der Geschäftsleitung.*

31 into

IN etwas HINEIN

Can you translate this into German? *Kannst du das ins Deutsche übersetzen?* | **The dog jumped into my path.** *Der Hund sprang mir vor die Füße* [wörtl.: ... in den Weg hinein.] | **He sometimes works into the night.** *Er arbeitet manchmal bis in die Nacht hinein.* | **He drove his brand-new car into a ditch.** *Er fuhr seinen nagelneuen Wagen in einen Graben.* | **Every other month I pay a fixed amount into my bank account.** *Jeden zweiten Monat zahle ich einen festen Betrag auf mein Bankkonto ein.*

32 like

Vergleichend: WIE [= jemandem/einer Sache ÄHNLICH, für jemanden/etwas TYPISCH, BEZEICHNEND]

He is like a father to him. *Er ist wie ein Vater zu ihm.* | **The new hotel on the lakeside looks like an oriental palace.** *Das neue Hotel am Seeufer sieht aus wie ein orientalischer Palast.* | **Christine sings like a nightingale.** *Christine singt wie eine Nachtigall.* | **They are people like you and me.** *Das sind Leute wie du und ich.* | **She saw the shoes, went into the shop and bought them, just like that.** *Sie sah die Schuhe, ging in den Laden und kaufte sie, einfach so.* | **That's very much like her.** *Das ist typisch für sie. Das sieht ihr ähnlich.*

33 near
IN DER NÄHE VON etwas, ABER NICHT DIREKT BENACHBART

My new office is very near our flat. *Mein neues Büro liegt ganz in der Nähe unserer Woh-nung.* | **The accident happened near the village of Chilham**. *Der Unfall passierte in der Nähe des Dorfes Chilham.* | **The house is really comfortable and inexpensive, but it's near the motorway**. *Das Haus ist wirklich gemütlich und nicht teuer, aber es liegt nahe der Autobahn.* | **Our room was near the lift, but it was the only one we could get**. *Unser Zimmer lag in der Nähe des Fahrstuhls, aber es war das einzige, das wir bekommen konnten.*

34 next to
NEBEN ..., IN DIREKTER NACHBARSCHAFT VON ...

We got seated at the table next to the door. *Wir wurden an den Tisch neben der Tür gesetzt.* | **Who is the young man sitting next to Julia**? *Wer ist der junge Mann, der neben Julia sitzt?* | **I didn't sleep a wink all night as the people in the room next to us were having a party**. *Ich habe die ganze Nacht kein Auge zugetan, da die Leute in dem Zimmer neben uns eine Party feierten.*

NEXT TO oder BESIDE?

Der kleine Unterschied zwischen **next to** und **beside** besteht darin, dass **next to** vor allem mit Bezug auf eine Reihenfolge, eine Abfolge, eine Anordnung usw. verwendet wird, während **beside** ein nicht festgelegtes, zeitweiliges oder zufälliges Nebeneinander beschreibt:

Whose is the room **next to ours**? [Zimmerfolge] *Wem gehört das Zimmer neben uns?* | We are to sit **next to Mr and Mrs Parker** [Sitzordnung] *Wir sollen neben Mr und Mrs Parker sitzen.*
Aber: She was standing **beside me** at the traffic lights. *Sie stand neben mir an der Ampel.* | We parked the car **beside the garage**. *Wir parkten das Auto neben der Garage.* | **Beside** her job at the hospital, she regularly attends evening classes. *Neben ihrer Arbeit im Krankenhaus besucht sie regelmäßig Abendkurse.*

---

35 of
VON ..., zu jemandem/etwas GEHÖREND,
EIN TEIL von jemandem/etwas [Frage: wovon?]

First I fell in love with the colour of her eyes. *Zuerst habe ich mich in die Farbe ihrer Augen verliebt.* | **Most Arab countries have become wealthy by the exportation of oil**. *Die meisten arabischen Länder sind durch die Ausfuhr von Öl wohlhabend geworden.* | **Is Sunday the first or the last day of the week**? *Ist Sonntag der erste oder der letzte Tag der Woche?* | **They have a charming little cottage in the south of England**. *Sie haben ein reizendes kleines Landhaus im Süden von England.* | **My father was a man of firm principles**. *Mein Vater war ein Mann von festen Prinzipien.* | **The end of the story was rather sad**. *Das Ende der Ge-schichte war ziemlich traurig.*

GENAUERE BEZEICHNUNG, PRÄZISIERUNG

When exactly was the battle of Trafalgar? *Wann genau war die Schlacht von Trafalgar?* | **Men in this country usually retire at the age of sixty-five**. *Männer gehen in diesem Land gewöhnlich im Alter von 65 Jahren in Rente.* | **Things like that are absolutely normal in the world of entertainment**. *Solche Dinge sind in der Welt der Unterhaltung völlig normal.* | **It's not only a question of time, but also of money**. *Es ist nicht nur eine Frage der Zeit, sondern auch des Geldes.* | **This region suffers more than others from the problem of unemployment**. *Diese Region leidet mehr als andere unter dem Problem der Arbeitslosigkeit.* | **Their only topic of conversation is football**. *Ihr einziges Gesprächsthema ist Fußball.* | **It was an act of pure desperation**. *Es war eine reine Verzweiflungstat.*

TEILMENGEN, INHALTE

Could I have a glass of water? *Könnte ich ein Glas Wasser haben?* | **Take half a pound of butter and a spoonful of sugar**. *Nimm ein halbes Pfund Butter und einen Löffel Zucker.* | **In the distance we could see a pack of wolves**. *In der Ferne sahen wir ein Rudel Wölfe.* | **Not a single drop of rain has fallen for weeks**. *Seit Wochen ist nicht ein einziger Tropfen Regen gefallen.* | **The text was full of mistakes**. *Der Text war voller Fehler.*

HERGESTELLT AUS..., BESTEHEND AUS...

She wore a beautiful dress of blue silk. *Sie trug ein wunderschönes Kleid aus blauer Seide.* | **My grandmother has left me a precious ring of Welsh gold**. *Meine Großmutter hat mir einen kostbaren Ring aus Waliser Gold hinterlassen.* | **He has a heart of stone**. *Er hat ein Herz aus Stein.* | **Motorsport suits must be made of fireproof material and yet comfortable to wear**. *Rennanzüge müssen aus feuerfestem Material, aber dennoch angenehm zu tragen sein.*

NOTIEREN SIE AUCH

We **speak / dream / hear / learn / know / think of** sb/sth
(sprechen, träumen, hören, erfahren, wissen von jmdm/etw; denken an jmdn/etw)
We **approve of** sth or **disapprove of** sth *(billigen oder missbilligen etw)*
We **advise** sb **of** sth or **notify** sb **of** sth *(benachrichtigen jmdn von etw)*
We **inform** sb **of** sth *(informieren jmd über etw)*, we **remind** sb **of** sth *(erinnern jmdn an etw)*
People **are suspected of** sth *(werden einer Sache verdächtigt)*
People **are accused of** sth *(werden einer Sache beschuldigt)*
We **are afraid of** sb/sth *(haben Angst vor jmdm/etw)*, **are ashamed of** sb/sth *(schämen uns für jmd/etw)*,
We **are proud of** sb/sth *(sind stolz auf jmdn/etw)*, we **boast of** sth *(prahlen mit etw)*
Sth **smells / tastes of** sth *(riecht / schmeckt nach etw)*, sth **consists of** sth *(besteht aus etw)*
Sth is **typical / characteristic / symptomatic of** sb/sth
(typisch / charakteristisch / symptomatisch für jmdn/etw)
Sth is **of importance** *(von Bedeutung)*, sth is **of value** *(von Wert)*

36 off

VON ... WEG, VON ... AB, VON ... HERUNTER; ABSEITS von etwas

About 2 kms after the bridge we turned off the main road. *Etwa 2 km nach der Brücke sind wir von der Hauptstraße abgebogen.* | **The rear carriages of the train had run off the rails.** *Die hinteren Wagen des Zuges waren entgleist.* | **Some of the passengers jumped off the bus, even before it stopped.** *Einige der Fahrgäste sprangen vom Bus ab, noch bevor er anhielt.* | **The paint was coming off her face.** *Die Schminke ging von ihrem Gesicht ab.*

NOTIEREN SIE AUCH

off the job — außerhalb der Arbeitszeit
off the rack — [Bekleidung] von der Stange
off the record — inoffiziell, vertraulich

37 on

AUF oder AN EINER OBERFLÄCHE

She always puts fresh flowers on the table. *Sie stellt immer frische Blumen auf den Tisch.* | **There is a big black spider on the ceiling.** *Da ist eine große schwarze Spinne an der Decke.* | **The words on the blackboard were all new to me.** *Die Wörter an der Tafel waren alle neu für mich.* | **Look at the photo on page 112.** *Sehen Sie sich das Photo auf Seite 112 an.*

AM KÖRPER, BEI SICH

She wore a ring on each finger. *Sie trug an jedem Finger einen Ring.* | **The baby was sitting on her lap.** *Das Baby saß auf ihrem Schoß.* | **There was a smile on his face when he saw her.** *Ein Lächeln lag auf seinem Gesicht, als er sie sah.* | **The waitress had a tattoo on her arm.** *Die Kellnerin hatte eine Tätowierung auf dem Arm.* | **We got scared when we saw that he had a knife on him.** *Wir bekamen einen Schreck, als wir sahen, dass er ein Messer bei sich trug.* | **At the checkout I realised that I had no money on me.** *An der Kasse merkte ich, dass ich kein Geld bei mir hatte.*

AN oder ENTLANG EINER LINIE (FLUSS, STRASSE, GRENZE usw.)

London lies on the Thames. *London liegt an der Themse.* | **Martha works at a car hire firm on the edge of town.** *Martha arbeitet bei einer Autovermietung am Rande der Stadt.* | **I was born in a little village on the Dutch border.** *Ich bin in einem kleinen Dorf an der holländischen Grenze geboren.* | **We have bought a holiday home on the banks of Lake Constance.** *Wir haben ein Ferienhaus am Ufer des Bodensees gekauft.*

EIN SPEZIELLES THEMA BETREFFEND

A climatologist from Canada is giving a lecture on the consequences of global warming tonight. *Ein Klimaforscher aus Kanada hält heute Abend einen Vortrag über die Folgen der Erderwärmung.* | **We watched a TV report on the Australian aborigines the other day.** *Wir haben neulich einen Fernsehbericht über die australischen Ureinwohner gesehen.*

▶ Im Unterschied zu **about** [→ **110** (1)], das in ähnlichem Sinne verwendet wird, geht es bei **on** mehr um die vertiefte, oft wissenschaftlich fundierte Auseinandersetzung mit einem Thema. Vergleichen Sie: **We talked about healthy nutrition.** *Wir haben uns über gesunde Ernährung unterhalten.* | **She has written several books on healthy nutrition.** *Sie hat mehrere Bücher über gesunde Ernährung geschrieben.*

DATUM, WOCHENTAG, BESTIMMTER TAG

Janne was born on the first of January. *Janne ist am 1. Januar geboren.* | **We always eat out on my birthday.** *Wir gehen an meinem Geburtstag immer essen.* | **We met in Berlin on New Year's Day 2000.** *Wir haben uns am Neujahrstag 2000 in Berlin kennengelernt.* | **On a clear day you can see as far as the Alps.** *An einem klaren Tag kann man ganz bis zu den Alpen sehen.* | **The news reached me on the eve of my departure.** *Die Nachricht erreichte mich am Vorabend meiner Abreise.*

NOTIEREN SIE AUCH

We are **on a journey**, **on a trip**, **on the way to**...
... auf einer Reise, auf einer Fahrt, auf dem Weg nach...
We are somewhere **on holiday/on leave, on duty, on business**
... im Urlaub, dienstlich, geschäftlich
We go **on foot**, we walk **on tiptoe**, babies creep **on all fours**
... zu Fuß, auf Zehenspitzen, auf allen Vieren
We ride **on a bus**, **on a train**, **on a plane**
... in einem Bus, in einem Zug, in einem Flugzeug
Buildings, places usw. are **on the left**, **on the right**, **on the other side**
... auf der linken Seite / auf der rechten Seite / auf der anderen Seite
People are **on benefit** / **on the dole** / **on welfare** *... leben von Sozialhilfe / von Hartz IV*
Criminals are **on probation** *... sind auf Bewährung frei*
People hear sth **on the radio**, see sth **on television** (**on TV**)
... hören etw im Radio, sehen etw im Fernsehen
People speak **on the phone**, are **on hold**, find information **on the internet**
... sprechen am Telefon, sind in der Warteschleife, finden Informationen im Internet
People who work are **on call**, **on duty**, **on strike**, **on leave**
... in Bereitschaft, im Dienst, im Streik, auf Urlaub
Buildings etc. are **on fire**, goods are **on hand** / **on sale**
... stehen in Flammen, ... sind auf Lager, stehen zum Verkauf

38 opposite
GEGENÜBER

There are some very elegant shops opposite the station. *Gegenüber dem Bahnhof gibt es ein paar sehr elegante Geschäfte.* | **Right opposite the hospital they are building a new shopping centre.** *Direkt gegenüber vom Krankenhaus bauen sie ein neues Einkaufszentrum.* | **The town of Eton lies on the Thames, opposite Windsor Castle**. *Die Stadt Eton liegt an der Themse, gegenüber von Windsor Castle.*

39 out of
AUS etwas HERAUS

Michelle jumped out of bed when she realised what time it was. *Michelle sprang aus dem Bett, als sie merkte, wie spät es war.* | **The doctor pulled a splinter out of my left thumb.** *Der Arzt zog einen Splitter aus meinem linken Daumen.* | **People were leaning out of the windows as the parade went by.** *Die Leute lehnten sich aus den Fenstern, als die Parade vorbeizog.* | **We are soon moving out of our flat.** *Wir ziehen bald aus unserer Wohnung aus.* | **At night the rats come out of their holes.** *Nachts kommen die Ratten aus ihren Löchern.*

NOTIEREN SIE AUCH

out of control	*außer Kontrolle, durchgedreht*
out of danger	*außer Gefahr*
out of practice	*aus der Übung*
out of reach / sight / hearing	*außer Reichweite / Sichtweite / Hörweite*
out of sight, out of mind	*aus den Augen, aus dem Sinn*
out of the game	*aus dem Spiel, „weg vom Fenster"*

People run **out of money**, **out of petrol, out of breath**
... geht das Geld, ... geht das Benzin aus, ... geht die Puste aus

Computers run **out of memory**, printers run **out of paper** / **out of ink**
Computern fehlt Speicherplatz, Druckern geht das Papier aus / ... geht die Tinte aus

Are you **out of your mind**? *Bist du verrückt? Bist du von Sinnen?*
That's **out of the question**! *Das kommt nicht in Frage!*

40 outside
AUSSERHALB VON ..., DRAUSSEN VOR ...

Leave your dirty boots outside the door please. *Lasst eure dreckigen Stiefel bitte draußen vor der Tür.* | **Houses are less expensive outside town.** *Häuser sind außerhalb der Stadt günstiger.* | **This bus ticket is not valid outside the Greater London area.** *Diese Busfahrkarte ist außerhalb des Großraums London nicht gültig.* | **Only a few people outside Latin America have read any of his books.** *Nur wenige Menschen außerhalb Lateinamerikas haben irgend-eines seiner Bücher gelesen.* | **These regulations don't apply to visitors from outside the EU.** *Diese Vorschriften gelten nicht für Besucher von außerhalb der EU.*

NOTIEREN SIE AUCH

outside business hours	*außerhalb der Geschäftszeiten*
outside our competence	*außerhalb unserer Zuständigkeit*

41 over

ÜBER, OBERHALB VON etwas
ÜBER etwas HINWEG, ÜBER etwas/jemanden GEBEUGT

The sun was rising over the mountains. *Die Sonne ging über den Bergen auf.* | **A crucifix hung over my grandparent's bed.** *Über dem Bett meiner Großeltern hing ein Kruzifix.* | **A big balloon was floating over the clouds.** *Ein großer Ballon schwebte über den Wolken.*

The dog jumped over a fence. *Der Hund sprang über einen Zaun.* | **The car ran over a rabbit.** *Das Auto überfuhr ein Kaninchen.* | **We decided to take the route over the mountains.** *Wir beschlossen, den Weg über die Berge zu nehmen.* | **The ambulance person leaned over the injured child.** *Der Sanitäter beugte sich über das verletzte Kind.*

▶ In der Bedeutung *direkt über...* können Sie anstelle von **over** als auch **above** [→ 110 (2)] verwenden, wobei sich **above** meist auf eine Waagerechte, eine Ebene, ein bestimmtes Niveau bezieht, während **over** lediglich besagt, dass sich etwas an einem höheren Punkt befindet als etwas anderes. Generell bezeichnet **above** eine *ruhende Position*, während zum Ausdruck einer *Bewegung* **over** bevorzugt wird.

etwas BEDECKEND

She was lying on the deckchair with a large towel over her face. *Sie lag auf dem Liegestuhl mit einem großen Handtuch über dem Gesicht.* | **Her hair hung down over her eyes.** *Ihr Haar hing über ihre Augen herab.* | **He was wearing a bathrobe over his pyjamas** [AmE: **pajamas**]. *Er trug einen Bademantel über seinem Schlafanzug.*

MEHR ALS ...

Over forty people were invited to Marek's confirmation. *Über vierzig Leute waren zu Mareks Konfirmation eingeladen.* | **We were without electricity for over eleven hours.** *Wir waren über elf Stunden lang ohne Strom.* | **Over two million litres of oil have spilled into the sea so far.** *Über zwei Millionen Liter Öl sind bislang ins Meer geflossen.*

42 owing to

AUFGRUND, INFOLGE von etw

She has a big scar on her face owing to a childhood dog bite. *Sie hat infolge eines Hundebisses aus ihrer Kindheit eine große Narbe im Gesicht.* | **Production was stopped owing to a lack of demand.** *Die Produktion wurde aufgrund mangelnder Nachfrage gestoppt.* | **He got the job owing to his good relationships rather than to his abilities.** *Er hat die Stelle eher aufgrund seiner guten Beziehungen als seiner Fähigkeiten bekommen.*

43 past

AN etwas/jemandem VORBEI, VORÜBER; ÜBER etwas HINWEG; über einen Zeitpunkt HINAUS

He walked past me without a word. *Er ging wortlos an mir vorbei.* | **Drive past the crossroads and then turn left into Church Road.** *Fahren Sie über die Kreuzung hinweg und biegen dann links in die Church Road ein.* | **A few miles past the border we stopped to have a rest.** *Ein paar Meilen hinter der Grenze hielten wir an, um eine Ruhepause einzulegen.* | **It's long past my bedtime.** *Etwa: Ich müsste schon lange im Bett sein.*

44 round

UM jemanden/etwas HERUM [auch, besonders im AmE: **around**]

We get almost everything from the shop round the corner. *Wir bekommen fast alles aus dem Laden um die Ecke.* | **Be careful when you drive round the bend.** *Sei vorsichtig, wenn du um die Kurve fährst.* | **My neighbour has built an electric fence round his property.** *Mein Nachbar hat einen Elektrozaun um sein Grundstück gebaut.* | **Friends of ours are planning a tour round the world.** *Freunde von uns planen eine Rundreise um die Welt.*

45 through

DURCH jemanden/etwas HINDURCH

We tried to cut our way through the crowd. *Wir versuchten, uns einen Weg durch die Menge zu bahnen.* | **The cat jumped out through the bathroom window.** *Die Katze sprang durch das Badezimmerfenster hinaus.* | **The shortest way is through the park.** *Der kürzeste Weg ist durch den Park.* | **We could hear almost everything through the closed door.** *Wir konnten durch die geschlossene Tür fast alles hören.* | **Oil and gas flow through endless pipelines.** *Öl und Gas fließen durch endlose Rohrleitungen.*

NOTIEREN SIE AUCH

through the ages	*im Wandel der Zeiten*
(all) **through the night**	*die (ganze) Nacht hindurch*
get **through the day**	*durch den Tag kommen, den Tag überstehen*
go **through a difficult phase**	*eine schwierige Phase durchmachen*
go **through the roof**	*an die Decke gehen, die Wände hochgehen*

46 to

ZU etwas/jemandem HIN, AN jemanden GERICHTET
AUF etwas/jemanden/ein Ziel ZU

Is this the road to Birmingham? *Ist dies die Straße nach Birmingham?* | **How about a trip to the mountains**? *Wie wäre es mit einer Fahrt in die Berge?* | **Thomas and Jennifer are just back from a journey to China**. *Thomas und Jennifer sind gerade von einer Reise nach China zurück.* | **Wait until the lights change to green.** *Warte, bis die Ampel auf Grün umschaltet.*

Throw the ball to Marvin. *Wirf den Ball zu Marvin.* | **Could I speak to the manager**? *Könnte ich den Geschäftsführer sprechen?* | **Give this letter to Miss Morris please**. *Geben Sie diesen Brief bitte Miss Morris.* | **I won't say a word to anyone**. *Ich werde niemandem ein Wort sagen.* | **Could you explain that to me**? *Könntest du mir das erklären?*

NOTIEREN SIE AUCH

We **look forward to** sth *(freuen uns auf etw)*
We give an **answer to a question** *(die Antwort auf eine Frage)*
We react **to a situation** *(auf eine Situation)*
We look for the **resolution to a problem** *(die Lösung eines Problems)*
Things can be **fascinating to sb** *(faszinierend für jmdn)*
Things can be **a danger to sb/sth** *(eine Gefahr für jmdn)*
Storms, floods etc. cause **damage to sth** *(Schäden an etw)*

47 towards, AmE: toward

(IN) RICHTUNG …, HIN ZU …, GEGEN … [literarisch: GEN …]
[Haltung, Einstellung] GEGENÜBER …

We travelled a hundred miles towards the west. *Wir fuhren einhundert Meilen in Richtung Westen.* | **My personal attitude towards active euthanasia hasn't changed**. *Meine persönliche Einstellung gegenüber aktiver Sterbehilfe hat sich nicht geändert.* | **Even after a hot day it can get pretty cold towards the evening**. *Auch nach einem heißen Tag kann es gegen Abend recht kalt werden.* | **The trend is going towards all-day schools**. *Der Trend geht hin zu Ganztagsschulen.* | **The agreement is a first step towards a peaceful settlement of the conflict.** *Das Abkommen ist ein erster Schritt hin zu einer friedlichen Beilegung des Konflikts.*

48 under

UNTER, VON etwas BEDECKT

Put the key under the doormat. *Lege den Schlüssel unter die Fußmatte.* | **He had dark rings under his eyes**. *Er hatte dunkle Ringe unter den Augen.* | **We found lots of empty beer cans under his sofa**. *Wir fanden einen Haufen leerer Bierdosen unter seinem Sofa.* | **I don't want the cat to sleep under the blanket**. *Ich will nicht, dass die Katze unter der Bettdecke schläft.*

WENIGER ALS …

For the open air rock concert on Friday night there are no tickets under £40. *Für das Open Air-Rockkonzert am Freitagabend gibt es keine Karten unter 40 Pfund.* | **Youths under 18 are not admitted to nightclubs**. *Jugendliche unter 18 Jahren haben keinen Zutritt zu Nachtclubs.* | **In my younger days I could run the 100 metres in under 12 seconds**. *In meiner Jugend konnte ich die 100 Meter in unter 12 Sekunden laufen.*

NOTIEREN SIE AUCH

under age	minderjährig
under construction	im Bau, im Aufbau
under contract	unter Vertrag
under control	unter Kontrolle
under cover	in Deckung, [Ermittlungen] verdeckt
under oath	unter Eid
under observation	unter Beobachtung
under reserve	unter Vorbehalt
under way	in Bearbeitung, in Vorbereitung

49 underneath

UNTER, UNTERHALB VON …

They had hidden the money underneath the kitchen floorboards. *Sie hatten das Geld unter dem Küchenfußboden versteckt.* | **Have you looked underneath the bed**? *Hast du unter dem Bett nachgesehen?* | **The new railway tunnel goes underneath the river**. *Der neue Eisenbahntunnel verläuft unter dem Fluss hindurch.* | **She has a little beauty spot underneath her left eye**. *Sie hat einen kleinen Leberfleck unter ihrem linken Auge.*

underneath ist – wie auch **beneath** [→ 113 (14)] – vorwiegend in der Schriftsprache zu finden, besonders in literarischen Texten. Im Alltag wirkt der Ausdruck etwas altmodisch.

50 unlike

ANDERS ALS ..., IM GEGENSATZ ZU ..., IM UNTERSCHIED ZU ...

Madeleine is a nice girl, quite unlike her sister. *Madeleine ist ein nettes Mädchen, ganz im Gegensatz zu ihrer Schwester.* | **It's very much unlike William to drink so much.** *Es passt ganz und gar nicht zu William, dass er so viel trinkt.* [Es ist untypisch für ihn, man kennt das nicht von ihm.] | **Unlike many other women I find computers fascinating.** *Im Gegensatz zu vielen anderen Frauen finde ich Computer faszinierend.* | **Celtic languages like Scottish, Irish and Welsh are totally unlike English.** *Keltische Sprachen wie Schottisch, Irisch und Walisisch sind völlig anders als Englisch.*

51 until / till

BIS ZU EINEM GENANNTEN ZEITPUNKT UNUNTERBROCHEN ANDAUERND

until und **till** sind absolut bedeutungsgleich. In der Schriftsprache dominiert **until**, in der gesprochenen Sprache wird **till** bevorzugt. Vergleichen Sie auch by [→ **114** (18)].

Let's wait until tomorrow. *Warten wir bis morgen.* | **I'm sorry, but this evening we can only stay until eight o'clock.** *Tut mir leid, aber heute Abend können wir nur bis acht Uhr bleiben.* | **My husband sometimes has to work until midnight.** *Mein Mann muss manchmal bis Mitternacht arbeiten.* | **Can you lend me some money till next week?** *Kannst du mir bis nächste Woche etwas Geld leihen?* | **See you on Friday. – All right, till then!** *Ich sehe dich Freitag. – In Ordnung, bis dann!*

NOT ... UNTIL / TILL [Auch: NOT ... BEFORE]

In Verbindung mit einem *verneinten* Verb entsprechen **until** und **before** dem deutschen *erst* (nicht vor ...): **I can't tell you any more about it until next week.** *Ich kann dir erst nächste Woche mehr darüber sagen.* | **I won't believe it until I have seen it myself.** *Ich glaube es erst, wenn ich es selbst gesehen habe.* | **Don't call me until you have calmed down.** *Ruf mich erst wieder an, wenn du dich beruhigt hast.* | **We won't start before everyone has arrived.** *Wir werden erst anfangen, wenn alle da sind.*

52 up

etwas HINAUF, HERAUF, RAUF

The police station is a little bit further up the street. *Die Polizeiwache liegt ein kleines Stück weiter die Straße hinauf.* | **Be careful when you climb up the ladder.** *Sei vorsichtig, wenn du die Leiter hinaufkletterst.* | **We sailed up the Mississippi.** *Wir segelten den Mississippi hinauf.* | **A young woman was trying to carry a pram up the stairs.** *Eine junge Frau versuchte, einen Kinderwagen die Treppe hinaufzutragen.*

53 up to

BIS ZU ... [Bezeichnung einer Obergrenze]

Flats in this area cost up to £1200 per month. *Wohnungen in dieser Gegend kosten bis zu 1200 Pfund pro Monat.* | **You can stay for up to three days.** *Sie können bis zu drei Tagen bleiben.* | **We expect up to four hundred guests.** *Wir erwarten bis zu vierhundert Gäste.* | **Children up to six get in for free.** *Kinder bis sechs kommen umsonst hinein.*

54 with

entspricht weitgehend dem deutschen MIT, vor allem in folgenden Bedeutungen:

IN BEGLEITUNG VON ..., GEMEINSAM MIT ...

Would anyone like to come with me? *Möchte jemand mit mir kommen?* | **Travelling with children can be pretty stressful.** *Reisen mit Kindern kann ganz schön stressig sein.* | **Do you have everything with you?** *Haben Sie alles mit(gebracht)?* | **I'll be with you in a moment.** *Ich bin gleich bei Ihnen.* [= Sie werden gleich bedient.] | **Are you with me?** *Kannst du mir folgen?*

MIT HILFE VON ..., AUSGESTATTET MIT...

You can open this room with any key. *Man kann dieses Zimmer mit jedem Schlüssel öffnen.* | **Could you bring me a fork please? I can't eat with chopsticks.** *Könnten Sie mir bitte eine Gabel bringen? Ich kann nicht mit Stäbchen essen.* | **We need a double room with bath and shower.** *Wir brauchen ein Doppelzimmer mit Bad und Dusche.* | **How can one achieve so much with so little talent?** *Wie kann man mit so wenig Talent so viel erreichen?* | **She said it with a smile.** *Sie sagte es mit einem Lächeln.*

VORÜBERGEHEND BEI jemandem, IN DER OBHUT VON jemandem

The children are staying with their grandparents. *Die Kinder wohnen bei ihren Großeltern.* | **The key is still with my secretary.** *Der Schlüssel ist noch bei meiner Sekretärin.* | **Can we**

leave the dog with you for a couple of days? *Können wir den Hund für ein paar Tage bei euch lassen?*

UMSTÄNDE, URSACHEN BETREFFEND

I can't work with that noise. *Ich kann bei dem Lärm nicht arbeiten.* | **With all the confusion we lost sight of each other.** *In all dem Durcheinander haben wir uns aus den Augen verloren.* | **How am I to concentrate on my work with the TV on all the time?** *Wie soll ich mich auf meine Arbeit konzentrieren, wenn die ganze Zeit der Fernseher läuft?* | **With friends like that you need no enemies.** *Bei solchen Freunden braucht man keine Feinde.*

NOTIEREN SIE AUCH

We are **red with** rage / **with** shame	... *rot vor Wut / vor Scham*
We are **green with** envy	... *grün vor Neid*
We are **ill with** sth	... *an etw erkrankt*
We **fall in love with** sb/sth	... *verlieben uns in jmdn/etw*
We are **frank with** sb	... *sind offen, ehrlich zu jmdm*
We **lend a hand with** sth	... *helfen bei etw, packen bei etw mit an*
We **get away with** sth	... *kommen mit etw (ungestraft) davon*
We **shiver** [oder: **tremble**] **with** cold / **with** fear / **with** excitement	... *zittern vor Kälte / vor Angst / vor Aufregung*

55 within

INNERHALB EINES ZEITRAUMS; IM RAHMEN VON etwas

The goods ordered will be shipped within the next 24 hours. *Die bestellte Ware wird innerhalb der nächsten 24 Stunden versandt.* | **The kindergarten is within walking distance.** *Der Kindergarten liegt in Gehweite.* | **We have always tried to live within our means.** *Wir haben immer versucht, nicht über unsere Verhältnisse* [wörtl.: ... *im Rahmen unserer Mittel*] *zu leben.* | **Anything is permitted within the framework of the law.** *Im Rahmen des Gesetzes ist alles erlaubt.* | **Any handball within the penalty area will result in a penalty.** [Fußball] *Jedes Handspiel im Strafraum hat einen Elfmeter zur Folge.*

56 without

OHNE jmdn/etw

I usually drink my coffee without milk or sugar. *Ich trinke meinen Kaffee gewöhnlich ohne Milch oder Zucker.* | **This form is not valid without a signature.** *Dieses Formular ist ohne Unterschrift nicht gültig.* | **We never travel without our children.** *Wir reisen niemals ohne unsere Kinder.* | **They were without food for days.** *Sie waren tagelang ohne Nahrung.* | **You can't make an omelette without breaking eggs.** [Redensart] *Wo gehobelt wird, fallen Späne,* wörtl.: *Man kann kein Omelett machen, ohne Eier zu zerschlagen.*

NOTIEREN SIE AUCH

without delay	*umgehend, unverzüglich*
without difficulty	*ohne Schwierigkeit(en)*
without doubt	*ohne Zweifel, zweifellos*
without exception	*ohne Ausnahme, ausnahmslos*
without hesitation	*ohne zu zögern*
without much ado	*ohne viel Aufhebens, ohne viel Tamtam*
without further ado	*ohne weiteres, anstandslos*
without permission	*ohne Erlaubnis*
without success	*ohne Erfolg, erfolglos*
without work	*ohne Beschäftigung, arbeitslos*

8 Die Verben **be**, **have** und **do**

Nicht immer lässt sich ein Geschehen, vom dem man berichten will, allein durch Vollverben wiedergeben. Dies ist zum Beispiel der Fall, wenn wir Vorgänge oder Tätigkeiten einem bestimmten Zeitraum (Gegenwart, Vergangenheit, Zukunft) zuordnen müssen oder sie unter bestimmten Handlungsgesichtspunkten (Gewohnheit, Verlauf, Abschluss) betrachten wollen. Auch die Bildung von Frage und Verneinung lässt sich, anders als im Deutschen, nicht mit Vollverben allein bewerkstelligen, sondern bedarf der Hilfe anderer Verben, sogenannter **Hilfsverben**, (engl.: auxiliary verbs, auxiliaries, helping verbs).

Die Verben **be**, **have** und **do** spielen hierbei eine besondere Rolle, weil sie zum einen (in den Bedeutungen *sein*, *haben* und *tun*) Vollverben sind, zum anderen aber bei der Bildung von Zeitformen, Fragen und Verneinungen auch als Hilfsverben benötigt werden.

1 DAS VERB **BE**

Das Verb **be** stellt in mancherlei Hinsicht einen Sonderfall dar, unter anderem deshalb, weil es mehr Formen bildet als alle anderen Verben des Englischen. Im einzelnen sind dies:

IN AKTIVSÄTZEN

die Gegenwartsformen:	**am** *bin* | **are** *bist, seid, sind* | **is** *ist*
die Vergangenheitsformen:	**was** *war* | **were** *warst, wart, waren*
die Grundformen:	**be** *sein* | **to be** *zu sein*
die Partizipien:	**being** [meist unübersetzt] *seiend* | **been** *gewesen*

IN PASSIVSÄTZEN

die Gegenwartsformen:	**am** *werde* | **are** *wirst, werdet, werden* | **is** *wird*
die Vergangenheitsformen:	**was** *wurde* | **were** *wurdest, wurdet, wurden*
die Grundformen:	**be** *werden* | **to be** *zu werden*
die Partizipien:	**being** [meist unübersetzt], *werdend, am Werden* | **been** *worden*

ÜBERSICHT

GEGENWART	VERGANGENHEIT	GRUNDFORMEN (INFINITIVE)	
I **am**	I **was**	**1. Form:**	**to-Form:**
you **are**	you **were**	**be**	**to be**
he **is**	he **was**		
she **is**	she **was**	PARTIZIPIEN	
it **is**	it **was**		
we **are**	we **were**	**-ing**-Form:	**3. Form:**
they **are**	they **were**	**being**	**been**

VERWENDUNG ALS VOLLVERB

Verwendet man **be** als *Vollverb*, so folgen ihm, wie anderen Vollverben auch, Ergänzungen unterschiedlicher Art, zum Beispiel

- ein Hauptwort: Time is **money**.
- eine Hauptwortgruppe: There are **lots of unresolved problems**.
- ein Adjektiv: The exercise was **difficult**.
- ein Adverb oder eine adverbiale Bestimmung: The boys were **at school**.
- ein Nebensatz: I am **who I am**.

VERWENDUNG ALS HILFSVERB

Wird **be** als *Hilfsverb* verwendet, so folgt ihm immer ein Vollverb, und zwar je nach Situation, in unterschiedlicher Form:

- in der **to**-Form als Ersatzform für das Modalverb **shall** [→ **140** (5.1)]
  You **are to stay** in bed.   Where **am I to sit**?
  Du sollst im Bett bleiben.   *Wo soll ich sitzen?*

- in der **-ing-Form** zur Bildung der **Progressive** (oder **Continuous**) Tenses [→ **165** (5.2)]
  Susan **is writing** a letter.   What **are** you **doing** here?
  Susan schreibt einen Brief.   *Was machst du hier?*

- in der **3.** Form zur Bildung des **Passiv** [→ **236** (3)]
  Breakfast **is served** at 8.   Where **was** the car **found**?
  Das Frühstück wird um 8 serviert.   *Wo wurde das Auto gefunden?*

2 DIE ERGÄNZUNGEN VON BE

Als Vollverb gehört **be** zu den sogenannten *Gleichsetzungsverben* (linking verbs, copula verbs). Man könnte sie auch *Eigenschaftsverben* nennen, da sie Eigenschaften einer Person oder einer Sache bezeichnen. Vergleichen Sie diese beiden Sätze:

| George | **meets** | the mayor of the town. |
| George | **is** | the mayor of the town. |

Im ersten Satz bezeichnen das Subjekt (**George**) und die auf das Verb **meet** folgende Ergänzung (**the mayor of the town**) zwei verschiedene Personen: George und den Bürgermeister. Eine solche Ergänzung heißt, wie wir wissen, Objekt.

Im zweiten Satz handelt es sich bei dem Subjekt **George** und der Ergänzung **the mayor of the town** um ein und dieselbe Person: George *ist* Bürgermeister der Stadt. In der Grammatik wird eine solche Prädikats-Ergänzung als *Komplement* (complement) bezeichnet. Hier eine Auswahl typischer nicht-verbaler Ergänzungen von **be**:

LAGE, POSITION, ZUSTAND
Verwendung der Formen von **be** anstelle von Vollverben wie **lie**, **stand** usw.:

Breakfast is on the table. *Das Frühstück steht auf dem Tisch.* | **After heavy rainfall lots of roads were under water**. *Nach schweren Regenfällen standen viele Straßen unter Wasser.* | **Your mobile phone was in the glove box**. *Dein Handy lag im Handschuhfach.* | **The key was still in the lock**. *Der Schlüssel steckte noch im Schloss.*

GRÖSSE, GEWICHT, ENTFERNUNG
Verwendung der Formen von **be** anstelle von Vollverben wie **weigh, measure** usw.:

Sue is three kilos lighter than before. *Sue wiegt drei Kilo weniger als vorher.* | **Our bathroom is four by three metres**. *Unser Badezimmer misst 4x3 Meter* [oder: *... ist 4x3 m groß.*] | **The distance from here is about two hundred and fifty miles**. *Die Entfernung von hier beträgt ungefähr zweihundertfünfzig Meilen.* | **The water temperature was only eighteen degrees**. *Die Wassertemperatur betrug nur achtzehn Grad.*

PREISE, RECHENARTEN
Verwendung der Formen von **be** anstelle von Vollverben wie **cost**, **come to** usw.:

The Sunday edition of this newspaper is £2,50. *Die Sonntagsausgabe dieser Zeitung kostet £ 2,50.* | **How much are the brown leather shoes in the shop window**? *Wie viel kosten die braunen Lederschuhe im Schaufenster?* | **How much is that**? *Wie viel macht das?* | **The room was $125 a night**. *Das Zimmer kostete 125 Dollar die Nacht.* | **Eighteen plus seventeen is thirty-five**. *18 plus 17 macht 35,* oder: *... ist 35,* oder: *... ergibt 35.*

ANFANGSZEITEN, ABFAHRTSZEITEN, DAUER
Verwendung der Formen von **be** anstelle von Vollverben wie **begin, start**, **take** usw.:

What time is the football game on TV tonight? *Um wie viel Uhr beginnt heute Abend das Fußballspiel im Fernsehen?* | **When is the next plane to San Francisco**? *Wann geht das nächste Flugzeug nach San Francisco?* | **How long was the Channel crossing**? *Wie lange dauerte die Überfahrt über den Kanal?*

PÜNKTLICHKEIT, GENAUIGKEIT DER UHR
Verwendung der Formen von **be** anstelle von Vollverben wie **come, arrive**, **go** usw.:

You are late. *Ihr kommt spät* oder: *Ihr seid spät dran.* | **I was one hour early**. *Ich kam eine Stunde zu früh.* | **We were just in time to catch the train**. *Wir kamen gerade rechtzeitig, um den Zug zu erreichen.* | **The clock is fast**. *Die Uhr geht vor.* | **My new watch is always slow**. *Meine neue Uhr geht immer nach.* | **Is that clock right**? *Geht die Uhr (da) richtig?*

ALLTÄGLICHE WENDUNGEN
Notieren und merken Sie sich auch die folgenden Wendungen, in denen die jeweilige Form von **be** im Deutschen oft nicht durch die entsprechende Form von *sein,* sondern durch ein anderes Verb wiedergegeben wird:

that is ...	*das heißt ...*
that's right	*das stimmt, das ist richtig*
that's true	*das stimmt, das ist wahr*
that's (quite) **all right**	*das geht (schon) in Ordnung*
that's because ...	*das kommt, weil ...*
I'm (really) **sorry**	*es tut mir (wirklich) leid*
I'm afraid...	*leider...*
I'm fine / I'm well / I'm okay	*Mir geht's gut*
I'm cold	*Mir ist kalt. Ich friere. / Mich friert.*
I'm hot	*Mir ist heiß. / Ich schwitze.*

3 STANDARDFRAGEN

3.1 What is ...?

Mit **What is ...?** (kurz: **What's ...?** *Wie ist ...? wie lautet ...?*) werden – wie auf einem Formular oder einem Fragebogen – Daten, Fakten, einfache Sachverhalte erfragt:
What's the time? *Wie spät ist es?* | **What's your home number?** *Wie ist Ihre Privatnummer?* | **What's your first name?** *Wie heißen Sie mit Vornamen?* | **What's his new address?** *Wie ist / Wie lautet seine neue Anschrift?* | **What was the right answer?** *Wie war die richtige Antwort?*

Mit **What's ...?** beginnen viele Fragen der Alltagskonversation wie z.B. **What's the matter?** *Was ist los?* | **What's up?** *Was ist? Was gibt's? Was liegt an?* | **What's on?** [Kino, Fernsehen, Theater usw.] *Was läuft? Was wird gespielt?* | **What's wrong with ...?** *Was stimmt nicht mit ...?* | **What's new?** *Was gibt's Neues?* | **What's the idea?** *Was soll das? Wozu soll das gut sein?* | **What's the difference?** *Wo ist der Unterschied? Was macht das schon?*

3.2 How is ...? / How are ...?

BEURTEILUNG, STELLUNGNAHME, WERTUNG

How is ...? bzw. **How are ...?** usw. fragt nach persönlichen Eindrücken, Einschätzungen, Wertungen und Beurteilungen, erbittet eine kurze Stellungnahme zu etwas:
How is the soup? *Wie ist die Suppe?* [Wie schmeckt sie?] | **How is everything?** [z.B. im Restaurant] *Wie schmeckt es Ihnen?* | **How was the hotel?** *Wie war das Hotel?* [Hat es euch gefallen?] | **How was the musical?** *Wie war das Musical?* [Wie fanden Sie es?] | **How are things?** *Wie sieht's aus? Wie läuft's denn so? Was macht die Kunst?*

BEFINDEN, GESUNDHEIT

How is...? / **How are...?** usw. fragen nach dem Befinden, der Gesundheit, dem Wohlergehen von Personen:
How are you? *Wie geht es dir / Ihnen / euch?* | **How is your wife?** *Wie geht es Ihrer Frau?* | **How are the children?** *Wie geht es den Kindern?* | **How was your grandfather?** *Wie ging es Ihrem Großvater?*

▶ Im amerikanischen Englisch ist **How are you?** weniger eine Frage nach dem Befinden, sondern wird eher floskelhaft im Sinne einer Begrüßung verwendet.

URSACHE, GRUND

Mit **How is it that ...?** *(Wie kommt es, dass...?)* fragt man nach Ursachen, Gründen, Erklärungen, nach dem *Warum* von etwas: **How is it that she is so often ill?** *Wie kommt es, dass sie so oft krank ist?* | **How is it that so many people here understand German?** *Wie kommt es, dass so viele Menschen hier Deutsch verstehen?*

▶ Eine etwas merkwürdig anmutende, aber durchaus gebräuchliche Variante dieser Frage ist **How come...?: How come that so many people here understand German?**

3.3 Is there ...? / Are there ...?

Mit **Is there ...?** / **Are there ...?** (Vergangenheit: **Was there ...?** / **Were there ...?**) lässt sich nach dem Vorhandensein, nach der Existenz von etwas fragen:
What is there for dinner tonight? *Was gibt es heute Abend zum Essen?* | **Is there a good computer shop near here?** *Gibt es hier in der Nähe einen guten Computerladen?* | **Was there a fitness room in your hotel?** *Gab es in eurem Hotel einen Fitnessraum?* | **Are there any new findings on this issue?** *Gibt es zu diesem Thema irgendwelche neuen Erkenntnisse?* | **What was there to win?** *Was gab es zu gewinnen?* | **Were there no taxis at the airport?** *Gab es keine Taxis am Flughafen?*

3.4 What is ... like? / What are ... like?

Mit **What's ... like?** (Vergangenheit: **What was ... like?** / **What were ... like?**) lassen sich die Beschaffenheit, die Eigenschaften und Merkmale von Personen und Dingen erfragen.

Im Unterschied zu **How is...?** geht es bei **What's ... like?** weniger um eine persönliche Wertung oder geschmackliche Beurteilung, als vielmehr um eine möglichst sachliche Beschreibung oder Charakterisierung von jemandem oder etwas:
What's your new flat like? *Wie ist deine neue Wohnung?* [Dagegen: **How is your new flat?** = Wie gefällt dir deine neue Wohnung?] | **You have a new nursemaid? What is she like?** *Ihr habt ein neues Kindermädchen? Wie ist sie (denn so)?* | **We were on the Maldives last winter. – Oh really? What was it like there?** *Wir waren letzten Winter auf den Malediven. – Ach ja? Wie war es da?* | **What will the weather be like there at that time of the year?** *Wie wird dort das Wetter zu der Jahreszeit sein?*

3.5 What is ... about? / What are ... about?

Mit **What is ... about?** (Vergangenheit: **What was ... about?** / **What were ... about?**) lässt sich erfragen, wovon etwas (z.B. ein Buch, ein Film, ein Vortrag, eine Diskussion usw.) handelt bzw. worum es bei etwas geht:

What's his latest novel about? *Wovon handelt sein neuester Roman? Worum geht es in seinem neuesten Roman?* | **What was all the argument about?** *Worum ging es bei dem ganzen Streit?* | **What's it all about?** *Worum geht es eigentlich? Worum geht es überhaupt?*

▶ Verwechseln Sie **What is ... about?** nicht mit **What about ...?** *(Wie steht es mit...?)* Schon die Konstruktion macht den Unterschied deutlich. Bei **What is... about ?** umrahmen **what** und **about** den Rest des Satzes. **What about...?** dagegen wird nur zusammenhängend verwendet. Vergleichen Sie:

What's the book **about**? – It's about a man who lost his memory.
Wovon handelt das Buch? – Es handelt von einem Mann, der sein Gedächtnis verlor.

What about my book? Can I have it back at last?
Was ist mit meinem Buch? Kann ich es endlich wiederhaben?

3.6 DEUTSCH: haben – ENGLISCH: be

Achtung: Bei einigen Verbindungen, die im Deutschen mit *haben* gebildet werden, verwendet das Englische nicht **have**, sondern die entsprechenden Formen von **be**. Hier die wichtigsten:

ANGST HABEN (VOR ...): **be afraid** [AmE: **be scared**] (of...)
My little sister **is afraid** of big dogs.
*Meine kleine Schwester **hat Angst** vor großen Hunden.*

DIE NASE VOLL HABEN, GENUG HABEN (VON...): **be fed up** (with ...)
I **am** fed up with his foolish talk.
*Ich **habe** die Nase voll von seinem blöden Gerede.*

FERIEN / URLAUB HABEN: **be on holiday** [AmE: **be on vacation**]
When the children **are** on holiday, they never get up before eleven.
*Wenn die Kinder Ferien **haben**, stehen sie nie vor elf auf.*

ES EILIG HABEN: **be in a hurry**
He is one of those people who **are** always **in a hurry**.
*Er ist einer von den Menschen, die es immer **eilig haben**.*

GEDULD HABEN: **be patient**
Please **be patient for a moment**.
*Bitte haben Sie einen Moment **Geduld**.*

GEÖFFNET HABEN: **be open**, GESCHLOSSEN HABEN: **be closed**
This shop **is closed**, but the one at the airport **is** still **open**.
*Dieser Laden **hat geschlossen**, aber der am Flughafen **hat** noch **geöffnet**.*

GLÜCK HABEN: **be lucky**, PECH HABEN: **be unlucky**
This time we **were** really **lucky** with our hotel.
*Dieses Mal **hatten** wir wirklich **Glück** mit unserem Hotel.*

I **am** always **unlucky** at cards.
*Ich **habe** immer **Pech** beim Kartenspielen.*

HUNGER HABEN: **be hungry**, DURST HABEN: **be thirsty**
We **were hungry** and the children **were thirsty**.
*Wir **hatten Hunger**, und die Kinder **hatten Durst**.*

GUTE LAUNE HABEN: **be in a good mood**
SCHLECHTE LAUNE HABEN: **be in a bad mood**
She **is** nice, helpful and **always in a good mood**.
*Sie ist nett, hilfsbereit und **hat immer gute Laune**.*

You had better leave him alone; he **is in a bad mood** today.
*Lass ihn lieber in Ruhe, er **hat heute schlechte Laune**.*

LANGEWEILE HABEN: **be bored**
If you **are bored**, you can help me in the kitchen.
*Wenn du **Langeweile hast**, kannst du mir in der Küche helfen.*

RECHT HABEN: **be right**, UNRECHT HABEN: **be wrong**
Last time you **were right**, but this time you **are wrong**.
*Letztes Mal **hattest** du **Recht**, aber diesmal **hast** du **Unrecht**.*

SCHULDEN HABEN: **be in debt**
It's nothing unusual nowadays to **be in debt**.
*Es ist heutzutage nichts Ungewöhnliches, **Schulden zu haben**.*

ÜBERGEWICHT HABEN: be overweight
She **is** at least five kilos **overweight**.
Sie hat mindestens 5 Kilo Übergewicht.

SICH VERSPÄTEN, [Bus, Bahn, Flugzeug] VERSPÄTUNG HABEN: be late
A lot of trains **were late** that day.
Viele Züge hatten an dem Tag Verspätung.

ZEIT HABEN, FREI HABEN [nichts anderes vor haben]: be free
Are you **free** this weekend?
Haben Sie dieses Wochenende Zeit?

ZU TUN HABEN [beschäftigt sein]: be busy
I'm sorry, my colleague **is busy** at the moment. Can he ring you back?
Tut mir leid, mein Kollege hat im Moment zu tun. Kann er Sie zurückrufen?

NOTIEREN SIE SICH AUCH DIE FOLGENDEN WENDUNGEN

This flat **is** exactly **the right size** for us.
Diese Wohnung hat genau die richtige Größe für uns.

Sandra **is the ideal shape** for a dancer.
Sandra hat die ideale Figur für eine Tänzerin.

George **is** about **my age**.
George hat ungefähr mein Alter
oder: George ist ungefähr in meinem Alter.

He **is** something **of an adventurer**.
Er hat etwas von einem Abenteurer.

Here you are!
[beim Überreichen von etwas] *Hier hast du es. Hier, bitte.*
Here we are!
[etwas sehend, entdeckend, begreifend] *Da haben wir's ja! Da ist es ja!*
There you are!
[triumphierend, sich in etwas bestätigt fühlend] *Da hast du's! Ich hab's dir ja gesagt!*

IN FRAGEN

What colour **is / are** ...?	*Welche Farbe hat / haben...?*
What size **is / are** ...?	*Welche Größe hat / haben...?*
What number **is** ... ?	*Welche Nummer hat... ?*
What day **is** today?	*Was für einen Tag haben wir heute?*
What's the date today?	*Den wie vielten haben wir heute?*
When **is** Mike's birthday?	*Wann hat Mike Geburtstag?*
When **is** your holiday?	*Wann habt ihr Urlaub?*

4   DAS VERB **HAVE**

Das Verb **have** ist
- ein Vollverb mit der Hauptbedeutung *haben*
- ein Hilfsverb zur Bildung der *Perfect Tenses* [→ 166 (5.3)]

Der Formenbestand von **have** umfasst

die Gegenwartsformen:	**have** *habe, hast, habt, haben* | **has** *hat*
die Vergangenheitsform:	**had** *hatte*
die Grundformen:	**have** *haben* | **to have** *zu haben*
die Partizipien:	**having** *habend* [bleibt in dieser Bedeutung meist unübersetzt]
	had *gehabt*

ÜBERSICHT

GEGENWART	VERGANGENHEIT	GRUNDFORMEN (INFINITIVE)	
I **have**	I **had**	**1**. Form	**to**-Form
you **have**	you **had**	**have**	**to have**
he **has**	he **had**		
she **has**	she **had**	PARTIZIPIEN	
it **has**	it **had**		
we **have**	we **had**	-ing-Form	3. Form
they **have**	they **had**	**having**	**had**

4.1 ERGÄNZUNGEN VON **HAVE**

Das Vollverb **have** in seiner Hauptbedeutung *haben* wird in zahllosen Verbindungen gebraucht, die keineswegs immer nur ein Besitz- oder Zusammengehörigkeitsverhältnis bezeichnen. Hier eine Liste der gebräuchlichsten Ergänzungen:

have **abilities**	*Fähigkeiten, Talente haben*
have **difficulty** in sth / doing sth	*(bei etwas) Schwierigkeiten haben*
have **experience** of sth	*mit etw Erfahrung haben*
have **power**	*Macht haben*
have **a flair** for sth	*ein Gespür für etw haben*
have **a gift** for sth	*eine Begabung für etw haben*
have **a clue**	*Ahnung haben*
have **a point**	*(mit etwas) nicht ganz Unrecht haben*
have **breakfast**	*frühstücken*
have **lunch**	*zu Mittag essen*
have **supper** [oder: **dinner**]	*zu Abend essen*
have **a break**	*Pause machen*
have **coffee, tea, a drink** usw.	*Kaffee, Tee usw. trinken*
have **a drink**	*etwas trinken*
have **a glass** / have **a jar**	*ein Gläschen trinken*
have **a smoke**	*eine rauchen*
have **a cigarette, a cigar**	*eine Zigarette, eine Zigarre rauchen*
have **a bath**	*ein Bad nehmen*
have **a swim**	*schwimmen*
have **a wash**	*sich waschen*
have **a shave**	*sich rasieren*
have **a chat**	*plaudern, schwatzen, „klönen"*
have **visitors**	*Besuch haben*
have **a look** at sth	*sich etwas ansehen, nachsehen*
have **a holiday**	*Urlaub haben*
have **driving lessons**	*Fahrstunden nehmen*
have **a chair** / have **a seat**	*sich setzen, Platz nehmen*
have **a claim** to sth	*auf etwas Anspruch haben*
have **control** of sth	*etwas im Griff haben*
have **help**	*Hilfe bekommen*
have **support**	*Unterstützung erhalten*
have **a letter, an e-mail** etc.	*einen Brief, eine E-mail bekommen*
have **news** from sb	*Nachricht haben, Neuigkeiten erfahren*
have **a good / bad memory**	*ein gutes/schlechtes Gedächtnis haben*
have **a clear conscience**	*ein reines Gewissen haben*
have **a clean record**	*einen tadellosen Ruf haben*
have **compassion** for sb	*mit jemandem Mitleid haben*
have **an argument**	*Streit haben, eine Auseinandersetzung haben*
have **an aversion** to sb/sth	*eine Abneigung gegen jemanden/etwas haben*
have **a go**	*etwas (aus)probieren*
have **a try**	*etwas versuchen*
have **a fit**	*einen Anfall bekommen*
have **a say**	*mitreden können, etwas zu sagen haben*
have **the blues**	*deprimiert sein, niedergeschlagen sein*
have **the choice**	*die Wahl haben*
have **control** of sth	*etwas im Griff haben*
have **a bad cold**	*sich erkältet haben*
have **a good time**	*Spaß haben, sich gut amüsieren*
have **a bad time**	*eine schwere Zeit durchmachen*
have **a good / bad night**	*gut / schlecht schlafen*
have **a fever** / have **a temperature**	*Fieber / (erhöhte) Temperatur haben*
have the **flu**	*Grippe haben*
have **a touch of flu**	*eine leichte Grippe haben*
have **(the) hiccups**	*Schluckauf haben*
have **a baby**	*ein Baby bekommen*
have **a phone call**	*einen Anruf bekommen*
have **an appointment**	*einen Termin, eine Verabredung haben*
have **a date**	*eine (private) Verabredung haben*
have **a birthday**	*Geburtstag haben*
have **a party**	*eine Party feiern*
have **fun**	*Spaß haben, sich amüsieren*
have **affairs**	*[Partner] fremdgehen*
have **regrets**	*etwas bereuen*
have sb **to dinner**	*jemanden zum Essen eingeladen haben*
have sb **to stay**	*jemanden zu Besuch haben*
have **bats in the belfry**	*nicht alle Tassen im Schrank haben*
have **money to burn**	*Geld wie Heu haben*

4.2 HAVE und HAVE GOT

BRITISCHES ENGLISCH

Im gesprochenen britischen Englisch hört man anstelle eines einfachen **have** häufig **have got**, und zwar vorwiegend im Zusammenhang mit

- Besitz: We **have got** a big motorhome.
- Verwandtschaft: My wife **has got** a brother and two sisters.
- Krankheiten: I**'ve got** a headache.

Genau genommen, ist **have got** das *Present Perfect* von **get**, bedeutet also in wörtlicher Übersetzung: *bekommen haben*, was den Sachverhalt ja durchaus zutreffend beschreibt. Schließlich hat man alles, was wir oben aufgezählt haben, einmal bekommen: das Wohnmobil, das man besitzt, ebenso die Schwester, und auch die Kopfschmerzen.

Bei der Verwendung von **have got** sind allerdings einige Besonderheiten zu beachten, auf die hier kurz eingegangen werden soll:

FRAGE UND VERNEINUNG

Da **have** in der Verbindung **have got** ein Hilfsverb ist, wird die Verneinung – wie immer bei Hilfsverben – mit **not** und die Frage durch *Umstellung* gebildet, in jedem Fall also ohne eine Form von **do**:

We **haven't got** a motorhome.
My wife **hasn't got** any brothers or sisters.
[Nicht: *I don't have got a caravan. *She doesn't have got any brothers or sisters.]

Have you got a motorhome?
Has your wife **got** any brothers or sisters?
[Nicht: *Do you have got a caravan? *Does your wife have got any brothers or sisters?]

KEINE VERWENDUNG VON HAVE GOT

have got wird nicht verwendet

– wenn von Zuständen oder sich wiederholenden Vorgängen die Rede ist. Vergleichen Sie:
  I **have got** a lot to do this week.
  Ich habe diese Woche viel zu tun. [Einmalig]
  I always **have** a lot to do.
  Ich habe immer viel zu tun. [Dauerzustand]

– in den Zeitformen des Past:
  He **had** bad pneumonia last week.
  [Nicht: *He **had got** ...]
  Er hatte letzte Woche eine schwere Lungenentzündung.

– als **to**-Form:
  It's good **to have** a motorhome when you travel as much as we do.
  [Nicht: *... **to have got** a motorhome.]
  Es ist gut, ein Wohnmobil zu haben, wenn man so viel reist wie wir.

AMERIKANISCHES ENGLISCH

Im amerikanischen (und zunehmend auch im britischen) Englisch – wird überwiegend **have** verwendet. Da **have** ein Vollverb ist, müssen Frage und Verneinung mit Hilfe einer Form von **do** gebildet werden:

We **don't have** a motorhome. My wife **doesn't have** any brothers or sisters.
Do you have a motorhome? **Does** your wife **have** any brothers or sisters?
Did you have much to do last week? I **didn't have** much to do last week.

have got ist im amerikanischen Englisch seltener zu hören, und wenn doch, dann häufig unter Weglassung von **have**:

I **got** trouble with my boss.
Ich habe Ärger mit meinem Chef.

You **got** tickets for the show?
Hast du Karten für die Show?

In verneinten Sätzen sind auch Wendungen mit **got no** ... zu hören:

I **got** no money.   You **got** no reason to worry.
Ich habe kein Geld.   Du hast keinen Grund, dir Sorgen zu machen.

5 DAS VERB DO

Das Verb **do** ist
- ein Vollverb mit der Hauptbedeutung *machen, tun*
- ein Hilfsverb zur Bildung von *Fragen* und *Verneinungen* bei Vollverben [→ **276** (8.2)]

Der Formenbestand von **do** umfasst

die Gegenwartsformen	**do** *tue / mache, tust / machst, tut / macht, tun / machen*
	does *tut, macht*
die Vergangenheitsform	**did** *tat / machte, tatest / machtest, tatet / machtet, taten / machten*
die Grundformen	**do** *tun / machen*	**to do** *zu tun / zu machen*
die Partizipformen	**doing** *machend*
	done *getan / gemacht*

ÜBERSICHT

GEGENWART	VERGANGENHEIT	INFINITIVE	
I **do**	I **did**	**1**. Form	**to**-Form
you **do**	you **did**	**do**	**to do**
he **does**	he **did**		
she **does**	she **did**	PARTIZIPIEN	
it **does**	it **did**		
we **do**	we **did**	-**ing**-Form	**3**. Form
they **do**	they **did**	**doing**	**done**

5.1 VERWENDUNG ALS VOLLVERB

do, als Vollverb verwendet, bedeutet *tun, machen* und wird in dieser Bedeutung manchmal mit **make** verwechselt. Der wesentliche Unterschied ist, kurz gesagt, folgender:

- **do** steht – ohne Objekt – für *tun, machen* in einem ganz allgemeinen Sinne, ohne nähere Angabe darüber, was getan oder gemacht wird: What can I **do** for you? | **Do** what you like. | All we can **do** is wait. | What are you **doing**? | What have you **done**?

- **do** steht für *machen* im Sinne von *erledigen, in Ordnung bringen, wegarbeiten, abarbeiten*: **do** business, **do** a crossword puzzle, **do** an interview, **do** a translation, **do** a room, **do** the washing up, **do** one's hair

- **make** – meist mit Objekt – steht für *machen* im Sinne von *herstellen, erzeugen, anfertigen, zubereiten, hervorbringen usw.*: **make** coffee, **make** a mistake, **make** money, **make** a profit, **make** progress, **make** a deal usw.

5.2 VERWENDUNG ALS HILFSVERB

Als Hilfsverb wird **do** bei der Bildung von Frage und Verneinung benötigt, jedoch nur in Sätzen, in denen kein anderes Hilfsverb vorkommt.

Wir fassen die entscheidenden Regeln hier kurz zusammen:

FRAGESÄTZE

Grundsätzlich werden englische Fragesätze durch *Umstellung* gebildet. Umstellung bedeutet: das Subjekt tauscht seinen Platz *mit dem ersten Hilfsverb*:

AUSSAGE:	**Martha is** still telephoning.
FRAGE:	**Is Martha** still telephoning?
AUSSAGE:	**Susan will** be at home when we come back.
FRAGE:	**Will Susan** be at home when we come back?

Die einfachen Zeiten *Present Simple* und *Past Simple* jedoch, die allein aus einer Vollverb-Form (**1**. Form, **s**-Form oder **2**. Form) bestehen, also kein Hilfsverb haben, mit dem eine Umstellung möglich wäre, bilden ihre Frageform ersatzweise mit **do**, **does** und **did**. Das mit ihnen verbundene Vollverb steht hierbei immer in der **1**. **Form**:

Present Simple	AUSSAGE:	**They know** what happened.
	FRAGE:	**Do they know** what happened?
	AUSSAGE:	**He knows** nothing about it.
	FRAGE:	**Does he know** anything about it?
Past Simple	AUSSAGE:	**She knew** it was going to be difficult.
	FRAGE:	**Did she know** it was going to be difficult?

VERNEINTE SÄTZE

Grundsätzlich wird ein englischer Satz verneint, indem man hinter sein erstes Hilfsverb das Verneinungswort **not** (in zusammengezogenen Formen **n't**) einfügt:

AUSSAGE:	I **would** understand such behaviour.
VERNEINUNG:	I **would not / wouldn't** understand such behaviour.
AUSSAGE:	We **have** accepted their offer.
VERNEINUNG:	We **have not / haven't** accepted their offer.
AUSSAGE:	If it is sunny, we **will** be there.
VERNEINUNG:	If it rains, we **won't** be there.

Die einfachen Zeiten *Present Simple* und *Past Simple* jedoch, die nur aus einer Vollverb-Form (**1.** Form, **s**-Form oder **2.** Form) bestehen, die also kein Hilfsverb haben, dem sie **not** anfügen könnten, bilden ihre verneinte Form ersatzweise mit **don't**, **doesn't** und **didn't**. Das mit ihnen verbundene Vollverb steht hierbei immer in der **1. Form**:

Present Simple

AUSSAGE:	They **know** what happened.
VERNEINUNG:	They **don't know** what happened.
AUSSAGE:	He **knows** nothing about it.
VERNEINUNG:	He **doesn't know** anything about it.

Past Simple

AUSSAGE:	She **knew** it was going to be difficult.
VERNEINUNG:	She **didn't know** it was going to be difficult.

► BEACHTEN SIE: Mit Ausnahme der Befehlsform (**Don't be** … !) werden die Formen von **be** immer mit **not** verneint, auch dann, wenn **be** *Vollverb* ist, also keine weitere Verbform folgt:

AUSSAGE:	The boss **is** in his office.
VERNEINUNG:	The boss **is not** (**isn't**) in his office.

5.3 VERSTÄRKUNG DER AUSSAGE

Das Hilfsverb **do** kann zur Bekräftigung einer Äußerung oder einer Aufforderung auch in Aussagesätzen stehen. Im Deutschen lässt sich ein solcher Effekt nur durch entsprechende Betonung oder durch das Hinzufügen von Wörtern wie *schon, doch, aber, endlich* erreichen:

You **do** look good today.
Du SIEHST heute aber gut aus.

I **do** like him.
Ich mag ihn SCHON.

Well, she **does** talk a lot.
Naja, sie redet SCHON viel.

Do come in!
Kommen Sie DOCH herein!

Do shut up!
Halt ENDLICH den Mund!

Even if no one else believes you, I **do** believe you.
Auch wenn dir sonst niemand glaubt, ICH glaube dir.

Ein verstärkendes **do** kann auch dazu dienen, bestimmte Äußerungen oder Behauptungen richtigzustellen:

It's a pity that you don't have any children. – But I *do* have children!
Schade, dass Sie keine Kinder haben. – Aber ich HABE Kinder!

Why didn't you phone her? – But I *did* phone her!
Warum hast du sie nicht angerufen? – Aber ich HABE sie angerufen.

Durch ein verstärkendes **do** lässt sich ferner ausdrücken,
dass ein erwartetes, vermutetes oder erhofftes Geschehen tatsächlich eingetreten ist:

He had always said he would become rich. And he *did* become rich!
Er hatte immer gesagt, er würde reich werden. Und er WURDE reich.

**I had little hope that the stolen bike would turn up again.
But it *did* turn up again!**
*Ich hatte wenig Hoffnung, dass das gestohlene Fahrrad wieder auftaucht.
Aber es TAUCHTE wieder auf!*

9 Modale Hilfsverben (Modalverben)

Modalverben (engl.: *modal auxiliaries,* kurz: *modals*) „modifizieren" die Aussage eines Satzes: sie betrachten das im Vollverb genannte Geschehen nicht als etwas tatsächlich Stattfindendes, sondern betonen bestimmte Aspekte im Vorfeld des eigentlichen Geschehens. Anders ausgedrückt: Modalverben sagen nicht, was *ist* oder was *geschieht,* sondern drücken aus, was sein oder geschehen *kann, muss, wird, würde, sollte* usw.

Wenn wir uns einen einfachen Satz wie *Belinda can swim* ansehen, wird sofort deutlich, dass darin nicht von einer *Tätigkeit* die Rede ist, sondern von einer *Fähigkeit:* es wird gesagt, dass Belinda schwimmen *kann,* nicht aber, dass sie es *tut.* Andere dieser sogenannten „modalen" Aspekte eines Geschehens sind

- eine **Erlaubnis**:   You **may** use my phone.
- eine **Verpflichtung**:   We **must** finish this job by tomorrow.
- eine **Bitte**:   **Could** you tell me the way?
- ein **Rat**:   You **shouldn't** smoke so much.
- eine **Befürchtung**:   He **might** be ill.

MERKMALE VON MODALVERBEN

KEINE FORMEN

Aufgrund ihrer Funktion im Satz werden Modalverben den Hilfsverben zugerechnet, haben jedoch, im Unterschied zu **be**, **have** und **do**, keine Formen, weshalb sie auch als *unvollständige Hilfsverben* bezeichnet werden. Wortbildungen wie **cans, *to will, *maying* oder **musted* gibt es nicht – mit der für den Schüler erfreulichen Konsequenz, dass Modalverben wie ganz gewöhnliche Vokabeln gelernt werden können.

NICHT ALS EINZIGES VERB IM SATZ VERWENDBAR

Anders als im Deutschen können Modalverben in einem englischen Satz – ausgenommen in *Kurzsätzen* [→ THEMA **14**, ab Seite 193] nur in Verbindung mit einem Vollverb auftreten:

I **must go** to the bank.   [Nicht: **I must to the bank.*]
Can you **speak** German?   [Nicht: **Can you German?*]

Im Deutschen hingegen würde man Sätze wie *Ich muss zur Bank* und *Können Sie Deutsch?* nicht als falsch ansehen.

Das auf ein Modalverb folgende Vollverb steht immer in der *Grundform,* meist in der **1.**, seltener in der **to**-Form, auch nach **he, she, it**:

She **must find** her way.
Sie muss ihren Weg finden.
Nicht: **She must finds her way.* Das wäre: **Sie muss ihren Weg findet.*

He **should** realise that it **won't work**.
Er sollte einsehen, dass es nicht funktionieren wird.
Nicht: **should realises ... (*sollte einsieht ...),* **won't works ... (* ... nicht funktioniert wird.)*

ERSATZFORMEN

Der Gebrauch von Modalverben unterliegt bestimmten Einschränkungen. Daher müssen sie in einigen Fällen durch andere, sinnverwandte Verben, sogenannte *Ersatzformen,* umschrieben werden.

Bei diesen Ersatzformen handelt es sich überwiegend um Ausdrücke mit **be**, an die sich das folgende Vollverb in der **to**-Form anschließt, z.B. **be to**, **be supposed to**, **be said to** (für **shall**), **be able to** (für **can**) oder **be allowed to** (für **may**). Hinzu kommt **have to** als Ersatzform für **must**.

PRO SATZ NUR EIN MODALVERB

In englischen Sätzen können, anders als in deutschen, nicht zwei Modalverben nebeneinander auftreten. Will man einen deutschen Satz, der zwei Modalverben enthält, korrekt ins Englische übertragen, so ist das *zweite* deutsche Modalverb durch eine geeignete Ersatzform wiederzugeben. Beispiel:

We **will have to** sell the car. [Nicht: **We will must sell the car.*]
*Wir **werden** das Auto verkaufen **müssen**.*

Im deutschen Satz kommen zwei Modalverben vor *(werden* und *müssen),* von denen aber nur das erste *(werden)* durch ein englisches Modalverb wiedergegeben werden darf: **will**. Für das zweite Modalverb *(müssen)* ist eine geeignete Ersatzform einzusetzen, in diesem Fall wäre das **have to** (anstelle von **must**).

WORTSCHATZ

Die folgenden 9 Wörter gelten als die „klassischen" Modalverben des Englischen:
can, could, may, might, must, shall, should, will, would

Einige Modalverben sind mit der **to**-Form verbunden:
ought to ..., **used** to ..., **need** to ..., **dare** to ...

Die Verben **need** und **dare** stellen einen Sonderfall dar. Sie werden in einigen Fällen wie ein Modalverb, in anderen wie ein Vollverb behandelt.

Auch diese beiden Ausdrücke haben die Funktion eines Modalverbs:
would rather, had better

DIE MODALVERBEN IM EINZELNEN

Die folgenden Seiten geben einen umfassenden Überblick über die Modalverben des Englischen und ihre Ersatzformen. Zu jedem Verb finden Sie eine kurze Anwendungsbeschreibung und Beispielsätze, die den Gebrauch veranschaulichen.

1 CAN

Mit dem Modalverb **can**, verneint: **cannot** (in einem Wort geschrieben, kurz: **can't**, deutsch: *kann, kannst, könnt, können*) betrachtet man Zustände und Tätigkeiten vor allem unter den Gesichtspunkten *Fähigkeit, Möglichkeit, Erlaubnis.*

FÄHIGKEIT

can bzw. **can't** bezeichnen die geistige, körperliche, bei Geräten auch die technische *Fähigkeit* bzw. *Unfähigkeit,* etwas zu tun oder zu leisten:
Can you translate this text into English? *Können Sie diesen Text ins Englische übersetzen?* | **How long can you hold your breath?** *Wie lange kannst du die Luft anhalten?* | **Some animals can see in the dark.** *Einige Tiere können im Dunkeln sehen.* | **I understand Greek, but I can't write it.** *Ich verstehe Griechisch, aber ich kann es nicht schreiben.* | **Isn't it amazing what computers can do?** *Ist es nicht erstaunlich, was Computer (alles) können?* | **Money can't buy everything.** *Mit Geld ist nicht alles zu haben.*

MÖGLICHKEIT

can bzw. **can't** bezeichnen die aufgrund gegebener Umstände oder Voraussetzungen bestehende *Möglichkeit* bzw. *Unmöglichkeit,* etwas zu tun:
With a satellite dish you can receive hundreds of TV channels. *Mit einer Satellitenschüssel kann man Hunderte von Fernsehkanälen empfangen.* | **Mrs Mortimer isn't in, I'm afraid, but you can leave a message for her.** *Mrs Mortimer ist leider nicht da. Aber Sie können eine Nachricht für sie hinterlassen.* | **Can we have two tickets for the late night performance?** *Können wir zwei Karten für die Spätvorstellung haben?* | **You can't open this door with a normal key.** *Man kann diese Tür nicht mit einem normalen Schlüssel öffnen.* | **If we run short of money, we can always get some from the cash machine.** *Wenn uns das Geld ausgeht, können wir immer noch welches aus dem Automaten holen.*

ERLAUBNIS und VERBOT

Mit **can** bzw. **can't** kann man um eine *Erlaubnis* bitten, sie erteilen oder verweigern. Vergleichen Sie hierzu auch **may** [→ 137 (3)].

You can use my laptop if you want to send an e-mail. *Sie können meinen Laptop benutzen, wenn Sie eine E-Mail versenden wollen.* | **Can I have another piece of plum cake? – No, you can't. But you can give another one to me.** *Kann ich noch ein Stück Pflaumenkuchen haben? – Nein. Aber du kannst mir noch eines geben.* | **Tell your friends they can stay overnight and have breakfast with us tomorrow.** *Sag deinen Freunden, sie können über Nacht bleiben und morgen mit uns frühstücken.*

1.1 ERSATZFORMEN

Als Ersatzformen für **can** kommen in Frage: **be able** to ... *(fähig sein),* **be in a position** to ... *(in der Lage sein),* **be capable** of ...-ing *(zu etwas imstande sein; etwas fertig bringen).*

Candidates for this job must be able to use a computer. *Bewerber für diesen Job müssen mit einem Computer umgehen können.* | **We are not yet in a position to give you any further details.** *Wir können Ihnen noch keine weiteren Einzelheiten mitteilen.* [Wörtl.: Wir sind noch nicht in der Lage, Ihnen weitere Einzelheiten mitzuteilen.] | **I strongly doubt that he is capable of doing such things.** *Ich bezweifle stark, dass er zu so etwas fähig ist.* [Oder: ... dass er es fertig bringt, so etwas zu tun.]

2 COULD

Das Modalverb **could** (verneint: **could not**, verkürzt: **couldn't**, deutsch: *könnte, könntest, könntet, könnten*) lässt sich auf unterschiedliche Weise verwenden.

Zur Verwendung von **could** mit Bezug auf die Vergangenheit *(konnte usw.)* → **149** (15)

HÖFLICHE BITTE

could leitet eine Bitte bzw. eine höflich formulierte Aufforderung ein:

Could you do me a favour? *Könnten Sie mir einen Gefallen tun?* | **Could someone close the door please?** *Könnte bitte jemand die Tür zumachen?* | **Could we borrow your bicycles over the weekend?** *Könnten wir über das Wochenende eure Fahrräder ausleihen?* | **Could anyone explain to me what that means?** *Könnte mir jemand erklären, was das bedeutet?* | **Couldn't you come a little earlier so that we can have tea together?** *Könntet ihr nicht ein wenig früher kommen, damit wir zusammen Tee trinken können?*

VERMUTUNGEN, SPEKULATIONEN, LÖSUNGSVORSCHLÄGE

Mit **could** lässt sich darüber spekulieren, was passieren könnte, was jemand tun könnte, was getan werden könnte usw. Oft geht es dabei um Äußerungen, in denen nach Lösungen oder Erklärungen für etwas gesucht wird:

That could be the solution to our problem. *Das könnte die Lösung unseres Problems sein.* | **We could go by car, but we could just as well walk.** *Wir könnten mit dem Auto fahren, aber wir könnten ebensogut zu Fuß gehen.* | **A project like this could create a large number of jobs.** *So ein Projekt könnte eine große Zahl von Arbeitsplätzen schaffen.* | **The government could do a lot more than they actually do to improve the situation.** *Die Regierung könnte viel mehr tun, als sie tatsächlich tut, um die Lage zu verbessern.* | **They told us to open the door and go in. But where could they have left the key?** *Sie sagten uns, wir sollten die Tür aufschließen und hineingehen. Aber wo könnten sie den Schlüssel hingelegt haben?*

COULD IN INDIREKTER REDE [→ **240** (1)]

could ersetzt **can**, wenn Äußerungen Dritter in *indirekter Rede* wiedergegeben werden:

Diana said we could phone her at any time. *Diana sagte, wir könnten sie jederzeit anrufen.* [Ursprünglicher Wortlaut: "You **can** phone me at any time."] | **She asked me if I could help her.** *Sie fragte mich, ob ich ihr helfen könne.* [Die Frage im Original: "**Can** you help me?"] | **The pilot informed us that the plane couldn't take off because of the fog.** *Der Pilot informierte uns, dass das Flugzeug wegen des Nebels nicht starten könne.* [Mitteilung im Wortlaut: "The plane **can't** take off because of the fog."]

COULD IN VERBINDUNG MIT EINEM if-SATZ [→ **255** (3)]

could folgt anstelle von **can** auf einen durch **if** *(wenn)* eingeleiteten Nebensatz der Bedingung, wenn dessen Verb im *past* steht:

I could earn a lot more if I worked in the investment business. *Ich könnte viel mehr verdienen, wenn ich in der Investmentbranche arbeiten würde.* | **If you spent less on clothes, you could buy shares in my company.** *Wenn du weniger für Kleidung ausgeben würdest, könnten wir Anteile an meiner Firma kaufen.* | **If we had a decent car, we could be there in less than half an hour.** *Wenn wir ein vernünftiges Auto hätten, könnten wir in weniger als einer halben Stunde dort sein.*

3 MAY

Dem Modalverb **may**, verneinte Form: **may not** (die Verkürzung zu **mayn't** ist möglich, aber unüblich), entsprechen die deutschen Verbformen *darf, darfst, darf, dürfen*, in anderen Zusammenhängen auch *kann, kannst, könnt, können*.

may steht darüberhinaus in Aussagesätzen, die das Deutsche mit der Angabe „vielleicht" umschreibt.

ERLAUBNIS und VERBOT

Mit **may** bzw. **may not** kann man in höflicher Form um etwas bitten, etwas erlauben oder etwas untersagen:

May I use your bathroom for a moment? *Darf ich kurz Ihr Bad / Ihre Toilette benutzen?* | **May I ask you a little favour?** *Darf ich Sie um einen kleinen Gefallen bitten?* | **May we leave our luggage here?** *Dürfen wir unser Gepäck hier stehen lassen?*

You may come to dinner now if you like. *Ihr könnt jetzt zum Essen kommen, wenn ihr wollt.* | **I'm sorry, but you may not park your car here.** *Es tut mir leid, aber Sie dürfen Ihr Auto hier nicht parken.*

May I …? oder Can I …?

Der deutschen Frage *Kann ich …?* entsprechen sowohl **may I** …? als auch **can I** …? Handelt es sich um eine Bitte, deren Erfüllung keine Selbstverständlichkeit ist, ist eher **may I** … angebracht:
May I use your telephone? **May I** ask you a question?

Erbittet man dagegen eine Dienstleistung, die der Gefragte normalerweise nicht abschlagen kann bzw. zu der er verpflichtet ist (etw bei Behörden, in Hotels oder Restaurants), so genügt **can** - wobei auch hier **could** die höflichere Variante wäre:
Can I have some stamps and a phone card?
Can I have a double room for two nights?
Where **can I** leave my luggage?

VERMUTUNGEN, DENKBARE ERKLÄRUNGEN (VIELLEICHT...)
may drückt eine Vermutung aus (im Deutschen meist mit *„vielleicht"* umschrieben):
She may be ill, **who knows**. *Vielleicht ist sie krank, wer weiß.* | **They may have lost their way**. *Vielleicht haben sie sich verfahren.* | **He may not know yet what happened**. *Vielleicht weiß er noch nicht, was passiert ist.* | **You may not remember me**. *Vielleicht erinnern Sie sich nicht an mich.* | **I may never see him again**. *Ich sehe ihn vielleicht nie wieder.*

EINRÄUMUNG (MAG …, MAG JA …)
may steht in Äußerungen, mit denen man bestimmte Tatsachen einräumt oder zugesteht, ohne eine vorher gefasste Meinung zu ändern:
It may sound funny, but it's true. *Es mag komisch klingen, aber es ist wahr.* | **The flat may be small, but it's cosy and affordable**. *Die Wohnung mag ja klein sein, aber sie ist gemütlich und bezahlbar.* | **You may even be right, but that is no reason for shouting like this**. *Vielleicht haben Sie sogar Recht, aber das ist kein Grund, so zu schreien.*

3.1 ERSATZFORMEN

Die gebräuchlichsten Ersatzformen für **may** sind **be allowed** to … und **be permitted** to … *(die Erlaubnis haben, zu …):*
Each pupil was allowed to bring one guest to the class reunion. *Jeder Schüler durfte einen Gast zum Klassentreffen mitbringen.* | **We were not allowed to take photographs inside the museum**. *Wir durften im Museum keine Fotos machen.* | **Under-age persons are not allowed to buy alcohol**. *Minderjährige dürfen keinen Alkohol kaufen.* | **Will you be allowed to use a dictionary**? *Werdet ihr ein Wörterbuch benutzen dürfen?*

4 MIGHT

might, verneint: **might not** (verkürzt: **mightn't**) entspricht in den meisten Anwendungen den deutschen Formen *könnte, könntest, könntet, könnten.* Es wird in ähnlicher Weise gebraucht wie **could** und **may**, wirkt jedoch vorsichtiger, zurückhaltender, persönlicher.

VERMUTUNGEN, ANREGUNGEN
Mit **might** lässt sich ausdrücken, was möglicherweise sein könnte bzw. was man in einer ganz bestimmten Situation tun könnte:
I might phone back later. *Ich rufe vielleicht später zurück.* | **It might not be as bad as it seems**. *Vielleicht ist es nicht so schlimm, wie es scheint.* | **As you might know, the company is in serious trouble**. *Wie Sie vielleicht wissen, ist die Firma in ernsten Schwierigkeiten.* | **We might just as well go home and wait for him there**. *Wir könnten ebensogut nach Hause gehen und dort auf ihn warten.*

WARNUNGEN
might warnt vor den unerwünschten Folgen unvorsichtigen oder unvernünftigen Verhaltens. Auch deutet **might** ein mögliches zukünftiges Geschehen an, das als besorgniserregend, bedrohlich, gefährlich empfunden wird:
Be careful with that vase, it might break. *Sei vorsichtig mit der Vase, sie könnte in die Brüche gehen.* | **Don't climb up there! You might break your neck**. *Klettere da nicht rauf! Du könntest dir den Hals brechen.* | **We fear that a lot of us might lose our jobs**. *Wir fürchten, dass viele von uns ihre Arbeit verlieren könnten.* | **A war might break out there any day**. *Ein Krieg kann dort jeden Tag ausbrechen.* | **Whatever he might tell you, don't believe him**. *Was immer er dir (auch) erzählen mag, glaube ihm nicht.*

MIGHT IN INDIREKTER REDE [→ **240** (1)]

might ersetzt **may** bei Äußerungen in *indirekter Rede*:

Ronald asked us if he might bring along his new girlfriend. *Ronald fragte uns, ob er seine neue Freundin mitbringen dürfe.* [Die Frage lautete: "**May** I bring along my new girlfriend?"] | **The boys told me they might go mountaineering next summer.** *Die Jungs erzählten mir, sie würden nächstes Jahr vielleicht Bergsteigen gehen.* [Die Mitteilung im Wortlaut: "We **may** go mountaineering next summer."]

MIGHT IN VERBINDUNG MIT EINEM if-SATZ [→ **255** (3)]

might folgt auf einen durch **if** *(wenn)* eingeleiteten Nebensatz der Bedingung, wenn dessen Verb in der *Vergangenheit* steht:

If he smoked less, he might be healthier. *Wenn er weniger rauchen würde, wäre er vielleicht gesünder.* | **I might find a job if I knew the right people.** *Vielleicht fände ich einen Job, wenn ich die richtigen Leute kennen würde.*

5   SHALL

Dem Modalverb **shall**, verneinte Form: **shall not**, verkürzt: **shan't**, entsprechen die deutschen Formen *soll, sollst, sollt, sollen.*

Die Frage **Shall we...?** wird im Deutschen mit ***Wollen* wir...?** wiedergegeben.

Der Gebrauch von **shall** beschränkt sich im modernen Englisch auf einige wenige Fälle:

- **shall** steht nur in Verbindung mit **I** und **we,** und dort zumeist in Frageform:
  Shall I...? *(Soll ich ...?)* **Shall we...?** *(Wollen wir ...?)*
- **shall** steht gelegentlich in Äußerungen, in denen ein fester Vorsatz zum Ausdruck gebracht werden soll:
  They **shall** not pass. This **shall** not happen again!

Zum Ausdruck eines zukünftigen Geschehens ist **shall** im modernen Englisch weitgehend durch **will** verdrängt worden:

I think we will have fine weather
Ich denke, wir werden schönes Wetter haben.
[Statt: I think we **shall** have fine weather.]

Wendungen mit **shall**, die sich auf etwas Zukünftiges beziehen, finden sich heute fast nur noch in einer gehobenen, feierlichen Sprache:

We shall all pay for our sins.
Wir werden alle für unsere Sünden bezahlen.

SHALL I ...?

Mit der Frage **shall I ...?** *(Soll ich ...?)* kann man Ratschläge Dritter erfragen, selbst Vorschläge machen oder anderen seine Hilfe anbieten:

The kettle is boiling. Shall I make tea or coffee? *Das Wasser kocht. Soll ich Tee oder Kaffee machen?* | **What shall I say?** *Was soll ich sagen?* | **Where shall I put these flowers?** *Wo soll ich diese Blumen hinstellen?* | **What shall I do with your old shoes?** *Was soll ich mit deinen alten Schuhen machen?* | **What shall we do with the drunken sailor?** [Anfangszeile eines alten Seemannsliedes] *Was sollen / wollen mit dem betrunkenen Matrosen machen?*

SHALL WE ...?

Shall we ...? entspricht der deutschen Frageform *Wollen wir ...?* und ist besonders dann eine brauchbare und hilfreiche Wendung, wenn man Gesprächspartnern Vorschläge für gemeinsame Unternehmungen machen bzw. deren Meinung dazu erfragen möchte:

Shall we stay another couple of days, or shall we leave? *Wollen wir noch ein paar Tage bleiben oder wollen wir abreisen?* | **Where shall we meet and at what time?** *Wo wollen wir uns treffen und um wieviel Uhr?* | **Which places shall we visit on our tour of Switzerland?** *Welche Orte wollen wir auf unserer Rundreise durch die Schweiz besuchen?*

FESTER VORSATZ

shall drückt die feste Entschlossenheit aus, einen Rat oder einen einmal gefassten Vorsatz zu befolgen, ein gegebenes Versprechen zu halten oder ein geplantes Vorhaben in die Tat umzusetzen:

We shall never forget what he did for us. *Wir werden nie vergessen, was er für uns getan hat.* | **I promised you a perfect day, and you shall not be disappointed.** *Ich habe dir einen tollen Tag versprochen, und du sollst nicht enttäuscht werden.* | **They shall pay for this!** *Dafür sollen sie büßen!* | **You shall be the first to be told.** *Du sollst es als erster erfahren.*

5.1 DIE ERSATZFORMEN BE TO und BE SUPPOSED TO

Sowohl **be to** als auch **be supposed to** sind Ersatzformen für **shall**. Nennenswerte Unterschiede in der Bedeutung gibt es nicht. Man könnte allenfalls anmerken, dass **be to** als der förmlichere, bestimmtere, **be supposed to** dagegen als der verbindlichere und darum wohl auch gebräuchlichere Ausdruck gilt.

ERWARTUNGEN

Grammatikalisch betrachtet, handelt es sich bei **be supposed to** um das Passiv des Verbs **suppose** *(annehmen, vermuten, erwarten)*. In diesem Sinne drückt **be supposed to** also das aus, was von einer Person oder einer Sache *angenommen, vermutet* oder *erwartet* wird:

Robert is supposed to make a speech at his birthday party. *Robert soll auf seiner Geburtstagsfeier eine Rede halten.* [Man erwartet von ihm, dass er das tut.] | **Everyone is supposed to bring a little present**. *Jeder soll ein kleines Geschenk mitbringen.* [Von jedem wird erwartet, dass er eines mitbringt.] | **Am I supposed to believe that**? *Soll ich das glauben?* [Erwartet man von mir, dass ich das glaube?] | **Is globalisation really supposed to be the answer to the world's problems?** *Soll Globalisierung wirklich die Antwort auf die Probleme der Welt sein?* | **The new regulations are supposed to prevent poverty in old age**. *Die neuen Regelungen sollen Altersarmut verhindern.*

ERKLÄRUNGSBEDARF

Fragen mit **be supposed to** (nicht jedoch mit **be to**) werden gern verwendet, wenn man mit Namen, Dingen oder Begriffen, die erwähnt wurden, nichts anzufangen weiß. Merken Sie sich insbesondere die folgenden:

What's that supposed to mean? *Was soll das bedeuten?* | **What's that supposed to be**? *Was soll das sein?* | **Do you know Barry Humphries**? – **Never heard of him, who's that supposed to be**? *Kennst du Barry Humphries? – Nie gehört, wer soll das sein?*

PLANUNGEN

be to und **be supposed to** verweisen auf etwas, das für einen bestimmten Termin geplant oder vorgesehen ist:

The opening ceremony is to [Oder: … **is supposed to**] **start at half past seven**. *Die Eröffnungsfeier soll um halb acht beginnen.* | **The bridge is to** [Oder: … **is supposed to**] **reopen for traffic on the 1st of September.** *Die Brücke soll am 1. September wieder für den Verkehr geöffnet werden.*

SCHLAGZEILEN

be to findet sich häufig in Schlagzeilen, wobei dann, der Kürze wegen, meist auch die jeweilige Form von **be** weggelassen wird:

Negotiations to continue on Wednesday. [Im Volltext: **The negotiations are to continue on Wednesday.**] *Die Verhandlungen sollen am Mittwoch weitergehen.* | **French Prime Minister to visit Canada in September**. [Ungekürzt: **The French Prime Minister is to visit Canada in September.**] *Der französische Premierminister besucht im September Kanada.*

ANWEISUNGEN

be to und – gemäßigter, weniger streng – **be supposed to** werden verwendet, um *Anweisungen* oder *Anordnungen* Dritter weiterzugeben:

You are supposed to wait down in the foyer. Etwa: *Sie MÖCHTEN unten in der Halle warten.* [**You are to wait** … wäre deutlich entschiedener, etwa: *Sie SOLLEN unten in der Halle warten.*] | **I'm to tell you that dinner will be served in a few minutes**. *Ich soll euch sagen, dass das Abendessen in ein paar Minuten serviert wird.* [= Man bat mich, euch zu sagen, dass …] | **We are not supposed to talk about it**. *Wir sollen nicht darüber reden.* [= Wir haben Anweisung, nicht darüber zu reden.]

5.2 DIE ERSATZFORM BE SAID TO

Für die Ersatzform **be said to** kennt das Deutsche eine ganze Reihe von Entsprechungen, z.B. *soll angeblich …, soll ja …, man sagt, …, es heißt, …, … wird nachgesagt, es wird behauptet, dass …*

He is said to be one of the most influential men in this business. *Er soll einer der einflussreichsten Männer in diesem Geschäft sein.* | **The new philharmonic hall is said to have cost twice as much as originally estimated**. *Die neue Philharmonie* [= Konzerthalle] *soll doppelt soviel gekostet haben wie ursprünglich veranschlagt.* | **Indians are said to have no fear of heights**. *Indianer haben angeblich keine Höhenangst.* | **Some of these plants are said to contain poisonous compounds**. *Einige dieser Pflanzen sollen giftige Substanzen enthalten.* [Oder: … *enthalten angeblich giftige Substanzen.*]

6 SHOULD

Das Modalverb **should**, verneint: **should not**, verkürzt: **shouldn't**, entspricht durchweg den deutschen Formen *sollte, solltest, solltet, sollten*

RATSCHLÄGE UND EMPFEHLUNGEN

Mit **should** und **shouldn't** wlassen sich Ratschläge geben und Empfehlungen aussprechen:

You should read the newspaper more often. *Du solltest öfter die Zeitung lesen.* | **She should eat more and smoke less**. *Sie sollte mehr essen und weniger rauchen.* | **One should never download any data from an unknown source**. *Man sollte niemals Daten aus einer unbekannten Quelle herunterladen.* | **You shouldn't always believe what people tell you**. *Ihr solltet nicht immer glauben, was die Leute euch erzählen.*

SINNVOLLES UND VERNÜNFTIGES

Mit **should** lässt sich ausdrücken, was man für richtig, angemessen, sinnvoll, vernünftig hält; **shouldn't** besagt das Gegenteil:

Everybody should have at least some basic knowledge of English. *Jeder sollte zumindest Grundkenntnisse in Englisch haben.* | **There should be a bus stop near here**. *Es sollte hier in der Nähe eine Bushaltestelle geben.* | **One shouldn't accept such behaviour**. *Man sollte so ein Verhalten nicht akzeptieren.*

FÜR DEN FALL, DASS ...

should steht für *sollte* im Sinne von: *Wenn ein bestimmter Fall eintritt...*

Should someone ask you, tell them you know nothing. *Sollte dich jemand fragen, sag ihm, du weißt (von) nichts.* | **In case you should need help, here is my mobile number**. *Für den Fall, dass du Hilfe brauchen solltest, hier ist meine Handynummer.* | **Should the weather be fine, the ceremony will take place in the garden**. *Sollte das Wetter gut sein, findet die Zeremonie im Garten statt.*

SHOULD IN INDIREKTER REDE [→ 240 (1)]

should ersetzt **shall**, wenn Äußerungen Dritter in *indirekter Rede* wiedergegeben werden:

She asked us if she should make some sandwiches for the journey. *Sie fragte uns, ob sie ein paar belegte Brote für die Fahrt machen solle.* [Frage in direkter Rede: **Shall** I make some sandwiches for the journey?] | **He promised that we should get our money back as soon as possible**. *Er versprach, dass wir unser Geld so bald wie möglich zurück bekommen sollten.* [Die Aussage in direkter Rede lautete: You **shall** get your money back as soon as possible.]

7 OUGHT (to ...)

ought, verneinte Form: **ought not**, verkürzt: **oughtn't**, entspricht den deutschen Formen *sollte, solltest, solltet, sollten* (häufig mit dem Zusatz ... *eigentlich*), in einigen Fällen steht es auch für *dürfte* oder *müsste*.

TUN, WAS SICH GEHÖRT

Die Form **ought** geht auf das Verb **owe** *(schulden, schuldig sein)* zurück. Daraus erklärt sich auch der diesem Wort zugrunde liegende Sinn: man fühlt sich zu einem bestimmten Handeln verpflichtet, weil es sich so gehört, weil man es jemandem schuldig ist:

We really ought to help them. *Wir sollten ihnen wirklich helfen.* | **You ought to apologise to him**. *Du solltest dich bei ihm entschuldigen.* | **You ought to bring her some flowers or a little present**. *Du solltest ihr ein paar Blumen oder ein kleines Geschenk mitbringen.* | **Oughtn't we to call the police**? *Sollten wir nicht die Polizei rufen?* [Oder: *Müssten wir nicht eigentlich die Polizei rufen?*] | **Some people ought to be ashamed of themselves**. *Einige Leute sollten sich schämen.*

NACH LAGE DER DINGE WAHRSCHEINLICH

Mit **ought** kann man zum Ausdruck bringen, dass etwas nach Lage der Dinge wahrscheinlich ist. Ein in diesem Sinne verwendetes **ought** entspricht den deutschen Formen *dürfte, müsste, müsste eigentlich*:

The euro ought to fall again soon. *Der Euro dürfte bald wieder fallen.* | **That ought not to be a big problem**. *Das dürfte kein großes Problem sein.* | **You ought to know me better**. *Du solltest mich eigentlich besser kennen.* | **They left at seven o'clock this morning, I think they ought to have arrived by now**. *Sie sind heute morgen um sieben Uhr losgefahren, ich denke, sie müssten jetzt angekommen sein.* | **There still ought to be documents on that case**. *Es müsste noch Unterlagen zu dem Fall geben.*

8   HAD BETTER und HAD BEST

Mit **had better**, verkürzt: **'d better**, verneint: **had better not** (nicht: *hadn't better!) lassen sich Ratschläge und Empfehlungen aussprechen. Darin ähnelt es **should** [→ **141** (6)], wirkt jedoch entschiedener und eindringlicher:

You'd better stay in bed with that cold. *Mit dieser Erkältung bleibst du besser im Bett.* | **We'd better wait till tomorrow.** *Wir sollten lieber bis morgen warten.* | **He'd better not go by car.** *Er sollte besser nicht mit dem Auto fahren.* | **Hadn't we better walk?** *Sollten wir nicht lieber zu Fuß gehen?*

In der Umgangssprache wird **had better** manchmal auf ein bloßes **better** reduziert: You **better stay** in bed with that cold. We **better wait** till tomorrow.

In ähnlichem Sinne wie **had better** lässt sich auch die Form **had best** (**'d best**) verwenden: **You had best engage a lawyer.** *Nimm dir am besten einen Anwalt.* | **We had best leave her alone.** *Wir sollten sie am besten in Ruhe lassen.*

▶ Denken Sie daran, dass die Verbform **had** in **had better** und **had best** nichts mit der Vergangenheit zu tun hat. Und weil das so ist, gibt es natürlich auch keine „Gegenwarts"-Formen wie *have better oder *has better.

9   MUST

In gewöhnlichen Aussagesätzen steht **must** für *muss, musst, müssen, müsst*. Die verneinte Form **must not**, verkürzt: **mustn't** entspricht dagegen den deutschen Formen *darf nicht, darfst nicht, dürft nicht, dürfen nicht*.

EIGENE ÜBERZEUGUNG, EIGENER ANTRIEB

Mit **must** drückt der Sprecher aus, was er nach eigener Überzeugung für notwendig, für wichtig, für unumgänglich erachtet:

We must tell him the truth. *Wir müssen ihm die Wahrheit sagen.* | **Good friends must stick together.** *Gute Freunde müssen zusammenhalten.* | **I must admit that you were right.** *Ich muss zugeben, dass du Recht hattest.* | **I still believe that children must obey their parents.** *Ich denke immer noch, dass Kinder ihren Eltern gehorchen müssen.* | **I must make it.** *Ich muss es schaffen.* | **We must constantly improve our service.** *Wir müssen unseren Service ständig verbessern.*

NOTWENDIGKEITEN, ANWEISUNGEN, RATSCHLÄGE, EINLADUNGEN

must gibt Anweisungen und Ratschläge, sagt, was zu tun ist:

You must enter your password first. *Du musst zuerst dein Passwort eingeben.* | **You must water the plant at least once a week.** *Ihr müsst die Pflanze mindestens einmal pro Woche gießen.* | **You must do something about your cough.** *Du musst etwas gegen deinen Husten tun.* | **Your wife must take a tablet every two hours.** *Ihre Frau muss alle zwei Stunden eine Tablette nehmen.* | **You really must meet my family.** *Du musst unbedingt meine Familie kennenlernen.*

VERBOTE: **MUST NOT**

Die verneinte Form **must not**, verkürzt **mustn't**, sagt aus, was verboten ist, was nicht sein darf, was nicht geschehen darf, was verhindert werden muss:

We mustn't be late. *Wir dürfen nicht zu spät kommen.* | **I mustn't eat so many sweets.** *Ich darf nicht so viele Süßigkeiten essen.* | **You mustn't forget that this is her first job.** *Sie dürfen nicht vergessen, dass dies ihr erster Job ist.* | **She must not know that I was here.** *Sie darf nicht wissen, dass ich hier war.* | **We must not underestimate the influence of the media.** *Wir dürfen den Einfluss der Medien nicht unterschätzen.*

---

must not ... oder **may not** ... ?

Der Unterschied ist weder groß noch bedeutend. Man könnte lediglich feststellen, dass **must not** als Verbotsäußerung eine Spur entschiedener, auch persönlicher wirkt als das eher förmliche **may not**, dem man unter anderem im Bereich offizieller Anordnungen begegnet.

So dürfte eine Hinweistafel im Zoo vermutlich die Aufschrift tragen: VISITORS MAY NOT FEED THE ANIMALS, während Eltern ihre Kinder eher mit den Worten **You must not feed the animals** auf dieses Verbot hinweisen würden.

---

must dient zum Ausdruck einer Schlussfolgerung, einer Überzeugung aufgrund einer aus bestimmten Umständen ersichtlichen Wahrscheinlichkeit:

The burglars must have known that nobody was at home. *Die Einbrecher müssen gewusst haben, dass niemand zu Hause war.* | **You must be tired after such a long journey.** *Ihr müsst müde sein nach so einer langen Reise.* | **There must be some mistake, I have never stayed at that hotel.** *Da muss ein Irrtum vorliegen. Ich habe nie in dem Hotel gewohnt.* | **She must be crazy.** [Scherzhaft] *Sie muss verrückt sein.* | **You must be joking** [Oder, besonders im AmE: **You must be kidding**]. *Du machst Witze! Du spinnst wohl!*

DIE ERSATZFORM **HAVE TO**

have to (verneinte Form: **don't have to**, Frageform: **do I have to** …?) drückt aus, wozu man durch Gesetze, Vorschriften, getroffenen Vereinbarungen oder Anordnungen von dritter Seite verpflichtet ist, unabhängig davon, ob man dies will oder nicht.

We all have to work in order to earn money. *Wir alle müssen arbeiten, um Geld zu verdienen.* | **My husband often has to travel abroad on business.** *Mein Mann muss oft geschäftlich ins Ausland reisen.* | **I have to take this medicine twice a day.** *Ich muss zweimal am Tag diese Medizin einnehmen.* | **More and more people in this country have to take on side jobs to get by.** *Immer mehr Menschen in diesem Land müssen Nebenjobs annehmen, um über die Runden zu kommen.*

---

must oder **have to?**

must drückt aus, dass man etwas tun muss und es auch tun *will:*
It's already half past eleven. I **must get up.**
Es ist schon halb zwölf. Ich muss aufstehen.

Aus diesem Satz lässt sich die Einsicht heraushören, dass es an der Zeit ist aufzustehen: um diese Uhrzeit, so findet der Sprecher, hat man einfach nicht mehr im Bett zu liegen.

have to / has to drücken aus, dass man etwas tun muss,
weil andere dazu auffordern oder die Umstände es erzwingen:
It's 6 o'clock. I **have to get up.**
Es ist sechs Uhr. Ich muss aufstehen.

Hier wird deutlich, dass dem Sprecher keine andere Wahl bleibt als aufzustehen, z.B. weil er zur Arbeit muss oder andere Umstände ihm keine Wahl lassen.

HAVE GOT TO

have got to bezieht sich auf Verpflichtungen *in einem konkret benannten Einzelfall:*

I am sorry, but I've got to go now. *Es tut mir leid, aber ich muss jetzt gehen.* | **Have I got to look through all these invoices?** *Muss ich alle diese Rechnungen durchsehen?* | **Paul has got to work a lot of overtime this week.** *Paul muss diese Woche jede Menge Überstunden machen.* | **How much have I got to pay this time?** *Wie viel muss ich diesmal bezahlen?*

10 NEED

Das Verb **need** gibt es gewissermaßen in zweifacher Ausfertigung. Zum einen kennen wir es als gewöhnliches Vollverb in der Bedeutung *brauchen, benötigen.* In dieser Verwendung folgt ihm entweder ein Objekt (She **needs** a new pair of glasses) oder eine Verb-Ergänzung mit **to** (She **needs to get** a new pair of glasses). Zur Bildung von Frage und Verneinung müssen wir uns einer Form von **do** bedienen: **Does she need** a new pair of glasses? bzw. **She doesn't need** (to get) a new pair of glasses.

need lässt sich aber auch wie ein Modalverb verwenden, allerdings fast ausschließlich in der *verneinten* Form **need not** (**needn't**): She **needn't get** a new pair of glasses. Nicht-verneinte Aussagesätze mit einem modalen **need** (*She need get a new pair of glasses) sind aus dem Sprachgebrauch so gut wie verschwunden, die Frageform (**Need she get** … ?) gilt gerade noch als akzeptabel, üblich ist sie aber auch nicht. Sagen Sie darum

- in Aussage- und Fragesätzen:
  I need to … und **Do I need to** …?
- in verneinten Sätzen:
  I don't need to … oder **I need not** (**I needn't** …)

Die folgenden Beispiele mögen dies veranschaulichen:

NEED (TO ...)

need to ähnelt in seiner Bedeutung **have to**. Es drückt aus, was notwendigerweise geschehen muss bzw. was als Voraussetzung, als Vorbedingung für etwas benötigt wird:

I need to know more about it before I can take action. *Ich muss mehr darüber wissen* [= Ich brauche mehr Informationen], *bevor ich etws unternehmen kann*. | **You will need to improve your English if you want to work abroad**. *Du wirst dein Englisch verbessern müssen, wenn du im Ausland arbeiten willst*. [Dies ist die Voraussetzung für einen Job im Ausland.] | **Do we need to change for dinner**? *Müssen wir uns zum Abendessen umziehen?* [Ist es erforderlich? Wird es erwartet?]

NEED NOT

Die Form **need not** (**needn't**) bezeichnet das genaue Gegenteil von **must**, sagt also aus, dass etwas nicht nötig ist, nicht getan zu werden braucht:

You need not buy the computer, you can lease it if you like. *Sie brauchen den Computer nicht zu kaufen, Sie können ihn mieten, wenn Sie möchten*. | **You need not wait for me if I'm late**. *Ihr braucht nicht auf mich zu warten, falls ich mich verspäte*. | **You needn't go shopping today. We have everything we need**. *Du brauchst heute nicht einkaufen zu gehen. Wir haben alles, was wir brauchen*.

11   DARE

dare kommt im Alltagsgespräch nicht allzu häufig vor. Wie **need** ist es kein lupenreines Modalverb, da es auch in der Form **dare to**, verneint: **don't dare to** zu hören ist, vor allem in Aussagesätzen und in Verbindung mit **would**:

I would never dare (to) swim across the Channel.
Ich würde mich nie trauen, den Kanal zu durchschwimmen.

Would you dare (to) do a bungee jump?
Würdest du dir zutrauen, einen Bungee-Sprung zu machen?

Zu den modalen Anwendungen von **dare** (verneint: **dare not**, verkürzt: **daren't**), denen man im modernen Englisch begegnet, gehören die folgenden:

FURCHTLOSIGKEIT, WAGEMUT

In Fragen und in verneinten Sätzen drücken **dare** bzw. **daren't** aus, was man zu tun wagt, was man sich zu tun getraut oder nicht.

Dare you really do such a thing? *Traust du dich wirklich, so etwas zu tun?* [Auch: **Would you really dare to do such a thing**?] | **Dare she report him to the police**? *Ob sie sich (wohl) traut, ihn anzuzeigen?* | **Politicians often daren't tell their constituents the whole truth**. *Politiker trauen sich oft nicht, ihren Wählern reinen Wein einzuschenken* [= ihnen die ganze Wahrheit zu sagen]. | **He daren't ask his boss for a rise**. *Er traut sich nicht, seinen Chef um eine Gehaltserhöhung zu bitten*.

EMPÖRUNG: **HOW DARE YOU ... !**

Die Wendung **How dare you**... drückt Empörung aus und macht deutlich, dass man ein bestimmtes Verhalten missbilligt. Sie entspricht deutschen Wendungen wie *Was fällt dir ein ..., Wie kommst du dazu ..., Wie kannst du es wagen ..., Was erlaubst du dir ...*:

How dare you read my emails? *Wie kommst du dazu, meine E-Mails zu lesen?!* | **How dare you talk to me like this**? *Was fällt Ihnen ein, so mit mir zu reden?*

ENTSCHIEDENES VERBOT: **YOU DARE! DON'T YOU DARE!**

You dare! oder **Don't you dare!** *(Wehe! Untersteh dich!)* ist die sehr nachdrückliche Aufforderung, etwas zu unterlassen:

Don't you dare do that again! *Wehe, ihr macht das noch mal!* [Oder: *Macht das ja nicht noch mal!*] | **Can I dye my hair pink, mum? – You dare!** [Oder: **Don't you dare!**] *Kann ich mir die Haare pink färben, Mama? – Untersteh dich!*

I DARE SAY ...

Die Wendung **I dare say** [Auch: **I daresay** ...] ist gelegentlich im Sinne von **I suppose** ... *(ich nehme an ..., ich gehe davon aus ..., ich könnte mir denken ...)* zu hören:

I dare say this is your first journey to India. *Ich nehme an, dass dies Ihre erste Reise nach Indien ist*. | **We'll be back before the end of the week, I dare say**. *Ich gehe davon aus, dass wir vor Ende der Woche zurück sind*. | **I dare say it's all a matter of habit**. *Ich denke, es ist alles Gewohnheitssache*.

12 WILL

will (verkürzt: **'ll**, verneint: **will not**, kurz: **won't**) ist eines der wichtigsten und gebräuchlichsten Modalverben des Englischen. Mit den nachstehend beschriebenen Anwendungen sollte sich der Lernende vertraut machen:

VORHERSAGE

Mit **will** lassen sich *Vorhersagen* über ein vermutetes zukünftiges Geschehen treffen. Diese stehen vor allem in Sätzen, die mit **I think** *(ich glaube, ich denke)*, **I hope** *(ich hoffe)*, **I'm afraid** *(ich fürchte, leider)*, **I suppose** *(ich nehme an)* oder Wörtern wie **probably** *(wahrscheinlich)*, **perhaps** oder **maybe** *(vielleicht)* eingeleitet sind:

We had better take an umbrella, I think it will rain. *Wir nehmen besser einen Schirm mit. Ich denke, es wird regnen.* | **I can hear a car. That'll be John.** *Ich höre ein Auto. Das wird John sein.* | **I'm afraid we won't get any more tickets for the concert.** *Ich fürchte, wir bekommen für das Konzert keine Karten mehr.* | **He'll probably take a couple of weeks to recover.** *Er wird wahrscheinlich einige Wochen brauchen, um wieder gesund zu werden.* | **Everything will be fine.** *Alles wird gut werden.*

VORSATZ, BEREITSCHAFT, VERSPRECHEN

will drückt – ähnlich wie **shall** – einen festen Vorsatz aus, den man gefasst hat, ebenso ein Versprechen, das man gibt:

I will never forget the day we moved here. *Ich werde nie den Tag vergessen, an dem wir hergezogen sind.* | **We'll stay friends forever.** *Wir werden immer Freunde bleiben.* | **Benny must not know where I was. – Don't worry, I won't tell him.** *Benny darf nicht wissen, wo ich war. – Keine Sorge, ich werde es ihm nicht sagen.* | **That won't happen again.** *Das wird nicht wieder vorkommen.*

ANGABE VON BEDINGUNGEN ODER VORAUSSETZUNGEN

Oft hängen die in einem **will**-Satz enthaltenen Vorhersagen und Versprechen von bestimmten Voraussetzungen oder Bedingungen ab. Diese werden durch Nebensätze ausgedrückt, die mit **when** *(wenn)*, **if** *(wenn, falls)*, **before** *(bevor)*, **as soon as** *(sobald)* oder **as long as** *(solange)* beginnen. Beachten Sie hierbei, dass die entsprechenden Satzgefüge im Deutschen in der Regel ohne Modalverb stehen:

When I'm seventeen, I'll take driving lessons. *Wenn ich siebzehn bin, nehme ich Fahrstunden.* | **If you go on like this, you'll never make it.** *Wenn du so weitermachst, schaffst du es nie.* | **You'll get your money as soon as Roberta pays her debts.** *Du bekommst dein Geld, sobald Roberta ihre Schulden bezahlt.*

SPONTANER ENTSCHLUSS

Mit **will** lässt sich ausdrücken, dass man sich spontan entschließt, etwas zu tun. Dies geschieht meist in Situationen, die ein sofortiges Handeln erforderlich machen:

I'll shut the window, it's getting cold in here. *Ich mache (mal) das Fenster zu, es wird kalt hier drinnen.* | **Our bus has gone, I'm afraid. – Don't worry, we'll give you a lift home.** *Ich fürchte, unser Bus ist weg. – Keine Sorge, wir bringen euch nach Hause.* | **I'll be with you in a moment.** *Einen Moment noch, ich bin gleich für Sie da.*

HÖFLICH-BESTIMMTE AUFFORDERUNG

Die Frageform **will you ...?** ist Ausdruck einer höflichen, aber bestimmten Aufforderung:

Will you come this way, please? *Wollen Sie bitte hier entlang kommen? Kommen Sie bitte hier entlang.* | **Will you please forward this message to the relevant department?** *Leiten Sie diese Nachricht bitte an die zuständige Abteilung weiter.* | **Will you go back to work now, please?** [nachdrücklich] *Gehst du jetzt bitte wieder an die Arbeit?*

EINLADUNG

Auch in der Frage **won't you ...?** steckt eine Aufforderung, die jedoch in vielen Fällen als eine *Einladung* zu verstehen ist:

Won't you have a seat? *Wollen Sie sich nicht setzen?* [Oder: *Bitte setzen Sie sich doch!*] | **Won't you stay over the weekend?** *Wollen Sie nicht über das Wochenende bleiben? Bleiben Sie doch über das Wochenende!*

Die Formen **will you** und **won't you** können einer Aufforderung bzw. einer Einladung auch als sogenannte *Frageanhängsel* angefügt werden: **Come this way, will you? Have a seat, won't you?**

Zum Thema **Frageanhängsel** ausführlich → 196 (5)

Mit **won't** kann man ausdrücken, dass jemand **sich weigert,** das zu tun, was von ihm verlangt oder erwartet wird:

George won't tell me where he was. *George will mir nicht sagen, wo er war.* | **The children won't obey**. *Die Kinder wollen nicht gehorchen.* [Oder: *Die Kinder gehorchen einfach nicht!*]

Gleiches gilt in Bezug auf Dinge, wenn diese nicht wie erwartet funktionieren: **The window won't open**. *Das Fenster geht nicht auf* [Oder: *Das Fenster will nicht aufgehen.*] | **The stains won't come out**. *Die Flecken gehen nicht raus* [Oder: *Die Flecken wollen nicht rausgehen.*]

ANGEWOHNHEITEN, TYPISCHES VERHALTEN

Mit **will** kann man auf typische (bei Tieren: artgemäße) Verhaltensweisen, Angewohnheiten und Charaktereigenschaften hinweisen:

Boys will be boys. *Jungs sind nun mal Jungs.* [Oder: *Jungs sind nun mal so.*] | **A dog will obey his master**. *Ein Hund gehorcht seinem Herrn.* | **A good husband will help his wife with the housework**. *Ein guter Ehemann hilft seiner Frau bei der Hausarbeit.* | **A fool will always find a greater fool to look up to him**. *Ein Dummer findet immer einen noch Dümmeren, der zu ihm aufblickt.*

Vergleichbare deutsche Sätze werden meist durch einen Zusatz wie *... nun mal* ergänzt: **These things will happen.** *Diese Dinge passieren nun mal.* | **Cars won't run without petrol.** *Autos fahren nun mal nicht ohne Benzin.*

13 WOULD

Auch **would** (verkürzt **'d**, verneinte Form: **would not**, verkürzt: **wouldn't**) ist ein sehr vielseitig verwendbares Verb. Es steht

– als Modalverb in der Bedeutung *würde, würdest, würdet, würden*
– als Modalverb mit **Vergangenheitsbezug**
  - anstelle von **will** in indirekter Rede [→ **240** (1)]
  - in Hauptsätzen, denen ein **Bedingungssatz** (if...) folgt oder vorausgeht [→ **256** (3.2)]
  - zum Ausdruck früherer Angewohnheiten [→ **151** (22)]

WAS MAN TUN bzw. NICHT TUN WÜRDE

In seiner Grundbedeutung entspricht **would** den deutschen Formen *würde, würdest, würdet, würden* und wird auch so verwendet:

I would wait until they are back. *Ich würde warten, bis sie zurück sind.* | **Doris would never say such a thing**. *Doris würde so etwas nie sagen.* | **He wouldn't even harm a fly.** *Er würde nicht einmal einer Fliege etwas zuleide tun.* | **What would you do in my place?** *Was würdest du an meiner Stelle tun?* | **How would one say that in English?** *Wie würde man das auf Englisch sagen?*

HÖFLICHE BITTE

Die Frageform **would you**...? eignet sich in idealer Weise zur Formulierung einer höflichen Bitte und entspricht dem deutschen *würden Sie ...?*:

Would you do me a favour? *Würden Sie mir einen Gefallen tun?* | **Would you take these bags up to my room, please?** *Würden Sie bitte diese Taschen nach oben in mein Zimmer bringen?* | **Would you excuse me for a moment?** *Würden Sie mich einen Moment entschuldigen?* | **Would you please tell me what you are doing here?** *Würden Sie mir bitte sagen, was Sie hier machen?*

▶ Beachten Sie: **would you** ...? ist eine *Bitte*, **will you**...? ist eine *Aufforderung*:
  Would you move your car, please?
  Bitte um eine Gefälligkeit: *Würden Sie bitte Ihr Auto wegfahren?*
  Will you move your car, please?
  Aufforderung: *Fahren Sie bitte Ihr Auto weg!*

VORSICHTIGE EINSCHÄTZUNG: I would say, I would think

In Verbindung mit **say**, **think** und ähnlichen Verben drückt **would** eine vorsichtige, zurückhaltende Einschätzung von etwas aus:

I would think the repair will take about one week. *Ich denke (mal), die Reparatur wird etwa eine Woche dauern.* | **I would say it will cost at least 250 Euros**. *Ich würde sagen, es wird mindestens 250 Euro kosten.*

In etwas „gehobenerer" Sprache wird ein so verwendetes **would** manchmal durch **should** ersetzt: **I should say** it will cost … **I should think** it will take …

WEIGERUNG, FEHLFUNKTION

Die verneinte Form **wouldn't** wird, bezogen auf die Vergangenheit, im Sinne von **won't** verwendet [→ **146** (12)], um auszudrücken, dass jemand sich **geweigert** hat, etwas zu tun bzw. dass eine Sache nicht wie erwartet funktioniert hat.

They wouldn't believe me. *Sie wollten mir nicht glauben.* | **She had a present for me, but wouldn't tell me what it was.** *Sie hatte ein Geschenk für mich, wollte mir aber nicht sagen, was es war.* | **The defeated party wouldn't accept the result of the election.** *Die unterlegene Partei wollte das Ergebnis der Wahl nicht akzeptieren.* | **Sorry I'm late, but my car wouldn't start.** *Tut mir leid, dass ich zu spät komme, aber mein Wagen wollte nicht anspringen.*

WOULD IN INDIREKTER REDE [→ 240 (1)]

would ersetzt **will**, wenn Äußerungen oder Gedanken in *indirekter Rede* wiedergegeben werden:

He said he would never consent to such an agreement. *Er sagte, er würde einer solchen Vereinbarung niemals zustimmen.* [Ursprünglicher Wortlaut der Mitteilung: "I **will** never consent to such an agreement."] | **She asked the doctor how long the treatment would take.** *Sie fragte den Arzt, wie lange die Behandlung dauern würde.* [Frage im Wortlaut: "How long **will** the treatment take?"] | **Everyone thought it would rain.** *Alle dachten, es würde regnen.*

WOULD IN VERBINDUNG IT EINEM if-SATZ [→ 255 (3)]

would folgt auf einen durch **if** *(wenn)* eingeleiteten Nebensatz der Bedingung, dessen Verb in der *Vergangenheit* steht:

If we got fair pay, we would certainly work better. *Wenn wir eine angemessene Bezahlung erhielten, würden wir mit Sicherheit besser arbeiten.* | **Would people use their cars less often if petrol was more expensive?** *Würden die Leute ihr Auto weniger benutzen, wenn das Benzin teurer wäre?* | **I would never offer him that position if I wasn't convinced of his abilities.** *Ich würde ihm diese Stellung niemals anbieten, wenn ich nicht von seinen Fähigkeiten überzeugt wäre.*

WUNSCH, ANGEBOT:
I WOULD LIKE …, WOULD YOU LIKE …?

Wenn Sie gern etwas *HABEN* möchten, so beginnen Sie Ihren Satz mit: **I would like** …, kurz: **I'd like** … *(Ich hätte gern …, Ich möchte gern …, Ich würde gern … haben):*

I'd like a room with a sea view. *Ich hätte gern ein Zimmer mit Meerblick.* | **I'd like something to drink, but nothing alcoholic.** *Ich hätte gern etwas zu trinken, aber nichts Alkoholisches.* | **The beer is great! I'd like another one.** *Das Bier schmeckt prima. Ich möchte noch eines.*

Mit **Would you like** …? (anstelle von **do you want** …?) erkundigen Sie sich in ebenso höflicher Form nach den Wünschen eines Gesprächspartners:

Would you like an English or a continental breakfast? *Möchtet ihr ein englisches oder ein kontinentales Frühstück?* | **Are you comfortable, or would you like a cushion?** *Sitzen Sie bequem oder möchten Sie ein Kissen?*

I WOULD LIKE TO …, WOULD YOU LIKE TO …?

Wenn Sie gern etwas *TUN* möchten, so sagen Sie: **I would like to** …, kurz: **I'd like to** … . Mit **Would you like to** …? erfragen Sie die Wünsche anderer:

We'd like to have a word with the manager. *Wir würden gern den Geschäftsführer sprechen.* | **I'd like to thank all of you for coming.** *Ich möchte Ihnen allen danken, dass Sie gekommen sind.* | **Would you like to sit by the window or on the aisle?** *Möchten Sie am Fenster oder am Gang sitzen?*

would like bzw. **would like to**... als die höflichen Varianten von **want** stehen überwiegend in bejahten Sätzen. In verneinten Aussagen werden dagegen meist die entsprechenden Formen von **want**, also **don't / doesn't want** … bzw. **don't / doesn't want to** … bevorzugt:

I don't want to be late. *Ich möchte nicht zu spät kommen.* | **She doesn't want any trouble.** *Sie möchte / will keinen Ärger.* | **We like it, but we don't want to buy it.** *Es gefällt uns, aber wir möchten / wollen es nicht kaufen.*

WOULD LOVE TO …

Neben **I would like to** … hört man auch **I would love to** … (deutsch etwa: *ich würde liebend gern …):* **I'd love to have a pet, but it's not permitted where we live.** *Ich würde liebend gern ein Haustier haben, aber es ist nicht erlaubt dort, wo wir wohnen.* | **We'd really love to stay but our holiday is over.** *Wir würden wirklich gern bleiben, aber unser Urlaub ist zu Ende.*

WOULD BE und **WOULD HAVE**

- **would be**, wörtl.: *würde sein*, entspricht
  den deutschen Verbformen *wäre, wärst, wärt, wären*:

  A cold beer would be fine now. *Ein kaltes Bier wäre jetzt schön.* | **Without you we wouldn't be here now.** *Ohne euch wären wir jetzt nicht hier.* | **We would be worried if we didn't know who our children associate with.** *Wir wären besorgt, wenn wir nicht wüssten, mit wem unsere Kinder Umgang haben.* | **He badly needs a job, but wouldn't be ready to work for a pittance.** *Er braucht dringend einen Job, wäre aber nicht bereit, für einen Hungerlohn zu arbeiten.*

- **would have**, wörtl.: *würde haben*, entspricht
  den deutschen Verbformen *hätte, hättest, hättet* und *hätten*:

  In a house of our own, we would have much more room. *In einem eigenen Haus hätten wir viel mehr Platz.* | **We wouldn't even have a telephone out there.** *Wir hätten nicht einmal ein Telefon dort draußen* | **He wouldn't have had any chance of surviving.** *Er hätte keine Überlebenschance gehabt..*

KEIN **WOULD** IN **if**-SÄTZEN

In Bedingungssätzen, also nach **if**, steht normalerweise kein **would**. Wenn doch, dann handelt es sich um ein paar wenige feste Wendungen, besonders Höflichkeitsfloskeln, wie in
We would be honoured if you would pay us a visit at the Computer Fair.
Es wäre uns eine Ehre, wenn Sie uns auf der Computermesse besuchen würden.

Eindeutig ist der Fall bei **would be** und **would have**, die so gut wie nie in einem Nebensatz der Bedingung vorkommen. Sagen Sie darum nicht: **If I would be* ... oder **If I would have* ...

- Anstelle von **would be** stehen in einem **if**-Satz **was** oder **were**
- Anstelle von **would have** steht in einem **if**-Satz **had**.

Vergleichen Sie die folgenden Satzpaare

It **would be** cheaper... **If** it **was** cheaper...	*Es **wäre** billiger ...* *WENN es billiger **wäre** ...*
I **would be** a rich man... **If** I **was/were** a rich man...	*Ich **wäre** ein reicher Mann ...* *WENN ich ein reicher Mann **wäre** ...*
We **wouldn't be** married... **If** we **weren't** married...	*Wir **wären** nicht verheiratet ...* *WENN wir nicht verheiratet **wären** ...*
She **would have** more time... **If** she **had** more time...	*Sie **hätte** mehr Zeit ...* *WENN sie mehr Zeit **hätte** ...*
You **would have** the choice... **If** you **had** the choice...	*Du **hättest** die Wahl ...* *WENN du die Wahl **hättest** ...*
They **would have** the power... **If** they **had** the power...	*Sie **hätten** die Macht ...* *WENN sie die Macht **hätten** ...*
We **would have** helped him... **If** we **had** helped him...	*Wir **hätten** ihm geholfen ...* *WENN wir ihm geholfen **hätten** ...*

Zum Thema **if-Sätze** ausführlich → **255** (3)

14 WOULD RATHER

would rather ist – wie **had better** – ein aus zwei Wörtern bestehender modaler Ausdruck mit der Bedeutung *würde lieber ... / würde eher ... / möchte lieber ...* . Ihm folgt stets die Grundform eines Verbs ohne **to**.

Von der Bedeutung her ähnelt **would rather** dem Verb **prefer** *(vorziehen, lieber tun)*. Während aber **prefer** eher in einem allgemeinen Sinne verwendet wird, bezieht sich **would rather** auf eine konkrete Situation:

I'd rather go now. *Ich möchte jetzt lieber gehen.* | **How about a sandwich**? **No, thank you, I'd rather have something to drink.** *Wie wäre es mit einem Sandwich? – Nein danke, ich hätte lieber etwas zu trinken.* | **Would you like to come with us, or would you rather stay here**? *Möchtest du mit uns kommen oder möchtest du lieber hierbleiben?* | **He'd rather go begging than take out a loan.** *Er würde eher betteln gehen als einen Kredit aufnehmen.* | **I'd rather not say what I think about it.** *Ich sage lieber nicht, was ich davon halte.*

MODALVERBEN MIT VERGANGENHEITSBEZUG

Modalverben sind, wie schon erwähnt, *unvollständige* Verben. Sie verfügen nur über einen begrenzten Bestand an Formen und müssen daher in bestimmten Anwendungen durch eine geeignete Ersatzform vertreten werden.

Dies ist insbesondere der Fall, wenn sie sich auf etwas Vergangenes beziehen sollen, wenn also Entsprechungen für die deutschen Formen **konnte, durfte, sollte** und **musste** benötigt werden. Hier alle Anwendungen im Überblick:

15 COULD

Das Modalverb **could,** das wir bereits in der Bedeutung *könnte* kennengelernt haben, kann sich unter folgenden Voraussetzungen auch auf die Vergangenheit beziehen und entspricht dann der deutschen Form *konnte:*

DAUERHAFTE FÄHIGKEIT ODER ERLAUBNIS

could kann als Vergangenheitsform von **can** verwendet werden, wenn auf eine *dauerhafte,* nicht auf einen Einzelfall beschränkte Fähigkeit oder Erlaubnis verwiesen werden soll:
At five she could already read and write. [Fähigkeit] *Mit fünf konnte sie schon lesen und schreiben.* | **My grandfather could speak five languages.** [Fähigkeit] *Mein Großvater konnte fünf Sprachen sprechen.* | **As a child I could stay up as late as I wanted to.** [Erlaubnis] *Als Kind konnte ich so lange aufbleiben, wie ich wollte.*

WAHRNEHMUNG

could kann als Vergangenheitsform von **can** verwendet werden, wenn es mit einem Verb der *Wahrnehmung* (**see, hear, smell** usw.) verbunden ist:
I could see them, but they couldn't see me. *Ich konnte sie sehen, aber sie konnten mich nicht sehen.* | **In the distance we could hear the sound of drums.** *In der Ferne konnten wir den Klang von Trommeln hören.* | **We could smell the sea long before we could see it.** *Wir konnten das Meer riechen, lange bevor wir es sehen konnten.*

Die verneinte Form **couldn't** kann ohne Einschränkungen als Vergangenheit von **can't** verwendet werden: **I was in a hurry and couldn't wait.** *Ich hatte es eilig und konnte nicht warten.* | **We couldn't sleep as it was so warm in the room.** *Wir konnten nicht schlafen, da es so warm im Zimmer war.* | **They couldn't find out where the mistake was.** *Sie konnten nicht herausfinden, wo der Fehler lag.*

16 WAS ABLE TO... und WERE ABLE TO ...

Im Unterschied zu **could** beziehen sich die Ersatzformen **was able** bzw. **were able (to...)** auf einen zurückliegenden *konkreten Einzelfall.* Mit **was able** bzw. **were able (to...)** wird überdies ausgedrückt, dass die jeweilige Handlung auch tatsächlich stattfand, während dies bei **could** offenbleibt. Vergleichen Sie:

The door was open and we could go in.
allgemeiner Zustand: *Die Tür stand offen, und wir konnten hineingehen.*
[Es wird aber nicht gesagt, *dass* wir auch hineingingen.]

Somebody opened the door and we were able to get in.
Einzelfall: *Jemand öffnete die Tür, und wir konnten hineingehen.*
[Gemeint ist: Wir konnten hineingehen *und taten es auch.*]

Weitere Beispiele: **I'm so glad that you were able to come.** *Ich freue mich sehr, dass Sie kommen konnten.* | **Was he able to help you**? *Konnte er dir helfen?* | **They obviously had a key, so they were able to steal the car.** *Sie hatten offenbar einen Schlüssel, darum konnten sie das Auto stehlen.* | **With his broken leg, she wasn't able to stand up.** *Mit seinem gebrochenen Bein konnte er nicht aufstehen.*

17 MANAGED TO ...

In ähnlichem Sinne wie **was able** bzw. **were able (to...)** wird auch **managed to** verwendet, vor allem dann, wenn es darum geht, etwas besonders Schwieriges oder Ungewöhnliches zu bewältigen. Nicht umsonst bezeichnet man Personen, die beruflich mit Problemlösungen befasst sind, als **manager**:
It's normally one hundred dollars, but I managed to get it for sixty. *Es kostet normalerweise einhundert Dollar, aber ich konnte es für sechzig bekommen.* | **After endless discussions we finally managed to convince him.** *Nach endlosen Diskussionen konnten wir ihn schließlich überzeugen.* | **I still wonder how she managed to pass his exam.** *Ich frage mich immer noch, wie sie es geschafft hat, durch die Prüfung zu kommen.*

18 WAS ALLOWED TO... und WERE ALLOWED TO...

was allowed und **were allowed** (**to**...) sind die Vergangenheitsformen von **be allowed** (**to**...), der Ersatzform für **may**. Sie drücken die Erlaubnis in einem zurückliegenden konkreten Einzelfall aus:

Exceptionally, the children were allowed to stay up to watch the film. *Die Kinder durften ausnahmsweise aufbleiben, um den Film zu sehen.* | **Were you allowed to take photos during the trial?** *Durftet ihr während der Gerichtsverhandlung Fotos machen?* | **We were not allowed to put up a satellite dish on the roof.** *Wir durften auf dem Dach keine Satellitenschüssel anbringen.*

19 WAS (supposed, said) TO... und WERE (supposed, said) TO...

Anders als **could** und – in bestimmten Fällen – auch **would** kann sich das Modalverb **should** in keinem Fall auf die Vergangenheit beziehen.

Man kann zwar sagen: **When I was young, I could swim very fast** *(Als ich jung war, konnte ich sehr schnell schwimmen)*, weil damit eine dauerhafte Fähigkeit beschrieben wird. Nicht möglich wäre dagegen ein Satz wie: **When I was young, I should become a swimmer. (Als ich jung war, sollte ich Schwimmer werden.)*

Die deutschen Vergangenheitsformen *sollte, solltest, solltet* und *sollten* lassen sich ausschließlich durch Ersatzverben darstellen, und zwar mit den Formen von **be to** (**was to** und **were to**), **be supposed to** (**was supposed to** und **were supposed to**) und **be said to** (**was said to** und **were said to**). Diese bezeichnen im Einzelnen:

PLANUNGEN, ABMACHUNGEN, ERWARTUNGEN

Someone from the tourist office was to meet us at the airport. *Jemand vom Reisebüro sollte uns am Flughafen abholen.* | **I was supposed to be a boy.** *Ich sollte ein Junge werden.* | **How was she to know that the man was a swindler?** *Wie sollte sie wissen, dass der Mann ein Schwindler war?*

They were supposed to arrive at half past one. *Sie sollten um halb zwei ankommen.* | **Each of the children was supposed to recite a little poem.** *Jedes der Kinder sollte ein kleines Gedicht aufsagen.* | **How much were you supposed to pay for the treatment?** *Wievel sollten Sie für die Behandlung bezahlen?*

GERÜCHTE

Mit **was said** (**to**...) / **were said** (**to**...) lassen sich rückblickend Vermutungen, Behauptungen, Gerüchte wiedergeben:

Mandy's snackbar was said to serve the best fish & chips in town. *In Mandy's Snackbar sollte es angeblich die besten Fish & Chips der Stadt geben.* | **Helena was said to be the most beautiful woman of her time.** *Helena soll die schönste Frau ihrer Zeit gewesen sein.*

NICHT VORHERSEHBARES

was to und **were to** (ohne **supposed**!) sind manchmal in Äußerungen zu hören, in denen man mit heutigem Kenntnisstand den Verlauf, die Folgen oder die Auswirkungen eines zurückliegenden Ereignisses beschreibt – etwas, das zum damaligen Zeitpunkt nicht zu ahnen oder vorherzusehen war. Beispiele:

They were never to come back. *Sie sollten nie zurückkommen.* [Als sie abreisten, ahnte man dies noch nicht.] | **It was to get even worse.** *Es sollte* [was zu Anfang niemand ahnen konnte] *noch schlimmer werden.* | **It was not to be his only mistake.** *Es sollte* [wie sich später herausstellte] *nicht sein einziger Irrtum sein.* | **He was never to see his family again.** *Er sollte seine Familie nie wiedersehen.* | **The best was yet to come.** *Das Beste sollte erst noch kommen.*

20 HAD TO ...

had to ist die Vergangenheitsform von **have to** bzw. **has to** und entspricht in seinen üblichen Verwendungen den deutschen Formen *musste, musstest, musstet* und *mussten,* in verneinten Sätzen: *brauchte nicht.*

Die Form **had got to* (als Vergangenheit von **have got to**) ist nicht üblich. Sagen Sie darum nur **I had to**... *(ich musste)* usw.:

After the accident it soon became clear that he had to give up his job. *Nach dem Unfall wurde bald klar, dass er seinen Job aufgeben musste.* | **Did you have to walk far?** *Musstet ihr weit laufen?* | **I had to start from scratch as everything was new to me.** *Ich musste ganz von vorn anfangen, da alles neu für mich war.* | **How long did you have to wait your turn?** *Wie lange musstet ihr warten, bis ihr an der Reihe wart?* | **As we were travelling in a motorhome, we didn't have to look for a hotel.** [Oder: ... **we didn't need to look for a hotel.**] *Da wir mit einem Wohnmobil unterwegs waren, brauchten wir kein Hotel zu suchen.*

21 USED TO …

Das Verb **used to**… entspricht der im Deutschen heute nicht mehr ganz zeitgemäßen Wendung *pflegte zu…* und bezieht sich ausschließlich auf die Vergangenheit.

Wie **need** und **dare** – aber anders als etwa **ought to** – ist **used to** kein reines Modalverb, da es Frage und Verneinung wie ein Vollverb bildet, also mit **did** bzw. **didn't.** Die modale Frageform **used you to** …? ist zwar möglich, aber unüblich. Auch die modale Verneinung **I usedn't to** … gilt als veraltet.

Beachten Sie, dass **used (to** …) keine Gebrauchsform für die Gegenwart hat. Sie können also nicht sagen: **I use to go… (ich pflege zu gehen, ich gehe immer…).* Die Form **use (to** …) wird lediglich als formale Grundform für die Bildung von Frage und Verneinung mit **did** bzw. **didn't** benötigt: **Did you use to** …? **I didn't use to** …

Wenn Sie, bezogen auf die Gegenwart, ausdrücken wollen, dass jemand eine bestimmte Angewohnheit hat, dann verwenden Sie die schon erwähnte Konstruktion mit **will** [→ **146** (12)]: **She will sit there for hours.** *(Sie sitzt stundenlang da).*

Mit Blick auf die Vergangenheit können Sie diese Idee dadurch zum Ausdruck bringen, dass Sie **will** durch **would** ersetzen [→ siehe folgendes Kapitel (22)].

ES WAR EINMAL …

Mit dem Verb **used (to** …) lässt sich – oft in besinnlicher Rückschau auf vergangene Zeiten – ausdrücken, was (früher) einmal war und heute nicht mehr ist. Dies gilt sowohl für *Zustände* als auch für *Gewohnheiten:*

We used to have a dog. His name was Winston. *Wir hatten einmal einen Hund. Er hieß Winston.* | **My elder brother used to be a professional football player**. *Mein älterer Bruder war früher einmal Fußballprofi.* | **Mary used to smoke forty cigarettes a day**. *Mary hat früher vierzig Zigaretten am Tag geraucht.* | **Did you use to live there?** *Habt ihr dort mal gewohnt?* | **Didn't there use to be a factory?** *Stand da früher nicht einmal eine Fabrik?* | **Flats didn't use to be that expensive.** *Wohnungen waren früher nicht so teuer.* | **Such things didn't use to happen here.** *Solche Sachen sind hier früher nicht passiert.*

▶ Beachten Sie aber: Der Gebrauch von **used (to** …) ist ausgeschlossen, wenn gesagt werden soll, *wie oft* etwas geschehen ist oder *wie lange* etwas gedauert hat. Sagen Sie darum keinesfalls:

    * I **used** to **go swimming** *once a week.*
    korrekt: **I went swimming** once a week.

    * We **used to live there** *for fifteen years.*
    korrekt: **We lived there** for fifteen years.

22 WOULD

In einem ähnlichen Sinne wie **used to** kann auch **would** gebraucht werden. Es drückt in dieser Verwendung das aus, was sich, bezogen auf die Gegenwart, mit **will** [→ **146** (12)] beschreiben lässt: typische Angewohnheiten, Eigenarten und Verhaltensweisen von Personen, ebenso wie regelmäßige, übliche Vorgänge aus früherer Zeit. Beispiele:

She would sit by the window for hours. *Sie saß immer stundenlang am Fenster.* [Sie hatte die Angewohnheit, stundenlang am Fenster zu sitzen.] | **At Christmas all our relatives would come to see us**. *Zu Weihnachten kamen alle unsere Verwandten uns besuchen.* [Das war bei uns damals so üblich.] | **He would not go out without his dog**. *Er ging nicht ohne seinen Hund weg.* | **On cold winter nights we would sit by the fireplace and grandmother would tell us about the olden days**. *An kalten Winterabenden saßen wir immer am Kamin, und Großmutter erzählte uns von den alten Zeiten.*

KEINE BESCHREIBUNG VON ZUSTÄNDEN

Beachten Sie: Im Gegensatz zu **used (to**…) lassen sich mit einem rückwärtsgewandten **would** keine *Zustände* beschreiben. Sagen Sie also nicht: ***She would be a pretty girl** (dieser Satz würde bedeuten: *Sie wäre ein hübsches Mädchen),* sondern nur: **She used to be a pretty girl**. *(Sie war einmal ein hübsches Mädchen.)*

10 Vollverben

Vollverben (engl.: **main verbs**) sind Wörter wie **work**, **speak**, **know**, **prepare** oder **explain**. Sie nennen Zustände, Vorgänge und Tätigkeiten beim Namen, ordnen sie Personen zu (den handelnden ebenso wie den betroffenen) und stellen sie in einen zeitlichen Zusammenhang. Aufgrund dieser doppelten Funktion werden sie in deutschsprachigen Grammatiken sowohl als *Tätigkeitswörter* wie auch als *Zeitwörter* bezeichnet.

Durch Vollverben erhalten Sätze eine Aussage: der Hörer bzw. Leser bekommt eine Vorstellung von dem, was ist bzw. was geschieht.

EINTEILUNG VON VOLLVERBEN NACH IHRER FUNKTION

Die sichere Beherrschung einer ausreichenden Zahl von Vollverben ist für das Verstehen sprachlicher Äußerungen absolut unerlässlich. Auch wer in den anderen Wortarten über einen soliden Wortschatz verfügt, wird den Inhalt einer Mitteilung nicht oder nur schwer erfassen, wenn sich ihm die Bedeutung des Verbs nicht erschließt. Je weniger Verben wir kennen, desto weniger haben wir uns zu sagen.

Vollverben sind mit den übrigen Teilen eines Satzes auf vielfältige Weise verbunden. So unterscheiden wir

▶ VERBEN OHNE OBJEKT (intransitive verbs)
Verben, die nur etwas über das Subjekt aussagen und keiner Ergänzung bedürfen:
Such problems **exist**. *Solche Probleme existieren.*
My little sister **smiled**. *Meine kleine Schwester lächelte.*

▶ GLEICHSETZUNGSVERBEN (copula verbs, linking verbs)
Verben, die dem Subjekt eine bestimmte Eigenschaft zuschreiben:
Frank **looks** tired. *Frank sieht müde aus.*
Some teas **taste** bitter. *Einige Teesorten schmecken bitter.*

▶ VERBEN MIT OBJEKT (transitive verbs)
Verben, von deren Aussage andere Personen, Dinge oder Sachverhalte unmittelbar betroffen sind, und die eine entsprechende Ergänzung, ein Objekt, nach sich ziehen:
All children **like** animals. *Alle Kinder lieben Tiere.*
I **hate** such questions. *Ich hasse solche Fragen.*

▶ RÜCKBEZÜGLICHE VERBEN (reflexive verbs)
Verben, deren Handlung — gewollt oder ungewollt — gegen ihren Urheber gerichtet ist, so dass Handelnder (Subjekt) und Betroffener (Objekt) ein und dieselbe Person sind:
She **freed** herself from the car. *Sie befreite sich aus dem Auto.*
We **asked** ourselves a lot of questions. *Wir stellten uns viele Fragen.*

▶ PARTIKELVERBEN (phrasal verbs)
Verben, die in einer festen Verbindung mit Adverbien wie **in**, **out**, **away**, **up**, **down**, **on**, **of**, **through** usw. stehen, wobei sich nicht selten ihre ursprüngliche Bedeutung ändert.
He **went away** for an hour. *Er ging für eine Stunde weg.*
Please **look after** the children. *Kümmere dich bitte um die Kinder.*

EINTEILUNG VON VOLLVERBEN NACH IHRER BEDEUTUNG

Je nach Bedeutung lassen sich Vollverben in *Zustandsverben*, *Vorgangsverben* und *Tätigkeitsverben* unterteilen.

▶ ZUSTANDSVERBEN (state verbs)
Zustandsverben beschreiben Tatsachen, dauerhafte Zustände, unabänderliche Gegebenheiten sowie zeitlich unbegrenzte Abläufe, auf deren Anfang und Ende wir in der Regel keinen Einfluss haben. Typische Zustandsverben des Deutschen sind z.B. *sein, haben, wissen, kennen* oder *mögen*.

▶ TÄTIGKEITSVERBEN (activity verbs, action verbs)
Tätigkeitsverben beschreiben Handlungen, die von Anfang bis Ende unserer Kontrolle unterliegen. Wir können sie nach eigenem Gutdünken beginnen und beenden und somit selbst ihre Dauer festlegen. Tätigkeitsverben gibt es in großer Zahl: *schreiben, spielen, erklären, lernen, reparieren* u.ä.

► VORGANGSVERBEN (process verbs)

Vorgangsverben bezeichnen zeitlich begrenzte Abläufe mit klar bestimmbarem Anfang und Ende. Anders als Tätigkeiten spielen sich Vorgänge aber ohne unser Zutun ab, auf ihren Verlauf haben wir keinen Einfluss. Beispiele für Vorgangsverben sind *wachsen, altern* und *einschlafen* oder auch die Verben des Wetters wie *regnen, frieren, schneien* usw.

1 DIE FORMEN DES VOLLVERBS

Wenn wir uns in korrektem Englisch über Tätigkeiten wie *arbeiten, schreiben* oder *auswandern* unterhalten wollen, genügt es nicht, die jeweilige Übersetzung dieser Wörter zu kennen. Die *Grundformen* **work**, **write** und **emigrate**, mit denen sie in einem Wörterbuch verzeichnet sind, gibt den genannten Handlungen zwar einen Namen, mehr aber nicht. Um uns beispielsweise zum Thema *Schreiben* umfassend äußern zu können, müssen wir auch die übrigen Verbformen beherrschen: neben den beiden Grundformen **write** und **to write** sind das die Formen **writes**, **writing**, **wrote** und **written**. Darüberhinaus haben wir uns mit der Frage zu befassen, was die verschiedenen Formen bedeuten und in welchen Zeit- und Handlungszusammenhängen sie zu verwenden sind.

Einen Sonderfall stellt das Verb **be** dar, das mit 9 verschiedenen Formen aufwartet (**be**, **to be**, **am**, **are**, **is**, **was**, **were**, **being**, **been**) und damit über den größten Formenbestand aller englischen Verben verfügt.

Für Schüler ist es beruhigend zu wissen, dass nicht alle 6 Formen eines englischen Vollverbs auswendig gelernt werden müssen. Meist genügt es, der jeweiligen **1**. Form (*Grundform* oder *Infinitiv* genannt), eine bestimmte Endung (**-s**, **-ing**, **-ed**) anzufügen. Man nennt diese einfach zu bildenden Verben *regelmäßige* Verben (**regular verbs**). Demgegenüber werden Verben wie **write**, die keine **-ed**-Form bilden, als *unregelmäßige* Verben (**irregular verbs**) bezeichnet.

ÜBERSICHT

Name der Form	Art der Form	regelmäßiges Beispielverb	unregelmäßiges Beispielverb
1. Form	Stammform	**work**	**write**
to-Form	*Ableitungsform*	- to work	- to write
s-Form	*Ableitungsform*	- works	- writes
-ing-Form	*Ableitungsform*	- working	- writing
2. Form	Stammform	**worked**	**wrote**
3. Form	Stammform	**worked**	**written**

ZUR BEZEICHNUNG DER FORMEN

Die hier und an anderen Stellen dieses Buches verwendeten Namen **1**. Form, **2**. Form, **3**. Form, **to**-Form, **s**-Form und **-ing**-Form stellen gegenüber den im Unterricht und in den dort eingesetzten Lehrbüchern gebrauchten Bezeichnungen wie **infinitive** *(Infinitiv, Grundform)*, **present participle** *(Partizip der Gegenwart)* oder **past participle** *(Partizip der Vergangenheit)* eine begriffliche Vereinfachung dar, die den Zugang zu diesem Thema erleichtern soll. Für den praktischen Umgang mit Verbformen und deren richtige Verwendung spielt es keine Rolle, unter welchen Namen man sie sich eingeprägt hat.

1.1 BILDUNG DER FORMEN

Die Übersicht auf dieser Seite zeigt die Formen des *regelmäßigen* Verbs **work** und des *unregelmäßigen* Verbs **write**. Die Regelmäßigkeit von **work** ist daran zu erkennen, dass die 2. und die 3. Form auf **-ed** enden.

Die „gezählten" Formen (**1**. Form, **2**. Form, **3**. Form) werden als *Stammformen* (engl.: principal parts) bezeichnet. Es sind die, die der Lernende beherrschen muss, um ein Vollverb in allen seinen personalen und zeitlichen Bezügen darstellen zu können. Die **to**-Form, die **s**-Form und die **-ing**-Form lassen sich dagegen ohne jeden Lernaufwand aus der **1**. Form ableiten.

In den an Schulen und Sprachinstituten verwendeten Lehrbüchern und Grammatiken werden *unregelmäßige* Verben nur in ihren drei Stammformen abgedruckt. Dies geschieht vor allem, um Platz (und damit Druckkosten) zu sparen. Unser Beispielverb **write** wäre dort wie folgt aufgeführt: **write - wrote - written**.

► DIE **1**. FORM

Die **1**. **Form** (so bezeichnet, weil sie die erste Form ist, der man begegnet, wenn man ein neues Verb kennenlernt), auch *Grundform, Nennform* und *Infinitiv* (engl.: infinitive) genannt, ist die Form, in der ein Verb in Wörterbüchern oder Vokabelverzeichnissen aufgeführt ist. Aus der **1**. Form lassen sich die **to**-Form, die **s**-Form und die **-ing**-Form ableiten.

► DIE **TO**-FORM (**TO**-INFINITIV, engl.: **to**-infinitive)

Zur Bildung der **to**-Form wird der **1**. Form das Wort **to** vorangestellt:
to work, **to write**

Viele Schüler lernen englische Vollverben von vornherein in der **to**-Form, also **to work** (statt **work**) für *arbeiten,* **to write** (statt **write**) für *schreiben.* Für das bloße Erlernen eines Verbs spielt es keine Rolle, in welcher der beiden Formen man es sich einprägt. Erst in bestimmten Anwendungen wird zwischen ihnen genauer zu unterscheiden sein.

Zum Thema **1**. Form und **to**-Form ausführlich → THEMA **17,** ab S. 223

► DIE **S**-FORM

Zur Bildung der **s**-Form wird der **1**. Form ein **s** angefügt: **works, writes**

Wie schon bei der Mehrzahlbildung der Hauptwörter [→ **41** (6.2)], so ist auch bei Vollverben in bestimmten Fällen **-es** anzufügen:

- bei Verben, die mit **Konsonant + y** enden
  (**-y**- wird zu **-i**-): try - **tries**, cry - **cries**, carry - **carries**
- Verben, die auf einem **Zischlaut** (**-s**, **-ss**, **-ch**, **-sh**, **-x**) enden:
  kiss - **kisses**, watch - **watches**, push - **pushes**, fix - **fixes**
- Verben auf **-o**: go - **goes**, do - **does**, echo - **echoes**
- Die **s**-Form von **be** lautet **is**, die **s**-Form von **have** lautet **has**

► DIE **ING**-FORM

Zur Bildung der **ing**-Form wird der **1**. Form die Silbe **-ing** angefügt: **working, writing**

- Bei Verben, die auf einem stummen **-e** enden, entfällt dieses vor Anfügen von **-ing**:
  make - **making**, lose - **losing**, come - **coming**, live - **living**
- Ein einzelner Endkonsonant *betonter* Silben mit Kurzvokal wird vor **-ing** verdoppelt:
  get - **getting**, sit - **sitting**, stop - **stopping**, run - **running**
  prefer - **preferring**, stir - **stirring,** control - **controlling**
- Ein *unbetontes* Schluss-**l** wird im BE verdoppelt, im AmE nicht:
  dial - BE **dialling** / AmE **dialing**, cancel - BE **cancelling** / AmE **canceling**
  quarrel - BE **quarrelling** / AmE **quarreling**, travel - BE **travelling** / AmE **traveling**

► DIE **2**. UND **3**. FORM

Zur Bildung der **2**. und **3**. Form *regelmäßiger* Verben
wird der **1**. Form **-ed** angefügt: **worked**

- Bei Verben, die auf **-e** oder **-ee** enden, wird nur ein **-d** angefügt:
  live - **lived**, smile - **smiled**, use - **used**, agree - **agreed**
- Ein Endkonsonant *betonter* Silben mit Kurzvokal oder **-r** wird vor **-ed** verdoppelt:
  plan - **planned**, stop - **stopped**, admit - **admitted**, stir - **stirred,** prefer - **preferred**
- Ein *unbetontes* Schluss-**l** wird im BE verdoppelt, im AmE nicht:
  cancel - BE **cancelled** / AmE **canceled**, model - BE **modelled** / AmE **modeled**
  signal - BE **signalled** / AmE **signaled**, travel - BE **travelled** / AmE **traveled**

1.2 UNREGELMÄSSIGE VERBFORMEN

Wie schon erwähnt, sind unregelmäßige Verben dadurch gekennzeichnet, dass sie keine identische **2**. und **3**. Form auf **-ed** haben. Sie bilden diese Formen auf andere Weise.

Einige Beispiele:

1. Form		**s**-Form	**-ing**-Form	**2**. Form	**3**. Form
cut	*schneiden*	cuts	cutting	**cut**	**cut**
show	*zeigen*	shows	showing	**showed**	**shown**
get	*bekommen*	gets	getting	**got**	**got**
forget	*vergessen*	forgets	forgetting	**forgot**	**forgotten**
do	*tun, machen*	does	doing	**did**	**done**
speak	*sprechen*	speaks	speaking	**spoke**	**spoken**

Wie diese Beispiele zeigen, folgen unregelmäßige Verbformen keinem einheitlichen Bildungsschema. Manchmal sind, wie bei **cut**, alle 3 Stammformen gleich, bei anderen Verben stimmen die **2**. und die **3**. Form überein (**get**), bei wiederum anderen sind alle drei Formen verschieden, und dies auf ganz unterschiedliche Weise (**show, forget, do, speak**).

Der im folgenden Kapitel [→ **159** (2.3)] aufgelistete Wortschatz umfasst 160 der gebräuchlichsten unregelmäßigen Verben. Bei praktisch allen handelt es sich um *einsilbige* Wörter, was im Umkehrschluss bedeutet, dass jedes neu erlernte *mehrsilbige* Verb mit allergrößter Wahrscheinlichkeit regelmäßig ist, seine **2**. und **3**. Form also auf -ed bildet. Ein kleiner Hinweis, der das Lernen durchaus erleichtern kann.

Natürlich gilt diese Faustregel nicht bei Verben, deren Mehrsilbigkeit dadurch zustande kommt, dass ihnen ein Wortelement vorangestellt ist. Verben wie **understand**, **overtake** oder **undo** sind daher ebenso unregelmäßig wie die sie tragenden Formen **stand**, **take** und **do**: stood - **understood**, took - **overtook**, did - **undid**.

Von den genannten 160 unregelmäßigen Verben bilden nur etwa 60 alle drei Stammformen unterschiedlich (Schema A-B-C), während andere Gruppen (z.B. A-A-B oder A-B-A) nur wenige Wörter umfassen und darum schnell gelernt sind. Die mit etwa 70 Verben umfangreichste Gruppe folgt dem Schema A-B-B.

2 WORTSCHATZ DER VOLLVERBEN

Die folgenden Wortlisten enthalten die wichtigsten *regelmäßigen* und *unregelmäßigen* Verben des Englischen.

2.1 WORTSCHATZ: **ZUSTANDSVERBEN**

Die hier aufgeführten Verben beschreiben Zustände, Tatsachen, unabänderliche Gegebenheiten, Gefühle, Einschätzungen sowie zeitlich unbegrenzte Abläufe, auf deren Anfang und Ende wir in der Regel keinen Einfluss haben.

DAUERHAFTE ZUSTÄNDE

be	*sein*
belong (to...)	*gehören*
concern	*betreffen, angehen*
contain	*enthalten*
cost	*kosten*
depend (on...)	*abhängen (von...)*
exist	*existieren*
have	*haben*
include	*einschließen, beinhalten, umfassen*
mean	*bedeuten*
need	*brauchen, benötigen*
owe	*schulden*
own	*besitzen*
possess	*besitzen*
resemble	*ähneln, ähnlich sein*

VORLIEBEN, ABNEIGUNGEN, WÜNSCHE

admire	*bewundern*
detest	*hassen, verabscheuen*
fear	*fürchten*
hate	*hassen*
hope	*hoffen*
like	*mögen, gern haben*
love	*lieben*
prefer	*vorziehen, bevorzugen, lieber tun*
refuse	*sich weigern, ablehnen*
regard	*betrachten*
want	*wollen, verlangen*
wish	*wünschen*

MEINUNG, VERMUTUNG, WISSEN

believe	*glauben*
consider	*betrachten, ansehen als …*
doubt	*bezweifeln*
feel	*der Meinung sein*
forget	*vergessen*
know	*kennen, wissen*
realise	*sich im Klaren sein, einsehen*
remember	*denken an [= nicht vergessen], sich erinnern*
think, AmE: **guess**	*denken, glauben*
understand	*verstehen*

SINNESWAHRNEHMUNGEN

notice	*merken, bemerken*
see	*sehen*
hear	*hören*

GLEICHSETZUNG

Auf Verben dieser Gruppe folgt eine nicht-verbale Ergänzung (meist ein *Adjektiv* oder eine *Hauptwortgruppe)*, die zusätzliche Angaben zum Subjekt des Satzes enthält:

Obama **became** President in 2008. *Obama wurde 2008 Präsident.*
Some teas **taste** bitter. *Einige Teesorten schmecken bitter.*

Die wichtigsten Verben dieser Gruppe sind

become	*werden*
get	*werden* [durch allmähliche Veränderung]
feel	*sich anfühlen*
keep, **remain**	*bleiben*
look	*aussehen* [ein bestimmtes Aussehen haben]
prove	*sich als ... erweisen, herausstellen*
seem	*scheinen* [den Anschein haben]
smell	*riechen* [einen bestimmten Geruch haben]
sound	*sich anhören, klingen*
taste	*schmecken* [einen bestimmten Geschmack haben]
weigh	*wiegen* [ein bestimmtes Gewicht haben]

► Einige Zustandsverben können – in einer anderen Bedeutung – auch Tätigkeitsverben sein. Näheres hierzu → **172** (3.7)

2.2 WORTSCHATZ: **TÄTIGKEITS- UND VORGANGSVERBEN**
REGELMÄSSIGE VERBEN

Die folgenden Verben benennen Vorgänge und Handlungen *von begrenzter* bzw. *begrenzbarer Dauer*. Die wichtigsten:

answer	*antworten, beantworten*
arrive	*ankommen, eintreffen*
avoid	*vermeiden*
call	*rufen, nennen*
cancel	*rückgängig machen, streichen, stornieren*
carry	*tragen*
cause	*verursachen*
celebrate	*feiern*
check	*prüfen, kontrollieren, untersuchen*
clean	*reinigen, sauber machen*
climb [klaɪm]	*klettern*
close	*schließen, zumachen*
compare	*vergleichen*
complain	*klagen, (sich) beklagen*
complete	*vervollständigen, abschließen*
consider	*betrachten, ansehen als ...*
convince	*überzeugen*
copy	*abschreiben, kopieren*
correct	*verbessern, korrigieren*
cover	*bedecken, zudecken*
cross	*überqueren*
cry	*weinen, schreien*
dance	*tanzen*
describe	*beschreiben*
destroy	*zerstören, vernichten*
die	*sterben*
disappear	*verschwinden*
discover	*entdecken*
discuss	*diskutieren, erörtern*
disturb	*stören*
dive	*tauchen*
enjoy	*genießen*
enter	*eintreten, betreten,* [Daten usw.] *eingeben*
expect	*erwarten*

explain	erklären, erläutern
fill	füllen
finish	beenden, abschließen
follow	folgen, befolgen
handle	handhaben, mit etw umgehen
happen	passieren, geschehen, vorfallen, sich ereignen
help	helfen
hurry	eilen, (sich) beeilen
improve	verbessern
inform	informieren, benachrichtigen
invent	erfinden
invite	einladen
jump	springen
kill	töten
kiss	küssen
laugh	lachen
listen	zuhören, hinhören
look (at)	ansehen, (an)schauen, betrachten
marry	heiraten
mention	erwähnen
miss	vermissen
move	(sich) bewegen, (sich) rühren
offer	bieten, anbieten
open	öffnen, eröffnen
phone	anrufen, telefonieren mit ...
play	spielen
practise	üben
prepare	vorbereiten, zubereiten
press	drücken
produce	herstellen, produzieren
promise	versprechen
pronounce	aussprechen
protect	schützen, beschützen
provide	bereitstellen, versorgen
pull	ziehen
push	schieben, drücken, stoßen, drängeln
reach	erreichen
recommend	empfehlen, raten
regret	bedauern
remove	wegnehmen, entfernen
rent	mieten
repair	reparieren
repeat	wiederholen
report	berichten
represent	darstellen
rest	ausruhen, ruhen
return	zurückkehren; zurückgeben
save	retten, sparen
sign	unterschreiben
smile	lächeln
smoke	rauchen
support	unterstützen
surprise	überraschen, erstaunen
touch	berühren, anfassen
translate	übersetzen
travel	reisen
try	versuchen, probieren, [Speisen] kosten
use	benutzen, gebrauchen
visit	besichtigen, besuchen
wait	warten
walk	(zu Fuß) gehen
wash	waschen
waste	vergeuden, verschwenden
watch	beobachten, [watch TV] fernsehen
wonder	sich fragen
work	arbeiten; funktionieren

2.3 WORTSCHATZ: **UNREGELMÄSSIGE VERBEN**
Die Verben sind nach ihrem jeweiligen Bildungsschema geordnet.

SCHEMA A-A-A: ALLE 3 STAMMFORMEN IDENTISCH

bet	*wetten*	**bet**	**bet**
bid	*[Versteigerung usw.] bieten*	**bid**	**bid**
burst	*bersten, platzen*	**burst**	**burst**
cast	*werfen, [Rolle beim Film] besetzen*	**cast**	**cast**
cost	*kosten*	**cost**	**cost**
cut	*(ab)schneiden, fällen*	**cut**	**cut**
hit	*(auf)schlagen, (auf)treffen*	**hit**	**hit**
hurt	*verletzen, schmerzen, weh tun*	**hurt**	**hurt**
let	*lassen, vermieten*	**let**	**let**
put	*legen, stellen, (in etwas hinein) tun*	**put**	**put**
quit	*aufhören (mit), aufgeben, sein lassen*	**quit**	**quit**
set	*stellen, einstellen*	**set**	**set**
shut	*schließen, zumachen*	**shut**	**shut**
split	*(sich) spalten, trennen, entzweien*	**split**	**split**
spread	*ausbreiten, verteilen, sich verbreiten*	**spread**	**spread**

SCHEMA A-A-B: **1**. UND **2**. FORM IDENTISCH

beat	*schlagen, klopfen*	**beat**	**beaten**

SCHEMA A-B-A: **1**. UND **3**. FORM IDENTISCH

become	*werden*	**became**	**become**
come	*kommen*	**came**	**come**
run	*laufen, rennen, [Geschäft usw.] betreiben*	**ran**	**run**

SCHEMA A-B-B: **2**. UND **3**. FORM IDENTISCH, ENDUNG: **-d**

VERBEN MIT LAUTVERÄNDERUNG: [aɪ] – [aʊ] – [aʊ]

bind	*binden*	**bound**	**bound**
find	*finden*	**found**	**found**
grind	*mahlen, schleifen*	**ground**	**ground**
wind	*winden, aufziehen*	**wound**	**wound**

VERBEN MIT LAUTVERÄNDERUNG: [iː] – [e] – [e]

bleed	*bluten*	**bled**	**bled**
breed	*brüten, züchten*	**bred**	**bred**
feed	*füttern*	**fed**	**fed**
speed	*flitzen, jagen, sausen*	**sped**	**sped** ANM
flee	*fliehen, flüchten*	**fled**	**fled**
lead	*leiten, führen*	**led**	**led**
read	*lesen*	**read**	**read**

ANM | Das Verb **speed up** *(beschleunigen)* ist regelmäßig:
The new medication has speeded up the healing process.
Das neue Medikament hat den Heilungsprozess beschleunigt.

ANDERE VERBEN

have	*haben*	**had**	**had**
hear	*hören*	**heard**	**heard**
hold	*(fest)halten*	**held**	**held**
lay	*(hin)legen*	**laid**	**laid**
make	*machen*	**made**	**made**
pay	*bezahlen*	**paid** [peɪd]	**paid** [peɪd]
say	*sagen*	**said** [sed]	**said** [sed]
sell	*verkaufen*	**sold**	**sold**
slide	*rutschen, gleiten*	**slid**	**slid**
stand	*stehen*	**stood**	**stood**
tell	*erzählen, sagen*	**told**	**told**

SCHEMA A-B-B:
2. UND 3. FORM IDENTISCH, ENDUNG: -t

Auch innerhalb dieser Gruppe lassen sich Verben aufgrund bestimmter gemeinsamer Merkmale zusammenfassen:

ENDUNGSFOLGE -**end** [end] – -**ent** [ent] – -**ent** [ent]

bend	*beugen, biegen*	**bent**	**bent**
lend	*verleihen*	**lent**	**lent**
send	*schicken, senden*	**sent**	**sent**
spend	*verbringen,* [Geld] *ausgeben*	**spent**	**spent**

► **end** *(enden)*, **mend** *(ausbessern, flicken)* und **tend** *(tendieren)* sind regelmäßig: **ended, mended, tended**

VERBEN MIT LAUTVERÄNDERUNG: [iːp] – [ept] – [ept]

creep	*kriechen*	**crept**	**crept**
keep	*halten, behalten*	**kept**	**kept**
sleep	*schlafen*	**slept**	**slept**
sweep	*fegen, kehren, wischen*	**swept**	**swept**
weep	*weinen*	**wept**	**wept**

► **beep** *(piepen, piepsen)* und **peep** *(heimlich gucken, linsen, spähen)*, sind regelmäßig: **beeped, peeped**

VERBEN MIT LAUTVERÄNDERUNG: [iːl] – [elt] – [elt]

deal	*handeln*	**dealt**	**dealt**
feel	*fühlen*	**felt**	**felt**
kneel	*knien*	**knelt**	**knelt**

2. UND 3. FORM -aught / -aught bzw. -ought / -ought

Die Aussprache der Formen auf -**aught** und -**ought** ist identisch.
In der Schriftform unterscheiden sie sich dagegen wie folgt:

Verben, deren Grundform ein -**a**- enthält (c**a**tch, te**a**ch)
bilden ihre 2. und 3. Form auf -**aught**: **caught, taught.**
Bei Verben, die kein -**a**- haben (**bring, buy, think, seek** und **fight**),
enden die 2. und 3. Form auf -**ought**: **brought, bought, thought, sought, fought**

catch	*fangen, packen,*	**caught**	**caught**
teach	*unterrichten, lehren*	**taught**	**taught**
bring	*bringen*	**brought**	**brought**
buy	*kaufen*	**bought**	**bought**
fight	*kämpfen*	**fought**	**fought**
seek	*suchen*	**sought**	**sought**
think	*denken, glauben, meinen*	**thought**	**thought**

ANDERE VERBEN

get	*bekommen*	**got**	**got** ᴬᴺᴹ
meet	*kennenlernen, (sich) treffen*	**met**	**met**
shoot	*schießen,* [Film] *drehen*	**shot**	**shot**
sit	*sitzen*	**sat**	**sat**
spit	*spucken*	**spat**	**spat**
light	*anzünden,* [Feuer] *entzünden*	**lit**	**lit**
build	*bauen*	**built**	**built**
leave	*verlassen, weggehen*	**left**	**left**
lose	*verlieren*	**lost**	**lost**
mean	*bedeuten, meinen*	**meant**	**meant**

ANM | Im amerikanischen Englisch lautet die 3. Form **gotten: We've gotten lots of mail.** *(Wir haben viel Post bekommen.)* Inzwischen findet **gotten** auch im britischen Sprachraum Verbreitung, was nicht zuletzt auf den Einfluss US-amerikanischer Filme zurückzuführen ist.

Von jeher gebräuchlich ist auch im britischen Englisch das Adjektiv **ill-gotten.** Damit wird etwas bezeichnet, das unrechtmäßig, illegal erworben wurde, z.B. **ill-gotten money, ill-gotten gains, ill-gotten wealth, an ill-gotten profit, an ill-gotten fortune.**

SCHEMA A - B - B
MIT REGELMÄSSIGEN UND UNREGELMÄSSIGEN FORMEN

Bei einigen Verben lässt der Sprachgebrauch sowohl regelmäßige als auch unregelmäßige Formen zu. Dies gilt insbesondere für Verben auf **-l**, **-m** oder **-n** wie

burn	*brennen*	**burned** oder **burnt**	**burned** oder **burnt**
learn	*lernen*	**learned** oder **learnt**	**learned** oder **learnt**
dwell	*bewohnen*	**dwelled** oder **dwelt**	**dwelled** oder **dwelt**
smell	*riechen*	**smelled** oder **smelt**	**smelled** oder **smelt**
spell	*buchstabieren*	**spelled** oder **spelt**	**spelled** oder **spelt**
spill	*verschütten*	**spilled** oder **spilt**	**spilled** oder **spilt**
spoil	*verderben*	**spoiled** oder **spoilt**	**spoiled** oder **spoilt**

Verben mit langem [iː] behalten diesen Laut in den regelmäßigen Formen bei, während er sich in den unregelmäßigen Varianten zu [e] abschwächt:

dream [driːm]	*träumen*	**dreamed** [driːmd] oder **dreamt** [dremt]
lean [liːn]	*lehnen, beugen*	**leaned** [liːnd] oder **leant** [lent]
leap [liːp]	*springen, hüpfen*	**leaped** [liːpd] oder **leapt** [lept]

Im britischen Englisch sind beide Formen gebräuchlich, das amerikanische Englisch bevorzugt die regelmäßigen Formen.

SCHEMA A-B-B
VERBEN MIT LAUTVERÄNDERUNG, 2. UND 3. FORM [ʌ]

cling	*sich klammern*	**clung**	**clung**
dig	*graben*	**dug**	**dug**
hang	*hängen*	**hung**	**hung** ᴬᴺᴹ
sling	*schleudern*	**slung**	**slung**
spin	*spinnen, sich drehen*	**spun**	**spun**
stick	*kleben, haften*	**stuck**	**stuck**
sting	*stechen*	**stung**	**stung**
strike	*schlagen*	**struck**	**struck**
swing	*schaukeln, schwingen*	**swung**	**swung**
wring	*wringen*	**wrung**	**wrung**

ANM | Das Verb **hang** mit den Formen **hung** und **hung** bedeutet *hängen* [oben befestigt und frei herunterhängend: z.B. Bilder an der Wand, Obst am Baum, Wäschestücke an der Leine usw.]

Hängen als Form der Hinrichtung oder Selbsttötung *(sich erhängen)* wird dagegen als regelmäßiges Verb behandelt:
They hanged him on a tree. *Sie hängten ihn an einem Baum.*
Aber: **He still hung there the day after**. *Er hing am Tag danach immer noch dort.*

SCHEMA A-B-B: 2. UND 3. FORM -o-

shine ᴬᴺᴹ	*scheinen, glänzen*	**shone**	**shone**
win	*gewinnen*	**won**	**won**

ANM | Das Verb **shine** in der Bedeutung *blank putzen, polieren* ist ein regelmäßiges Verb, das seine 2. und 3. Form mit **-ed** bildet:
He shined his shoes with a towel. *Er polierte seine Schuhe mit einem Handtuch.*

SCHEMA A-B-C
ALLE 3 STAMMFORMEN VERSCHIEDEN

Diese Gruppe umfasst etwa 60 Verben, die sich aufgrund bestimmter Bildungsmerkmale in drei Gruppen untergliedern lassen:

VERBEN AUF **-w** (**2**. Form auf **-ed** oder **-ew**, **3**. Form auf **-n**):

-aw, -ew, -ow		-ed	-n
mow	*mähen*	**mowed**	**mown**
saw [sɔː]	*sägen*	**sawed**	**sawn**
sew [səʊ]	*nähen*	**sewed**	**sewn**
show	*zeigen*	**showed**	**shown**
sow [səʊ]	*säen*	**sowed**	**sown**

-aw, -ow		-ew	-awn / -own
draw	ziehen, zeichnen	drew	drawn
withdraw	zurückziehen, [Geld] abheben	withdrew	withdrawn
blow	wehen, blasen	blew	blown
grow	wachsen, anpflanzen, anbauen	grew	grown
know	kennen, wissen	knew	known
throw	werfen	threw	thrown

VERBEN DER LAUTREIHE [ɪ] – [æ] – [ʌ]

begin	beginnen	began	begun
drink	trinken	drank	drunk
ring	läuten, klingeln	rang	rung
shrink	[beim Waschen] einlaufen	shrank	shrunk
sing	singen	sang	sung
sink	sinken, untergehen	sank	sunk
spring	springen	sprang	sprung
stink	stinken	stank	stunk
swim	schwimmen	swam	swum

VERBEN MIT LAUTWECHSEL

Die größte Gruppe der A-B-C-Verben ist durch einen *Lautwechsel* zwischen der **1**. und **2**. Form gekennzeichnet. Die **3**. Form endet auf **-n,** in einigen wenigen Fällen auf **-ne:**

3. FORM AUF **-n**

arise	entstehen, aufkommen	arose	arisen
awake	erwachen	awoke	awoken
be	sein, im Passiv: werden	was / were	been
bite	beißen	bit	bitten
break	brechen	broke	broken
choose	wählen, aussuchen	chose	chosen
drive	fahren, lenken	drove	driven
eat	essen	ate	eaten
fall	fallen	fell	fallen
forbid	verbieten	forbade	forbidden
forget	vergessen	forgot	forgotten
foresee	vorhersehen, voraussehen	foresaw	foreseen
forgive	vergeben, verzeihen	forgave	forgiven
freeze	frieren	froze	frozen
give	geben	gave	given
hide	verstecken, verbergen	hid	hidden
lie	liegen	lay	lain
mistake	verwechseln	mistook	mistaken
overeat	zu viel essen	overate	overeaten
overtake	[Fahrzeug] überholen	overtook	overtaken
ride	reiten, fahren	rode	ridden
rise	sich erheben, aufstehen	rose	risen
see	sehen	saw	seen
shake	schütteln	shook	shaken
speak	sprechen	spoke	spoken
steal	stehlen	stole	stolen
swear	schwören, fluchen	swore	sworn
take	nehmen	took	taken
tear	reißen	tore	torn
wake	wecken	woke	woken
wear	(am Körper) tragen	wore	worn
weave	weben	wove	woven
write	schreiben	wrote	written

3. FORM AUF **-ne**

bear	ertragen; [Kind] gebären	bore	borne

► Beachten Sie den Unterschied: has **borne** *(hat geboren)* – was **born** *(wurde geboren)*

do	tun, machen	did	done
go	gehen, fahren	went	gone
outdo	übertreffen, ausstechen	outdid	outdone

3 BILDUNG DER ZEITFORMEN (TENSES)

In einem normal konstruierten englischen Aussagesatz stehen alle Verben in der Satzmitte. Ihnen voran geht das Subjekt, auf sie folgen – sofern vorhanden – Objekte und oder andere Ergänzungen. Der Satzraum, den Verben belegen, wird als *Prädikat* oder als *Satzaussage* bezeichnet.

Damit die Aussage eines Satzes so verstanden wird, wie sie verstanden werden soll, muss das verwendete Verb in die richtige *Zeitform* (engl.: tense) gebracht werden. Dies stellt für Lernende manchmal ein Problem dar, da sie hierbei nach anderen Überlegungen verfahren müssen, als sie dies vom Deutschen her gewohnt sind.

Wie die Zeitformen eines englischen Vollverbs gebildet und richtig verwendet werden, erläutern Schritt für Schritt die folgenden Kapitel.

4 ASPEKTE DER ZEITFORMEN

Wo wir uns auch befinden, immer geschieht etwas. Wir erleben den Alltag als eine Abfolge von *Ereignissen*, *Vorgängen* und *Tätigkeiten* unterschiedlichster Art, über die wir sprechen, und von denen wir anderen berichten.

Manchmal bescheiben wir aber auch *Zustände*, etwas zeitlich Unbegrenztes, das immer so ist oder sich immer wieder so abspielt, wie wir es kennen oder gewohnt sind: *Kühe geben Milch. Im Winter fällt Schnee. Er weiß viel. Sie hat zwei Kinder. Wir mögen Tiere.*

Anderes hingegen geschieht nur für einen *begrenzten*, überschaubaren Zeitraum. Anfang und Ende des Geschehens lassen sich deutlich bestimmen: *Das Kind lernt laufen. Heute essen wir im Restaurant. Unser Nachbar baut einen Zaun. Es regnet.*

Überlegen Sie einmal: Kühe werden immer Milch geben, ein Kind dagegen wird nicht immer laufen lernen. Im Deutschen spielt diese Unterscheidung keine große Rolle, in einem englischen Satz dagegen muss sie durch die Wahl der richtigen Zeitform eines Verbs deutlich gemacht werden. In ihr kommen zwei Aspekte zum Ausdruck, die für das Verständnis des Satzes von entscheidender Bedeutung sind: der *Zeitaspekt* und der *Handlungs-* oder *Tätigkeitsaspekt*.

4.1 DER ZEITASPEKT

An der Zeitform des Vollverbs muss erkennbar werden, welchem Zeitraum das im Satz berichtete Geschehen zuzuordnen ist: einem, der noch andauert (im Englischen **present** genannt), oder einem, der bereits beendet ist (englisch: **past**, also wörtlich: *vorbei.*)

- **present** *(Gegenwart)* bedeutet:
  Das im Satz berichtete Geschehen spielt sich innerhalb von Zeiträumen ab, die noch nicht beendet sind. Typische Hinweise auf die Gegenwart sind Angaben wie **today**, **this week**, **next month**, **now** oder **every day**.

- **past** *(Vergangenheit)* bedeutet:
  Das berichtete Geschehen spielte sich in einem Zeitraum ab, der bereits beendet ist, zum Beispiel **yesterday**, **last week**, **many years ago**, **in the 20th century**, **during the war** oder **under the reign of Queen Victoria**.

Der Zeitaspekt eines englischen Satzes ist immer *an dessen erstem Verb* abzulesen: Ist dieses erste Verb eine *Gegenwartsform* (also eine **1**. Form oder eine **s**-Form), so handelt es sich um einen Satz mit dem Zeitaspekt **present**. Ist das erste Verb eine *Vergangenheitsform* (eine **2**. Form), so haben wir einen Satz mit dem Zeitaspekt **past** vor uns. Beispiele:

My sister	**likes**	horses.	Zeitaspekt: **present**
The tourists	**have**	visited the castle	Zeitaspekt: **present**
We	**waited**	over a week.	Zeitaspekt: **past**
She	**has**	been sleeping for hours.	Zeitaspekt: **present**
Some boys	**were**	playing football.	Zeitaspekt: **past**
The girl	**had**	lost her ticket.	Zeitaspekt: **past**

4.2 DER HANDLUNGSASPEKT

Wie die in einem Satz enthaltene Mitteilung beim Hörer oder Leser ankommt, hängt von der Wahl des Handlungsaspekts ab. Dieser gibt dem Sprecher die Möglichkeit, einen Sachverhalt so darzustellen, wie er ihn sieht und auch verstanden wissen will – ob als Zustand, als etwas regelmäßig Stattfindendes oder als etwas Vorübergehendes. Wird von einer Tätigkeit berichtet, so lässt sich durch den Handlungsaspekt ausdrücken, an welchem Punkt seines Ablaufs das Geschehen wahrgenommen wurde – ob von Anfang an, erst nachdem es begonnen hatte oder erst, als es bereits beendet war.

Es sind die folgenden Aspekte, unter denen sich das in einem englischen Satz berichtete Geschehen betrachten und darstellen lässt:

- **SIMPLE** ASPECT
  Einfacher Aspekt → **165** (5.1)

  Mit der Wahl des Aspekts *simple* bringt der Sprecher zum Ausdruck, dass er dem Geschehen *von Anfang an* beigewohnt hat:

  Present: She **takes** a pen and **begins** to write.
  Past: They **closed** the window, and the noise **stopped**.

  Verben, durch die ein Sachverhalt als *Zustand von unbegrenzter Dauer* oder als ein *sich wiederholender Vorgang* dargestellt werden soll, werden ebenfalls mit dem Aspekt *simple* versehen:
  Im Present: He **lives** in an old farmhouse and **writes** novels.
  Im Past: They **worked** hard, and yet **earned** too little to live on.

- **PROGRESSIVE** ASPECT
  Aspekt des Verlaufs, Verlaufsaspekt → **165** (5.2)

  Durch die Wahl des Aspekts *progressive,* im Unterricht oft auch *continuous* genannt, wird betont, dass das berichtete Geschehen *zeitlich begrenzt* ist, *bereits begonnen* hat und sich *im Ablauf* befindet:

  Present: You can't see her now, she is **telephoning**.
  Past: We saw a man who **was selling** carpets.

- **PERFECT** ASPECT
  Aspekt der Vollendung → **166** (5.3)

  Der Aspekt *perfect,* im Unterschied zum *perfect progressive* auch *perfect simple* genannt, bezeichnet den *endgültigen Abschluss,* das sichtbare *Ergebnis* eines voraufgegangenen Geschehens:

  Present: We **have wallpapered** our living room.
  Past: Jane **had invited** all her friends and colleagues.

- **PERFECT PROGRESSIVE** ASPECT
  Aspekt der Unterbrechung, der Nicht-Vollendung → **166** (5.2)

  Der Aspekt *perfect progressive* zeigt an, dass ein Geschehen *unterbrochen* bzw. vor seinem angestrebten Abschluss *abgebrochen* wird:

  Present: I **have been looking** through the papers.
  Past: They **had been waiting** for hours.

5 DIE ZEITFORMEN (TENSES) IM EINZELNEN

Aus der Verbindung eines Zeitaspekts (**present** oder **past**) mit einem der oben genannten Handlungsaspekte (**simple, progressive, perfect simple** oder **perfect progressive**) setzen sich die Namen der *Zeitformen* (kurz: der *Zeiten*) eines Vollverbs zusammen. So kommen jene Bezeichnungen zustande, die Ihnen sicherlich noch aus dem Englischunterricht in mehr oder minder angenehmer Erinnerung sind:

- Present Simple
- Present Progressive [Oder: Present Continuous]
- Present Perfect (Simple)
- Present Perfect Progressive [Oder: Present Perfect Continuous]
- Past Simple
- Past Progressive [Oder: Past Continuous]
- Past Perfect (Simple)
- Past Perfect Progressive [Oder: Past Perfect Continuous]

Sehen wir uns nun am Beispiel des Verbs **play** einmal an, was sich hinter diesen Bezeichnungen verbirgt, und wie die einzelnen Zeitformen gebildet werden. Für die Verwendung der 6 Verbformen gilt grundsätzlich:

- die **1**. Form (**play**), die **s**-Form (**plays**) und die **2**. Form (**played**) bilden **allein** – das heißt: ohne die Hinzunahme eines Hilfsverbs – das Prädikat eines Satzes.
- die **-ing**-Form und die **3**. Form lassen sich nur in Verbindung mit einem Hilfsverb, also einer Form von **be** (**am, are, is, was, were**) oder **have** (**have, has, had**) im Satz verwenden.

Hieraus ergeben sich die folgenden Zeitformen:

5.1 ZEITFORMEN, DIE OHNE HILFSVERB GEBILDET WERDEN:
SIMPLE TENSES

Die **1**. Form, die **s**-Form und die **2**. Form bilden – ohne die Hinzunahme eines Hilfverbs – die *einfache Zeiten* (simple tenses) eines englischen Vollverbs:

das **Present Simple** *(die einfache Gegenwart)*
das **Past Simple** *(die einfache Vergangenheit)*

Die folgenden Darstellungen betreffen den englischen Aussagesatz. Zur Bildung von Frage und Verneinung siehe → **275** (8)

Present Simple	*kein Hilfsverb*	**1**. Form bzw. **s**-Form
I, you, we, they	–	**play**
he, she, (it)	–	**plays**

Zum Gebrauch des **Present Simple** → **168** (2)

Past Simple	*kein Hilfsverb*	**2**. Form
I, you, we, they he, she, (it)	– –	**played**

Zum Gebrauch des **Past Simple** → **179** (1)

ANMERKUNG

Im Schulunterricht und in einigen Lehrbüchern werden die Zeitformen *Present Simple* und *Past Simple* oft als *Simple Present* bzw. *Simple Past* bezeichnet. Allerdings entspricht es der Systematik englischer Zeitenbildung eher, wenn man die Reihenfolge wählt, bei der – wie es auch englische Grammatiker tun – der Zeitaspekt zuerst genannt wird: *Present Simple* und *Past Simple*. Hinsichtlich der anderen Zeiten hält man sich bei deren Bezeichnung übrigens auch hierzulande an diese Reihenfolge und sagt: *Past Progressive, Past Perfect* usw.

5.2 ZEITFORMEN, DIE MIT DEM HILFSVERB **BE** GEBILDET WERDEN:
PROGRESSIVE (oder: **CONTINUOUS**) **TENSES**

Die **-ing**-Form bildet in Verbindung mit den Formen des Hilfverbs **be** die *unvollendeten Zeiten* (progressive tenses) eines englischen Vollverbs:

* das **Present Progressive** *(die Verlaufsform der Gegenwart)*
* das **Past Progressive** *(die Verlaufsform der Vergangenheit)*

Present Progressive	Present von **be**	**-ing**-Form
I	**am**	
you, we, they	**are**	**playing**
he, she, (it)	**is**	

Zum Gebrauch des **Present Progressive** → **170** (3)

Past Progressive	Past von **be**	**-ing**-Form
I, he, she, it	**was**	
we, you, they	**were**	**playing**

Zum Gebrauch des **Past Progressive** → **182** (4)

- das **Present Perfect Progressive**
  (die Verlaufsform der vollendeten Gegenwart)
- das **Past Perfect Progressive**
  (die Verlaufsform der vollendeten Vergangenheit)

Present Perf. Progressive	Present Perfect von **be**	-ing-Form
I, we, you, they	**have been**	
		playing
he, she, it	**has been**	

Zum Gebrauch des **Present Perfect Progressive** → **176** (5)

Past Perfect Progressive	Past Perfect von **be**	-ing-Form
I, you, we, they he, she, it	**had been**	**playing**

Zum Gebrauch des **Past Perfect Progressive** → **185** (5.3)

ANM | Sowohl *progressive* als auch *continuous* sind gebräuchliche Bezeichnungen für den Verlaufsaspekt englischer Vollverben. Einen Bedeutungsunterschied gibt es nicht; auch die ihnen zugrunde liegenden Verben **continue** und **progress** meinen dasselbe: *fortschreiten, sich im Ablauf befinden, vorangehen.*

5.3   ZEITFORMEN, DIE MIT DEM HILFSVERB **HAVE** GEBILDET WERDEN:
PERFECT TENSES

Die **3.** Form (**played**) bildet in Verbindung mit den Formen des Hilfsverbs **have** die *vollendeten Zeiten* (perfect tenses) eines englischen Vollverbs:
- das **Present Perfect** Simple *(die einfache vollendete Gegenwart)*
- das **Past Perfect** Simple *(die einfache vollendete Vergangenheit)*

Present Perfect Simple	Present von **have**	3. Form
I, you, we, they	**have**	
		played
he, she, it		**has**

Zum Gebrauch des **Present Perfect** Simple → **173** (4)

Past Perfect Simple	Past von **have**	3. Form
I, you, we, they he, she, (it)	**had**	**played**

Zum Gebrauch des **Past Perfect** Simple → **183** (5)

Gegenwart (PRESENT)

Zunächst sei noch einmal daran erinnert, dass *Gegenwart* (Present) nicht ausschließlich im Sinne einer *Jetzt-Zeit* zu verstehen ist. Der Begriff bezieht sich vielmehr auf eine unbegrenzte, allumfassende Zeit, die Vergangenheit und Zukunft mit einschließt.

Auf der Zeitebene der Gegenwart lassen sich folgende Zeiten bilden:
- die einfache Gegenwart (**Present Simple**)
- die Verlaufsform der Gegenwart (**Present Progressive**)
- die vollendete Gegenwart (**Present Perfect Simple**)
- die Verlaufsform der vollendeten Gegenwart (**Present Perfect Progressive**)

Wie die einzelnen Zeiten anzuwenden sind, werden wir in diesem Kapitel anhand zahlreicher Satzbeispiele veranschaulichen.

1 PRESENT SIMPLE und PRESENT PROGRESSIVE

- Das *Present Simple*, gebildet mit der **1**. Form bzw. der **s**-Form, beschreibt
  Zustände, Tatsachen, unabänderliche Gegebenheiten, sich wiederholende Vorgänge, Gewohnheiten – mithin all das, was immer ist bzw. immer wieder, *zeitlich unbegrenzt* geschieht.

- Das *Present Progressive*, gebildet aus **am/are/is + -ing-Form**, beschreibt
  zeitlich begrenzte Vorgänge und Handlungen. Das berichtete Geschehen findet als Einzelvorgang, nur vorübergehend, ausnahmsweise, zu einem bestimmten Zeitpunkt, in jedem Fall aber nur eine bestimmte Zeit lang statt.

SIMPLE UND PROGRESSIVE IN DER GEGENÜBERSTELLUNG

SIMPLE	PROGRESSIVE
London **lies** on the Thames.	George **is lying** on his bed.

Das Beispiel macht den Unterschied zwischen den Aspekten *simple* und *progressive* auf sehr anschauliche Weise deutlich: George mag noch so lange auf seinem Bett liegen, irgendwann wird er aufstehen und etwas anderes tun. London aber liegt und liegt und liegt...

Most birds **build** their nests in spring.	They **are building** a new bridge across the river.

Dass Vögel im Frühjahr Nester bauen, ist ein sich von Jahr zu Jahr wiederholender natürlicher Vorgang. Beim Bau einer Brücke handelt es sich dagegen um ein zeitlich begrenztes Geschehen, das bereits begonnnen hat, als man davon spricht.

I **have** a shower every morning.	I can't answer the door, I **am having** a shower.

Nur in dem Satz **I am having a shower** spricht jemand, der gerade unter der Dusche steht. Dagegen berichtet der Sprecher in dem Satz **I have a shower** von etwas, das er regelmäßig tut: er duscht jeden Morgen.

Charlotte seldom **goes out** on Saturdays.	On Saturday evening Charlotte and I **are going out**.

Normalerweise, so erfahren wir, geht Charlotte sonnabends nicht aus, doch an dem besagten Tag macht sie eine Ausnahme. Was sagt uns das? Vorgänge, die zu einem im Satz genannten zukünftigen Zeitpunkt stattfinden (meist sind dies Verabredungen, Termine usw.) stehen – da sie ja nicht die Regel und zudem zeitlich begrenzt sind – durchweg mit dem Aspekt *progressive*.

What **do** you **do**?	What **are** you **doing**?

Die Frage nach dem täglichen Tun ist ein klassischer Fall für den Handlungsaspekt *simple*: Was machen Sie beruflich? Die zweite Frage hingegen zielt auf eine gegenwärtige, vorübergehende Beschäftigung: Was machen Sie gerade? Was tun Sie da?

2 BEISPIELE FÜR DEN GEBRAUCH DES PRESENT SIMPLE

2.1 GEBRAUCH MIT ZUSTANDSVERBEN

Mit dem *Present Simple* werden Zustandsverben wie **have**, **owe**, **belong**, **contain**, **like**, **prefer**, **seem** oder **realise** verwendet. [Wortschatz der Zustandsverben → 156 (2.1)]

Paul loves Belinda. *Paul liebt Belinda.* | **Miriam resembles her sister**. *Miriam sieht ihrer Schwester ähnlich.* | **Some of these books belong to the university**. *Einige dieser Bücher gehören der Universität.* | **Mr Martin looks very smart in his new suit**. *Mr Martin sieht sehr schick aus in seinem neuen Anzug.* | **A flat in the city costs a lot more than I earn**. *Eine Wohnung in der Innenstadt kostet viel mehr, als ich verdiene.* | **They know so much about us, while we know very little about them**. *Sie wissen so viel über uns, während wir sehr wenig über sie wissen.*

Do you like your new job at the travel agency? *Gefällt dir deine neue Arbeit im Reisebüro?* | **Does she really know why we are here**? *Weiß sie wirklich, warum wir hier sind?* | **How many words does a good English-German dictionary contain**? *Wie viele Wörter enthält ein gutes englisch-deutsches Wörterbuch?* | **Do Germans still need a passport when they travel to the USA**? *Brauchen Deutsche immer noch einen Pass, wenn sie in die USA reisen?*

I don't doubt your good intentions. *Ich bezweifle nicht Ihre guten Absichten.* | **You don't seem to know who I am**. *Sie scheinen nicht zu wissen, wer ich bin.* | **We don't like crowded beaches, we prefer quieter places**. *Wir mögen keine überfüllten Strände, uns sind ruhigere Orte lieber.* | **She doesn't have a car because she doesn't need one**. *Sie hat kein Auto, weil sie keines braucht.* | **That doesn't matter**. *Das macht nichts. Das spielt keine Rolle.*

2.2 TATSACHEN, ALLGEMEINE WAHRHEITEN

Das *Present Simple* bezeichnet Tatsachen, zeitlose, allgemein gültige Wahrheiten, verallgemeinernde Feststellungen, Redensarten:

Cows give milk, hens lay eggs. *Kühe geben Milch, Hühner legen Eier.* | **In most European countries children start school at six**. *In den meisten europäischen Ländern kommen die Kinder mit sechs in die Schule.* | **Unchecked deforestation increases the pace of climate change**. *Ungebremste Abholzung verschärft das Tempo des Klimawandels.* | **In the East of Canada they speak both English and French**. *Im Osten Kanadas wird sowohl Englisch als auch Französisch gesprochen.* | **The early bird catches the worm**. *Der frühe Vogel fängt den Wurm.* [Wir sagen: Morgenstund hat Gold im Mund.]

Do they still drive on the left in Australia? *Fährt man in Australien immer noch links?* | **At what temperature does water freeze**? *Bei welcher Temperatur friert Wasser?* | **Do Germans travel a lot**? *Reisen die Deutschen viel?* | **Why do so many Brits oppose the EU**? *Warum sind so viele Briten gegen die EU?*

Northern Ireland doesn't belong to the Republic of Ireland. *Nordirland gehört nicht zur Republik Irland.* | **My grandfather understands Welsh, but he doesn't speak it**. *Mein Großvater versteht Walisisch, aber er spricht es nicht.* | **The check curtains don't match the new carpet**. *Die karierten Vorhänge passen nicht zum neuen Teppich.* | **Cuckoos don't build nests, they use the nests of other birds**. *Kuckucks bauen keine Nester, sie benutzen die Nester anderer Vögel.*

2.3 REGELMÄSSIGE, GEWOHNHEITSMÄSSIGE HANDLUNGEN

Das *Present Simple* beschreibt Vorgänge des täglichen Lebens und bringt zum Ausdruck, was jemand regelmäßig oder aus Gewohnheit tut bzw. nicht tut.

We all go to bed early, and we get up early too. *Wir gehen alle früh zu Bett, und wir stehen auch früh auf.* | **Cameron and I play badminton; my sister plays tennis**. *Cameron und ich spielen Badminton, meine Schwester spielt Tennis.* | **When my husband comes home from work, he looks through the mail first**. *Wenn mein Mann von der Arbeit nach Hause kommt, sieht er zuerst die Post durch.*

Which of you two makes breakfast? *Wer von euch beiden macht das Frühstück?* | **What do you do to keep fit**? *Was tun Sie, um fit zu bleiben?* | **Does anyone play an instrument**? *Spielt irgendjemand ein Instrument?* | **Do you have your coffee black, or do you take milk**? *Trinken Sie Ihren Kaffee schwarz oder nehmen Sie Milch?* | **Don't you read a newspaper**? *Liest du keine Zeitung?*

I don't smoke, and I don't drink either. *Ich rauche nicht, und ich trinke auch nicht.* | **We don't travel abroad, there is so much to see in Germany**. *Wir reisen nicht ins Ausland, es gibt in Deutschland so viel zu sehen.* | **My landlady doesn't allow pets in her flat**. *Meine Vermieterin erlaubt keine Haustiere in ihrer Wohnung.*

2.4 WIEDERHOLUNGSVORGÄNGE

Bei Handlungen oder Vorgängen, die sich in regelmäßigen Abständen wiederholen, wird das Verb häufig von Zeitbestimmungen begleitet, die diese Regelmäßigkeit zusätzlich betonen. Die wichtigsten dieser Wiederholungs-Angaben sind

- alle Ausdrücke mit **every**...:

every day, **every week** usw.	*jeden Tag, jede Woche usw.*
every other day	*jeden zweiten Tag usw.*
every ten minutes	*alle zehn Minuten usw.*
every fifty miles	*alle fünfzig Meilen usw.*
(every) **now and then**	*dann und wann, hin und wieder*
(every) **once in a while**	*ab und zu, gelegentlich*

- ferner:

on Sundays, **on Mondays** usw.	*sonntags, montags usw.*
in the mornings, **in the evenings**	*morgens, abends usw.*
on weekdays, **on holidays**	*an Wochentagen, an Feiertagen*
at weekends	*an Wochenenden*
once a ..., **twice a ...**	*einmal pro ..., zweimal pro ...*
three times a ... usw.	*dreimal pro ... usw.*
several times a ...	*mehrmals pro ...*
from time to time	*von Zeit zu Zeit*
at regular intervals	*in regelmäßigen Abständen*

I have a cold shower every morning. *Ich dusche jeden Morgen kalt.* | **Every ten minutes a train passes our house.** *Alle zehn Minuten fährt ein Zug an unserem Haus vorbei.* | **We don't work on Saturdays any more.** *Wir arbeiten sonnabends nicht mehr.* | **Our neighbours go on holiday several times a year.** *Unsere Nachbarn fahren mehrmals im Jahr in Urlaub.* | **He is free on probation but has to report to the police station once a month.** *Er ist auf Bewährung frei, muss sich aber einmal im Monat auf der Polizeiwache melden.* | **Does your husband do the shopping now and then?** *Macht Ihr Mann hin und wieder Einkäufe?* | **Do you still meet her once in a while?** *Triffst du sie noch ab und zu?*

2.5 UNBESTIMMTE HÄUFIGKEIT

Außer den oben genannten Ausdrücken werden regelmäßig wiederkehrende Vorgänge auch mit Angaben verbunden, die eine *nicht näher bestimmte Häufigkeit* ausdrücken, die also besagen, ob etwas *oft, selten, manchmal* oder *nie* geschieht:

always	*immer*
almost always	*fast immer*
nearly always	*nahezu immer*
often	*oft*
sometimes	*manchmal*
seldom	*selten*
ever	*je, jemals*
never	*nie, niemals*
never ever	*nie und nimmer*
usually	*gewöhnlich*
generally	*im Allgemeinen*
regularly	*regelmäßig*
frequently	*häufig*
normally	*normalerweise*
occasionally	*gelegentlich*
hardly	*kaum*
scarcely	*kaum, wohl kaum*
hardly ever	*kaum einmal*

She always tries to keep calm, even in awkward situations. *Sie versucht immer, ruhig zu bleiben, auch in heiklen Situationen.* | **We don't often watch TV in the morning.** *Wir sehen vormittags nicht oft fern.* | **It doesn't normally get very hot there, and it seldom rains.** *Es wird dort normalerweise nicht sehr heiß, und es regnet selten.* | **She sometimes feels lonely.** *Sie fühlt sich manchmal einsam.* | **Never do that again!** *Tu das nie wieder!* | **How many hours does a housewife usually spend in the kitchen?** *Wie viele Stunden verbingt eine Hausfrau gewöhnlich in der Küche?* | **What time do you generally have breakfast?** *Um wie viel Uhr frühstückt ihr im Allgemeinen?* | **She hardly ever listens to me.** *Sie hört mir kaum einmal zu.* | **Elephants never forget.** *Elefanten vergessen nie.*

Zur Stellung von Häufigkeitsangaben im Satz → **279** (10.2)

2.6 PROGRAMME, FAHRPLÄNE

Das *Present Simple* bezeichnet ein zukünftiges Geschehen, das durch *Programme, Fahrpläne, Stundenpläne* oder ähnliches präzise festgelegt ist. Diese Anwendung tritt häufig bei Verben wie **start**, **begin**, **end**, **arrive**, **leave**, **open** und **close** auf:

The first train leaves at 5.30 and arrives at 8.10. *Der erste Zug fährt um halb sechs und kommt um zehn nach acht an.* | **Most shops around here open at nine and close some time between seven and eleven.** *Die meisten Geschäfte hier in der Gegend öffnen um 9 und schließen irgendwann zwischen 7 und 11.* | **This year's summer holidays begin on the 25th of June.** *Die diesjährigen Sommerferien beginnen am 25. Juni.*

2.7 REPORTAGE-STIL, INHALTSANGABEN

Das *Present Simple* beschreibt eine Folge von kurzen Einzelhandlungen, die einen zusammen-hängenden Geschehensablauf ergeben. Es eignet sich besonders für lebendige Schilderungen, begleitende Kommentierungen und Reportagen. Im Unterricht gilt es als Standard-Vorgabe für die Abfassung von Inhaltsangaben und Textzusammenfassungen (engl.: summaries):

She opens the drawer, takes out a little notepad, writes a few words on it, tears the sheet off and puts in on the desk. *Sie öffnet die Schublade, nimmt einen kleinen Notizblock heraus, schreibt ein paar Worte darauf, reißt den Zettel ab und legt ihn auf den Schreibtisch.* | **Morgan stops the ball, passes it to Dolby, Dolby shoots, the ball bounces back from the crossbar, and Terry clears.** [Radioreportage eines Fußballspiels] *Morgan stoppt den Ball, spielt ihn auf Dolby, Dolby schießt, der Ball springt von der Querlatte zurück, und Terry klärt.*

Merken Sie sich in diesem Zusammenhang auch die folgenden kommentierenden Äußerungen, die mit einem betonten Orts- oder Richtungsadverb (**here**, **there**, **off**, **down** usw.) beginnen: **Here comes my bus!** *Hier kommt mein Bus!* | **There goes my train!** *Da fährt mein Zug!* | **And down it goes!** *Und jetzt runter damit!* [Aufforderung, etwas zu schlucken] | **Off we go!** *Und los geht's! Dann wollen wir mal!* [→ **281** (11.2)]

3 BEISPIELE FÜR DEN GEBRAUCH DES PRESENT PROGRESSIVE

ZUR ÜBERSETZUNG DES PRESENT PROGRESSIVE

Der **-ing-Form** eines englischen Vollverbs entspricht, genau genommen, eine deutsche Verbform mit der Endung **-end**:
working *(arbeitend)*, **writing** *(schreibend)*, **playing** *(spielend)* usw.

Wollte man also ein *Present Progressive* wortwörtlich ins Deutsche übertragen, erhielte man Formen wie: *ich bin arbeitend, du bist arbeitend, er ist arbeitend* usw. – eine Aus-drucksform, die den momentanen Ablauf der Handlung zwar erkennen lässt, die in der Umgangssprache jedoch völlig unüblich ist. Eher schon sagt man: *ich bin am Arbeiten, du bist am Arbeiten* oder auch: *ich bin beim Arbeiten* usw.

Da aber auch solche Wendungen sprachlich unbefriedigend sind, bringt das Deutsche den Verlaufsaspekt eines Geschehens in der Regel durch das Hinzufügen von Wörtern wie *gerade, zurzeit, im Augenblick* oder *im Moment* zum Ausdruck:
ich arbeite gerade, du arbeitest gerade, er arbeitet gerade usw.

3.1 DIE ECHTE GEGENWART:
WAS BEREITS BEGONNEN HAT

Das *Present Progressive* beschreibt bzw. erfragt zeitlich begrenzte Vorgänge und Handlungen, die bereits begonnen haben, sich also schon im Ablauf befinden, als man von ihnen spricht. Will man diesen Aspekt besonders hervorheben, so können Angaben wie **at the moment** *(im Moment, im Augenblick)* oder **still** *(noch, immer noch)* usw. hinzutreten, in vielen Fällen sind sie aber überflüssig.

Janet is in the office, she is waiting for an important call. *Janet ist im Büro, sie wartet auf einen wichtigen Anruf.* | **Is the boss still telephoning?** *Telefoniert der Chef immer noch?* | **Where are Lucy and Mike? – They are putting the children to bed.** *Wo sind Lucy und Mike? – Sie bringen die Kinder ins Bett.* | **Everyone is looking forward to the long weekend.** *Alle freuen sich auf das lange Wochenende.* | **The motorway is closed; they are mending the road surface.** *Die Autobahn ist gesperrt, sie bessern den Straßenbelag aus.* | **More and more countries are introducing biometric passports.** *Immer mehr Länder führen biometrische Reisepässe ein.*

3.2 MODEN, TRENDS, AKTUELLES:
WAS DERZEIT GESCHIEHT

Das *Present Progressive* beschreibt und erfragt, was gegenwärtig – aber nicht unbedingt im Augenblick des Sprechens – vor sich geht (oder nicht), was gerade aktuell, in Mode, „angesagt" oder „in" ist.

In dieser Verwendung wird es häufig von Zeitangaben wie **at present** *(gegenwärtig, derzeit)*, **for the time being** *(zurzeit)*, **currently** *(derzeit, zurzeit)*, **nowadays** oder **these days** *(heutzutage, in der heutigen Zeit, in diesen Tagen, dieser Tage)* begleitet. Notwendig sind diese Angaben aber nicht, da der zeitliche Bezug oft schon aus dem Zusammenhang ersichtlich wird.

It's getting colder and colder. *Es wird immer kälter.* | **People are drinking less wine these days**. *Die Leute trinken heutzutage weniger Wein.* | **At the moment many fashion shops are selling summer clothes at half price**. *Im Moment verkaufen viele Modegeschäfte Sommerbekleidung zum halben Preis.* | **Everyone is talking about the oil spill these days**. *Alle reden in diesen Tagen über die Ölkatastrophe.* | **Our company is currently planning to establish new branches in Eastern Europe**. *Unsere Firma plant derzeit, in Osteuropa neue Niederlassungen einzurichten.*

What are you reading at the moment? *Was lesen Sie gerade?* | **It looks as if the miniskirt is coming back into fashion**. *Sieht aus, als komme der Minirock wieder in Mode.* | **What are women wearing this summer?** *Was tragen Frauen diesen Sommer?* | **Our financial situation is improving**. *Unsere finanzielle Situation bessert sich.* | **Less and less people are writing letters nowadays**. *Immer weniger Leute schreiben heutzutage Briefe.*

3.3 AUSNAHMESITUATIONEN:
WAS NUR VORÜBERGEHEND GESCHIEHT

Das *Present Progressive* beschreibt und erfragt, was *nur vorübergehend, nur ausnahmsweise* geschieht bzw. nicht geschieht.

Durch entsprechende Angaben kann zusätzlich unterstrichen werden, dass die geschilderten Verhältnisse nur für einen begrenzten Zeitraum (**today, tomorrow, this week** usw.) Gültigkeit haben und man danach wieder zur Normalität zurückkehrt.

This week we are dining at the restaurant. *Diese Woche essen wir im Restaurant* [weil dies zu Hause, z.B. wegen Umbaus der Küche, vorübergehend nicht möglich ist]. | **Richard usually goes to work by car, but today he is going by bus**. *Richard fährt gewöhnlich mit dem Auto zur Arbeit, aber heute fährt er mit dem Bus* [z.B. weil sein Wagen in der Werkstatt ist]. | **Most trains aren't running today. The railwaymen are on strike**. *Die meisten Züge fahren heute nicht. Die Eisenbahner streiken.*

3.4 VERWUNDERUNG, ÄRGER:
WAS IMMER WIEDER GESCHIEHT

Das *Present Progressive* drückt aus, was *zur Verwunderung* oder auch *zum Missfallen, zum Verdruss* des Sprechenden immer wieder geschieht.

Typische Begleitangaben eines so verwendeten *Present Progressive* sind **always** und **never**, hier allerdings nicht ihren üblichen Bedeutungen *immer* bzw. *nie*, sondern stark gefühlsbetont im Sinne von: *aber auch immer ..., aber auch nie ...* . Auch Wörter wie **forever** oder **constantly** *(dauernd, andauernd, ständig, laufend)* werden so verwendet. Diese Angaben treten im Satz zwischen das Hilfsverb **be** und die **-ing-Form**:

I'm always having trouble with this car. *Ich habe aber auch immer Ärger mit diesem Auto.* | **You are never trying very hard**. *Du strengst dich aber auch nie an.* | **He is forever finding new excuses**. *Er findet ständig neue Ausreden.* | **Catherine is constantly complaining about her colleagues**. *Catherine beklagt sich andauernd über ihre Kollegen.*

3.5 TERMINE:
WAS VERABREDET BZW. ABGEMACHT IST

Mit dem *Present Progressive* lässt sich ausdrücken oder erfragen, was zum Zeitpunkt des Sprechens bereits *abgemacht, abgesprochen, vereinbart* oder *vorbereitet* ist und in naher Zukunft stattfinden wird. In der Regel geht es hierbei um Verabredungen, Termine, Buchungen, Reservierungen usw.

Situationen, für die sich diese Verwendung des *Present Progressive* anbietet, gibt es zuhauf: Wir haben uns für eine Veranstaltung Karten besorgt oder zurücklegen lassen, haben Tickets für einen Flug oder eine Bahnreise gekauft, haben Waren bestellt, einen Tisch im Restaurant gebucht, einen Termin mit dem Arzt, dem Anwalt oder auch einer Privatperson vereinbart oder uns mit Freunden oder Kollegen verabredet.

Das *Present Progressive* ist daher die ideale Zeitform, um über Termine zu sprechen, wobei der betreffende Zeitpunkt (z.B. **at six o'clock**, **on Tuesday**, **tomorrow afternoon**, **next week** usw.) immer mit angegeben wird:

My boss is flying to Los Angeles on Wednesday. *Mein Chef fliegt am Mittwoch nach Los Angeles.* [Der Flug ist bereits gebucht.] | **We are all going to the circus tomorrow night**. *Wir gehen morgen Abend alle in den Zirkus.* [Wir haben bereits Karten.] | **I'm seeing the dentist at half past eight**. *Ich gehe um halb neun zum Zahnarzt.* [Ich habe einen Termin.] | **When are you getting the new furniture**? *Wann bekommt ihr die neuen Möbel?* [Gefragt wird nach dem vereinbarten Liefertermin.] | **How many people are taking part in the city tour**? *Wie viele Personen nehmen an der Stadtrundfahrt teil?* [Wie viele haben sich dafür angemeldet, haben ihre Teilnahme zugesagt?] | **Jessica and Raymond are throwing a big party next Saturday, but we are not going**. *Jessica und Raymond geben nächsten Sonnabend eine große Party, aber wir gehen nicht hin.*

ANMERKUNG

Die beiden zuletzt genannten Anwendungen machen deutlich, dass die im Englischunterricht gelegentlich praktizierte Beschränkung des *Present Progressive* auf die Jetzt-Zeit, also auf *das, was im Moment geschieht*, zu eng gefasst ist bzw., wie im Falle der Termine, gar nicht zutrifft.

Prägen Sie sich das *Present Progressive* darum lieber als die Ausdrucksform der *zeitlichen Begrenzung* ein. Diesen Aspekt haben alle Anwendungen miteinander gemein.

Auch die erwähnten Äußerungen des Missfallens [→ 171 (3.4)] oder der Hinweis auf Verabredungen stellen etwas *Vorübergehendes* dar: man hofft, dass es bald keinen Grund zur Verärgerung mehr geben möge, und bei einem Termin ist die zeitliche Begrenztheit bzw. Einmaligkeit des betreffenden Vorgangs ohnehin offenkundig.

3.6 NICHT-GEBRAUCH DES PRESENT PROGRESSIVE

Da der Aspekt *progressive* den zeitlich begrenzten Verlauf eines Geschehens betont, macht er natürlich nur dort Sinn, wo man sich etwas auch tatsächlich als einen *Verlauf* vorstellen kann, als einen überschaubaren Vorgang mit Anfang und Ende. Dies ist jedoch bei einer Reihe von Verben nicht der Fall.

So kann man zwar sagen: „Ich schreibe gerade" (**I'm writing**), nicht aber: „Ich kenne gerade" (***I'm knowing**) oder „Ich mag gerade ..." (***I'm liking**). Zustände wie *kennen* und *mögen* lassen sich nicht nach Belieben beginnen, unterbrechen und beenden wie etwa *schreiben*.

Es kann daher als Faustregel gelten, dass sich mit dem Aspekt *progressive* nur Tätigkeiten oder Vorgänge beschreiben lassen, nicht aber Zustände.

3.7 VERBEN MIT UNTERSCHIEDLICHER BEDEUTUNG

Besondere Aufmerksamkeit verdienen Verben, die sowohl Zustände als auch – in einer anderen Bedeutung – Tätigkeiten bezeichnen können. Hier die wichtigsten in der Gegenüberstellung:

ALS ZUSTANDSVERB keine Verlaufsform möglich	**ALS TÄTIGKEITSVERB** Verlaufsform möglich
have - *haben, besitzen:* I **have** (**got**) a good memory. We **have** no time to lose.	**have** in festen Verbindungen wie: We**'re having** dinner at the moment. **Are** you **having** fun?
hold - *fassen, aufnehmen können:* The theatre **holds** 2,000 people.	**hold** - *halten* What **are** you **holding** in your hand?
think - *der Meinung sein:* I **think** that's a good idea.	**think** - *denken (an), nachdenken:* I'm **thinking** of her all the time.
see - *sehen, verstehen:* I can't **see** any problems. I **see** what you mean.	**see** - *besuchen, aufsuchen:* Mary **is seeing** us tomorrow. Bob **is seeing** Jane to the station. *(mit jmdm) gehen, zusammen sein:* **Is** Bob still **seeing** that girl?
taste - *schmecken:* The soup **tastes** a bit too spicy.	**taste** - *abschmecken, probieren, kosten:* I'm **tasting** the soup; it's delicious.
work - *angestellt sein, (bei einer Firma) arbeiten:* Michael **works** for a software company.	**work** - *beschäftigt sein, (an etw) arbeiten* He's still **working** on his lecture.

3.8 BE ALS VERLAUFSFORM

Obwohl **be** kein Tätigkeitsverb ist, lässt es sich in ganz bestimmten Situationen mit dem Verlaufsaspekt verwenden. Vergleichen Sie:

Robert **is** lazy.
Dauernde Eigenschaft: *Robert ist faul.* [= Er ist von Natur aus ein fauler Mensch]

Robert **is being** rather lazy at the moment.
vorübergehende Eigenschaft:
Robert [ansonsten ein fleißiger Mensch] ist im Moment ziemlich faul.

In ähnlicher Weise lassen sich auch andere Verben verwenden, die normalerweise nicht mit dem Verlaufsaspekt gebraucht werden, da sie Zustände bezeichnen:

I hope - *ich hoffe*	**I'm hoping** - *ich hoffe (gerade)*
I need - *ich brauche*	**I'm needing** - *ich brauche (gerade, ganz dringend)*
I wonder - *ich frage mich (immer)*	**I'm wondering** - *ich frage mich (gerade)*

Durch die Wahl der Verlaufsform soll hier unterstrichen werden, dass es sich um zeitlich begrenzte, vorübergehende, meist durch bestimmte Umstände veranlasste Zustände handelt.

3.9 VERBEN DER WAHRNEHMUNG

Der Verlaufsaspekt bei Verben der Sinneswahrnehmung wie **see**, **hear**, **taste** und **smell** wird in der Regel nicht durch die **-ing-Form** ausgedrückt, sondern durch eine Umschreibung mit **can**:

I can see something.
Ich sehe etwas. [Nicht: *I'm seeing something.]

I can't smell anything. I have a cold.
Ich rieche nichts. Ich habe Schnupfen. [Nicht: *I'm not smelling anything.]

Can you hear the music?
Hörst du die Musik? [Nicht: *Are you hearing the music?]

The sea is near. I can taste it.
Das Meer ist nahe. Ich schmecke es. [Nicht: *I am tasting it.]

4 PRESENT PERFECT SIMPLE

Das *Present Perfect Simple*, die einfache Form des *Present Perfect*, wird aus **have** oder **has** und der **3**. Form eines Vollverbs gebildet:

We **have sold** the car. He **has finished** his studies.

ZUR ÜBERSETZUNG DES PRESENT PERFECT SIMPLE

Dem *Present Perfect Simple* entspricht in der Regel das deutsche *Perfekt*, die vollendete Gegenwart. Beachten Sie aber, dass ein deutsches *Perfekt* sowohl mit **haben** als auch mit **sein** gebildet sein kann, während das englische *Present Perfect* in jedem Fall mit **have** konstruiert werden muss:

DEUTSCHES PERFEKT MIT **HABEN**

- ich **habe** gesehen	I **have** seen
- er **hat** gestohlen	he **has** stolen
- wir **haben** geschrieben	we **have** written

DEUTSCHES PERFEKT MIT **SEIN**

- ich **bin** gewesen	I **have** been	[Keinesfalls: *I am been]
- er **ist** aufgestanden	he **has** got up	[Nicht: *he is got up]
- wir **sind** gekommen	we **have** come	[Nicht: *we are come]

In bestimmten Sätzen weicht das Deutsche in seinem Zeitengebrauch vom Englischen ab, indem es die einfache Gegenwart verwendet, wo im Englischen ein *Present Perfect* verlangt wird. Dies gilt vor allem

- für Aussagesätze mit *seit ..., schon ..., schon seit ...*
- für Fragesätze des Typs *seit wann...? wie lange schon...?* [→ **175** (4.7)]

Vergleichen Sie:

Deutsch: EINFACHE GEGENWART	**Englisch**: PRESENT PERFECT
Er **kennt** mich *seit* meiner Geburt.	He **has known** me since my birth.
Wir **wohnen** hier *schon* 25 Jahre.	We **have lived** here for 25 years.
Wie lange **sind** Sie *schon* hier?	How long **have** you **been** here?

GEBRAUCH DES PRESENT PERFECT SIMPLE

4.1 GEGENWÄRTIGER ZUSTAND
AUFGRUND VORAUFGEGANGENER HANDLUNGEN

Mit dem *Present Perfect Simple* wird ein *gegenwärtiger* Zustand dadurch beschrieben, dass gesagt wird, welcher Vorgang oder welche Aktion zu diesem Zustand geführt hat. Beispiele:

ZURÜCKLIEGENDER VORGANG		DARAUS RESULTIERENDER JETZT-ZUSTAND
We **have seen**	the film many times.	[= Wir kennen den Film gut.]
Tim **has bought**	a computer.	[= Er hat jetzt einen.]
I **have spent**	all my money.	[= Ich habe jetzt keines mehr.]
She **has forgotten**	my name.	[= Sie kennt mich nicht mehr.]

In den Sätzen wird berichtet, dass irgendwann einmal etwas geschehen ist (Film gesehen, Computer gekauft, Geld ausgegeben, Namen vergessen), das bis in die Gegenwart fortwirkt, Gültigkeit besitzt oder Bestand hat. Die näheren Umstände dieses Geschehens – das Wann, Wo, Wie usw. – spielen keine Rolle, das Interesse des Sprechers gilt einzig und allein dem Jetzt. Darum ist, obwohl sich die auslösenden Handlungen (**see**, **buy**, **spend**, **forget**) in der Vergangenheit zugetragen haben, der zeitliche Aspekt **present**, nicht **past**! Weitere Beispiele:

I've cut my finger. *Ich habe mir in den Finger geschnitten.* [Das Interesse gilt dem sichtbaren Ergebnis: der Finger blutet.] | **Someone has left a message on our answerphone**. *Jemand hat auf unserem Anrufbeantworter eine Nachricht hinterlassen.* [Das Telefon blinkt – man kann die Nachricht jetzt abhören.] | **George has fixed your bike**. *George hat dein Fahrrad repariert.* [Es ist jetzt wieder fahrbereit.] | **Several airlines have raised their ticket prices**. *Mehrere Fluggesellschaften haben ihre Ticketpreise erhöht.* [= Die Flüge sind jetzt teurer.] | **Have you locked the back door?** *Hast du die Hintertür abgeschlossen?* [Die Frage gilt dem gegenwärtigen Zustand der Tür: ist sie verschlossen?] | **Which of you has smoked my cigarettes?** *Wer von euch hat meine Zigaretten geraucht?* [Ich stelle fest: es sind keine mehr da.]

4.2 NEUIGKEITEN

Das *Present Perfect Simple* ist die ideale Zeitform, um Neuigkeiten zu berichten. Man sagt, was geschehen ist, will aber vor allem den Blick auf die daraus entstandene neue Situation lenken:

Jeannie has had her baby. *Jeannie hat ihr Baby bekommen.* [Neue Situation: sie hat jetzt ein Kind.] | **Doris and Tim have divorced**. *Doris und Tim haben sich scheiden lassen.* [Sie sind jetzt geschieden.] | **My husband has given up smoking**. *Mein Mann hat mit dem Rauchen aufgehört.* [Er ist jetzt Nichtraucher.] | **The Simpsons have moved away from here**. *Die Simpsons sind von hier weggezogen.* [Sie wohnen jetzt nicht mehr hier.]

4.3 ZÄHLBARE ERGEBNISSE

Das *Present Perfect Simple* steht häufig in Verbindung mit *zählbaren, messbaren* oder sonstwie bezifferbaren Ergebnissen:

Carol has made ten mistakes in her class test. *Carol hat in ihrer Klassenarbeit zehn Fehler gemacht.* [Ein zählbares Ergebnis: 10 Fehler.] | **My neighbours have won half a million in the lottery**. *Meine Nachbarn haben im Lotto eine halbe Million gewonnen.* | **They have finished only one third of the building as yet**. *Sie haben bis jetzt erst ein Drittel des Gebäudes fertiggestellt.* | **How many times have you been to London?** *Wie viele Male seid ihr schon in London gewesen?* [Gefragt wird nach etwas Zählbarem, die Antwort könnte beispielsweise lauten: only once, three times, many times usw.]

4.4 ORDNUNGSZAHLEN, SUPERLATIVE

Anders als im Deutschen findet sich das *Present Perfect Simple* auch in Nebensätzen, die von einer Ordnungszahl (**the first**, **the second**, **the last**, **the only** usw.) oder von einem Superlativ (**the best**, **the oldest**, **the most beautiful** usw.) abhängen. Solche Nebensätze sind in aller Regel *uneingeleitet,* das heißt, sie stehen ohne ein Relativpronomen wie **who**, **which** oder **that**. Beispiele:

It's the first time we have been here.
Es ist das erste Mal, dass wir hier sind. [Nicht: * ... that we are here.]

This is the wildest party in which I have ever taken part.
[Auch: ... which I have ever taken part in.]
Dies ist die wildeste Party, an der ich je teilgenommen habe.

Sarah is the prettiest girl I have ever met. [AmE: ... the prettiest girl **I ever met**.]
Sarah ist das hübscheste Mädchen, dem ich je begegnet bin.

Australia is the most exciting country I have ever visited. [AmE: ... **I ever visited**.]
Australien ist das aufregendste Land, das ich je besucht habe.

4.5 ANDERE FÄLLE

In einigen wenigen Fällen ist das Vorliegen einer *Present Perfect*-Situation nicht auf Anhieb zu erkennen, da in entsprechenden deutschen Sätzen die einfache Gegenwart steht. Beispiele:

I've come about your advertisement. [Nicht: *I come about ...]
Ich komme wegen Ihrer Anzeige.

Das Englische verwendet hier den Aspekt *perfect*, da es die Handlung **come** mit dem Eintreffen des Sprechers als abgeschlossen ansieht.

I've had enough of your foolish chatter. [Nicht: *I have enough ...]
Ich habe genug von deinem dummen Gequatsche.

Auch in diesem Beispiel wird so etwas wie ein Schlusspunkt gesetzt: man beendet ein Gespräch, weil man von dem, was man zu hören bekommt, genug hat.

4.6 PRESENT PERFECT SIMPLE MIT ZEITADVERBIEN

Ein *Present Perfect Simple* wird häufig von unbestimmten, „offenen" Angaben ohne zeitliche Begrenzung begleitet. Die wichtigsten:

already	*bereits, schon*
just ANM	*soeben, eben, gerade*
before	*schon einmal, schon mal*
always	in dieser Verwendung: *schon immer*
often	in dieser Verwendung: *schon oft*
so far, as yet	*bisher, bislang*
up to now, by now	*bis jetzt*
ever [in Fragesätzen]	*je, jemals, schon einmal, schon mal*
yet [in Fragesätzen]	*schon*
never [in verneinten Sätzen]	*noch nie*
not ... yet [in verneinten Sätzen]	*noch nicht*

I can't find my sunglasses. Have you seen them? *Ich kann meine Sonnenbrille nicht finden. Hast du sie gesehen?* | **He has always been a bit different**. *Er ist schon immer ein bisschen anders gewesen.* | **I have been here before, but the city has changed a lot.** *Ich bin hier schon einmal gewesen, aber die Stadt hat sich sehr verändert.* | **We have often invited them, but they have never come.** *Wir haben sie schon oft eingeladen, aber sie sind (noch) nie gekommen.* | **Has the caretaker fixed the doorbell yet?** *Hat der Hausmeister die Klingel schon repariert?* | **I've never heard such nonsense.** *Ich habe noch nie solchen Unsinn gehört.*

ANM | Das Adverb **just** wird im britischen Englisch in aller Regel von einem *Present Perfect Simple* begleitet, im amerikanischen Englisch dagegen von einem *Past Simple*: [BE] **Mrs Jones has just left the office.** [AmE] **Mr Jones just left the office.** *Mrs Jones hat das Büro soeben verlassen.*

4.7 FORTDAUERNDER ZUSTAND

Das *Present Perfect Simple* beschreibt einen *Zustand*, der zu einem beliebigen Zeitpunkt in der Vergangenheit begonnen hat und seither ununterbrochen andauert. Typische Angaben sind

since	*seit ...* [= **Beginn** eines Zustandes]
for	*seit ...* [= **Dauer** eines Zustandes]
ever since	*seitdem, seither*
(in Fragesätzen) **how long**...?	*wie lange schon...? seit wann...?*

DAS DEUTSCHE „*SEIT*... " – **SINCE** ODER **FOR**?

Ein Problem, das Lernenden manchmal Kopfzerbrechen bereitet, ist die korrekte Übersetzung der deutschen Präposition *seit*, die im Englischen in einigen Fällen mit **since**, in anderen mit **for** wiedergegeben werden muss. Merken Sie sich:

- Auf **since** folgt der Zeitpunkt, zu dem etwas **begonnen** hat:
  We have lived here since 1988. *Wir wohnen hier seit 1988.* | **They have been married since last Sunday**. *Sie sind seit letztem Sonntag verheiratet.* | **I've known him since I was born.** *Ich kenne ihn seit meiner Geburt.* | **Tim has had a new job since last month.** *Tim hat seit letztem Monat einen neuen Job.*

- **for** besagt, wie lange etwas schon **andauert**:
  We have lived here for 22 years. *Wir wohnen hier seit 22 Jahren.* | **They have been married for three days**. *Sie sind seit drei Tagen verheiratet.* | **I've known him for years.** *Ich kenne ihn seit Jahren.* | **Tim has had a new job for a month.** *Tim hat seit einem Monat einen neuen Job.*

Zum Unterschied zwischen **since** und **for** siehe auch → **115** (25)

► **ACHTUNG: UNTERSCHIEDLICHER ZEITENGEBRAUCH**

In deutschen Sätzen mit der Angabe *seit …* oder in Fragen des Typs *Wie lange schon …?* steht die *einfache Gegenwart.* Englische Sätze mit **since** …, **for** … und **how long** … werden dagegen mit dem *Present Perfect* verbunden. Hier kommt es immer wieder zu Fehlern.

We **have lived** in this house for over forty years. [Nicht: *We live in this house …]
*Wir **wohnen** seit über vierzig Jahren in diesem Haus.*

We **have had** a dog since the beginning of the year. [Nicht: *We have a dog …]
*Wir **haben** seit Anfang des Jahres einen Hund.*

How long **has** she **been** ill? [Nicht: *How long is she ill?]
*Wie lange **ist** sie schon krank?*

How long **have** you **known** Mr Smith? [Nicht: *How long do you know …?]
*Wie lange **kennen** Sie Mr Smith schon?*

Beachten Sie: bei der Verwendung des *Present Perfect* mit **since**, **for** und **how long** geht es immer um etwas, das *noch andauert,* also um die Frage *Wie lange … schon?:*
We **have lived** in this house for over forty years.
*Wir **wohnen** seit über vierzig Jahren in diesem Haus.* [= Wir wohnen ***immer noch*** dort.]

Dagegen kann bei Zuständen, die bereits beendet sind (Frage: *Wie lange …?*) kein *Present Perfect* stehen:
We **lived** in this house for over forty years.
*Wir **haben** über vierzig Jahre in diesem Haus gewohnt.* [= Wir wohnen ***nicht mehr*** dort.]

5   PRESENT PERFECT PROGRESSIVE

Das *Present Perfect Progressive,* die Verlaufsform des *Present Perfect,* wird gebildet aus **have been** oder **has been** + ing-Form: I **have been waiting**. She **has been sleeping**.

Auch beim *Present Perfect Progressive* gilt das Interesse des Berichtenden der Gegenwart. Anders als beim *Present Perfect Simple* fehlt jedoch ein vorzeigbares Ergebnis. Es wird vielmehr betont, dass eine Tätigkeit vor dem angestrebten Abschluss beendet, unterbrochen oder abgebrochen wurde, dass sie also kein – oder noch kein – Ergebnis hervorgebracht hat.

Das *Present Perfect Progressive* beschreibt darüberhinaus Tätigkeiten, die von vornherein nicht auf das Erreichen eines Ergebnisses ausgerichtet waren, sondern lediglich der Beschäftigung, dem Zeitvertreib dienten.

Generell wird das *Present Perfect Progressive* vor allem mit zeitlich überschaubaren Vorgängen und Tätigkeiten verbunden, seltener mit Zuständen.

5.1   TÄTIGKEITEN OHNE ERGEBNIS:
WAS NICHT ERREICHT, NICHT GESCHAFFT, NICHT BEENDET WURDE

Das *Present Perfect Progressive* beschreibt Handlungen, die beendet worden sind, ohne dass sie zu einem feststellbaren Ergebnis geführt haben. Hierbei ist es unerheblich, ob ein solches Ergebnis später noch erreicht wird oder nicht.

Für die zeitweilige oder vorzeitige Beendigung einer Tätigkeit kann es verschiedene Gründe geben. Beispielsweise könnte sie

- noch nicht zum Abschluss gekommen sein,
  weil dazu mehr Zeit oder mehrere Arbeitsschritte erforderlich sind
- in ihrem Ablauf unterbrochen worden sein, z.B.
  durch Pausen, eintretende Ereignisse, die „dazwischengekommen" sind
- vor ihrem Abschluss abgebrochen oder aufgegeben worden sein,
  weil man vielleicht einsehen musste,
  dass das gesteckte Ziel nicht zu erreichen sein wird.
- von vornherein keinen bestimmten Abschluss zum Ziel gehabt,
  sondern lediglich dem Zeitvertreib gedient haben.

I've been writing invitations. *Ich habe Einladungen geschrieben.* [Ich habe die Zeit mit dem Schreiben von Einladungen zugebracht. Zum Vergleich: **I've written ten invitations**. *Ich habe zehn Einladungen geschrieben.*] – ein zählbares Ergebnis.] | **Emily has been peeling potatoes**. *Emily hat Kartoffeln geschält.* [Wie viele es waren, wird nicht gesagt.] | **What have you been doing down there**? *Was habt ihr da unten gemacht?* [Womit habt ihr dort die Zeit zugebracht?] | **Tim and I have been preparing grandma's birthday party**. *Tim und ich haben Großmutters Geburtstagsfeier vorbereitet.* | **We have been looking for the key everywhere, but haven't found it**. *Wir haben den Schlüssel überall gesucht, ihn aber nicht gefunden.* [Die Suche ist ergebnislos verlaufen.] | **She has been taking all kinds of medicine, but none of them has helped**. *Sie hat alle möglichen Medikamente genommen, aber keines von ihnen hat geholfen.*

5.2 TÄTIGKEITEN MIT ERKENNBAREN FOLGEN

Beachten Sie zunächst: *Folge* ist nicht gleichbedeutend mit *Ergebnis*. Von einem *Ergebnis* sprechen wir, wenn eine Tätigkeit erfolgreich zum Abschluss gebracht wurde. Dagegen sind die *Folgen* einer Handlung eher ungewollt und unbeabsichtigt, manchmal jedoch unvermeidlich. Vergleichen Sie:

Present Perfect Simple: **Philip has painted his room**.
Wir erkennen die Tätigkeit **paint** an deren Ergebnis: dem frisch gestrichenen Zimmer.

Present Perfect Progressive: **Philip has been painting his room**.
Wir erkennen die Tätigkeit **paint** an den Spuren, die sie an Händen und Kleidung hinterlassen hat.

Auch in den folgenden Beispielen beschreibt das *Present Perfect Progressive* Tätigkeiten bzw. Vorgänge, die an ihren Folgen oder Begleiterscheinungen zu erkennen sind:
Someone has been trying to break open the cellar door. *Jemand hat versucht, die Kellertür aufzubrechen.* [Die Spuren des Einbruchsversuchs sind noch sichtbar.] | **I only need to look at you to see that you have been lying**. *Ich brauche dich nur anzusehen, um zu wissen, dass du gelogen hast.* | **Which of you has been using the bathroom**? *Wer von euch hat das Badezimmer benutzt?* [Die Folgen der Benutzung sind offenbar nicht zu übersehen.]

5.3 FORTDAUERNDE VORGÄNGE UND TÄTIGKEITEN

Das *Present Perfect Progressive* gibt an, *seit wann* bzw. *wie lange schon* etwas andauert. Hierbei geht es vor allem um *zeitlich begrenzte Tätigkeiten* und *Vorgänge*. Dagegen werden *bereits länger andauernde Zustände* in der Regel mit dem *Present Perfect Simple* dargestellt:

He has been working in the garage for two hours. *Er arbeitet schon seit zwei Stunden in der Garage.* [**work** bezeichnet hier eine vorübergehende, zeitlich begrenzte Tätigkeit. In einem Satz wie **He has worked as a bus driver for twenty years** bedeutet **work** dagegen: *einen Beruf ausüben* – beschreibt also einen Zustand, dessen Ende noch nicht abzusehen ist. In diesem Fall ist der Aspekt *perfect simple* (**has worked**) vorzuziehen.] Weitere Beispiele:

Emily has been taking driving lessons since last week. *Emily nimmt seit letzter Woche Fahrstunden.* | **What have you been doing since you left school?** *Was hast du (so) gemacht, seit du die Schule verlassen hast?* | **We have been receiving lots of unwanted mail** [Oder: **junk mail**] **for some time**. *Wir erhalten seit einiger Zeit jede Menge unerwünschter Mails.* | **Judy has been wearing braces** (**on her teeth**) **for over a year**. *Judy trägt seit über einem Jahr eine Zahnspange.*

ZUR ÜBERSETZUNG DES PRESENT PERFECT PROGRESSIVE

Wollte man ein *Present Perfect Progressive* wie **I've been waiting** wortgetreu ins Deutsche übertragen, so erhielte man die Übersetzung: *Ich bin am Warten gewesen* – eine Formulierung also, die zwar für den Sprachgebrauch nur bedingt tauglich ist, die aber immerhin erkennen lässt, worauf die Idee des *Present Perfect Progressive* hinausläuft.

Allerdings enthalten auch deutsche Sätze manchmal Hinweise auf das Vorliegen einer *Present Perfect Progressive*-Situation, auf die man beim Übersetzen unbedingt achten sollte. Es sind dies Wörter wie *daran, darin, darüber, daraus, davon* usw. Auch sie signalisieren, dass eine Handlung ohne greifbares Ergebnis geblieben ist.

Demgegenüber sind Wortbestandteile wie *aus-, durch-, leer-, fertig* oder *zu Ende* ein deutlicher Hinweis darauf, dass der betreffende Satz ein englisches *Present Perfect Simple* erfordert. Vergleichen Sie die folgenden Beispiele:

MIT ERGEBNIS: *Present Perfect Simple*	OHNE ERGEBNIS: *Present Perfect Progressive*
I **have read** the book. [= Ich habe es *durchgelesen*.]	I **have been reading** the book. [= Ich habe *darin* gelesen.]
He **has written** a novel. [= Er hat ihn *zu Ende geschrieben*.]	He **has been writing** a novel. [= Er hat *daran* geschrieben.]
We **have discussed** the case. [= Wir haben ihn *ausdiskutiert*.]	We **have been discussing** the case. [= Wir haben *darüber* diskutiert.]
Tom **has fixed** the TV.] [= Er hat den Fernseher *repariert* und er funktioniert wieder.]	Tom **has been fixing** the TV. [= Er hat am Fernseher *herumrepariert*, aber er funktioniert immer noch nicht.]
Who **has drunk** my wine? [= Jemand hat das Glas *ausgetrunken*.]	Who **has been drinking** my wine? [= Jemand hat *davon* getrunken.]

5.4 PRESENT PERFECT PROGRESSIVE MIT ZEITANGABEN

Da sich ein *Present Perfect Progressive* immer auf Vorgänge und Handlungen bezieht, die bis an die Gegenwart heranreichen, tritt es besonders häufig mit den folgenden Zeitangaben auf:

recently	*in jüngster Zeit, zuletzt*
lately	*in letzter Zeit*
in the last few years	*in den letzten Jahren*
in the most recent past	*in jüngster Vergangenheit*
during the past few days	*während der letzten Tage*
over the past few weeks	*die letzten Wochen über*
all the time	*die ganze Zeit*
since	*seit ... [= Beginn einer Tätigkeit]*
for	*seit ... [= Dauer einer Tätigkeit]*
how long...?	*wie lange schon...? seit wann...?*
	[= Frage nach der Dauer einer Tätigkeit]

Anthony has been working hard lately. *Anthony hat in letzter Zeit viel gearbeitet.* | **Richard and Sue have been arguing quite a lot in the last few months**. *Richard und Sue haben sich in den letzten Monaten ziemlich viel gestritten.* | **The capital markets have been recovering a bit over the past few weeks**. *Die Kapitalmärkte haben sich in den letzten Wochen ein wenig erholt.* | **Who have you been talking to all the time**? *Mit wem hast du die ganze Zeit geredet?*

I've been trying to reach him since two o'clock. *Ich versuche ihn seit zwei Uhr zu erreichen.* | **It has been raining non-stop for days**. *Es regnet seit Tagen ununterbrochen.* | **How long have you been learning German?** *Wie lange lernen Sie schon Deutsch?*

12 GEBRAUCH DER ZEITEN:
Vergangenheit

In seiner umgangssprachlichen Verwendung bedeutet das englische Wort **past** *vorüber, vorbei, vergangen*. Im grammatikalischen Sinne bezeichnet es den Zeitaspekt *Vergangenheit* und umfasst alle zurückliegenden, beendeten Zeiträume ohne Verbindung zur Gegenwart wie *gestern, letzten Donnerstag, damals, vor einiger Zeit, im 12. Jahrhundert, im alten Rom* usw.

Wenn wir schildern wollen, was sich zu einem vergangenen Zeitpunkt abgespielt hat, benötigen wir also eine Verbform im *past*, und zwar

– bei einfachen Zeiten: die **2.** Form eines Vollverbs: **worked, prepared, went, took** usw.,
  in verneinten Sätzen: **didn't** work, **didn't** prepare, **didn't** go, **didn't** take
– bei zusammengesetzten Zeiten: das Past der Hilfsverben **be** und **have**:
  was working, **were** preparing, **had** gone, **had** been waiting

Durch den entsprechenden Handlungsaspekt *(simple, progressive, perfect progressive, perfect simple)* lässt sich deutlich machen, ob das berichtete Geschehen zu dem genannten Zeitpunkt bereits im Gange *(progressive)*, schon beendet *(perfect simple)* oder unterbrochen war *(perfect progressive)*, oder ob es danach erst begann *(simple)*.

ZUR ÜBERSETZUNG DES PAST SIMPLE

Das Deutsche kennt zwei Möglichkeiten, über Vergangenes zu sprechen, das Englische nur eine. Hieraus ergeben sich hin und wieder Probleme bei der Übersetzung.

Im Deutschen macht es keinen großen Unterschied, ob wir sagen: *Ich* **traf** *gestern einen alten Freund* oder: *Ich* **habe** *gestern einen alten Freund* **getroffen**. Im Englischen heißt es dagegen immer: I **met** an old friend yesterday.

Geben Sie darum Aussagen wie *Ich* **habe** *letzte Woche* ... oder *Ich* **bin** *gestern* ... nicht mit **I have** ... wieder, auch wenn dies mit Blick auf den deutschen Satz noch so naheliegend erscheint.

Achten Sie auch auf „versteckte" Zeitangaben, wie sie etwa in den Namen verstorbener Personen verborgen liegen. Ein Satz wie *Kolumbus* **hat** *Amerika* **entdeckt** wird im Englischen zu *Columbus* **discovered** *America*, nicht zu **Columbus* **has discovered** *America*. Der Vergangenheitsbezug ergibt sich hier aus den Lebensdaten des Kolumbus, der 1506 gestorben ist.

Generell ist das Englische in seinem Zeitengebrauch präziser als das Deutsche. Was sich in der Vergangenheit ereignet hat, muss auch durch eine Zeitform der Vergangenheit wiedergegeben werden. Vergleichen Sie:

When **were** you born? – I **was** born in 1982.
Wann **bist** *du geboren?* – *Ich* **bin** *1982 geboren.*
I was there, but that **was** long ago.
Ich war dort, aber das **ist** *lange her.*

---

1 BEISPIELE FÜR DEN GEBRAUCH DES PAST SIMPLE

1.1 DAS PAST SIMPLE MIT ZEITANGABEN

Das *Past Simple* berichtet von Vorgängen und Tätigkeiten, die sich innerhalb eines inzwischen beendeten Zeitraums abgespielt haben (oder nicht).

Typische Hinweise auf das *past* sind **yesterday, the other day** *(neulich)* sowie alle mit **last** und **ago** gebildeten Angaben (**last week, a few days ago** usw.), ferner Angaben wie: **in 1966, in my younger days** *(in meiner Jugend)*, **in the 19th century** *(im 19. Jahrhundert)*, **in the Middle Ages** *(im Mittelalter)* usw.

We went to Ireland last summer. *Wir sind letzten Sommer nach Irland gefahren.* | **I slept till half past eleven yesterday.** *Ich habe gestern bis halb zwölf geschlafen.* | **He worked abroad from 1998 to 2009.** *Er hat von 1998 bis 2009 im Ausland gearbeitet.* | **Her mother died two weeks ago.** *Ihre Mutter ist vor zwei Wochen gestorben.* | **I was in Paris at that time, but we didn't see much of the city.** *Ich war zu der Zeit in Paris, aber ich habe nicht viel von der Stadt gesehen.* | **What time did she come home last night?** *Um wie viel Uhr ist sie gestern Abend nach Hause gekommen?*

1.2 DAS PAST SIMPLE OHNE ZEITANGABEN

Das *Past Simple* kann ohne Zeitangabe stehen, wenn sich der Vergangenheitsbezug zweifels-
frei aus dem Zusammenhang ergibt:
Under the reign of Queen Elizabeth I, England became the leading sea power. *Unter der
Regentschaft von Königin Elizabeth I. wurde England zur führenden Seemacht. [Königin Eliza-
beth I. regierte von 1558 bis 1603].* | **Verdi wrote 27 operas**. *Verdi hat 27 Opern geschrieben.
[Der Vergangenheitsbezug ergibt sich aus Verdis Lebenszeit: 1813-1901]* | **Did you watch the
moon-landing on TV**? *Hast du die Mondlandung im Fernsehen gesehen? [Auch wenn es nicht
ausdrücklich erwähnt wird: gemeint ist natürlich die vom 20. Juli 1969.]*

1.3 ABFOLGE VON EREIGNISSEN

Das *Past Simple* ist die typische Zeitform für Berichte und Schilderungen, in denen mehrere
Einzelhandlungen aufeinander folgen. Die Vergangenheit des berichteten Geschehens ergibt
sich wiederum aus dem Zusammenhang:
She came in, said "Hello" and went out again. *Sie kam herein, sagte „Hallo" und ging wieder
hinaus.* | **I had a quick shower, got dressed and went to have breakfast**. *Ich duschte rasch,
zog mich an und ging frühstücken.* | **I lifted the receiver, put in a few coins, and dialled her
number**. *Ich nahm den Hörer ab, steckte ein paar Münzen hinein und wählte ihre Nummer.*

1.4 FRAGEWORT-FRAGEN

Das *Past Simple* steht in Fragewort-Fragen, in denen nach dem *Wo, Wie, Wann, Warum* usw.
eines zurückliegenden Geschehens gefragt wird:
Where did you buy this watch? *Wo hast du diese Uhr gekauft?* | **How much did you pay for
it**? *Wieviel hast du dafür bezahlt?* | **How did you get here**? *Wie sind Sie hierhergekommen?* |
Which of the candidates did you vote for? *Für welchen der Kandidaten hast du gestimmt?* |
Why ever did they do that? *Warum haben sie das nur getan?* | **What time did the accident
happen**? *Um wieviel Uhr ist der Unfall passiert?* | **How long did you take to learn Japanese**?
Wie lange haben Sie gebraucht, um Japanisch zu lernen?

2 PAST SIMPLE und PRESENT PERFECT

Wie schon erwähnt, ist ein Perfekt im Deutschen auch mit einer Zeitangabe der Vergangenheit
möglich *(Ich **bin** letzte Woche krank **gewesen**. Ich **habe** gestern einen Freund **getroffen**)*.

Im Englischen geht das nicht. Bedenken Sie dies, wenn Sie ein deutsches Perfekt korrekt ins
Englische übertragen wollen. Vielleicht hilft hierbei auch dieser kleine Merksatz:
▶ Bei **yesterday**, … **ago** und **last** … – da gibt's **kein have**, da steht ein **past**!

Hier noch einmal die entscheidenden Unterschiede zwischen einem *Past Simple* und einem
Present Perfect in der Gegenüberstellung:

Verwenden Sie das **Present Perfect** …	Verwenden Sie das **Past Simple** …
… wenn Zustände oder Vorgänge *bis in die Gegenwart reichen:*	… wenn Zustände oder Vorgänge *in der Vergangenheit beendet* wurden:
My grandfather **has served** the government for forty years.	My great-great-grandfather **served** under Nelson.
Elizabeth **has been** queen since 1952.	Victoria **was** queen until 1901.
… wenn der Satz *keine Zeitangaben* oder *Zeitangaben der Gegenwart* enthält:	… wenn der Satz *Angaben der Vergangenheit enthält:*
I **have sent** her an e-mail.	I **sent** her an e-mail *yesterday.*
We **have sold** the flat.	We **sold** the flat *last week.*
He **has written** a new book.	He **wrote** his best books *in the sixties.*
I **have met** her *quite often.*	I **met** her *a few days ago.*
We **have been** there *many times.*	We **were** there *in January.*
This year it **has rained** a lot.	*Last year* it **rained** a lot.
IN FRAGESÄTZEN:	
… wenn die Frage lautet: *Wie lange schon? Seit wann?*	… wenn die Frage lautet: *Wie lange (damals?)*
How long **have** you **been** there?	How long **were** you there?
How long **have** they **lived** abroad?	How long **did** they **live** abroad?

Auch bei Fragen nach den näheren Umständen, z.B. dem *Wann, Wo, Wie, Warum* usw. eines inzwischen abgeschlossenen Vorgangs, steht das Verb im **past**. Vergleichen Sie:

DIE FRAGE GILT DEM **JETZT**	DIE FRAGE GILT DEM **DAMALS**
Have you often **met** since then? *Seid ihr euch seither oft begegnet?*	When **did** you last **meet**? *Wann seid ihr euch zuletzt begegnet?*
Has he **found** a job at last? *Hat er endlich einen Job gefunden?*	Where **did** he **find** a job? *Wo hat er einen Job gefunden?*
Have they really **split up**? *Haben sie sich wirklich getrennt?*	Why **did** they **split up**? *Warum haben sie sich getrennt?*
Have you **seen** it? *Habt ihr es gesehen?*	How many of you **saw** it? *Wie viele von euch haben es gesehen?*

3 PAST SIMPLE IN WUNSCHSÄTZEN (Unreal Past)

Neben ihrer eigentlichen Aufgabe, reale Vorgänge der Vergangenheit zu beschreiben, werden die Formen des *Past Simple* auch zum Ausdruck irrealer Inhalte herangezogen, zum Beispiel, wenn man ausdrücken möchte, dass man sich Dinge anders wünscht, als sie in der Wirklichkeit sind. Dieses sogenannte *Unreal Past* steht in Nebensätzen (ohne einleitendes **that**) vor allem als Ergänzung von

– **I WISH** ...
Ich wünschte... [Nicht: *I wished ...]*

I wish our grandfather were still alive. *Ich wünschte, unser Großvater würde noch leben.* | **I wish our children were more interested in politics.** *Ich wünschte, unsere Kinder würden sich mehr für Politik interessieren.* | **I wish we had at least one more room in our flat.** *Ich wünschte, wir hätten wenigstens ein Zimmer mehr in unserer Wohnung.* | **I wish you didn't smoke so much.** *Ich wünschte, du würdest nicht so viel rauchen.* | **I wish there were more of his kind.** *Ich wünschte, es gäbe mehr von seiner Sorte.*

– **I WOULD RATHER** ..., kurz: **I'D RATHER** ...
Es wäre mir lieber ... / Mir wäre lieber …

Auch **I would rather**..., kurz: **I'd rather**... *(Mir wäre lieber ..., Es wäre mir lieber ... oder auch: Ich würde es lieber sehen ...)* drückt einen Wunsch aus, indem es auf etwas verweist, das nicht (oder noch nicht) Realität ist. Natürlich ist diese Ausdrucksform auch mit anderen Personen möglich (**he'd rather** ..., **we'd rather** ..., **they'd rather** ... usw.)

I would rather we started a bit earlier. *Mir wäre lieber, wir würden ein bisschen früher losfahren.* | **We would rather she gave up her full-time job and spent more time with the family.** *Uns wäre lieber, sie würde ihren Vollzeitjob aufgeben und mehr Zeit mit der Familie verbringen.* | **My wife would rather I didn't have to travel that often.** *Meine Frau würde es lieber sehen, wenn ich nicht so oft reisen müsste.*

– **IT'S TIME, IT'S HIGH TIME, IT'S ABOUT TIME**
Es wird Zeit ...
Es wird höchste Zeit …
Es wird langsam [oder: *allmählich*] *Zeit …*

Ein *Unreal Past* steht in Äußerungen, die mit der Wendung **it's time** (verstärkend auch: **it's high time**... und **it's about time** ...) eingeleitet werden. Dies ist nicht jedem Lernenden bekannt und wird selten beachtet, zumal das Deutsche hier die Gegenwart verwendet:

It's time we did some shopping for the weekend. *Es wird Zeit, dass wir ein paar Einkäufe für das Wochenende machen.* | **It's high time** [Nicht: *highest time*] **she did something about her excess weight.** *Es wird höchste Zeit, dass sie etwas gegen ihr Übergewicht unternimmt.* | **Isn't it about time you got up**? *Wird es nicht langsam Zeit, dass du aufstehst?*

ALLGEMEINE ÄUSSERUNGEN

In allgemein gehaltenen Äußerungen, die sich nicht direkt an eine bestimmte Person richten, steht die **to**-Form. Vergleichen Sie:

It's time **to go.**
Eine allgemeine Feststellung: *Es ist Zeit zu gehen.*

It's time **you went.**
Direkt an eine Person gerichtet: *Es wird Zeit, dass du gehst.*

4 BEISPIELE FÜR DEN GEBRAUCH DES PAST PROGRESSIVE

ZUR ÜBERSETZUNG DES PAST PROGRESSIVE

Die präzisesten deutschen Entsprechungen der englischen Zeitform *Past Progressive* (z.B. **I was working**) wären:

Ich war am Arbeiten.
oder auch: *Ich war beim Arbeiten.*

Solche Wendungen sind im Deutschen durchaus zu hören, und man kann sie auch nicht von vornherein als fehlerhaft abtun. Dennoch bleiben sie eine Notlösung und wirken in Verbindung mit bestimmten Verben recht unbeholfen.

Bevorzugt wird stattdessen eine Umschreibung mit *gerade*: Ich *arbeitete gerade.*

In den meisten Fällen aber bleibt der Verlaufsaspekt der Vergangenheit in deutschen Sätzen unausgesprochen, weil er sich bereits hinreichend deutlich aus der geschilderten Situation ergibt:

Wir saßen in der Küche, als das Telefon klingelte.
Als ich zur Tür hinaussah, schneite es.

Es wäre in diesen Fällen überflüssig zu sagen:

Wir saßen gerade in der Küche, als das Telefon klingelte
Als ich zur Tür hinaussah, schneite es gerade.

4.1 VERLAUFSVORGÄNGE: WAS WAR SCHON?

Das *Past Progressive* (gebildet aus **was** bzw. **were** + -**ing**-Form) beschreibt Handlungen oder Vorgänge der Vergangenheit, die zu dem Zeitpunkt, als der Sprecher hinzutrat oder von ihnen Kenntnis nahm, bereits begonnen hatten.

Der Beginn der neu eintretenden Handlung wird in der Regel durch Nennung des betreffenden Zeitpunkts (beispielsweise durch die Angabe der Uhrzeit) oder durch einen mit **when**... *(als ...)* oder **as** *(in dem Moment, als...)* eingeleiteten Nebensatz deutlich:

At eight o'clock we were having breakfast. *Um acht Uhr frühstückten wir gerade.* [Das Frühstück war zu dem genannten Zeitpunkt bereits im Gange.] | **We were laying the table when the first guests arrived**. *Wir deckten gerade den Tisch, als die ersten Gäste eintrafen.* [Was war bereits im Gange? Wir deckten den Tisch: We **were laying** the table. Was geschah dann? Die ersten Gäste trafen ein: The first guests **arrived**.] | **Aunt Charlotte was feeding pigeons in Trafalgar Square when somebody stole her handbag**. *Tante Charlotte fütterte auf dem Trafalgar Square gerade Tauben, als ihr jemand die Handtasche stahl.* [Auch hier sind die zeitlichen Abläufe eindeutig: die Tante hatte bereits mit dem Füttern der Tauben angefangen (... **was feeding** pigeons), erst dann wurde sie bestohlen: ... somebody **stole** her handbag].

Auch das folgende Beispiel macht deutlich, wie sich durch die Wahl des Handlungsaspekts – *Simple* oder *Progressive* – die Abfolge des Geschehens ändert und damit auch die Aussage des Satzes beeinflusst:

When Linda arrived, I was telephoning her sister.
Dies bedeutet: ***Bei*** *Lindas Eintreffen telefonierte ich gerade mit ihrer Schwester.*

When Linda arrived, I telephoned her sister.
Dieser Satz besagt: ***Nach*** *Lindas Eintreffen rief ich ihre Schwester an.*

4.2 GLEICHZEITIG VERLAUFENDE VORGÄNGE

Das *Past Progressive* beschreibt mehrere nebeneinanderher verlaufende Vorgänge und Handlungen, die alle bereits begonnen hatten, als der Sprecher hinzutrat. Sätze dieser Art werden in der Regel mit der Konjunktion **while**... *(während...)* eingeleitet bzw. verbunden:

While his wife was cleaning the oven, Bob was trying to fix the microwave. *Während seine Frau den Backofen reinigte, versuchte Bob, die Mikrowelle zu reparieren.* | **Alice and Tom were bathing in the sea, while Sandra and Janet were looking for shells**. *Alice und Tom badeten im Meer, während Sandra und Janet nach Muscheln suchten.* | **Some of the passengers were looking out of the window, others were reading a book, and again others weren't doing anything at all**. *Einige der Passagiere sahen zum Fenster hinaus, andere lasen ein Buch, und wieder andere taten überhaupt nichts.*

4.3 HINTERGRÜNDE: WAS WAR DIE GANZE ZEIT ÜBER?

Das *Past Progressive* drückt aus, dass eine Handlung über einen genannten Zeitraum hinweg (also auch schon davor und noch danach) ununterbrochen andauerte. Im Rahmen eines Berichts oder einer Erzählung beschreibt es den Hintergrund, die Szenerie, die Begleitumstände eines Geschehens:

It was a lovely day. The sun was shining, and the birds were singing. *Es war ein schöner Tag. Die Sonne schien, und die Vögel sangen.* | **It was slowly getting dark, so we decided to go back.** *Es wurde langsam dunkel, darum beschlossen wir zurückzufahren.* | **He was running down the stairs when he slipped and fell.** *Er rannte die Treppe hinunter, als er ausrutschte und hinfiel.* | **A large crowd were watching the changing of the guard at Buckingham Palace.** *Eine große Menschenmenge beobachtete den Wachwechsel am Buckingham Palast.*

Auch das folgende Beispiel verdeutlicht sehr anschaulich den Unterschied zwischen einem *Past Progressive* und einem *Past Simple:*

- Between two and five yesterday afternoon I **was correcting** compositions.
  Zwischen zwei und fünf gestern Nachmittag habe ich Aufsätze korrigiert.

  Das *Past Progressive* (**was correcting**) besagt, dass der Sprecher bereits vor zwei Uhr mit dem Korrigieren begonnen hatte und nach fünf Uhr immer noch damit beschäftigt war.

- Between two and five yesterday afternoon I **corrected** compositions.
  Zwischen zwei und fünf gestern Nachmittag habe ich Aufsätze korrigiert.

  Durch die Verwendung des *Past Simple* betont der Sprecher, dass er um (oder nach) zwei Uhr mit dem Korrigieren begonnen und um (oder vor) fünf Uhr damit aufgehört hat.

4.4 I WAS THINKING ..., I WAS HOPING ..., I WAS WONDERING ...

Manchmal wird das *Past Progressive* mit Verben gebraucht, die normalerweise nicht mit dem Aspekt *progressive* stehen wie I **was thinking** ..., I **was hoping** ... oder I **was wondering** ... . Solche Wendungen lassen eine Äußerung als betont zurückhaltend erscheinen:

Where shall we go on holiday this year? – Well, I was thinking of Italy. *Wohin wollen wir dieses Jahr in Urlaub fahren? – Nun, ich dachte an Italien.* | **I was hoping we had a little more time.** *Ich hatte gehofft, wir würden etwas mehr Zeit haben.* | **I was wondering if you would like to come with me.** *Etwa: Ich dachte, du möchtest vielleicht mit mir kommen.*

5 PAST PERFECT

ZUR ÜBERSETZUNG DER PAST PERFECT TENSES

Den englischen *Past Perfect Tenses* entspricht in aller Regel die vollendete Vergangenheit *(Plusquamperfekt)* des Deutschen:

I had already **seen** the film.
Ich hatte den Film schon gesehen.

We **had been working** all day.
Wir hatten den ganzen Tag gearbeitet.

She **had run away** from home.
Sie war von zu Hause weggelaufen.

Den *Past Perfect Tenses* in Sätzen mit **since, for** und **how long...?** entspricht meist die einfache Vergangenheit des Deutschen (oft in Verbindung mit *schon, seit* oder *schon seit...*):

They **had lived** together for twenty years when they finally decided to get married.
Sie lebten schon zwanzig Jahre zusammen, als sie endlich beschlossen zu heiraten.
Auch: *Sie hatten schon zwanzig Jahre zusammengelebt, als sie endlich beschlossen zu heiraten.*

We **had been walking** for half an hour when it started to rain.
Wir waren schon eine halbe Stunde gegangen, als es zu regnen anfing.
Oder: *Wir gingen schon eine halbe Stunde, als es zu regnen anfing.*

In irrealer Verwendung [→ 181 (3)] wird ein *Past Perfect* durch ein deutsches Perfekt mit *hätte* bzw. *wäre* wiedergegeben:

If only he **had told** me everything.
Wenn er mir nur alles erzählt hätte.

I wish she **had stayed** longer.
Ich wünschte, sie wäre länger geblieben.

Was die *Present Perfect Tenses* für die Gegenwart sind, sind die *Past Perfect Tenses* für die Vergangenheit. Vergleichen Sie:

- *Present Perfect*: I **have applied** to different companies.
  Ich habe mich [bis zum *gegenwärtigen* Zeitpunkt] *bei verschiedenen Firmen beworben.*
- *Past Perfect:* I **had applied** to different companies.
  Ich hatte mich [bis zum *damaligen* Zeitpunkt] *bei verschiedenen Firmen beworben.*

Die Zeitformen des **Past Perfect** (*Past Perfect Simple* und *Past Perfect Progressive*) drücken also aus, was zu einem bestimmten Zeitpunkt der Vergangenheit beendet war, unterbrochen wurde oder noch andauerte.

Dieser Zeitpunkt kann entweder aus einer konkreten Zeitangabe hervorgehen oder aus einem Nebensatz, in dem von einer zweiten Handlung berichtet wird:

KONKRETE ZEITANGABE: **By ten o'clock** he had already left the office.
Vergangener Zeitpunkt, durch eine **Zeitangabe** bezeichnet: *By ten o'clock...*

NEBENSATZ: **When I got there,** he had already left the office.
Vergangener Zeitpunkt, durch einen **Nebensatz** bezeichnet: *When I got there ...*

5.1 BEISPIELE FÜR DEN GEBRAUCH DES PAST PERFECT SIMPLE

Man könnte das *Past Perfect* auch als *Vor-Vergangenheit* bezeichnen, denn es beschreibt, was zu einem genannten Zeitpunkt der Vergangenheit bereits geschehen war, beantwortet also die Frage: Was war schon vorbei, als das und das passierte? Ein Beispiel:

When I turned on the TV, the film **had** already **begun**.
Als ich den Fernseher einschaltete, hatte der Film schon begonnen.

Von welchem Zeitpunkt ist die Rede? – When I **turned on** the TV ... *(Past Simple)*
Was war da bereits geschehen? – The film **had** already **begun**. *(Past Perfect)*

Weitere Beispiele:

When we arrived at Daniel's birthday party, most of the guests had already left. *Als wir auf Daniels Geburtstagsparty ankamen, waren die meisten Gäste schon gegangen.* | **Before our last winter holiday in Austria we had never been abroad**. *Vor unserem letzten Winterurlaub in Österreich waren wir noch niemals im Ausland gewesen* | **One could see that the car had been repainted**. *Man konnte sehen, dass das Auto neu lackiert worden war.* | **Back home, I discovered to my horror that someone had broken into my flat**. *Wieder zu Hause, entdeckte ich zu meinem Entsetzen, dass jemand in meine Wohnung eingebrochen war.*

5.2 NACHZEITIGKEIT: BEFORE und AFTER

Auch Angaben wie **before** *(bevor)* und **after** *(nachdem)* verdeutlichen den zeitlichen Abstand zwischen einer vergangenen und einer vor-vergangenen Handlung, wie in den folgenden Beispielen:

Before he **met** Jane, he **had** never **kissed** a girl.
Bevor er Jane kennenlernte, hatte er noch nie ein Mädchen geküsst.

Beide Handlungen gehören der Vergangenheit an, doch liegt die Handlung **kiss** zeitlich noch weiter zurück als **meet**. Darum: ... **had kissed** ... / ... **met**

After he **had kissed** her, he **thought** of her night and day.
Nachdem er sie geküsst hatte, dachte er Tag und Nacht an sie.

Wieder ist **kiss** von zwei vergangenen Handlungen die weiter zurückliegende. Also auch hier: ... **had kissed** ... / ... **thought**

KEIN PAST PERFECT BEI KURZ AUFEINANDER FOLGENDEN HANDLUNGEN

Bei kurz aufeinander folgenden Handlungen wird kein *Past Perfect* verwendet, vor allem dann nicht, wenn die später eintretende Handlung mit der voraufgegangenen in einem unmittelbaren Zusammenhang steht:

Before he **removed** the back of the TV, he **pulled out** the plug.
Bevor er die Rückwand des Fernsehers abnahm, zog er den Stecker heraus.

Die Handlungen **remove** und **pull out** stehen in einem direkten Zusammenhang: der Stecker wurde nur gezogen, weil die Rückwand abmontiert werden sollte. Ein *Past Perfect* (*... he had pulled out the plug) wäre hier nicht angebracht.

When I **saw** the bill, I **got** a shock.
Als ich die Rechnung sah, bekam ich einen Schock.

Auch hier ist der Zusammenhang eindeutig: es ist der Blick auf die Rechnung, der den Schock hervorruft. Also auch hier kein *Past Perfect* (*When I had seen...)

5.3 BEISPIELE FÜR DEN GEBRAUCH DES PAST PERFECT PROGRESSIVE

Das *Past Perfect Progressive* beschreibt vor allem Tätigkeiten und Vorgänge, die bis zu einem genannten Zeitpunkt der Vergangenheit angedauert hatten:

Gerry was dog-tired when he came home. He had been working hard all day. *Gerry war hundemüde, als er nach Hause kam. Er hatte den ganzen Tag hart gearbeitet.* | **Tina's skin looked all red; she had been lying in the sun for hours.** *Tinas Haut sah ganz rot aus. Sie hatte stundenlang in der Sonne gelegen.* | **She had been waiting years for this opportunity.** *Sie hatte jahrelang auf diese Gelegenheit gewartet.* | **He was just back from London where he had been meeting former colleagues.** *Er war gerade aus London zurück, wo er sich mit ehemaligen Kollegen getroffen hatte.* | **The new job wasn't quite what I had been looking for, but the pay was all right.** *Der neue Job war nicht ganz das, wonach ich gesucht hatte, aber die Bezahlung war in Ordnung.*

5.4 PAST PERFECT MIT SINCE, FOR, HOW LONG ...?

Das *Past Perfect* sagt aus, *seit wann* bzw. *wie lange* etwas zu einem genannten Zeitpunkt der Vergangenheit bereits andauerte. Handelt es sich herbei um Vorgänge und Tätigkeiten von begrenzter Dauer, steht das *Past Perfect Progressive*, bei seit längerem andauernden Zuständen wird das *Past Perfect Simple* bevorzugt:

When he was offered a new job, he had been unemployed for over a year. *Als man ihm einen neuen Job anbot, war er schon seit über einem Jahr arbeitslos.* | **It had been raining for days. Several roads were flooded and had to be closed for traffic.** *Es regnete seit Tagen. Mehrere Straßen waren überflutet und mussten für den Verkehr gesperrt werden.* | **A friend of mine died a short while ago. I had known him since my schooldays.** *Ein Freund von mir ist vor kurzem gestorben. Ich kannte ihn seit meiner Schulzeit.* | **How long had you been looking for a flat when you finally found one?** *Wie lange suchtet ihr schon eine Wohnung* [oder: *Wie lange hattet ihr schon eine Wohnung gesucht*], *als ihr endlich eine gefunden habt?*

5.5 PAST PERFECT IN IRREALER VERWENDUNG

Wie das *Past Simple*, so lässt sich auch das *Past Perfect* als Zeitform des Nicht-Realen verwenden, indem es rückblickend auf etwas Bezug nimmt, das nicht stattgefunden hat oder nicht eingetreten ist, obgleich man es sich gewünscht hätte.

Sätze mit dem *Unreal Past Perfect* werden überwiegend mit **I wish...** *(ich wünschte...)* und **if only...** *(wenn nur...)* eingeleitet:

If only you had had your mobile phone on you. *Wenn du doch nur dein Handy dabei gehabt hättest!* | **If only we hadn't made that down payment.** *Wenn wir nur nicht diese Anzahlung geleistet hätten.* | **I wish I had known all this before.** *Ich wünschte, ich hätte das alles (schon) vorher gewusst.* | **I wish there had been computers when I went to school.** *Ich wünschte, es hätte (schon) Computer gegeben, als ich zur Schule ging.*

13 Die Zukunft
und andere modale Zeitformen

Die **Zukunft** (engl.: **future**) umfasst die noch vor uns liegenden, auf die Gegenwart folgenden Zeiträume wie *heute Abend, übermorgen, bald, nächste Woche, eines Tages, in zehn Jahren, irgendwann* usw. Vorgänge oder Tätigkeiten haben zum Zeitpunkt des Sprechens noch nicht begonnen.

Das Englische besitzt – anders als im Fall der *Gegenwart* (**1.** Form, **s**-Form) und der *Vergangenheit* (**2.** Form) – keine Verbform für die *Zukunft*. Gleichwohl gibt es eine Vielzahl von Möglichkeiten, über ein zukünftiges Geschehen zu sprechen:

- Mit dem Hilfsverb **will** (kurz: **'ll**)
  I'll see what I can do. *(Future Simple)*
  I'll be waiting for you. *(Future Progressive)*
  I'll have finished everything by Monday. *(Future Perfect)*
- Mit der Konstruktion **be going (to** ... **)**
  I'm going to give up my job.
  It**'s going to** rain.
  What **are you going to** tell him?
- Mit dem **Present Progressive**:
  We **are coming back** on Sunday.
  When **are you seeing** him?
- Mit dem **Present Simple**:
  The train **goes** at 6.25.
  What time **does** the post-office **open**?

1   DIE EINFACHE ZUKUNFT mit **WILL** (Future Simple)

Diese mit dem Modalverb **will** (Kurzform: **'ll**, verneinte Form: **won't**) und der **1.** Form eines Vollverbs gebildete Zukunft wird auch als *Future Simple* oder *Simple Future* bezeichnet.

Anstelle von **will** ist gelegentlich noch **shall** zu hören: *I shall see what I can do. We shall not be back before Sunday* usw. Diese Formen gehören jedoch mehr dem formellen Englisch an, so dass man in der Umgangssprache gut ohne sie auskommt.

1.1   VERMUTUNGEN, VORHERSAGEN

Mit dem **will**-Future äußert man *Vermutungen* oder trifft *Vorhersagen* über ein erwartetes, aber in der Regel nicht zu beeinflussendes zukünftiges Geschehen, meist eingeleitet durch

I think ...	*ich glaube, ich denke* …
I hope ...	*ich hoffe* ...
I imagine ...	*ich denke mir* …
I suppose ...	*ich nehme an* ...
I'm afraid...	*ich fürchte* ...
I'm sure ...	*ich bin sicher* ...
perhaps ...	*vielleicht* ...
probably ...	*wahrscheinlich* ...

He will probably never learn that. *Er wird das wahrscheinlich nie lernen.* | **Perhaps he'll help us, perhaps he won't**. *Vielleicht hilft er uns, vielleicht nicht.* | **I'm afraid it will cost more than we can pay**. *Ich fürchte, es wird mehr kosten, als wir zahlen können.* | **What will become of him**? *Was wird aus ihm werden?* | **That won't work**. *Das wird nicht funktionieren.* | **I'll see to it**. *Ich werde mich darum kümmern.*

1.2   SPONTANE ENTSCHLÜSSE, VERSPRECHUNGEN

Das **will**-Future bezeichnet einen spontan gefassten Entschluss. Man reagiert, ohne lange zu überlegen, auf bestimmte Umstände oder Situationen, die ein Handeln erforderlich erscheinen lassen.

It's very warm in here. – You're right, I'll open the window for a moment. *Es ist sehr warm hier drinnen. – Du hast Recht, ich mache das Fenster einen Moment auf.* | **I'm afraid I have no money on me. – No problem, we'll lend you some**. *Ich habe leider kein Geld bei mir. – Kein Problem, wir leihen dir welches.* | **Don't worry about your pets, we'll look after them while you are away**. *Macht euch keine Sorgen wegen eurer Haustiere, wir kümmern uns um sie, während ihr weg seid.*

1.3 VERBINDUNG MIT EINEM NEBENSATZ

Vorhersagen und Versprechungen wie **I'll get a car** oder **We'll never make it** sind häufig von Bedingungen abhängig, an Voraussetzungen gebunden oder durch zeitliche Einschränkungen begrenzt: When I'm eighteen, **I'll get a car**. *(Wenn ich achtzehn bin, bekomme ich ein Auto)*. If we go on like this, **we'll never make it**. *(Wenn wir so weitermachen, schaffen wir es nie)*.

Der Hauptsatz, der die Vorhersage enthält, wird den Regeln entsprechend mit dem **will**-Future gebildet (… **I'll get a car**, … **we'll never make it**), während der Nebensatz die daran geknüpften Bedingungen nennt: **When** I'm eighteen …, **If** we go on like this …

Nebensätze dieser Art werden meist von Konjunktionen wie **when** *(wenn ..., dann, wenn ...)*, **if** *(wenn ..., falls ...)*, **unless** *(es sei denn ...)*, **before** *(bevor ...)*, **as long as** *(solange...)* oder **as soon as** *(sobald...)* eingeleitet. Sie enthalten aber, obgleich sie sich auf etwas Zukünftiges beziehen, kein **will**. Haupt- und Nebensatz können in beliebiger Reihenfolge verbunden werden:
If you invite her, she'll come. *Wenn du sie einlädst, kommt sie.* | **She won't come if you don't invite her**. *Sie wird nicht kommen, wenn du sie nicht einlädst.* | **She won't come unless you invite her**. *Sie wird nicht kommen, es sei denn, du lädst sie ein.* | **You'll need plenty of money if you want to buy a car like this**. *Du wirst eine Menge Geld brauchen, wenn du so ein Auto kaufen willst.* | **We'll remember this day as long as we live**. *Wir werden an diesen Tag denken, solange wir leben.* | **Will you be back before we leave**? *Werdet ihr zurück sein, bevor wir losfahren?* | **How old will Jenny be when she leaves school**? *Wie alt wird Jenny sein, wenn sie die Schule verlässt?*

► Beachten Sie: Ein Hauptsatz, der mit einem durch **if**, **when**, **before** usw. eingeleiteten Nebensatz verbunden ist, steht nur dann im **will**-Future, wenn darin tatsächlich etwas vorhergesagt oder versprochen wird. Bei allgemein gültigen Feststellungen oder zwangsläufig eintretenden Vorgängen steht das *Present Simple*. Beispiele:
If you mix yellow and blue, you get green.
Wenn man gelb und blau mischt, bekommt man grün.
Der Hauptsatz ... **you get green** stellt keine Vorhersage dar,
sondern eine allgemein bekannte Tatsache. Darum nicht: * … you'll get green.

When it rains, the streets get wet.
Wenn es regnet, werden die Straßen nass.
Auch hier handelt es sich bei dem Satz ... **the streets get wet** nicht um eine Vorhersage, sondern um eine schlichte Binsenweisheit. Also nicht: * ... the streets will get wet.

2 DIE ZUKUNFT mit **WILL BE -ING** (Future Progressive)

2.1 VERLAUFSVORGÄNGE IN DER ZUKUNFT

Mit **will be -ing** lässt sich ausdrücken, was zu einem genannten Zeitpunkt in der Zukunft gerade vor sich gehen wird. Man bezeichnet diese Form der Zukunft aufgrund des darin ausgedrückten Verlaufsaspekts als *Future Progressive*.
This time tomorrow I will be having dinner with my boss. *Morgen um diese Zeit werde ich (gerade) mit meinem Chef zu Abend essen.* | **Be at the hotel in half an hour. I'll be waiting for you in the foyer**. *Seien Sie in einer halben Stunde im Hotel. Ich werde in der Halle auf Sie warten.* | **When you come back, we will probably be sleeping**. *Wenn du zurück kommst, werden wir wahrscheinlich (schon) schlafen.*

2.2 REGELMÄSSIG WIEDERKEHRENDE VORGÄNGE

Mit **will be + ing** lässt sich beschreiben, im Rahmen üblicher Abläufe oder regelmäßig wiederkehrender Vorgänge demnächst geschehen wird:
We will be staying at the Waldorf Astoria Hotel again. *Wir werden wieder im Waldorf Astoria Hotel wohnen.* | **Have you put the rubbish bins out? The dustcart will be coming soon**. *Hast du die Abfalleimer nach draußen gestellt? Der Müllwagen kommt bald.* | **I can give Mr Simmons the documents if you like. I'll be seeing him tomorrow**. *Ich kann Mr. Simmons die Unterlagen geben, wenn du willst. Ich sehe ihn morgen.*

Die Beispiele machen deutlich, worum es beim **will be -ing**-Future geht. Die in dem Satz **We will be staying at the Waldorf Astoria Hotel again** enthaltene Mitteilung lautet: Wir steigen immer im *Waldorf Astoria Hotel* ab, so auch dieses Mal. Und wenn jemand sagt: **The dustcart will be coming soon,** dann spricht er von einem Vorgang, der sich immer wieder so abspielt: an einem bestimmten Wochentag wird der Müll abgeholt. Auch die Aussage **I'll be seeing him tomorrow** weist auf einen regelmäßigen Vorgang hin: der Sprecher bringt zum Ausdruck, dass er Mr. Simmons *in jedem Fall* sehen wird, zum Beispiel weil er ein Kollege ist, mit dem er tagtäglich zusammenarbeitet.

3 DIE ZUKUNFT mit WILL HAVE + 3. FORM (Future Perfect)

3.1 IN DER ZUKUNFT ERREICHTE ERGEBNISSE

Mit **will have + 3**. Form lässt sich darstellen, was zu einem genannten Zeitpunkt in der Zukunft aller Voraussicht nach beendet bzw. an Ergebnissen erreicht sein wird. Diese Form der Zukunft wird als *Future Perfect* bezeichnet:

By August next year I will have taken my final examination. *Bis August nächsten Jahres werde ich meine Abschlussprüfung gemacht haben.* | **I'm afraid I will have forgotten all this by tomorrow**. *Ich fürchte, ich habe das alles bis morgen vergessen.* | **Before we get there, they will have sold the best things**. *Bevor wir dort ankommen, werden sie die besten Sachen verkauft haben.* | **By the end of the week we will have done the spring cleaning and will be able to get back to normal life**. *Bis Ende der Woche werden wir mit dem Frühjahrsputz fertig sein und zum normalen Leben zurückkehren können.*

3.2 FORTDAUERNDE ZUSTÄNDE

Mit dem *Future Perfect* lässt sich ferner ausdrücken, wie lange ein *Zustand* zu einem genannten Zeitpunkt in der Zukunft bereits andauern wird:

In the year 2018 we will have lived here for fifty years. *Im Jahre 2018 werden wir 50 Jahre hier wohnen* [oder: ... *50 Jahre hier gewohnt haben.*] | **By the year 2024 I will have taught at this school for thirty-five years**. *Im Jahre 2024 werde ich 35 Jahre an dieser Schule unterrichtet haben.*

4 DIE ZUKUNFT mit BE GOING TO

Diese recht gebräuchliche Ausdrucksform von Zukünftigkeit beschreibt ein Geschehen – meist eines der näheren Zukunft – vor allem unter den folgenden beiden Gesichtspunkten:

4.1 ABSICHT, VORHABEN

Mit **be going to** lässt sich ausdrücken, was jemand vorhat bzw. was jemand zu tun (oder nicht zu tun) beabsichtigt:

Christine is going to spend a couple of months abroad to improve her English. *Christine hat vor, einige Monate im Ausland zu verbringen, um ihr Englisch zu verbessern.* | **I'm going to sell my mountain bike. I hardly use it, and I need the money**. *Ich werde mein Mountainbike verkaufen. Ich benutze es kaum, und ich brauche das Geld.* | **I'm certainly not going to stay here another night**. *Ich habe bestimmt nicht die Absicht, noch eine Nacht hierzubleiben.* | **We're not going to invite him again**. *Wir werden ihn nicht noch einmal einladen* [oder: *Wir haben nicht vor, ihn noch einmal einzuladen.*] | **Is Anthony really going to marry that girl?** *Hat Anthony wirklich vor, das Mädchen zu heiraten?*

4.2 ZUKÜNFTIGES GESCHEHEN
AUFGRUND GEGENWÄRTIGER ANZEICHEN

Mit **be going to** lässt sich ausdrücken, was aufgrund von bereits erkennbaren Anzeichen demnächst geschehen wird:

It's going to rain. Just look at those dark clouds. *Es wird gleich regnen. Sieh dir bloß mal die dunklen Wolken da an.* | **The German side are going to lose the match**. *Die deutsche Mannschaft wird das Spiel verlieren.* [Der aktuelle Spielstand lässt es erahnen.] | **Rebecca is going to have a baby**. *Rebecca bekommt ein Baby.* [Es ist nicht zu übersehen.] | **This translation is going to be very difficult**. *Diese Übersetzung wird sehr schwierig werden.* [Der erste Eindruck lässt dies erwarten.]

5 DAS PRESENT PROGRESSIVE MIT ZUKUNFTSBEZUG

Das *Present Progressive* (**be + -ing-Form**) ist die übliche Ausdrucksform, um über bevorstehende Verabredungen, Buchungen, Termine aller Art zu sprechen. Obwohl das eigentliche Geschehen erst in der Zukunft stattfindet, steht die Überlegung im Vordergrund, dass bereits jetzt alle Vorbereitungen, Abmachungen, Festlegungen getroffen sind. Der Zukunftsbezug muss aus einer im Satz genannten Zeitangabe (bzw. der Frage danach) erkennbar sein:

Robert and Jeannie are getting married next Friday. *Robert und Jeannie heiraten nächsten Freitag.* [Dieser Termin steht fest.] | **My sister is giving a party on Saturday. A lot of people are coming**. *Meine Schwester gibt Sonnabend eine Party. Es kommen viele Leute.* [Die Leute haben ihr Kommen bereits zugesagt.] | **When are you seeing David?** *Wann siehst du David?* [Wann trefft ihr euch? Wann wart ihr noch gleich verabredet?] | **Isn't Claire flying to Brussels for a job interview next week?** *Fliegt Claire nicht nächste Woche zu einem Bewerbungsgespräch nach Brüssel?*

6   DAS **PRESENT SIMPLE** MIT ZUKUNFTSBEZUG

Auch das *Present Simple* lässt sich für ein in der Zukunft liegendes Geschehen verwenden, und zwar dann, wenn dieses durch längerfristig gültige Programme, Fahrpläne, Stundenpläne, Spielpläne oder ähnliches zeitlich genau festgelegt ist:

The train to Harwich goes at 17.57. *Der Zug nach Harwich fährt um 17.57.* [fahrplanmäßige Abfahrtzeit] | **Could you tell me what time the next ferry leaves**? *Könnten Sie mir sagen, um wie viel Uhr die nächste Fähre ablegt?* | **We arrive at Honolulu Airport at 22.25**. *Wir kommen* [laut Flugplan] *um 22.25 auf dem Flughafen Honolulu an.* | **The match starts in ten minutes**. *Das Spiel beginnt in zehn Minuten.* [Durch Spielplan festgelegter Beginn.]

7   ZEITFORMEN MIT MODALVERBEN
(MODALE ZEITFORMEN)

Stellt man der Zeitform eines Vollverbs ein Modalverb voran, entsteht eine sogenannte „modale" Zeitform, zum Beispiel

- das modale *Progressive:* (**mod**) + **be** + **-ing**-Form:
  You **should be sleeping**.
  Du solltest (jetzt eigentlich) schlafen.

- das modale *Perfect Progressive:* (**mod**) + **have been** + **-ing**-Form:
  I **must have been dreaming**.
  Ich muss (wohl) geträumt haben.

- das modale *Perfect Simple:* (**mod**) + **have** + **3**. Form:
  He **may have forgotten** it.
  Er hat es vielleicht vergessen. [Oder: *Er könnte es vergessen haben.*]
  You **needn't have done** that.
  Du hättest das nicht tun müssen. [Oder: *... nicht zu tun brauchen.*]

Nicht alle modalen Zeitformen sind in der Umgangssprache gleichermaßen gebräuchlich. Einigen jedoch begegnet man recht oft, insbesondere den folgenden:

7.1   **MODAL PROGRESSIVE**

Die Zeitform (**mod**) **be** + **ing** unterscheidet sich von den übrigen *Progressive Tenses* lediglich dadurch, dass es nicht um tatsächlich ablaufende Vorgänge geht, sondern um solche, die gerade ablaufen *könnten, dürften, müssten* usw. Vergleichen Sie:

REALER TÄTIGKEITSASPEKT

They are having a party.
In diesem Satz geht es um einen tatsächlich *stattfindenden Vorgang:*
Sie feiern (gerade) eine Party.

MODALE ASPEKTE

They may / might be having a party.
[Es könnte sein, dass ...] *Vielleicht feiern sie (gerade) eine Party.*
They will be having a party.
[Es wird sein wie immer] *Sie werden eine Party feiern.*
They must be having a party.
[Es muss so sein] *Bestimmt feiern sie eine Party.*

WEITERE BEISPIELE

I don't believe her. She must be lying.
Ich glaube ihr nicht. Bestimmt lügt sie.

Die Vermutung, dass sie lügt, betrifft einen konkreten Fall.
She lies würde bedeuten: Sie ist eine Lügnerin.

John still isn't here. He may be working overtime.
John ist immer noch nicht hier. Vielleicht macht er Überstunden.

I'm sure she will come. Otherwise I wouldn't be waiting here.
Ich bin sicher, dass sie kommt. Sonst würde ich hier nicht warten.

Some of her friends suspect that she might be taking drugs.
Einige ihrer Freunde vermuten, dass sie (vielleicht) Drogen nimmt.

It's too cold. You shouldn't be sitting out here.
Es ist zu kalt. Du solltest hier draußen nicht sitzen.

What's so bad about a new job? You ought to be looking forward to it.
Was ist so schlimm an einem neuen Job? Du solltest dich darauf freuen.

7.2 MODAL PERFECT

Das modale Perfekt – **(mod) have + 3. Form** – bezieht sich auf zurückliegende Vorgänge, über die man nicht genau Bescheid weiß und daher auf Vermutungen angewiesen ist. Hier eine Auswahl häufig gebrauchter Verbindungen:

MUST HAVE + 3. Form

Die Verbindung **must have + 3**. Form drückt aus, was *gewesen* bzw. *geschehen sein muss*. Man verwendet sie immer dann, wenn über die Gründe für etwas spekuliert wird, das man sich anders nicht erklären kann:

I have no idea why Tim still hasn't arrived. He must have missed his flight.
Ich habe keine Ahnung, warum Tim immer noch nicht da ist. Er muss seinen Flug verpasst haben.

I don't believe he has done it on his own. Someone must have helped him.
Ich glaube nicht, dass er es allein gemacht hat. Jemand muss ihm geholfen haben.

The brakes must have failed.
Die Bremsen müssen versagt haben.

I must have been mad when I gave my consent.
Ich muss verrückt gewesen sein, als ich meine Zustimmung gab.

COULD HAVE / MAY HAVE / MIGHT HAVE + 3. Form

Mit diesen modalen Zeitformen lässt sich ausdrücken, was unter Umständen *hätte geschehen können,* aber nicht geschehen ist. Ob man **could**, **may** oder **might** verwendet, hängt von deren jeweiliger Bedeutung ab:

We could have taken a shortcut.
Wir hätten eine Abkürzung nehmen können.

She may have changed her phone number.
Sie könnte ihre Telefonnummer geändert haben. / Vielleicht hat sie ihre Telefonnummer geändert.

You might have broken your leg.
Du hättest dir das Bein brechen können.

SHOULD HAVE / OUGHT TO HAVE + 3. Form

should have oder **ought to have + 3**. Form drückt aus, was eigentlich *hätte geschehen sollen,* aber nicht geschehen ist:

We should have compared prices before booking the flight.
Wir hätten vor der Buchung des Fluges die Preise vergleichen sollen.

I know I shouldn't have downloaded that file.
Ich weiß, ich hätte die Datei nicht herunterladen sollen.

What else should we have done?
Was hätten wir sonst tun sollen?

He ought to have resigned in time.
Er hätte rechtzeitig zurücktreten sollen.

I have done things in my life which I ought not to have done.
Ich habe in meinem Leben Dinge gemacht, die ich nicht hätte machen sollen.

WOULD HAVE + 3. Form

would have + 3. Form ist die wohl am häufigsten verwendete modale Zeitform des Englischen. Durch sie lässt sich aussagen, *was (nicht) geschehen wäre, wenn ... bzw. was jemand (nicht) getan hätte, wenn ...*

We would probably have come if he had invited us.
Wir wären wahrscheinlich gekommen, wenn er uns eingeladen hätte. [Hat er aber nicht.]

Everything would have been easier if you had listened to me.
Alles wäre leichter gewesen, wenn ihr auf mich gehört hättet. [Habt ihr aber nicht.]

Had we followed your instructions, we would never have got there.
Hätten wir deine Anweisungen befolgt [was wir aber nicht getan haben],
wären wir nie dort hingekommen.

Without his father's money he would certainly not have been able to study.
Ohne das Geld seines Vaters hätte er mit Sicherheit nicht studieren können.
[Er hat dieses Geld aber bekommen und konnte darum studieren.]

If the dog had not woken us, we wouldn't have noticed the fire.
Wenn uns der Hund nicht geweckt hätte [hat er aber], *hätten wir das Feuer nicht bemerkt.*

Had I known how bad a driver he was, I would never have got into his car.
Hätte ich gewusst, was für ein schlechter Fahrer er war [leider habe ich es nicht gewusst],
wäre ich niemals zu ihm ins Auto gestiegen.

14 Kurzsätze und Anhängsel

Wenn in einem Gespräch oder in einer Diskussion über ein bestimmtes Thema Gedanken und Meinungen ausgetauscht werden, so geschieht dies in Form eines mehr oder minder lebhaften Wechsels von Rede und Gegenrede, bei dem schnell auch Emotionen ins Spiel kommen.

Ganz gleich, ob wir auf eine Frage antworten, eine Äußerung kommentieren, eine Behauptung unterstützen oder in Frage stellen, einer Meinung zustimmen oder ihr widersprechen – immer *reagieren* wir auf etwas zuvor Gesagtes. Und da alle Beteiligten wissen, von wem oder wovon die Rede ist, tun wir dies meist in knapper Form und begnügen uns mit kurzen Äußerungen wie *Ja? Wirklich nicht! Sag bloß! Ich glaube schon. Oder etwa doch?*

Kurzsätze sind auch in der englischen Umgangssprache allgegenwärtig. Sie bestehen in der Regel aus zwei oder drei Wörtern, von denen eines ein *Hilfsverb* ist. Ein Vollverb dagegen fehlt. Da es in einer der voraufgegangenen Äußerungen bereits genannt wurde, erübrigt sich eine nochmalige Erwähnung. Beispiele:

Are you coming too? – **Yes, I am**.
[Statt: Yes, I am coming too].

Who gave you this DVD? – **John did**.
[Statt: John gave me this DVD].

We are going to move out. – **Oh, are you really**?
[Statt: Oh, are you really going to move out?]

We go to church every Sunday. – **So do we**.
[Statt: We go to church every Sunday too].

Die folgenden Kapitel werden zeigen, in welchen Situationen und auf welche Art und Weise englische Kurzsätze verwendet werden können.

1 KURZANTWORTEN

1.1 ANTWORT AUF ENTSCHEIDUNGSFRAGEN

Auf eine einfache Entscheidungsfrage antworten wir im Deutschen meist kurz und bündig mit *Ja* oder mit *Nein*:

Kannst du Auto fahren? – Ja.
Sprechen Sie Französisch? – Nein.

Auch im Englischen ist es selbstverständlich möglich, Fragen dieser Art mit einem einfachen **yes** oder **no** zu beantworten:

Can you drive? – **Yes**.
Do you speak French? – **No**.

In bestimmten Situationen könnte diese Art zu antworten allerdings ein wenig schroff wirken und dem Fragenden das Gefühl vermitteln, dass seinem Gegenüber an einer Unterhaltung wenig gelegen ist. Will man diesen Eindruck vermeiden, so ergänzt man die Antwort **yes** oder **no** um einen Kurzsatz, der das in der Frage verwendete Hilfsverb wiederholt – bei der Antwort **yes** in bejahter, bei **no** in verneinter Form. Beispiele:

Can you drive?	[Antwort: ja]	**Yes, I can**.	*Ja, kann ich.*
	[Antwort: nein]	**No, I can't**.	*Nein, kann ich nicht.*
Do you speak French?	[Antwort: ja]	**Yes, I do**.	*Ja, tu ich.*
	[Antwort: nein]	**No, I don't**.	*Nein, tu ich nicht.*
Are you Mr Henley?	[Antwort: ja]	**Yes, I am**.	*Ja, (der) bin ich.*
	[Antwort: nein]	**No, I'm not**.	*Nein, (der) bin ich nicht.*
Has he arrived at last?	[Antwort: ja]	**Yes, he has**.	*Ja, ist er.*
	[Antwort: nein]	**No, he hasn't**.	*Nein, ist er nicht.*
Is there a lift in the hotel?	[Antwort: ja]	**Yes, there is**.	*Ja, (den) gibt es.*
	[Antwort: nein]	**No, there isn't**.	*Nein, (den) gibt es nicht.*

Kurzsätze können entfallen, wenn der Antwort **yes** oder **no** weitere Angaben folgen:

Can you drive? – **Yes, and I've got a car too**.
Do you speak French? – **No, I always found it too difficult to learn**.
Are you Mr Henley? – **Yes, and this is my daughter Catherine**.
Has he arrived at last? – **Yes, but much later than we expected**.
Is there a lift in the hotel? – **No, we have to take the stairs, I'm afraid**.

1.2 ANTWORT AUF FRAGEN NACH DEM SUBJEKT

Im Deutschen antworten wir auf die Frage *Wer...?* üblicherweise mit der Nennung der erfragten Person, entweder durch Angabe ihres Namens oder durch ein Fürwort:

Wer hat dir das Geld gegeben? – Meine Eltern.
Wer von euch spricht Spanisch? – Carmen.
Wer kann meinen Computer reparieren? – Ich.

Im Englischen beantwortet man entsprechende Fragen mit einem Kurzsatz, bestehend aus der Angabe der erfragten Person und dem in der Frage genannten Hilfsverb. Enthält die Frage kein Hilfsverb, wird in der Kurzantwort eine Form von **do** (also do, **does** oder **did**) verwendet:

Who gave you the money? – **My parents did**.   [Nicht nur: *My parents.]
Which of you speaks Spanish? – **Carmen does**.   [Nicht nur: *Carmen.]
Who can repair my computer? – **I can**.   [Nicht nur: *I, allenfalls: **Me**.]

2 KOMMENTARE

Kurzsätze eignen sich auch als zustimmende oder ablehnende Kommentierung einer voraufgegangenen Äußerung:

EINER AUSSAGE WIRD ZUGESTIMMT
Kommentar und Äußerung sind *beide positiv* oder *beide negativ:*

Amanda **is** a very pretty girl. – Oh **yes**, **she is**.
Harry **drinks** too much. – **Yes**, **he does**.
The film **wasn't** very good. – **No**, **it wasn't**.
He **won't** help you. – **No**, **he won't**.

EINER AUSSAGE WIRD NICHT ZUGESTIMMT
Äußerung positiv – Kommentar negativ, Äußerung negativ – Kommentar positiv:

Amanda **is** a very pretty girl. – Oh **no, she isn't**.
Harry **drinks** too much. – **No**, **he doesn't**.
The film **wasn't** very good. – Oh **yes**, **it was**.
He **won't** help you. – Oh **yes**, **he will**.

EINE AUSSAGE WIRD BESTÄTIGT
Werden wir auf etwas hingewiesen, das wir selbst noch gar nicht bemerkt haben, reagieren wir meist überrascht mit Äußerungen wie: *Oh ja! Stimmt! Tatsächlich!* Einer solchen Reaktion entspricht im Englischen wiederum ein Kurzsatz, gebildet aus **so** + Fürwort + Hilfsverb:

It's half past eight already! – **So it is**!
There's a hole in your sleeve! – **So there is**!
Look, it works! – **So it does**!
You have forgotten to lock the door! – **So I have**!

Bestätigt man dagegen etwas schon Bekanntes, genügt eine Erwiderung
mit **yes** oder **no** + Kurzsatz. Vergleichen Sie:

Look, it works! – **So it does**!
Sieh mal, es funktioniert. – Tatsächlich! [Hätte ich nicht gedacht!]
Dagegen: Look, it works. – **Yes, it does**!
Es funktioniert. – Ja, das tut es. [Das war mir schon klar.]

3 ERWIDERUNG MIT EINER GEGENFRAGE

Manchmal reagieren wir auf Äußerungen anderer mit einer Gegenfrage (engl.: reply question). Je nach Intonation kann sich darin Überraschung, ungläubiges Staunen oder Widerspruch ausdrücken. Im Deutschen hört sich das dann so an:

Paula bekommt ihr zweites Kind. – *Ach ja? / Ach wirklich?*
Es war zu heiß dort. – *Tatsächlich? / War es das?*
Ich habe die Prüfung bestanden! – *Ach wirklich? Gratuliere!*
Ich fand es nicht sehr gut. – *Nein? Ich fand es phantastisch!*

Auch hier verwendet das Englische wieder einen Kurzsatz mit dem entsprechenden Hilfsverb bzw. **do**, **does** oder **did**. Dessen Wirkung kann durch ein hinzugefügtes **oh** und/oder **really** *(wirklich)* noch verstärkt werden:

Paula **is** having her second child. – **Is she** really?
It **was** too hot there. – **Was it**?
I **have** passed my exam! – Oh, **have you**? Congratulations!
I **didn't** find it very good. – **Didn't you**? I found it fantastic!

4 DEUTSCHE KURZSÄTZE MIT ... **AUCH** / ... **AUCH NICHT**

Wenn wir zum Ausdruck bringen wollen, dass etwas zuvor Gesagtes auch für uns selbst, für andere Personen oder andere Dinge gilt, so tun wir dies durch eine kurze Anmerkung mit **auch** bzw. **auch nicht**. Beispiele:

Bejahte Aussage: *Ich bin zum ersten Mal hier.*
Anmerkung in Kurzform: *Ich auch.*
[Statt: *Ich bin auch zum ersten Mal hier.*]

Weitere Beispiele:
Deutsch ist eine schwierige Sprache. – Französisch auch.
Ich habe schon gefrühstückt. – Wir auch.
Mein Mann arbeitet bei der Bahn. – Meine Schwester auch.
Den meisten Leuten gefiel es. – Unseren Freunden auch.

Verneinte Aussage: *John war nicht hier.*
Anmerkung in Kurzform: *George auch nicht.*
[Statt: *George war auch nicht hier.*]

Weitere Beispiele:
Ich habe den Film noch nicht gesehen. – Ich auch nicht.
Wir wissen nicht, was passiert ist. – Wir auch nicht.
Die Busse fuhren nicht. – Die Züge auch nicht.
Katzen gehorchen nicht. – Meine Frau auch nicht.

Im Englischen werden Anmerkungen dieser Art, von ganz wenigen Ausnahmen abgesehen, nicht mit **also** oder **too** gebildet, sondern mit Hilfe eines Kurzsatzes, der folgendermaßen aufgebaut ist:

- Als Entgegnung auf eine **bejahte** Aussage (deutsch: **auch**):
  SO + HILFSVERB + SUBJEKT

- Als Entgegnung auf eine verneinte Aussage (deutsch: **auch nicht**):
  NEITHER + HILFSVERB + SUBJEKT
  - ► **neither** wird im BE [ˈnaɪðə], im AmE [ˈniːðər] gesprochen.

Enthält die voraufgegangene Äußerung kein Hilfsverb, so ist wieder die entsprechende Form von **do** (**do**, **does** oder **did**) zu verwenden.

Beispiele für bejahte Aussagesätze:
I'm here for the first time. – **So am I.**
German is a difficult language. – **So is French.**
I've already had breakfast. – **So have we.**
My husband works for the railway. – **So does my sister.**
Most people liked it. – **So did our friends.**

Beispiele für verneinte Aussagesätze:
John wasn't at work today. – **Neither was George.**
I haven't seen the film yet. – **Neither have I.**
We don't know what happened. – **Neither do we.**
The buses weren't running. – **Neither were the trains.**
Cats won't obey. – **Neither will my wife.**

SATZVERBINDUNGEN MIT KURZSÄTZEN

Aussagesatz und Kurzsatz können auch vom Sprecher selbst zu einer zusammenhängenden Äußerung verbunden werden:

The English drive on the left and so do the Australians.
Die Engländer fahren links und die Australier auch.

The finals was sold out and so were the semi finals.
Das Finale war ausverkauft, und die Halbfinals auch.

She gave up her job and so did her husband.
Sie gab ihren Job auf und ihr Mann auch.

Peter can't drive you and neither can I.
Peter kann dich nicht fahren, und ich auch nicht.

His English isn't very good and neither is his French.
Sein Englisch ist nicht sehr gut und sein Französisch auch nicht.

I didn't know the way and neither did the taxi driver.
Ich kannte den Weg nicht und der Taxifahrer auch nicht.

5 FRAGE-ANHÄNGSEL

Will man signalisieren, dass man von der Richtigkeit der eigenen Aussage überzeugt ist und davon ausgeht, dass der Gesprächspartner ihr zustimmt, kann man ihr ein sogenanntes Frage-Anhängsel (engl.: question tag) angefügen.

Typische Frage-Anhängsel des Deutschen sind *... nicht wahr? ... nicht? ... wie? ...oder? ... oder nicht? (... oder doch?)* und *...was?* Daneben gibt es regionale oder mundartliche Formen wie *... wat? ... wa? ... woll? ... gell?* Beispiele:

Sie sind der neue Nachbar, **nicht wahr?**
Es war ziemlich kompliziert, **nicht?**
Ganz schön teuer, **wa?**
Sie haben mir nicht geglaubt, **oder?**
Das ist doch Maria, **oder nicht?**

5.1 BILDUNG DER FRAGE-ANHÄNGSEL

Englische Frage-Anhängsel, *question tags* genannt, sind Kurzsätze in Frageform, gebildet aus dem Hilfsverb und dem *Personalpronomen* der voraufgegangenen Aussage. Enthält diese kein Hilfsverb, so ist – wie immer in einem solchen Fall – eine Form von **do** (also **do**, **does** oder **did**) zu verwenden. Vor allem aber ist bei dieser Art von Sätzen folgendes zu beachten:

- Ist die Aussage *bejaht*, so ist das Frage-Anhängsel *verneint*:
  You **like** this kind of music, **don't** you?
  He still **works** there, **doesn't** he?

- Ist die Aussage *verneint*, so ist das Frage-Anhängsel *bejaht*:
  You **don't like** this kind of music, **do** you?
  He **doesn't work** there any more, **does** he?

WEITERE BEISPIELE

- Bejahte Aussage, verneintes Anhängsel:
  She can stay with us, **can't she?**
  We should help these people, **shouldn't we?**
  He has applied for the job, **hasn't he?**
  You need the money right now, **don't you?**
  They had a lot of problems, **didn't they?**
  It was rather complicated, **wasn't it?**
  It's pretty expensive, **isn't it?**
  It will work, **won't it?**

- Verneinte Aussage, bejahtes Anhängsel:
  That can't be true, **can it?**
  There aren't many places like this one, **are there?**
  You haven't seen our dog, **have you?**
  We don't need a reservation, **do we?**
  He doesn't mean it, **does he?**
  She didn't believe you, **did she?**
  You weren't really surprised, **were you?**
  They hadn't locked the door, **had they?**
  There won't be any problems, **will there?**

5.2 AUFFORDERUNG, EINLADUNG

Im Zusammenhang mit den Modalverben haben wir Wendungen kennengelernt wie

Shall we go for a walk?
[Vorschlag] *Wollen wir spazieren gehen?*

Will you move your car?
[Nachdrückliche Aufforderung] *Fahren Sie bitte Ihr Auto weg!*

Won't you come in?
[Freundliche Aufforderung, Einladung] *Kommen Sie doch herein!*

Sie können Sätze dieser Art auch so formulieren, dass die jeweiligen Modalverben dem Satz als Anhängsel angefügt werden. Das hört sich dann so an:

Let's go for a walk, **shall we?** *Lasst uns einen Spaziergang machen, ja?*
Move your car, **will you?** *Fahren Sie bitte das Auto weg, ja?*
Do have a seat, **won't you?** *Nehmen Sie doch bitte Platz!*

▶ **Beachten Sie:** Frage-Anhängsel sind lediglich der Form nach Fragen.
Sie tragen jedoch nicht deren Intonation, sondern werden mit fallendem Ton gesprochen.

5.3 ZUSTIMMUNG

Mit einem negativen Frage-Anhängsel kann man auf nachdrückliche Weise seine Zustimmung zu einer voraufgegangenen positiven Äußerung des Gesprächspartners bekunden. Diese Form der Erwiderung entspricht in etwa dem deutschen *ja, nicht?*

It's as cold as in winter today. – **Yes, isn't it**?
The party **was** boring. – **Wasn't it**?
She **smokes** too much. – **Doesn't she**?
The town **has** changed a lot. – **Hasn't it**?

Eine Sonderform ist **aren't I**? [Statt: **am I not**?)
You are very clever! – **Yes, aren't I**?

6 VERSTÄRKUNGS-ANHÄNGSEL

Sie können auch Ihren eigenen Äußerungen ein Anhängsel anfügen, wenn Sie sie besonders betonen wollen. Um ein solches Verstärkungs-Anhängsel (engl.: reinforcement tag) zu bilden, wiederholen Sie einfach das Subjekt (in Form eines Fürworts) und das Hilfsverb (bzw. **do**, **does** oder **did**) vom Satzanfang:

You are an old crook, **you are**.
Du bist ein alter Gauner, du.

Laura is unusually pretty, **she is**.
etwa: *Laura, die ist ungewöhnlich hübsch.*

My boss has really gone mad, **he has**.
Mein Chef ist echt verrückt geworden.

I really **fell** asleep at school, **I did**.
etwa: *Ich bin in der Schule doch tatsächlich eingeschlafen.*

Verstärkungs-Anhängsel sind vor allem in der Umgangssprache des britischen Englisch anzutreffen. Im Amerikanischen ist sie unüblich.

15 Adverbien

Adverbien (dt.: *Umstandswörter,* engl.: **adverbs**) bezeichnen die zeitlichen, räumlichen oder sonstigen *Umstände* – also das Wo, Wie, Wann usw. – des im Satz berichteten Geschehens:

She met him | **in town** | **several times** | **last week**.
Sie traf ihn | letzte Woche | mehrmals | in der Stadt.

Wo hat sie ihn gesehen?	in town
Wie oft hat sie ihn gesehen?	several times
Wann hat sie ihn gesehen?	last week

She | **always** | opened the door | **quietly** | when she came home | **late at night** |.
Sie machte die Tür | immer | leise | auf, wenn sie | spät nachts | nach Hause kam.

Wie machte sie die Tür auf?	quietly
Wie oft machte sie sie leise auf?	always
Wann kam sie nach Hause?	late at night

▶ Erwähnt sei in diesem Zusammenhang, dass die Vorstellung von einem Adverb als „zum Verb gehörend", wie es die lateinische Bezeichnung *adverbium* nahelegt, zu eng gefasst ist. Adverbien beziehen sich keineswegs nur auf Verben. Sie gehen auch einem Adjektiv oder einem anderen Adverb voran, um dessen *Intensität* näher zu bestimmen:

It was **rather** cold there.
Es war ziemlich kalt dort. [**Wie kalt** war es dort?]

She opened the box **very** carefully.
Sie öffnete die Schachtel sehr vorsichtig. [**Wie vorsichtig** öffnete sie die Schachtel?]

1 URSPRÜNGLICHE ADVERBIEN

Ein Adverb im engeren Sinne ist ein selbständiges, nicht abgeleitetes und in seiner Form nicht veränderbares Einzelwort. Man bezeichnet solche Einzelwort-Adverbien auch als *ursprüngliche* Adverbien. Hier einige der wichtigsten:

again	*wieder, schon wieder, noch einmal*
afterwards	*hinterher, danach*
almost	*fast*
already	*schon, bereits*
also	*auch*
always	*immer, schon immer*
anyway	*sowieso, ohnehin; wie auch immer*
besides	*übrigens, nebenbei bemerkt*
early	*früh*
enough	*genug*
even	*sogar, selbst*
ever	*je, jemals*
far	*weit*
fast	*schnell*
here	*hier*
however	*jedoch*
indeed	*allerdings, in der Tat*
inside	*drin, drinnen*
instead	*stattdessen*
just	*gerade, soeben; bloß, nur, lediglich*
little	*wenig*
meanwhile	*inzwischen, derweil, unterdessen*
never	*nie, niemals*
next	*als nächstes*
now	*jetzt, nun*
often	*oft*
only	*nur*
otherwise	*ansonsten, andernfalls*
outside	*draußen*
perhaps	*vielleicht*
quite	*ganz, recht, ziemlich*
rather	*ziemlich*
seldom	*selten*
somehow	*irgendwie*
sometime	*irgendwann einmal*

sometimes	*manchmal*
somewhere	*irgendwo*
so	*so*
soon	*bald*
still	*noch, immer noch*
then	*damals, dann*
there	*dort*
therefore	*darum, deshalb*
today	*heute*
tomorrow	*morgen*
tonight	*heute Abend*
too	*zu*
very	*sehr*
well	*gut*
yesterday	*gestern*

2 ABGELEITETE ADVERBIEN

Neben den ursprünglichen Formen gibt es eine große Zahl häufig gebrauchter Adverbien, die durch die Endung **-ly** gekennzeichnet sind (z.B. **slowly**, **badly**, **largely**, **honestly**, **similarly**.) Ihnen allen liegt ein Adjektiv zugrunde (in den genannten Beispielen **slow**, **bad**, **large**, **honest** und **similar**), weshalb man diese Formen als *abgeleitete* Adverbien bezeichnet.

BESONDERHEITEN BEI DER BILDUNG ABGELEITETER ADVERBIEN

- Ein Schluss-**y** mehrsilbiger Adjektive wird vor Anfügen von **-ly** zu **-i**:
  easy - **easily**, heavy - **heavily**, ready - **readily**.
  Aber: shy *(scheu)* - **shyly**

- Bei Adjektiven, die mit der Lautfolge **Konsonant + le** enden,
  wird **-le** durch **-ly** ersetzt:
  simple - **simply**, remarkable - **remarkably**, possible - **possibly**, probable - **probably**

- Adjektive auf **-ll** fügen nur **-y** an: full - **fully**, dull - **dully**

- Aus Adjektiven auf **-ic** leiten sich Adverbien auf **-ically** ab:
  basic - **basically,** historic - **historically,** specific - **specifically**
  Aber: public *(öffentlich)* - **publicly**

- Bei **due**, **true** und **whole** entfällt vor Anfügen von **-ly** das Schluss-**e**:
  due - **duly**, true - **truly**, whole - **wholly**

- Adjektive, die selbst auf **-ly** enden (**friendly**, **kindly**), bilden ihre Adverbform durch eine Umschreibung, meist durch die Wendung **in a ... way**:
  friendly - **in a friendly way** [Nicht: *friendlily]
  beggarly *(armselig, bettelarm)* - **in a beggarly manner** [Nicht: *beggarlily]

3 ADJEKTIVE und ADVERBIEN

Adjektive [→ THEMA **5,** ab Seite **73**] beziehen sich immer auf ein Hauptwort. Sie gehen diesem entweder voran oder sind mit ihm durch ein Gleichsetzungsverb [→ **157** (2.1)] wie **be**, **look** oder **seem** verbunden.

Adverbien beziehen sich auf nicht-nominale Wortarten (Verben, Adjektive, andere Adverbien) sowie auf Wortgruppen und Sätze.

Im Deutschen lässt sich der Unterschied zwischen einem Adjektiv und einem Adverb an der Form des Wortes *nicht* ablesen, wie diese Beispiele zeigen:

*Er war immer **höflich** zu uns.*	*höflich* ist ein Adjektiv
*Er beantwortete **höflich** unsere Fragen.*	*höflich* ist ein Adverb
*Das neue Gebäude sieht **schrecklich** aus.*	*schrecklich* ist ein Adjektiv
*Sie hat sich **schrecklich** aufgeregt.*	*schrecklich* ist ein Adverb
*Es war **schrecklich** heiß an dem Tag.*	*schrecklich* ist ein Adverb

Bei der Übersetzung ins Englische wird der Unterschied dagegen erkennbar:

He was always **polite** to us.	Adjektiv:	polite
He answered our questions **politely**.	Adverb:	politely
The new building looks **terrible**.	Adjektiv:	terrible
She got **terribly** excited.	Adverb:	terribly
It was **terribly** hot that day.	Adverb:	terribly

Allerdings ist auch im Englischen nicht immer auf Anhieb zu erkennen, ob man es mit einem Adjektiv oder mit einem Adverb zu tun hat, denn:

- Die Endung **-ly** ist nicht in jedem Fall ein verlässlicher Hinweis darauf, dass es sich um ein Adverb handelt. Es gibt auch Adjektive, die auf **-ly** enden, z.B. **friendly**, **lonely**, **lovely** oder **elderly**.

  Andererseits gibt es Adverbien, die keine **-ly**-Endung haben, deren Form also – wie im Deutschen – mit der des Adjektivs identisch ist, z.B. **fast**, **late** oder **right**. [→ **202** (4)]

- Einigen Adjektiven entspricht sowohl ein endungsloses (also identisches) als auch ein auf **-ly** endendes Adverb, wobei die beiden Formen unterschiedliche Bedeutungen haben können. So leiten sich z.B. von dem Adjektiv **high** die Adverbien **high** und **highly**, von dem Adjektiv **fair** die Adverbien **fair** und **fairly** ab. [→ **203** (6)]

3.1 GOOD, WELL, BAD und BADLY

Eine wichtige, aber nicht immer ganz einfache Unterscheidung, die es von Anfang an zu beachten gilt, ist die zwischen **good** und **well**. Merken Sie sich:

- **good** ist immer ein Adjektiv. Es besagt, dass jemand oder etwas gut *ist,* gut *(zu sein) scheint,* gut *aussieht* usw. Das Gegenteil von **good** ist **bad** *(schlecht, schlimm).*
  Despite the **bad** weather we had a **good** time.
  Trotz des schlechten Wetters hatten wir eine gute Zeit.

  The fish looked **good**, but smelled **bad**.
  Der Fisch sah gut aus, roch aber schlecht.

- Das zum Adjektiv **good** gehörende Adverb ist **well**, nicht *goodly. ᴬᴺᴹ
  I can **well** understand why she has quit the job.
  Ich kann gut verstehen, warum sie die Stelle aufgegeben hat.

  ANM | Sollte Ihnen doch einmal die Form **goodly** begegnen, so handelt es sich dabei kurioserweise nicht um ein von **good** abgeleitetes Adverb, sondern um ein veraltetes *Adjektiv* mit der Bedeutung *stattlich, ansehnlich, bedeutend:* a **goodly** sum of money, a **goodly** number of people.

- Auch **well** kann als Adjektiv verwendet werden, und zwar dann, wenn es sich auf das Wohlbefinden, auf die gesundheitliche Verfassung eines Menschen bezieht:
  He's back from hospital, but not quite **well** again.
  Er ist aus dem Krankenhaus zurück, aber noch nicht wieder ganz gesund.

  Das Gegenteil eines so verwendeten **well** ist **ill**:
  They sent him back to hospital, as he fell **ill** again.
  Sie schickten ihn ins Krankenhaus zurück, da er wieder krank wurde.

- **badly** ist zum einen die Adverb-Form von **bad**, wird darüberhinaus aber auch im Sinne von **urgently** *(dringend)* verwendet:
  She still speaks German very **badly**.
  Sie spricht immer noch sehr schlecht Deutsch.

  I **badly** need a new set of tyres for my SUV [sports utility vehicle].
  Ich brauche dringend einen Satz neue Reifen für mein Geländefahrzeug.

- **good** und **bad** (meist verbunden mit **be** und **feel**) drücken aus, in welcher Stimmung oder Gemütsverfassung man sich befindet, wie man „drauf" ist:
  How are you today? – Very **good,** thanks.
  Wie geht's dir heute? – Sehr gut, danke.
  She felt so **bad** that she even thought of killing herself.
  Sie fühlte sich so schlecht, dass sie sogar daran dachte, sich umzubringen.

- In der Umgangssprache ist die Tendenz zu beobachten, **good** und **bad** in bestimmten Fällen wie Adjektive zu behandeln, wo sie eigentlich Adverbien sein müssten. Dies betrifft in erster Linie Aussagen über bestimmte Angewohnheiten oder Fähigkeiten, die jemand hat:
  The saxophone is his favourite instrument, and he **plays** it **good**. [Statt: **plays** it **well** …]
  Das Saxophon ist sein Lieblingstrument, und er spielt es gut.

  She **sings so bad** that I wonder how she is selling so many CDs. [Statt: **sings** so **badly** …]
  Sie singt so schlecht, dass ich mich frage, wie sie so viele CDs verkauft.

  He **talks bad** about me behind my back. [Statt: **talks badly** …]
  Er redet hinter meinem Rücken schlecht über mich.

Dennoch: dies ist kein korrektes Englisch. In der Schriftsprache wie auch im Schulunterricht sollte man immer die adverbialen Formen verwenden: **plays** it **well** …, **sings** so **badly** …

4 GLEICHE FORM - GLEICHE BEDEUTUNG

Einige Adjektive haben eine gleichlautende Adverb-Form. Auch in ihrer Bedeutung unterscheiden sie sich kaum. Die wichtigsten:

extra   *zusätzliche – extra*
- adj   She received an **extra** 200 pounds for good work.
- adv   Any further service cost **extra**.

far   *entfernte, hintere – weit*
- adj   We parked our car at the **far** end of the street.
- adv   Throw the ball as **far** as you can.

fast   *schnell*
- adj   She used to be a **fast** swimmer.
- adv   I can't understand him, he talks too **fast**.

fine   *gut, prima, ausgezeichnet, prächtig*
- adj   I am **fine**.
- adv   The new system has worked **fine** so far.

little   *wenig*
- adj   There's **little** hope that he's still alive.
- adv   I slept very **little** last night.

long   *lang – lange*
- adj   **Long** skirts are no longer in fashion.
- adv   Did you have to wait **long**?

low   *leise – niedrig*
- adj   She spoke in a **low** voice.
- adv   The helicopter was flying too **low**.

right   *richtig*
- adj   I think it was the **right** decision.
- adv   Did I get you **right**?

straight   *gerade – geradewegs, direkt*
- adj   A **straight**, but narrow road takes you up north.
- adv   He drove the lorry **straight** into a wall.

early   *früh*
- adj   The **early** bird catches the worm.
- adv   The sun rises **early** in the summer.

daily   *täglich*
- adj   *THE INDEPENDENT* is a **daily** newspaper.
- adv   Most newspapers come out **daily**.

Ebenso: **hourly** (*stündlich*), **weekly** (*wöchentlich*), **monthly** (*monatlich*), **quarterly** (*vierteljährlich*) und **yearly** (*jährlich*).

5 GLEICHE FORM - UNTERSCHIEDLICHE BEDEUTUNG

Einige Adjektive haben gleichlautende Adverb-Formen, die sich aber in ihrer Bedeutung unterscheiden. Die folgenden sollten Sie kennen:

only   Als Adjektiv: *einzige* – als Adverb: *nur*
- adj   He is the **only** person you can trust.
- adv   It was **only** half a mile away.

just   Als Adjektiv: *gerechte* – als Adverb: *soeben, gerade; bloß, nur; einfach*
- adj   I am convinced we are working for a **just** cause.
- adv   We arrived **just** in time.

round   Als Adjektiv: *rund* – als Adverb: *herum, umher*
- adj   They live in a house with **round** windows.
- adv   She comes **round** for tea now and then.

even   Als Adjektiv: *eben, glatt* – als Adverb: *sogar;* vor Komparativ: *noch*
- adj   Place the jigsaw on an **even** surface.
- adv   I jog regularly, **even** on cold winter days.

still   Als Adjektiv: *still* [sich nicht bewegend] – als Adverb: *immer noch*
- adj   **Still** waters run deep. *(Stille Wasser sind tief.)*
- adv   You **still** don't believe me, do you?

6 ADVERBIEN MIT ZWEI FORMEN

Von einigen Adjektiven lassen sich zwei Adverbien ableiten: eine Form ist mit dem Adjektiv identisch, die andere hat eine **-ly**-Endung. Auch in ihrer Bedeutung unterscheiden sich die beiden Formen. Hier die wichtigsten:

6.1 CLOSE und CLOSELY

close bedeutet *dicht, dichtauf, nahe:* **Stay close behind me**. *Bleibt dicht hinter mir.* | **Come a bit closer.** *Komm ein bisschen näher.*

In Verbindung mit einer **3**. Form steht immer **closely: She is closely related to the Duchess of Kent**. *Sie ist eng verwandt mit der Herzogin von Kent.*

closely kann auch *genau, eingehend, intensiv* bedeuten: **I've studied the report very closely**. *Ich habe den Bericht sehr eingehend studiert.* | **We'll have to look a bit more closely into the judgment**. *Wir müssen uns dieses Urteil ein wenig genauer ansehen.*

6.2 DIRECT und DIRECTLY

Im Zusammenhang mit Verkehrsverbindungen, Reiserouten usw. verwendet man **direct** *(direkt, ohne Zwischenstop):* **This train goes direct to Leeds**. *Dieser Zug fährt direkt nach Leeds.* In anderen Fällen steht **directly** *(direkt, sofort, unmittelbar, ohne Umschweife):* **She came directly to the point**. *Sie kam sofort zur Sache.*

6.3 EASY und EASILY

Die gebräuchliche Adverb-Form ist **easily** *(leicht, mit Leichtigkeit, mühelos):* **I'm sure he will easily pass the exam**. *Ich bin sicher, er wird die Prüfung mit Leichtigkeit bestehen.* | **The effect of drugs is easily underestimated**. *Die Wirkung von Drogen wird leicht unterschätzt.*
In einigen festen Wendungen jedoch steht **easy: Take it easy**. *Nimm's leicht. Immer mit der Ruhe. Nun mal langsam.* | **That's easier said than done**. *Das ist leichter gesagt als getan.* | **Easy come, easy go**. [Redensart] *Wie gewonnen, so zerronnen.*

6.4 EXPRESS und EXPRESSLY

Mit **express** bezeichnet man die Versandart *per Eilboten, per Eilzustellung:* **You had better send these letters express**. *Sie sollten diese Briefe besser per Eilboten schicken.*
expressly bedeutet *ausdrücklich:* **It was expressly forbidden to take photos during the performance.** *Es war ausdrücklich verboten, während der Vorstellung Fotos zu machen.*

6.5 FAIR und FAIRLY

fairly ist die gebräuchliche Adverb-Form: **They always treated me fairly**. *Man hat mich immer fair behandelt.*

Notieren Sie sich aber die Verbindungen **play fair** und **fight fair** sowie die Wendung **fair and square: If you can't play fair you'd better not play at all**. *Wenn ihr nicht fair spielen könnt, solltet ihr besser überhaupt nicht spielen.* | **Nora told me fair and square what she thought about it**. *Nora sagte mir gerade heraus, was sie davon hielt.*

fairly ist darüber hinaus ein Adverb des Grades (wie **quite** oder **rather**): **They are not always of one mind, but get on fairly well**. *Sie sind nicht immer einer Meinung, kommen aber ganz gut miteinander aus.*

6.6 FREE und FREELY

Das Adverb **free** bedeutet *kostenlos, umsonst:* **The first drink is free**. *Das erste Getränk ist frei.* | **Small children travel free**. *Kleine Kinder reisen umsonst.*

Ansonsten wird **freely** verwendet, meist in den Bedeutungen *offen, uneingeschränkt:* **Many of these weapons are freely available**. *Viele dieser Waffen frei erhältlich.* | **Most websites are freely accessible**. *Die meisten Webseiten sind frei zugänglich.*

6.7 HARD und HARDLY

Ein Unterschied, den Sie unbedingt beachten müssen: **hard** steht für *hart, schwer, mühsam,* **hardly** dagegen bedeutet *kaum:* **We have been working hard**. *Wir haben hart gearbeitet.* | **We have hardly worked**. *Wir haben kaum gearbeitet.* | **You haven't tried hard enough**. *Du hast dir nicht genug Mühe gegeben.* | **I was so excited that I could hardly breathe**. *Ich war so aufgeregt, dass ich kaum atmen konnte.*

6.8 HIGH und HIGHLY

high bezieht sich auf eine messbare Höhe, **highly** ist ein Adverb des Grades und wird wie das deutsche *höchst* verwendet: **I can't sing that high**. *Ich kann nicht so hoch singen.* | **That's a highly amusing story**. *Das ist eine höchst amüsante Geschichte.*

6.9 JUST und JUSTLY

Das Adverb **justly** ist von dem Adjektiv **just** (gerecht, rechtmäßig, angemessen) abgeleitet: **Mrs Coleman was a severe teacher, but she always treated us justly.** Mrs Coleman war eine strenge Lehrerin, aber sie hat uns immer gerecht behandelt. | **The EU's policy on this issue has been justly criticised.** Die Politik der EU in dieser Frage ist zu Recht kritisiert worden.

Das Adverb **just** lässt sich in vielerlei Bedeutungen verwenden: genau, gerade, soeben, nur, bloß, lediglich:

That's just what I need. Das ist genau das, was ich brauche. | **We've just been talking about you.** Wir haben gerade über dich gesprochen. | **Give me just five minutes.** Geben Sie mir nur fünf Minuten. | **We are just as surprised as you are.** Wir sind genauso überrascht wie ihr. | **Did you come here just to tell me that**? Bist du hergekommen, nur um mir das zu sagen?

Gelegentlich begleitet **just** als Adverb des Grades ein Adjektiv, um einer Aussage besonderen Nachdruck zu verleihen. Es entspricht dann in etwa dem deutschen einfach: **That just isn't true.** Das ist einfach nicht wahr. | **It was just marvellous.** Es war einfach wundervoll. | **I just can't believe it**. Ich kann es einfach nicht glauben.

6.10 LATE und LATELY

late ist das bekannte Zeitadverb (spät, zu spät, verspätet), **lately** dagegen bedeutet: in letzter Zeit, in jüngster Zeit:

We came home late last night. Wir sind gestern Abend spät nach Hause gekommen. | **As our plane had arrived late, we had difficulty finding accommodation.** Da unsere Maschine mit Verspätung gelandet war, hatten wir Schwierigkeiten, eine Unterkunft zu finden. | **There have been some strange incidents here lately**. Es hat hier in letzter Zeit ein paar seltsame Vorfälle gegeben.

6.11 LOUD und LOUDLY

Die eigentlich korrekte Adverb-Form **loudly** wird in der Umgangssprache oft durch **loud** ersetzt, vor allem in der Bedeutung mit lauter Stimme, also im Zusammenhang mit Verben wie **say, speak, talk, sing, shout, cry, scream** und ähnlichen:

We shouldn't talk so loud, it's way after midnight. Wir sollten nicht so laut sprechen, es ist schon weit nach Mitternacht. | **Do all babies scream so loud?** Schreien alle Babies so laut? | **Can everyone hear me? Am I speaking loud enough**? | Können mich alle hören? Spreche ich laut genug?

6.12 MOST und MOSTLY

most ist ein Adverb des Grades. Es wird zur Bildung der zweiten Steigerungsstufe (wie in **the most expensive hotel in town**) wie auch im Sinne von am meisten verwendet:

What I hate most about him is his unreliability. Was ich am meisten an ihm hasse, ist seine Unzuverlässigkeit. | **You help me most when you leave me alone.** Du hilfst mir am meisten, wenn du mich in Ruhe lässt.

▶ Neben **most** ist auch **the most** möglich: What I hate **the most** …, You help me **the most** …

most entspricht ferner den deutschen Adverbien höchst, ungemein, überaus in Sätzen wie: **She is a most peculiar person.** Sie ist ein überaus sonderbarer Mensch. | **It was most kind of you to take us home.** Es war sehr nett von Ihnen, uns nach Hause zu bringen. | **That was a most remarkable decision**. Das war eine höchst bemerkenswerte Entscheidung.

▶ VERGLEICHEN SIE: **a most remarkable decision** (eine **höchst bemerkenswerte** Entscheidung), aber: **the most remarkable decision** (die **bemerkenswerteste** Entscheidung).

mostly bedeutet meistens, meist, zumeist, in den meisten Fällen: **Joe is mostly busy over the weekend.** Joe ist über das Wochenende meistens beschäftigt. | **These resorts are mostly frequented by families with small children.** | Diese Ferienorte werden meist von Familien mit kleinen Kindern besucht.

6.13 NEAR und NEARLY

near ist ein Ortsadverb und bedeutet nah, nahe, in der Nähe: **They arrived from near and far**. Sie kamen von nah und fern. | **Don't come any nearer.** Kommen Sie nicht näher! | **Do you live near**? [Auch: … **near here**? Wohnen Sie (hier) in der Nähe?]

nearly hat eine ähnliche Bedeutung wie **almost** (nahezu, beinahe, fast, annähernd, so gut wie): **The bottle was nearly empty.** Die Flasche war fast leer. | **Robert was innocent in prison for nearly eight years.** Robert saß fast acht Jahre unschuldig im Gefängnis. | **At my first javelin throw I nearly dislocated my shoulder.** Bei meinem ersten Speerwurf habe ich mir beinahe die Schulter ausgerenkt. | **The weather was not nearly as bad as we had expected.** Das Wetter war nicht annähernd so schlecht, wie wir erwartet hatten.

6.14 PRETTY und PRETTILY

prettily ist das Adverb zum Adjektiv **pretty** *(hübsch):* **They had decorated the streets very prettily.** *Sie hatten die Straßen sehr hübsch dekoriert.)* | **Aren't her children dressed prettily again?** *Sind ihre Kinder nicht wieder hübsch angezogen?*

Das Adverb **pretty** dagegen ist ein Adverb des Grades (wie **quite**, **rather** oder **fairly**) und bedeutet soviel wie *ziemlich, ganz schön ...:*
That was pretty expensive, wasn't it? *Das war ganz schön teuer, nicht?* | **Little Emma is pretty clever for her age.** *Die kleine Emma ist ganz schön klug für ihr Alter.*

6.15 REAL und REALLY

Korrekterweise ist **real** ein Adjektiv und **really** ein Adverb: **That's really nice of you.** *Das ist wirklich nett von Ihnen.* | **Robert is a really good friend of mine.** *Robert ist ein wirklich guter Freund von mir.* | **She sings really well** *Sie singt wirklich gut.*

Im amerikanischen Englisch (und unter dessen Einfluss zunehmend auch im britischen Sprachraum) wird auch die Form **real** als Adverb verwendet, was in etwa dem neudeutschen Umgangs-Adverb *echt* entspricht: **That's real nice of you.** | **Robert is a real good friend of mine.** | **She sings real well** [oder: ... **real good**, hierzu auch: → **201** (3.1)

6.16 RIGHT und RIGHTLY

Das Richtungs-Adverb **right** *(rechts)* ist aus Verbindungen wie **turn right** *(rechts abbiegen),* **keep right** *(rechts halten)* oder **look right** *(nach rechts sehen)* allgemein bekannt. Vor einer Orts- oder Zeitangabe bedeutet **right** soviel wie *gleich, genau, direkt, unmittelbar:*
Our office is right over there. *Unser Büro ist gleich dort drüben.* | **We should leave right after breakfast.** *Wir sollten gleich nach dem Frühstück losfahren.* | **I'll be right back.** *Ich bin gleich zurück.* | **The stone hit him right between the eyes.** *Der Stein traf ihn genau zwischen die Augen.* | **I was standing right beside her when it happened.** *Ich stand direkt neben ihr, als es passierte.*

rightly ähnelt in seiner Bedeutung dem Adverb **justly**: *zu Recht, verdientermaßen:* **Consumers are complaining about high food prices, and rightly so.** *Die Verbraucher klagen über hohe Lebensmittelpreise, und das zu Recht.* | **His works are rightly admired.** *Seine Werke werden zu Recht bewundert.*

6.17 SHARP und SHARPLY

Das Adverb **sharp** steht bei Angaben der Uhrzeit: **It's ten o'clock sharp.** *Es ist genau zehn Uhr.* | **We start at seven thirty sharp.** *Wir fangen punkt halb acht an.*

Merken Sie sich auch die Wendungen **turn sharp left / sharp right** *(scharf links / scharf rechts abbiegen)* sowie den Ausdruck **look sharp!** – eine saloppe Aufforderung, sich zu beeilen (etwa: *Hau rein! Zack, zack!)*

Ansonsten steht **sharply**: **The road turned sharply to the left.** *Die Straße wandte sich scharf nach links.* | **Prices have risen sharply.** *Die Preise sind drastisch gestiegen.*

6.18 SHORT und SHORTLY

short kommt als Adverb in einigen festen Verbindungen vor, etwa in **fall short** (of...), **go short** (of...) und **run short** (of...). Sie alle besagen, dass etwas nicht ausreicht, dass es an etwas fehlt, dass etwas zur Neige geht:
This year's production fell short by 10,000 tons. *Die diesjährige Produktion fiel um 10.000 Tonnen zu niedrig aus.* | **I never went short.** *Mir hat es nie an etwas gefehlt.* | **He always goes short of money.** *Ihm fehlt es immer an Geld.* | **After just one week we ran short of food.** *Nach nur einer Woche wurden unsere Lebensmittel knapp.*

stop short bedeutet soviel wie *plötzlich, unvermittelt stehen bleiben, innehalten:* **He took a few steps and then stopped short.** *Er machte ein paar Schritte und blieb dann plötzlich stehen.*

shortly bedeutet *bald, kurz, in Kürze:* **The first guests will be arriving shortly.** *Die ersten Gäste werden in Kürze eintreffen.* | **Shortly after midnight the telephone rang.** *Kurz nach Mitternacht klingelte das Telefon.*

6.19 WIDE und WIDELY

Merken Sie sich **wide** vor allem in den Verbindungen **wide open** *(weit offen)* und **wide awake** *(hellwach):* **The door stood wide open.** *Die Tür stand weit offen.* | **Everyone seemed to be tired, but I was wide awake.** *Alle schienen müde zu sein, aber ich war hellwach.*

widely bedeutet *weit* im Sinne von *weithin, weitgehend, vielerorts:* **We have travelled widely.** *Wir sind weit gereist.* | **These facts are widely known.** *Diese Tatsachen sind weithin bekannt.* | **Wolves once were widely found in forests but have now largely disappeared.** *Wölfe waren einst vielerorts in Wäldern zu finden, sind jetzt aber weitgehend verschwunden.*

7 ENDUNGSLOSE ADVERBIEN IN FESTEN VERBINDUNGEN

Im voraufgegangenen Kapitel sind uns Formen begegnet wie **come close**, **look sharp** oder **play fair**. Doch obwohl **close**, **sharp** und **fair** mit einem Verb verbunden sind, werden sie nicht wie Adverbien behandelt, bekommen also keine -**ly**-Endung. Hier einige weitere Beispiele für feste Verbindungen dieser Art:

These people just **talk big** and that's all.
Diese Leute klopfen nur Sprüche, das ist alles.

He likes **acting big** in front of his family.
Vor seiner Familie spielt er gern den großen Max.

Play it cool.
Bleib entspannt. / Bleib cool. / Reg dich nicht auf!

It was in 2008 if I **remember right.**
Es war 2008, wenn ich mich recht erinnere.

You have **guessed right.**
Sie haben richtig geraten. [= Sie haben es erraten.]

After the last update nothing **works right** any more.
Nach dem letzten Update funktioniert nichts mehr richtig.

If I **get** it **right**, you are reproaching us for bad advice.
Wenn ich es richtig verstehe, werfen Sie uns schlechte Beratung vor.

Don't **get** me **wrong,** but this job is out of your league.
Verstehen Sie mich nicht falsch, aber dieser Job ist eine Nummer zu groß für Sie.

There are plenty of shops around here where one can **buy cheap.**
Es gibt hier in der Gegend jede Menge Läden, wo man billig einkaufen kann.

The stars were **shining bright** in the sky.
Die Sterne strahlten hell am Himmel.

8 WORTSCHATZ: ADVERBIEN DES ORTES

Ortsadverbien (**adverbs of place**) geben an bzw. erfragen, **wo** sich Personen und Sachen befinden, **wohin** sie sich bewegen und **woher** sie kommen.

Nach einem Ort fragen die Adverbien **where**? *(wo? wohin?)* und **where** ... **from**? *(woher?)*
Beachten Sie die Nachstellung der Präposition **from**:

Where can we get tickets for the evening show?	*wo*
Where are you going (**to**)?	*wohin*
Where is Mr Chang **from**?	*woher*

8.1 HERE UND THERE

here und **there** sind Ortsadverbien mit der Bedeutung *hier, da* bzw. (in Verbindung mit einem Verb der Bewegung, z.B. **come**, **go**, **walk** usw.) *hierher, dorthin:*

I'm **here** with my wife and my children.	*hier*
Can you come **here** tomorrow?	*hierher*
I know Paris well. I was **there** several times.	*dort*
I would never go **there** in winter.	*dorthin*

8.2 VERBINDUNGEN MIT HERE UND THERE

here und **there** werden oft mit Adverbien wie **in**, **out**, **up**, **down**, **over** oder **near** verbunden. Hierbei sind sie diesen – anders, als es im Deutschen bei *hier* und *da* der Fall ist – *nachgestellt.*
Vergleichen Sie:

in here	*hier drinnen*	-	**in there**	*da drinnen*
out here	*hier draußen*	-	**out there**	*da draußen*
up here	*hier oben*	-	**up there**	*da oben*
down here	*hier unten*	-	**down there**	*da unten*
over here	*hier herüber*	-	**over there**	*da drüben*
near here	*hier in der Nähe*	-	**near there**	*da in der Nähe*

8.3 ORTSADVERBIEN MIT DER ENDUNG -where

They live **somewhere** in the south.	*irgendwo*
Have you seen my glasses **anywhere**?	*irgendwo*
I've looked **everywhere**, but I can't find them.	*überall*
My dog follows me **everywhere**.	*überall hin*
You'll get these things **anywhere**.	*überall [= an jedem beliebigen Ort]*
There was **nowhere** to park the car.	*nirgendwo*

8.4 ORTSADVERBIEN **MIT PRÄPOSITIONEN**

Die weitaus meisten adverbialen Ortsbestimmungen werden durch eine Präpositionalgruppe gebildet. Hier nur einige Beispiele aus der unendlichen Zahl von Möglichkeiten:

by the fire	*am Feuer*
on the roof	*auf dem Dach*
from school	*aus der Schule*
to the seaside	*an die Küste, ans Meer*
across the road	*über die Straße*
along the waterfront	*am Ufer entlang*
through the desert	*durch die Wüste*
over the counter	*über den Ladentisch*
around the globe	*um den Erdball herum*
beneath my feet	*unter meinen Füßen*
opposite our room	*gegenüber von unserem Zimmer*
behind the town wall	*hinter der Stadtmauer*
beyond the valley	*jenseits des Tales*

8.5 POSITIONS- UND RICHTUNGSADVERBIEN

Die folgenden Adverbien sind mit bestimmten Wortbestandteilen gebildet, die eine Position, ein Ziel oder eine Richtung anzeigen:

ADVERBIEN MIT **a-**

Both our daughters study **abroad**.	*im Ausland*
My boss often travels **abroad**.	*ins Ausland*
We managed to keep the boat **afloat**.	*über Wasser*
The road **ahead** is very narrow.	*voraus, weiter vorn*
Passengers may go **ashore** for shopping.	*an Land, ans Ufer*
The station was an hour **away**.	*entfernt, weg*

ADVERBIEN MIT **in-, out-**

We'll stay **indoors** when it rains.	*drinnen [hier: im Hause]*
The car was locked with the keys **inside**.	*drinnen [hier: im Auto]*
The harbour was 5 miles **inland**.	*landeinwärts*
It's not warm enough to eat **outdoors**.	*draußen, unter freiem Himmel*
The boys spent the night **outside**.	*draußen, im Freien*

ADVERBIEN MIT **up-, down-**

Bob is **upstairs** in his study.	*oben, eine Treppe höher*
We crept **uphill** on all fours.	*den Berg hinauf, bergan*
It was impossible to swim **upstream**.	*flussaufwärts*
They live in a villa **uptown**.	*im Norden der Stadt*
I'll wait for you **downstairs**.	*unten, eine Treppe tiefer*
The children ran **downhill**.	*den Berg hinunter, bergab*
Our boat drifted **downstream**.	*flussabwärts*
We went **downtown** for dinner.	*[AmE]: im Stadtzentrum*

ADVERBIEN MIT **over-, under-**

A sailor fell **overboard** and drowned.	*über Bord*
A helicopter flew closely **overhead**.	*über (die Köpfe) hinweg*
We had a lot of visitors from **overseas**.	*aus Übersee*
The ground was slippery **underfoot**.	*unter den Füßen, am Boden*
Working **underground** is no pleasure.	*unter der Erde*

ADVERBIEN MIT **-ward, -wards**

Can you walk **backward(s)**?	*rückwärts*
Drive **forward** to the white line.	*vorwärts, vor, nach vorn*
We sailed **northward, westward** usw.	*nordwärts, nach Norden*
It's time to travel **homeward**.	*heimwärts*
These doors open **inward(s)**.	*nach innen*
Lift your arm **upward** and touch the ceiling.	*aufwärts, nach oben*

▶ Die Form **towards** ist eine Präposition:
We drove on towards the city centre.
Wir fuhren weiter in Richtung Stadtzentrum.

▶ Die Form **afterwards** ist ein Adverb der Zeit:
Take this, you'll feel much better afterwards.
Nimm dies, du wirst dich hinterher viel besser fühlen.

8.6 ADVERBIALE AUSDRÜCKE

Notieren Sie sich auch die folgenden adverbialen Ausdrücke:

up and down	*auf und ab*
up and up	*immer höher*
up and away	*auf und davon*
to and fro	*hin und her*
in and out	*ein und aus*
here and there	*hier und da*
far and wide	*weit und breit*
back and forth	*vor und zurück*
from top to bottom	*von oben bis unten*
at home and abroad	*im In- und Ausland*

9 ADVERBIEN DER ZEIT

Zeitadverbien (**adverbs of time**) benennen bzw. erfragen den Zeitpunkt oder die Dauer des im Satz berichteten Geschehens (Wann? Seit wann? Wie lange?)

9.1 GEBRÄUCHLICHE ADVERBIEN DER ZEIT

You can't speak to him **now**.	*jetzt, nun*
Most people use computers **nowadays**.	*heutzutage*
We'll leave either **today** or **tomorrow**.	*heute – morgen*
Bob wasn't in the office **yesterday**.	*gestern*
This was **once** the village school.	*einst, einmal*
She still seems to live **in the past**.	*in der Vergangenheit*
I was very young **then**.	*damals*
We all knew better **afterwards**.	*hinterher, danach*
I met her at the supermarket **the other day**.	*neulich*
They have been together until **recently**.	*vor kurzem, kürzlich*
She has changed a lot **lately**.	*in letzter Zeit*
She **suddenly** turned pale and ran away.	*plötzlich*
I couldn't make it **in time**.	*rechtzeitig*
We watched TV and **then** went to bed.	*dann*
She went to bed **late** and got up **early**.	*spät – früh*
I recognised her **at once**.	*sofort, auf der Stelle*
We left the building **immediately**.	*sofort, unverzüglich*
One normally has to pay **in advance**.	*im Voraus*
It works, as you will **presently** see.	*gleich, demnächst*
We'll call upon them **sometime**.	*irgendwann einmal*
Take this, you'll **soon** feel better.	*bald*
Sooner or later you'll understand what I mean.	*früher oder später*
We'll stay friends **forever**.	*für immer*

▶ Beachten Sie: **yesterday** und **tomorrow** können mit einer Tageszeit verbunden werden, nicht aber **today**. Es heißt also:
yesterday morning, **yesterday afternoon**, **tomorrow evening** usw.
gestern Vormittag, gestern Nachmittag, morgen Abend
Aber: **this morning** *heute Vormittag*, **this afternoon** *heute Nachmittag*, **this evening** *heute Abend* [Nicht: *today morning usw.]

▶ *gestern Abend* heißt **last night**, nicht: *yesterday night

▶ Notieren Sie auch:
the day before *tags zuvor*, **the day after** *am Tag darauf*, **day after day** *Tag für Tag*, **the day before yesterday** *vorgestern*, **the day after tomorrow** *übermorgen*, **earlier on** *vorhin*, **earlier today** *heute früh*, **even today** *noch heute* **earlier this year** *Anfang des Jahres*, **a week from today** *heute in einer Woche* **yesterday week** *gestern vor einer Woche*, **tomorrow week** *morgen in einer Woche*

9.2 FRAGE-ADVERBIEN DER ZEIT

When is Sandra's party? – On Saturday.	*Wann …?*
From when until when did you work there?	*Von wann bis wann …?*
What time is the next flight to New York?	*Wann … [= um wie viel Uhr?]*
At which time did you realise the danger?	*Zu welchem Zeitpunkt …?*
Since when have you known this?	*Seit wann …? [= wie lange schon?]*
Since when do I need a permit?	*Seit wann …? [= wieso überhaupt?]*
How long did you wait?	*Wie lange … ?*
How long have you been waiting?	*Wie lange … schon …?*

10 ADVERBIEN DER ART UND WEISE

Adverbien der Art und Weise (**adverbs of manner**) geben an, *wie* etwas geschieht oder getan wird. Den allermeisten liegt ein Adjektiv zugrunde:

beautifully (beautiful), **patiently** (patient), **seriously** (serious) usw.

Zu den im Alltag am häufigsten gebrauchten Adverbien der Art und Weise gehören die folgenden:

"Leave me alone", she said **angrily**.	... sagte sie **verärgert**
These doors close **automatically**.	... schließen **automatisch**
The story was **badly** written.	... **schlecht** geschrieben
She can sing very **beautifully**.	... sehr **schön** singen
The little girl was crying **bitterly**.	... weinte **bitterlich**
She cleaned everything **carefully**.	... reinigte **sorgfältig**
We need to proceed very **cautiously**.	... **behutsam** vorgehen
We were **cheerfully** greeted by everyone.	... **freudig** begrüßt
The film was **commercially** successful.	... **kommerziell** erfolgreich
She **desperately** tried to reach the shore.	... versuchte **verzweifelt**
They think and live **differently**.	... denken und leben **anders**
You can **easily** learn this.	... **leicht** lernen
I **firmly** believe that he is innocent.	... glaube **fest** (daran)
He speaks several languages **fluently.**	... spricht **fließend**
She **gently** put the baby into the bath.	... setzte **behutsam**
They **gratefully** accepted our offer to help.	... nahm **dankbar** an
Robert and Jill are **happily** married.	... sind **glücklich** verheiratet
You must tell me **honestly** what you know.	... **ehrlich** sagen
She looked at her watch **impatiently**.	... sah **ungeduldig**
He was **officially** appointed by the Queen.	... **offiziell** ernannt
She was **painfully** missed.	... **schmerzlich** vermisst
They **peacefully** protested against the war.	... protestierten **friedlich**
I'd like to see him **personally**.	... ihn **persönlich** sprechen
The website was **professionally** designed.	... **professionell** gestaltet
She **proudly** announced her marriage.	... verkündete **stolz**
We **quickly** looked over the text again.	... gingen den Text **rasch** durch
She left the house **quietly**.	... verließ **leise** das Haus
They **readily** provided information.	... gaben **bereitwillig** Auskunft
He answered our questions only **reluctantly**.	... beantwortete nur **widerwillig**
She shook her head **sadly**.	... schüttelte **traurig** den Kopf
We take the warning **seriously**.	... nehmen die Warnung **ernst**
They searched the building **systematically**.	... durchsuchten **systematisch**
The woman was waving her arms about **wildly**.	... fuchtelte **wild** mit den Armen herum
Each room was **wonderfully** decorated.	... **wunderschön** geschmückt

11 ADVERBIEN DER HÄUFIGKEIT

Durch *Adverbien der Häufigkeit* (**adverbs of frequency**) lässt sich ausdrücken, wie oft etwas geschieht. Die wichtigsten:

She is **always** tired.	*immer*
Bob is **nearly always** late for work.	*fast immer*
I **often** meet her at the baker's.	*oft*
He **sometimes** has to work late.	*manchmal*
We eat out only **occasionally**.	*gelegentlich*
I have a car but **seldom** drive.	*selten*
Have you **ever** been to Britain?	*je, jemals*
I **hardly ever** have breakfast before I go to work.	*kaum einmal, so gut wie nie*
We **never** go dancing any more.	*nie, niemals*
They **usually** spend their holiday by the sea.	*gewöhnlich*
Shops are **generally** open until 10.	*im Allgemeinen*
Our children **normally** go to bed at eight.	*normalerweise*
I am **constantly** receiving unwanted mail.	*ständig*
We **repeatedly** complained about the noise.	*wiederholt*
I **regularly** see my dentist.	*regelmäßig*
They **rarely** have snow in their country.	*selten*
Problems of this kind only occur **sporadically**.	*vereinzelt, sporadisch*
We **frequently** eat at restaurants.	*häufig*
He works a lot, but is **hardly ever** tired.	*kaum einmal*

12   ADVERBIEN DES GRADES

Adverbien des Grades (**adverbs of degree**) geben in Verbindung mit Adjektiven oder anderen Adverbien den *Grad,* die *Intensität* einer Eigenschaft an:

The lady was **very** nice.	... *sehr* nett
What you ask me is **almost** impossible.	... *fast* unmöglich
Don't come in! Your shoes are **all** dirty.	... *total / ganz (und gar)* dreckig
He left the party **quite** suddenly.	... *ganz* plötzlich
I was **so** excited that I could hardly breathe.	... *so* aufgeregt
The soup tasted **somewhat** peculiar.	... *irgendwie* komisch
The manager's speech was **rather** boring.	... *ziemlich* langweilig
We had been **too** optimistic.	... *zu* optimistisch
Computers can be **damned** complicated.	... *verdammt* kompliziert

Viele dieser Wörter sind abgeleitete Formen auf **-ly**:

You are **absolutely** right.	... *völlig* Recht
Everything worked **amazingly** well.	... *erstaunlich* gut
We were all **awfully** nervous.	... *furchtbar* nervös
She got **badly** hurt in the accident.	... *schwer* verletzt
The event was **badly** organised.	... *schlecht* organisiert
We were **completely** overwhelmed.	... *total* überwältigt
She is **considerably** older than her husband.	... *erheblich* älter
We were **deeply** disappointed.	... *tief / zutiefst* enttäuscht
Prices have **drastically** gone up.	... *drastisch* gestiegen
It's **exceptionally** cold for this time of year.	... *außergewöhnlich* kalt
It was **extremely** hot that day.	... *extrem* heiß
She is still **fairly** attractive.	... *recht* attraktiv
The boss was **fully** satisfied with us.	... *vollauf* zufrieden
She was **greatly** admired by everyone.	... *außerordentlich* bewundert
Lots of buildings were **heavily** damaged.	... *schwer* beschädigt
This is a **highly** interesting offer.	... *höchst* interessant
They were **hopelessly** lost.	... *hoffnungslos* verloren
The country is **immensely** rich in oil.	... *unermesslich* reich
She is **incredibly** tall for her age.	... *unglaublich* groß
The results were **largely** positive.	... *überwiegend* positiv
Are we **negatively** influenced by the media?	... *negativ* beeinflusst
He spoke **particularly** slowly.	... *besonders* langsam
Everything was **perfectly** arranged.	... *perfekt* arrangiert
The show was **practically** sold out.	... *praktisch* ausverkauft
I was **really** shocked when I heard it.	... *richtig* geschockt
Everything works **remarkably** well.	... *auffallend* gut
It was **simply** impossible to speak to him.	... *einfach* unmöglich
Flats around here are **sinfully** expensive.	... *sündhaft* teuer
The text had been **slightly** modified.	... *leicht* verändert.
It was **terribly** noisy in the hotel.	... *schrecklich* laut
My sister and I are **totally** different people.	... *total* verschieden
She was **tremendously** impressed.	... *enorm* beeindruckt
We arrived **unexpectedly** early.	... *unerwartet* früh
Me and my brother are **utterly** different.	... *vollkommen* verschieden
Wolves have **virtually** disappeared from this area.	... *so gut wie* verschwunden

16 Phrasal Verbs

Als *Phrasal Verbs* bezeichnet man Verben, die mit einem Orts- oder einem Richtungsadverb verbunden sind, wie zum Beispiel **come in**, **carry on**, **send back**, **stay away**, **go out**, **get up** oder **put through**.

Ihre deutschen Entsprechungen *(hereinkommen, weitermachen, zurückschicken, wegbleiben, ausgehen, aufstehen* und *durchstellen)* werden manchmal *Partikelverben* genannt. Allerdings ist dieser Begriff wenig hilfreich, da es hinsichtlich der Frage, was genau unter einer *Partikel* zu verstehen ist, unterschiedliche Auffassungen gibt. Die spielen aber für das hier zu behandelnde Thema keine Rolle, so dass wir sie getrost außer Acht lassen können.

Was beim Vergleich der deutschen mit den englischen Formen sofort ins Auge fällt, ist deren unterschiedliche Zusammensetzung. Beachten Sie:

ENGLISCH: Verb ist *erstes* Wortelement	DEUTSCH: Verb ist *letztes* Wortelement
go out	*aus**gehen***
stay away	*weg**bleiben***
put through	*durch**stellen***

Phrasal Verbs sind in der englischen Umgangssprache weit verbreitet. Obgleich viele Muttersprachler diesen Begriff vermutlich gar nicht kennen, gehören die damit bezeichneten Verben zum festen Bestand ihres Alltagswortschatzes. Da sie „natürlicher" klingen als die sinnverwandten Einzelwort-Verben lateinischen Ursprungs, verleihen sie dem sprachlichen Ausdruck eine als wohltuend empfundene Natürlichkeit: **go up** *(steigen, sich erhöhen)*, **step down** *(von einem Amt zurücktreten)* und **put out** *(ausmachen, löschen)* hören sich weniger „abgehoben" an als die bedeutungsgleichen Formen **increase**, **retire** und **extinguish**.

1 DIE BESTANDTEILE VON PHRASAL VERBS

ERSTES WORTELEMENT: **EIN VERB**
Phrasal Verbs lassen sich mit praktisch allen wichtigen und gebräuchlichen Vollverben bilden, wobei auffällt, dass diese fast durchweg einsilbig sind. In den meisten Fällen drücken sie eine Bewegung oder eine körperliche Aktivität aus: **bring**, **carry**, **come**, **drop**, **fall**, **get**, **give**, **go**, **jump**, **make**, **put**, **run**, **send**, **take**, **turn**, **work** usw.

ZWEITES WORTELEMENT: **EIN ADVERB**
Die mit einem Verb verbundenen Wörter sind ihrer Funktion nach entweder *Adverbien* oder *Präpositionen*, so dass man – streng genommen – zwischen *adverbialen* und *präpositionalen* Verben unterscheiden müsste. In der Praxis ist eine solche Differenzierung nicht erforderlich. Viele Grammatiker sehen ohnehin nur nur solche Verbindungen als *Phrasal Verbs* an, die mit einem *Adverb* gebildet sind.

PHRASAL VERB + PRÄPOSITION
Wie jedem Verb, so kann auch einem *Phrasal Verb* eine Präposition folgen: **carry on with** ..., **run out of** ... An den Beziehungen im Satz ändert das nichts: **on** und **out** gehören zum Verb, die zweite (**with** und **of**) leiten als Präposition zum Objekt über:

Carry on with your work! *Mach weiter mit deiner Arbeit!*
We ran out of petrol. *Uns ging das Benzin aus.*

An dieser Stelle sei am Beispiel der Wörter **up** und **down** noch einmal kurz der Unterschied zwischen einer Präposition und einem Adverb verdeutlicht:

| We | climbed | **up** | the roof. | *Wir kletterten das Dach hinauf.* |
| The bus | went | **down** | the road. | *Der Bus fuhr die Straße hinunter.* |

up und **down** sind hier nicht Teil der Verben **climb** und **go**, sondern gehören zu den Ergänzungen **the roof** und **the road**, sind also Präpositionen.

| I | looked **up** | some words. | *Ich schlug ein paar Wörter nach.* |
| Prices | went **down** | last year. | *Die Preise sind letztes Jahr gefallen.* |

In diesen Sätzen sind **up** und **down** fester Bestandteil der Verben **look up** *(nachschlagen)* und **go down** *(fallen)*.

> ► Immer ADVERBIEN sind:
> **away**, **back**, **forward**, **out**
>
> ► Immer PRÄPOSITIONEN sind:
> **against**, **at**, **for**, **from**, **into**, **like**, **of**, **onto**, **with**, **without**
>
> ► ADVERBIEN oder PRÄPOSITIONEN können sein:
> **about**, **across**, **after**, **along**, **around**, **behind**, **by**, **down**,
> **in**, **inside**, **off**, **on**, **outside**, **over**, **round**, **to**, **under**, **up**

2 DIE BEDEUTUNG VON PHRASAL VERBS

Während englische Muttersprachler, die Tag für Tag *Phrasal Verbs* zu hören bekommen, schon in jungen Jahren sicher mit ihnen umzugehen wissen, können sie jemandem, der Englisch als Fremdsprache erlernt, einiges Kopfzerbrechen bereiten. Schon vor über 250 Jahren beschrieb sie der englische Schriftsteller Samuel Johnson als "*a kind of composition ... from which arises to foreigners the greatest difficulty.*"

Diese Aussage betrifft natürlich nicht alle *Phrasal Verbs*. Viele sind leicht zu verstehen, da beide Elemente die Bedeutung beibehalten, die sie auch als selbständige Wörter haben, wie etwa **bring back** (**bring** *bringen* + **back** *zurück* = *zurückbringen*) oder **come down** (**come** *kommen* + **down** *herunter* = *herunterkommen*).

Schwierig wird es erst, wenn die Verbindung Verb + Adverb einen Sinn ergibt, der sich aus der Grundbedeutung der beiden Einzelwörter nicht mehr herleiten lässt. Beispiele:

get up *aufstehen*	Grundbedeutung von **get**: *bekommen*
call on *besuchen, kurz vorbeischauen*	Grundbedeutung von **call**: *rufen*
carry out *durchführen*	Grundbedeutung von **carry**: *tragen*
drop off *einnicken, einschlafen*	Grundbedeutung von **drop**: *fallenlassen*
put off *aufschieben, verschieben*	Grundbedeutung von **put**: *legen, stellen*
send up *veräppeln, lächerlich machen*	Grundbedeutung von **send**: *schicken*

Hinzu kommt, dass einige *Phrasal Verbs* (z.B. **break down**, **pick up** oder **take in**) selbst eine Vielzahl unterschiedlicher Bedeutungen haben können, die sich nur aus dem Zusammenhang erschließen.

3 DIE TRENNBARKEIT VON PHRASAL VERBS

PHRASAL VERBS **OHNE OBJEKT**
Viele *Phrasal verbs* werden ohne Objekt verwendet:
Despite serious allegations he refused to **step down** from office.
Trotz schwerwiegender Anschuldigungen weigerte er sich, (von seinem Amt) zurückzutreten.

PHRASAL VERBS **MIT OBJEKT**
Phrasal verbs, auf die ein Objekt folgt, können sowohl *verbunden*, also direkt nebeneinander, als auch *getrennt* stehen:
- **Take off** your shoes. *Zieh deine Schuhe aus.*
  We **threw away** the newspapers. *Wir haben die Zeitungen weggeworfen.*
  Verbundene Stellung: Verb und Adverb stehen unmittelbar nebeneinander.
- **Take** your shoes **off**.
  We **threw** the newspapers **away**.
  Getrennte Stellung: Verb und Adverb werden durch das Objekt getrennt.

Bei längeren bzw. erweiterten Objekten sollte das *Phrasal Verb* in jedem Fall verbunden bleiben:
When are you going to **pay back** the money you owe us?
Wann zahlst du das Geld zurück, das du uns schuldest?
Nicht: *When are you going to **pay** the money you owe us **back**?

PHRASAL VERBS **MIT EINEM FÜRWORT ALS OBJEKT**
Steht als Ergänzung des *Phrasal Verbs* ein *Fürwort* (also **them** bzw. **it**), so ist ausschließlich die getrennte Stellung möglich:
Take them **off**. We **threw** them **away**. When are you going to **pay** it **back**?
Nicht: *Take off them. *We threw away them. * When are you going to pay back it?

4 PHRASAL VERBS: Verbindungen mit **Verben**

Es folgt eine Auswahl gebräuchlicher *Phrasal Verbs:*

4.1 VERBINDUNGEN MIT DEM VERB **BE**

be around	*da sein, in der Nähe sein*
be in	*in Mode sein, aktuell sein, „in" sein*
	[Politik] *an der Macht sein, am Ruder sein*
be in for sth	*auf etw gefasst sein, mit etw rechnen*
be off	*fortgehen, abhauen,*
	ausfallen, abgesagt worden sein
be on	[Film usw.] *auf dem Programm stehen, laufen*
	[Licht usw.] *an sein, eingeschaltet sein*
be out of sth	*von etw nichts mehr haben*
be through with sb	*mit jmdm Schluss gemacht haben*
be up	*aufgestanden sein, auf sein,*
	[Zeit] *um sein, abgelaufen sein*
be up to sb	*jmdm überlassen sein, jmds Sache sein*
be up to sth	*einer Sache gewachsen sein; etw im Schilde führen*

4.2 VERBINDUNGEN MIT DEM VERB **BREAK**

break away	[Staat] *abfallen, sich lossagen, trennen*
	[Person] *sich lossagen, losreißen, trennen*
break down	(nervlich, physisch) *zusammenbrechen*
	[Maschinen usw.] *nicht mehr funktionieren, kaputt sein*
	[Fahrzeug] *Panne haben*
break sth **down**	[Zahlen, Beträge usw.] *aufschlüsseln, untergliedern*
	[Tür] *aufbrechen,* [Mauer] *niederreißen, einreißen*
break in	(in ein Gebäude) *einbrechen*
break off	[Beziehung] *abbrechen,* [Verlobung] *lösen*
break sth **off**	[Zweig, Griff usw., Verhandlungen usw.] *abbrechen*
break out	[Gefangene, Krieg, Epidemie] *ausbrechen*
break through	[Mauer usw.] *durchbrechen*
break up	[Gruppe] *sich auflösen, auseinandergehen*
	[Beziehung] *beenden*

4.3 VERBINDUNGEN MIT DEM VERB **BRING**

bring sth **about**	*etw hervorbringen, herbeiführen, verursachen*
bring sb/sth **along**	*jmdn/etw (zu einer Feier, einem Treffen) mitbringen*
bring sth **back**	[Entliehenes usw.] *zurückbringen*
	[Staatsform, Vorschrift, Gesetz] *wieder einführen*
	[Erinnerungen] *wachrufen, zurückbringen*
bring sb/sth **down**	*jmdn/etw zu Fall bringen, stürzen, zur Strecke bringen*
	[Preise, Kosten] *senken, reduzieren*
bring sth **forward**	[Vorschlag usw.] *vorbringen, zur Sprache bringen*
bring sb **round**	*jmdn überreden, herumkriegen, zu etw bewegen*
	[Kranken, Bewusstlosen] *wieder auf die Beine bringen*
bring sb **through**	[Kranken, Verletzten] *durchbringen*
bring up sb	[Kind, Jungtier] *großziehen, aufziehen*
bring up sth	[Frage, Thema] *aufwerfen, zur Sprache bringen*

4.4 VERBINDUNGEN MIT DEM VERB **CALL**

call sb **in**	*jmdn herbeirufen, konsultieren, zu Rate ziehen*
call sth **off**	*etw absagen, abblasen, rückgängig machen*
call on sb	*jmdn besuchen, aufsuchen*
call sb **up**	*jmdn anrufen, jmdn (namentlich) aufrufen*
	jmdn (zum Militärdienst) einberufen

4.5 VERBINDUNGEN MIT DEM VERB **CARRY**

carry sth **away**	[Unwetter usw.] *etw hinwegspülen, mit sich reißen*
carry sb **back**	*jmdn (in Gedanken) zurückversetzen*
carry sth **forward**	[Summen, Beträge, Ziffern] *übertragen, vortragen*
carry on	*weitermachen, fortfahren*
carry on with sb	*mit jmdm etw haben* [Verhältnis, Affäre]
carry sth **out**	[Auftrag usw.] *ausführen*
carry through	[Plan, Aktion usw.] *durchführen*

VERBINDUNGEN MIT DEM VERB **COME**

come about	*passieren, sich ereignen*
come across	[Lernstoff usw.] *rüberkommen* [= *verstanden werden*]
come across sb	(*zufällig*) jmdn *treffen*
come across sth	(*zufällig*) auf etw *stoßen, etw finden*
come after sb	[in der Familie] nach jmdm *geraten*
come along	*klarkommen, zurechtkommen, Fortschritte machen*
come along with sb	mit jmdm *mitkommen*
come apart	*auseinanderfallen, entzwei gehen, kaputt gehen*
come back to sth	auf etw (zuvor Gesagtes) *zurückkommen*
come by sth	etw *bekommen, erhalten, erwerben*
come down	[Preise] *sinken, fallen,* [Dach usw.] *einstürzen*
come down to sth	auf etw *hinauslaufen*
	[Haare, Kleid usw.] *herunterreichen* (bis)
come in	[Personen] *hereinkommen*
	[Ware, Postsendungen] *eingehen, hereinkommen*
come off	*klappen, glücken, „hinhauen"*
	[Henkel, Griff usw.] *abbrechen,*
	[Farbe, Lack, Haut usw.] *abgehen, sich ablösen*
	[Theaterstück usw.] *abgesetzt werden*
come on	[Fußball] *aufs Feld kommen, eingewechselt werden*
come on!	*Los! Vorwärts! Auf geht's! Nun mach schon!*
come out	[Wahrheit] *herauskommen, ans Tageslicht kommen*
	[Buch, Zeitung usw.] *herauskommen, erscheinen*
	[Ergebnisse usw.] *herauskommen, bekannt werden*
	[Flecken, Farbe, Splitter usw.] *herausgehen*
come out well	[Fotos] *gut werden,* [Motive] *gut herauskommen*
come out with sth	mit etw *herausrücken,* [Bemerkung usw.] *loslassen*
come over sb	über jmdn *kommen, in jmdn fahren*
come round	[Gast, Kundendienst] *vorbeikommen, herumkommen*
	[Bewusstloser] *wieder zu sich kommen*
come through	[Kranker, Verletzter] *durchkommen, überleben*
come through sth	etw *überstehen, überleben*
come up	[Thema] *aufkommen, zur Sprache kommen*
come up against sb	an jmdn *geraten,* mit jmdm *aneinander geraten*
come up to	*reichen bis, gehen bis, gleichkommen*
come up to sb	auf jmdn *zukommen,* zu jmdm *herkommen*

4.7 VERBINDUNGEN MIT DEM VERB **CUT**

cut back	[Bäume, Büsche, Hecken] *kürzer schneiden, stutzen*
cut down on sth	*sich in etw einschränken, kürzer treten*
cut down	[Bäume] *fällen, schlagen*
	[Ausgaben usw.] *kürzen, einschränken*
cut in	[verkehrsbehindernd] *ein anderes Auto schneiden*
	[jmds Rede unterbrechend] *ins Wort fallen*
cut off	[Telefon, Strom, Gas] *abstellen, abschalten*
	[von Außenwelt, Versorgung usw.] *abschneiden*
cut out	etw *ausschneiden, herausschneiden*
	[aus Texten usw.] *etw streichen, weglassen*

4.8 VERBINDUNGEN MIT DEM VERB **DO**

do away with sth	etw *abschaffen, loswerden, beseitigen*
do sb **down**	jmdn *schlecht machen, miesmachen*
do sb **in**	jmdn *umbringen, kalt machen, abmurksen*
do sth **up**	[Haus, Zimmer usw.] *herrichten, renovieren*

4.9 VERBINDUNGEN MIT DEM VERB **DRAW**

draw away from sb/sth	von jmdm/etw *abrücken, sich jmdm/etw entziehen*
draw back	*zurückziehen, zurückweichen*
draw in	[Zug] *einfahren,* [Auto] *am Straßenrand anhalten*
draw near	*nahen, näherkommen;* [Unwetter, Gefahr] *heraufziehen*
draw off	[Truppen, Bewachung usw.] *abziehen*
draw (liquids) **off**	*abgießen,* [Bier] *zapfen,* [Blut] *abnehmen*
draw on sth	auf etw *zurückgreifen, sich auf etw stützen*
draw sth **up**	[Vertrag, Text usw.] *aufsetzen, entwerfen*

4.10 VERBINDUNGEN MIT DEM VERB DROP

drop back	*zurückfallen, den Anschluss verlieren*
drop behind sb	[bei Rennen, Wettbewerb] *hinter* jmdn *zurückfallen*
drop in on sb	*kurz* bei jmdm *hereinschauen,*
	auf einen Sprung vorbeikommen
drop off	[Einnahmen usw.] *zurückgehen, sinken*
drop out of sth	aus etw *ausscheiden, aussteigen*
drop out of school	[Schule] *abbrechen, vorzeitig abgehen*

4.11 VERBINDUNGEN MIT DEM VERB FALL

fall back	*zurückweichen*
fall behind	[Schule] *zurückbleiben, nicht mehr mitkommen*
fall behind with sth	mit etw [Miete, Ratenzahlungen] *in Rückstand geraten*
fall down	*umfallen, hinfallen, umstürzen*
fall in	[Dach usw.] *einbrechen, einstürzen, einfallen*
fall off	*abnehmen, zurückgehen, weniger werden,*
	[Qualität] *schlechter werden, nachlassen*
fall over	*hinfallen, stürzen*
fall through	[Plan, Vorhaben] *scheitern, fehlschlagen, ins Wasser fallen*

4.12 VERBINDUNGEN MIT DEM VERB GET

get about	[auf Reisen] *herumkommen,* [Neuigkeit] *sich herumsprechen*
get across	[Brücke, Grenze] *hinüberkommen,*
	auf die andere Seite gelangen
get along with sb	mit jmdm *klarkommen, gut auskommen*
get along with sth	[mit einer Arbeit] *vorankommen*
get away	*wegkommen, entkommen*
get sth/sb **away**	etw/jmdn *wegbringen, fortschaffen*
get away with sth	mit etw *durchkommen, ungeschoren davonkommen*
get back	*zurückkommen, zurückgehen;* [Schritte] *zurücktreten*
get sth **back**	etw *zurückbekommen, zurückgewinnen*
get by	(mit wenig) *auskommen, zurechtkommen*
get down	[Treppe usw.] *heruntersteigen, herunterkommen*
get down from	[vom Pferd, Bus usw.] *heruntersteigen*
get sth **down**	etw *hinunterbringen,* [Essen] *runterkriegen*
get down to sth	*etw in Angriff nehmen, ernsthaft mit etw anfangen*
get sb **in**	jmdn *einschalten, zu Rate ziehen*
get sth **in**	etw *hereinbringen,* [Ernte usw.] *einbringen*
get in with sb	*sich mit jmdm gut stellen*
get off	[aus dem Bus, Zug usw.] *aussteigen*
	(ungestraft oder glimpflich) *davonkommen*
get off with sb	mit jmdm *abziehen,* [Mädchen, Frau] „*aufreißen*"
get on	*vorankommen, Fortschritte machen, sich machen*
get on with sb	mit jmdm *zurechtkommen;* sich mit jmdm *vertragen*
get on with sth	mit etw *weitermachen*
get sth **out**	etw *herausholen,* [Fleck, Splitter] *herausbekommen*
get out of sth	[aus einer Lage, Verpflichtung usw.] *herauskommen*
	etw *verlernen, sich etw abgewöhnen*
get over sth	etw *überstehen, über etw hinwegkommen*
get sth **over**	etw *hinter sich bringen*
get sb **round**	jmdn *herumkriegen, für die eigene Sache gewinnen*
get through	[Telefon] *durchkommen, eine Verbindung bekommen*
	es schaffen, [durch Prüfungen usw.] *durchkommen*
get sth **together**	[Sachen] *zusammenpacken*
get up	[vom Bett] *aufstehen, sich erheben*
get up (against sb)	*sich mit jmdm anlegen*
get sth **up**	etw *organisieren, auf die Beine stellen*

4.13 VERBINDUNGEN MIT DEM VERB GIVE

give sth **away**	etw *weggeben, verschenken*
give in	*sich ergeben, nachgeben, sich beugen, einlenken*
give out	[Geduld, Vorräte usw.] *sich erschöpfen, zu Ende gehen*
give out	*ausgeben, verteilen*
give sth **up**	etw *aufgeben, mit etw aufhören*
give os **up**	*sich* [der Polizei usw.] *stellen*

4.14 VERBINDUNGEN MIT DEM VERB GO

go about	*herumgehen, herumfahren, herumlaufen*
go about with sb	mit jmdm *gehen* [befreundet sein]
go ahead	*vorgehen, vorangehen; weitermachen, fortfahren*
go by	[Person, Gelegenheit] *vorbeigehen, vorübergehen*
	[Zeit] *vergehen*
go down	*hinuntergehen,* [Essen] *rutschen,* [Schiff] *untergehen*
	[Preise, Steuern, Temperatur usw.] *fallen, sinken*
go in for sth	*sich für etw interessieren, etw mit Interesse betreiben*
	an etw teilnehmen, [bei Wettbewerb usw.] *mitmachen*
go off	[Bombe usw.] *hochgehen, explodieren*
go off with sb/sth	mit jmdm/etw *durchbrennen*
go on	*weitergehen, weiterfahren, weitermachen, fortfahren*
	passieren, geschehen, vor sich gehen
	[Licht usw.] *angehen*
go out	[Licht, Kerze, Feuer] *ausgehen*
	hinausgehen, [zum Essen usw.] *ausgehen, weggehen*
go over to sth	*überwechseln, hinüberwechseln,* zu etw *übergehen*
go through sth	[Text usw.] *durchgehen,* [auf Fehler usw.] *durchsehen*
	[schwierige Zeiten usw.] *durchmachen*
go together	[in Farbe, Stil, Aussehen usw.] *zusammenpassen*
go up	*hinaufgehen,* [Preise, Temperatur usw.] *steigen*

4.15 VERBINDUNGEN MIT DEM VERB HAND

hand sth **down**	etw *weitergeben, überliefern, vererben*
hand sth **in**	[Formulare, Anträge] *einreichen*
hand sth **out**	etw *austeilen, verteilen*
hand sth **over**	etw *übergeben, überreichen*
hand sth **round**	etw *herumreichen, verteilen, herumgehen lassen*

4.16 VERBINDUNGEN MIT DEM VERB HANG

hang about / around	*sich herumtreiben, herumlungern, herumhängen*
hang back	*zögern, zaudern, nicht so recht wollen*
hang behind	*zurückbleiben, (hinterher)trödeln*
hang on	*warten,* [Telefon] *dranbleiben, nicht auflegen*
hang on to sth	etw *behalten, nicht wegwerfen*
hang out	[Wäsche usw] *heraushängen, draußen aufhängen*
hang together	[Aussage usw.] *zusammenpassen, Sinn ergeben*

4.17 VERBINDUNGEN MIT DEM VERB HOLD

hold sb/sth **back**	jmdn/etw *zurückhalten*
hold on	*warten,* [Telefon] *dranbleiben, nicht auflegen*
hold on to sth	*sich an etw festhalten,* [an einer Idee usw.] *festhalten*
hold out	[bei Gefahr usw.] *aushalten, durchhalten*
hold sb/sth **up**	jmdn *anhalten,* etw *aufhalten*
hold sb **up** as sth	jmdn als etw *hinstellen*

4.18 VERBINDUNGEN MIT DEM VERB KEEP

keep sb **back**	jmdn [am Fortkommen usw.] *hindern*
keep sth **back**	etw *zurückhalten, unterdrücken*
keep sth **down**	[Kosten usw.] *niedrig halten*
keep sb **in**	jmdn *nicht gehen lassen,* [Schüler] *nachsitzen lassen*
keep off sth	von etw *wegbleiben,* etw *nicht betreten*
keep sb **off**	jmdn von etw *abhalten, fern halten*
keep on (**-ing**)	mit etw *fortfahren, weitermachen, nicht aufhören*
keep out	*draußen bleiben,* [Räume, Bereiche] *nicht betreten*
keep to sth	*sich an etw halten,* bei etw *bleiben,* zu etw *stehen*
keep up with sb/sth	mit jmdm/etw Schritt halten, *mithalten, mitkommen*

4.19 VERBINDUNGEN MIT DEM VERB LAY

lay sth **down**	etw *hinlegen,* [Amt, Waffen] *niederlegen*
lay sth **in**	[Vorräte usw.] *anlegen, einlagern, einkellern*
lay off sth	[Gewohnheiten usw.] *ablegen, mit etw aufhören*
lay sth **out**	[Gebäude, Anlagen, Garten usw.] *entwerfen, gestalten*
lay sth **up**	[Fahrzeug, Boot usw.] *wegstellen, still legen, einmotten*

4.20 VERBINDUNGEN MIT DEM VERB LET

let sth **down**	etw *herunterlassen*, [Kleidung] *länger machen*
let sb **down**	jmdn *enttäuschen, im Stich lassen, hängen lassen*
let sb/sth **in**	jmdn/etw *hereinlassen, durchlassen*
let sth **off**	etw *ablassen*, [Schuss usw.] *abfeuern*
let sb/sth **out**	jmdn/etw *hinaus-/heraus lassen*, [Kleidung] *weiter machen*

4.21 VERBINDUNGEN MIT DEM VERB LOOK

look ahead	*vorausschauen, nach vorne blicken*
look around	[im Geschäft usw.] *sich umsehen, sich umschauen*
look back	*nach hinten sehen, sich umsehen*
look down on sb	[überheblich, herablassend] *auf jmdn herabsehen*
look forward to sb/sth	*sich auf jmdn/etw freuen*
look in at a shop	*hineinsehen; vorbeigehen*, (um etwas abzuholen)
look on	*zusehen, zugucken*
look on sb (as ...)	*jmdn (als ...) ansehen*
look out	*aufpassen, achtgeben*
look out for sb/sth	*nach jmdm/etw Ausschau halten*
look over sth	*etw [auf Fehler usw.] durchsehen*
look up	[Geschäfte, Gesundheit usw.] *besser werden, bergauf gehen*
look sth **up**	*etw [im Wörterbuch, Lexikon usw.] nachschlagen*

4.22 VERBINDUNGEN MIT DEM VERB MAKE

make off	*sich davonmachen, das Weite suchen*
make sth **out**	[Scheck, Rechnung] *ausschreiben, ausstellen*
	etw ausmachen, entziffern, erkennen
make sb **up**	*jmdn schminken*
make sth **up**	[Streit usw.] *schlichten, beilegen, begraben*
	[Lippen, Augen usw.] *schminken*
	[Getränk usw.] *zurechtmachen, zusammenmixen*
	[Geschichte, Ausrede usw.] *erfinden, ausdenken*
make up (for sth)	*etw ausgleichen*, [Rückstände usw.] *aufholen*

4.23 VERBINDUNGEN MIT DEM VERB PAY

pay sb **back**	*es jmdm heimzahlen*
pay money **in**	[Geld] *einzahlen*
pay off	*sich auszahlen, sich bezahlt machen, sich lohnen*
pay sth **off**	[Ware, Kredit usw.] *abbezahlen, abzahlen*
pay sth **out**	*etw auszahlen, ausbezahlen*

4.24 VERBINDUNGEN MIT DEM VERB PULL

pull back from sth	*etw zurückziehen, einen Rückzieher machen*
pull sth **down**	*herunterziehen*, [Noten, Resultate] *drücken*
	[alte Gebäude, Häuser, Mauern] *abreißen*
pull in	[in Bahnhof, Hafen, Garage] *einfahren, einlaufen*
	[an den Straßenrand usw.] *heranfahren, anhalten*
pull sth **off**	[Verpackung usw.] *abziehen, abreißen*
	[Kleidungsstücke] *ausziehen, ablegen, abstreifen*
	etw zuwege bringen, hinkriegen, „schaukeln"
pull sth **on**	[Kleidungsstück] *anziehen, überstreifen*
pull out	[Zug] *ausfahren*, [Auto] *herausfahren, ausscheren*
pull sth **out**	*herausziehen, heraustrennen*, [Zahn] *ziehen*
pull through	*durchkommen*, [Krankheit] *überstehen*
pull up	[mit dem Auto] *anhalten*
pull sth **up**	*etw hochziehen*, [Flagge] *hissen*

4.25 VERBINDUNGEN MIT DEM VERB PUT

put sth **about**	[Nachrichten, Gerüchte usw.] *in Umlauf bringen*
put sth **aside**	[Geld usw.] *zur Seite, auf die hohe Kante legen*
put sth **across**	[Ideen, Wissen usw.] *verständlich machen, vermitteln*
	[Produkte] *an den Mann bringen*
put sth **back**	*etw zurückstellen, -legen, wieder an seinen Platz tun*
	[Uhr] *zurückstellen*
put sb **back**	[Schüler] *eine Klasse zurückversetzen, zurückstufen*
put sth **by**	*beiseite legen, auf die hohe Kante legen* [= sparen]

put sth **down**	etw a*bstellen, wieder hinstellen,* [Schirm] *zuklappen*
	[Aufstand usw.] *unterdrücken, niederschlagen*
	etw *aufschreiben, schriftlich festhalten*
put sth **down** to sth	etw einer Sache *zuschreiben,* auf etw *zurückführen*
put an animal **down**	[altes, krankes, verletztes Tier] *einschläfern (lassen)*
put sth **forward**	[Idee, Plan, Vorschlag] *vorbringen*
	[Veranstaltung usw.] *vorverlegen,* [Uhr] *vorstellen*
put **in** (for sth)	sich um etw *bewerben,* um etw *nachsuchen*
put sth **in**	etw *hineintun, hineinlegen, hineinstellen*
	[Bemerkung] *einwerfen,* [in Text] *einfügen, einsetzen*
	[Antrag, Gesuch, Bewerbung) *einreichen*
put sth **off**	[Termin usw.] *verschieben, verlegen, vertagen*
put sb **off**	[Gläubiger usw.] *hinhalten, vertrösten*
	jmdn von etw *abbringen, die Lust* an etw *verleiden*
put **on**	[Gewicht, Preis usw.] *zunehmen, zulegen*
put sth **on**	[Kleidung, Schmuck usw.] *anziehen, anlegen*
	etw *aufführen, veranstalten, in Szene setzen*
	[Licht, Radio, Zigarette, Feuer] *einschalten, anzünden*
put it **on thick**	dick *auftragen, mächtig auf den Putz hauen*
put sth/sb **out**	etw *hinausstellen,* jmdn *vor die Tür setzen*
	[aus Lokal, Verein usw.] *hinauswerfen, ausschließen*
	[Licht, Radio, Zigarette, Feuer] *ausmachen, löschen*
	[Hand, Kopf, Zunge usw.] *herausstrecken*
	[Buch] *herausbringen,* [Meldung] *durchgeben*
put sth **through**	[Plan usw.] *durchbringen, durchziehen*
put sb **through**	[jmdn am Telefon] *durchstellen, verbinden*
put sth **together**	etw *zusammensetzen, zusammenstellen*
put sth **up**	[Bild, Poster] *aufhängen,* [Schirm] *aufspannen*
	[Gebäude] *errichten, erbauen,* [Zelt] *aufschlagen*
	[Preise usw.] *heraufsetzen, in die Höhe treiben*
	etw *zum Verkauf anbieten, zur Versteigerung bringen*
put sb **up**	jmdn *bei sich aufnehmen, beherbergen, unterbringen*
put **up** with sth	sich etw *gefallen lassen, bieten lassen*

4.26 VERBINDUNGEN MIT DEM VERB **RUN**

run **about**	*herumlaufen, herumrennen*
run **away**	*weglaufen, wegrennen, abhauen, ausreißen*
run **away** with	[Phantasie, Temperament] mit jmdm *durchgehen*
run **down**	[Uhr] *ablaufen,* [Batterie] *leer werden*
run sth **down**	jmdn/etw *schlecht machen,* [Firma] *herunterwirtschaften*
run **for** sth	[für ein Amt] *kandidieren*
run sth **off**	etw *eilig erledigen, hinhauen,* [Text] *herunterrasseln*
	etw *abziehen, kopieren, abdrucken*
run **out**	[Zeit, Vertrag] *auslaufen, ablaufen, zu Ende gehen*
	[Vorräte, Geld usw.] *ausgehen, zur Neige gehen*
run **over**	[Fass, Flüssigkeitsbehälter] *überlaufen*
run sb/sth **over**	[Person, Tier mit einem Fahrzeug] *überfahren*
	[Text usw.] *schnell durchsehen, überfliegen*
run **through** sth	[Vorräte, Geld] *rasch verbrauchen, durchbringen*
run **up** against sth	auf etw [Schwierigkeiten, Widerstand usw.] *treffen, stoßen*

4.27 VERBINDUNGEN MIT DEM VERB **SEE**

see sb **across**	jmdn *hinüberbringen, hinüberbegleiten*
see sb **off**	jmdn *verabschieden,*
	[abreisenden Gast zum Flughafen, Bahnhof usw.] *bringen*
see sb **out**	jmdn *hinausbringen, hinausbegleiten, zur Tür bringen*
see **over** sth	[Haus, Wohnung in Kauf- oder Mietabsicht] *ansehen*

4.28 VERBINDUNGEN MIT DEM VERB **SEND**

send sb **after** sb	jmdn jmdm n*achschicken, hinterherschicken*
send sb **down**	jmdn [von der Universität, vom College] *verweisen*
send sb **down**	jmdn *ins Gefängnis stecken*
send **for** sb/sth	jmdn/etw *kommen lassen, herbeirufen, anfordern*
send sth/sb **off**	etw *abschicken,* [Fußballer usw.] *des Feldes verweisen*
send sth **on**	etw *nachschicken, nachsenden, weiterleiten*

4.29 VERBINDUNGEN MIT DEM VERB **SET**

set sth **back**	*verzögern*, [in der Entwicklung usw.] *zurückwerfen*
set **in**	*einsetzen* [beginnen], *sich einstellen*
set **off** for swh	*sich auf den Weg* nach … *machen, aufbrechen*
set **up** sth	[Geschäft usw.] *gründen, aufmachen*
	[Rekord, Bestleistung usw.] *aufstellen*
be **set up**	[finanziell] *ausgesorgt haben*

4.30 VERBINDUNGEN MIT DEM VERB **STAND**

stand **by**	*sich bereit halten,* zu jmdm *halten*
stand **out**	*hervorstechen, auffallen, sich abheben*
stand **up** (for sb)	für jmdn *eintreten,* jmdn [mit Worten] *verteidigen*
stand **up** (to sth)	einer Sache *widerstehen, standhalten, gewachsen sein*

4.31 VERBINDUNGEN MIT DEM VERB **TAKE**

take sb **around**	jmdn *herumführen* [= die Stadt, die Firma usw. *zeigen*]
take sb **away**	jmdn *abführen, mitnehmen, verhaften*
take sth **away**	etw *wegnehmen,* [Essen aus Restaurant] *mitnehmen*
take sth **back**	[Bemerkung usw.] *zurücknehmen*
take sb **back** to	jmdn *in Gedanken zurückversetzen,* an etw *erinnern*
take sth **down**	etw *herunternehmen, abhängen,* [Zelt] *abbrechen*
	etw *notieren, schriftlich festhalten, Diktat aufnehmen*
take sb **in**	jmdn *bei sich aufnehmen, ins Haus nehmen*
	jmdn *hereinlegen, täuschen, übers Ohr hauen*
take sth **in**	etw *aufnehmen, erfassen, begreifen, mitbekommen*
take **off**	[Flugzeug usw.] *abheben, abfliegen, starten*
take sth **off**	etw *abnehmen, abmachen, entfernen*
	[Kleidungsstück] *ablegen, ausziehen*
take (a day) **off**	*sich* [einen Tag usw.] *frei nehmen*
take **on** sb	*es mit* jmdm *aufnehmen,* [Sport] *gegen* jmdn *antreten*
take **on** sth	[Arbeit, Aufgabe usw.] *übernehmen, auf sich nehmen*
take **on** sb	[Arbeitskräfte] *einstellen*
take sb **out**	jmdn *ausführen, mit* jmdm *ausgehen*
take sth **out**	etw *herausnehmen, herausziehen,* [Fleck] *entfernen*
	[Versicherung usw.] *abschließen*
take sth **out** of sb	jmdm etw *austreiben*
take sth **out** on sb	[Wut, Ärger] *an* jmdm *auslassen*
take **over** sth	etw *übernehmen,* für jmdn *einspringen*
	an die Macht kommen, ans Ruder kommen
take sth **up**	etw *hochnehmen, hinaufbringen*
	etw *aufgreifen, ansprechen, zur Sprache bringen*
	[Hobby usw.] *aufnehmen, mit etw anfangen*
	[Zeit, Raum] *brauchen, in Anspruch nehmen*

4.32 VERBINDUNGEN MIT DEM VERB **THROW**

throw sth **about**	etw *verstreuen,* mit etw *um sich werfen*
throw sth **away**	etw *wegwerfen, vergeuden, verschwenden*
throw sth **in**	etw (gratis) *dazugeben, dreingeben, beisteuern*
throw sth **off**	etw *abwerfen, abschütteln, loswerden*
throw sb **out**	jmdn *hinauswerfen, den Laufpass geben*
throw sth **out**	[Plan, Vorschlag usw.] *ablehnen, zurückweisen*
throw sth **over**	etw *über den Haufen werfen*
	[Plan, Idee usw.] *verwerfen, über Bord werfen*
throw sth **together**	etw *zusammenschmeißen, hastig zusammenpacken*
throw sth **up**	[Job usw.] *aufgeben, hinschmeißen*
throw **up**	*sich übergeben,* [ugs.] *kotzen*

4.33 VERBINDUNGEN MIT DEM VERB **TURN**

turn sb **away**	jmdn *abweisen, den Zutritt verwehren*
turn **back**	*kehrtmachen,* [Zeit, Uhr] *zurückdrehen*
turn sb/sth **down**	[Bewerber, Vorschlag usw.] *ablehnen*
	[Heizung usw.] *herunterdrehen, kleiner stellen*
turn **in**	*sich hinhauen, aufs Ohr hauen, in die Falle gehen*
	[Arbeit, Bewerbung usw.] *einreichen*
turn sb **off**	jmdn *abschrecken,* jmdm *die Lust verleiden*

turn sth **off**	[Licht, Radio usw.] *abdrehen, abstellen, abschalten*
turn sb **on**	jmdn *heiß machen, „anturnen"*
that **turns me on**	*das macht mich an, das macht mich heiß*
turn sth **on**	[Radio usw.] *einschalten*, [Heizung, Gas] *aufdrehen*
turn **out**	*sich erweisen, sich herausstellen*
turn **out** (well/bad)	[Kuchen, Fotos usw.] *gelingen/missraten, gut/schlecht werden*
turn sb/sth **out**	jmdn/etw *hervorbringen, produzieren, ausstoßen*
	[Taschen] *leeren, ausleeren*
	[Raum, Wohnung] *gründlich sauber machen*
turn **over**	*sich drehen, überschlagen,*
	[Boot] *umkippen, kentern*
turn sth **over**	*etw umdrehen, kippen,* [Seite] *umblättern*
	[Geschäftsleben] *umsetzen, Umsatz machen*
turn **round**	*sich umdrehen, umkehren, kehrt machen*
turn **up**	*erscheinen, aufkreuzen, auftauchen*
	[Licht] *heller machen*
	[Heizung, Gas] *aufdrehen, höher stellen*
	[Radio, Fernseher] *lauter stellen*

4.34 VERBINDUNGEN MIT DEM VERB **WEAR**

wear sth **away**	[Schrift, Spuren] *verwischen*, [Wege usw.] *austreten*
wear **off**	*sich abnutzen, verschleißen*
	[Schmerzen, Gefühle] *nachlassen, abklingen*
wear **out**	*verschleißen, verfallen, langsam kaputtgehen*
wear sb **out**	jmdn *zermürben, schlauchen, fertig machen,*
be **worn out**	[Schuhe] *ausgetreten, ausgelatscht sein*
	[Personen] *erschöpft, erledigt, geschafft sein*

4.35 VERBINDUNGEN MIT DEM VERB **WORK**

work **around** sth	etw *einigermaßen hinbekommen*
work **away**	*vor sich hin arbeiten*
work sth **in**	etw *einarbeiten, einbauen, einfügen, einbeziehen*
work **on**	*weiterarbeiten*
work **out**	[Summe, Puzzle usw.] *aufgehen*
	[Plan usw.] *klappen, funktionieren, „hinhauen"*
work sth **out**	etw *ausarbeiten, sich etw ausdenken, etw ersinnen*

5 PHRASAL VERBS: Verbindungen mit **Adverbien**
Abschließend noch einige Verbindungen auf der Basis von Adverbien,
die in der voraufgegangenen Liste nicht verzeichnet sind:

5.1 VERBINDUNGEN MIT **ABOUT**

fall **about** (laughing)	*sich schütteln vor Lachen, sich kranklachen*
hang **about**	*herumhängen*
lie **about**	*(verstreut, unaufgeräumt) herumliegen*
loiter **about**	*herumlungern*
sit **about**	*herumsitzen*
walk **about**	*(ziellos) umhergehen*

5.2 VERBINDUNGEN MIT **AWAY**

back **away** from sth	vor etw *zurückweichen*
die **away**	*schwächer werden, nachlassen, sich legen*
fade **away**	[Erinnerung usw.] *verblassen, schwinden*
fire **away**	[Aufforderung, etwas zu sagen] *Schieß los! Lass hören!*
pass **away**	*zu Ende gehen, vergehen; sterben*
shy **away** from sth	vor etw *zurückscheuen, zurückweichen*
slip **away**	*sich verdrücken, sich davonstehlen, sich verkrümeln*

5.3 VERBINDUNGEN MIT **BACK**

bounce **back**	*abprallen, zurückprallen*
flash **back**	[Film] *(auf etwas Vergangenes) zurückblenden*
sit **back**	*es sich (auf seinem Sitz) bequem machen*
stay **back**	*zurückbleiben*
strike **back**	*zurückschlagen, sich zur Wehr setzen*
think **back** on sth	an etw *zurückdenken*

5.4 VERBINDUNGEN MIT DOWN

calm down	*sich beruhigen*
close down	[Firma, Betrieb] *stilllegen, schließen*
hand down	*weitergeben, überliefern,* [Anlagen] *vererben*
knock sb/sth **down**	jmd/etw (mit einem Fahrzeug) *umfahren*
pull down	[Gebäude usw.] *abreißen*
slow down	*langsamer werden, Tempo drosseln*
step down	[von einem Amt, einer Funktion] *zurücktreten*

5.5 VERBINDUNGEN MIT IN

book in at sth	*sich eintragen, anmelden,* [in Hotel, Pension] *absteigen*
butt in	*sich einmischen, reinreden, dazwischenfunken*
drop in	[kurz] *vorbeikommen, hereinschauen*
fill in	[Formular usw.] *ausfüllen,* AmE: **fill out**
hand in	[Unterlagen, Antrag] *einreichen, abgeben*
stay in	*dableiben, zu Hause bleiben, nicht weggehen*

5.6 VERBINDUNGEN MIT OFF

clear off	[Schulden usw.] *abzahlen, zurückzahlen, tilgen*
die off	*absterben*
doze off	*einschlafen, einnicken, wegdösen*
play off	[Sport] *ein Entscheidungsspiel bestreiten*
play sb **off** against sb	jmdn gegen jmdn *ausspielen*

5.7 VERBINDUNGEN MIT ON

drag on	*sich hinziehen, sich in die Länge ziehen*
move on	[nach einer Pause] *weitergehen, weiterfahren*
pass on	[Informationen usw.] *weitergeben, weiterleiten, weiterreichen*
read on	*weiterlesen*
stay on	[im Amt] *bleiben,* [Schule] *weiter besuchen*
switch on	[Licht, Herd usw.] *einschalten, anschalten*

5.8 VERBINDUNGEN MIT OUT

ask sb **out**	jmdn [zum Essen, ins Kino usw.] *einladen*
catch out	jmdn [beim Betrügen] *erwischen, ertappen*
clear out	[Haus, Zimmer, Keller] *leer räumen, entrümpeln*
drop out	*herausfallen,* [bei Wettbewerb] *ausscheiden*
empty out	*ausleeren, entleeren*
hand out	*austeilen, verteilen*
miss out	*auslassen, weglassen; übersehen*
miss out on sth	etw *verpassen,* bei etw *zu kurz kommen*
point out	*darauf hinweisen, aufmerksam machen*
pour out	*ausgießen, ausschütten*
tire out	*müde machen, ermüden, erschöpfen*
watch out	*aufpassen, achtgeben*

5.9 VERBINDUNGEN MIT OVER

boil over	[Wasser, Stimmung] *überkochen*
hand over	[Macht, Leitung] *übergeben, weitergeben*
move over	*zur Seite rücken* [um für jmdn Platz zu schaffen]
spill over	[Flüssigkeit] *überlaufen,* [Vorräte] *überquellen*
stop over	*kurz Halt machen, Station machen, zwischenlanden*
switch over	[Radio-, TV-Programm] *umschalten*
talk over	[Probleme usw.] *besprechen, bereden*
think over	*überdenken, sich durch den Kopf gehen lassen*

5.10 VERBINDUNGEN MIT UP

add up	*zusammenzählen, zusammenrechnen*
back up	[Auto] *zurücksetzen*
	[jmds Aussage] *stützen, bestätigen*
	[Computerdaten] *sichern*
beat up	*verprügeln*
blow up	*in die Luft jagen, hochgehen lassen*
brush up	[Kenntnisse] *auffrischen*
build up	[Geschäft, Firma usw.] *aufbauen*
button up	[Mantel, Jacke usw.] *zuknöpfen*

catch up on sth	[Versäumtes] *aufholen, nachholen*
catch up with sb	jmd *einholen,* zu jmdm *aufschließen*
cover up sth	etw *vertuschen, verheimlichen*
cuddle up to sb	*sich* an jmdn *(an)kuscheln, aneinander kuscheln*
dress up	*sich fein machen, herausputzen, „aufbrezeln"*
eat up	*aufessen,* [Teller] *leer essen,* [Auto] Benzin *fressen*
end up	[irgendwo] *enden, „landen", hängen bleiben*
fix up	[Feier, Reise usw.] *buchen, festmachen, arrangieren*
grow up	*aufwachsen, erwachsen werden*
lock up	[Haus usw.] *abschließen,* [Person] *einsperren*
hurry up	*sich beeilen*
mess sth **up**	etw *vermasseln, versauen, vergeigen*
mix up	*mischen, vermischen, verrühren*
	durcheinanderbringen, verwechseln
pack up	[für eine Reise] *packen, zusammenpacken*
	[Maschine, Gerät] *kaputtgehen, den Geist aufgeben*
pick sb **up** swh	jmdn irgendwo *abholen*
set up	*aufstellen, einstellen, einrichten*
	[Geschäft, Gewerbe] *eröffnen*
show up	*erscheinen, kommen, auftauchen, sich blicken lassen*
speak up	*lauter sprechen*
split up	[Geld, Arbeit] *sich teilen, aufteilen*
	[Partei usw.] *sich spalten,* [Partner] *sich trennen*
tear up	[Papier, Kleidung] *zerreißen*
tidy up	[Zimmer usw.] *aufräumen, sauber machen*
wake up	*aufwachen*
wind up	[Wecker usw.] *aufziehen*

17 Grundformen
(Infinitives)

Als **Grundform** (gramm.: Infinitiv, engl.: infinitive) bezeichnet man die Form eines Verbs, die einen Zustand, einen Vorgang oder eine Tätigkeit beim Namen nennt, ohne sie einer bestimmten Person, einer Sache oder einem Zeitraum zuzuordnen: *leben, spielen, schreiben* usw.

Ein englisches Vollverb bildet zwei Infinitive, einen Infinitiv *ohne* **to** und einen Infinitiv *mit* **to**, das ist jene Form, die wir an anderer Stelle als to-Form bezeichnet haben.

Der Infinitiv ohne **to**, auch *reiner Infinitiv* genannt, ist das Wort, das in Wörterbüchern oder anderen Verzeichnissen als Übersetzung für ein gesuchtes deutsches Verb angegeben wird, und das uns aus voraufgegangenen Kapiteln als **1.** Form bekannt ist: **live** *leben,* **play** *spielen,* **write** *schreiben.* Da sich durch diese Form aber nicht nur die Grundform eines Verbs, sondern auch die meisten Personalformen des *Present Simple* darstellen lassen (I **live,** we **play,** they **write**), müssen sich Schüler im Englischunterricht ein Verb meist von vornherein in der Grundform mit vorangestelltem **to** einprägen; in unseren Beispielen wären dies die Formen **to live, to play** und **to write.**

Für das bloße Erlernen einer Vokabel ist dies nicht notwendig. Es macht keinen Unterschied, ob man sich als Übersetzung des Verbs *spielen* die Form **play** oder die Form **to play** einprägt. Erst bei der Einbindung eines Infinitivs in einen Satz muss man zwischen den beiden Formen unterscheiden können. Vergleichen Sie:

- ohne **to**: He had better **move** out. *Er sollte lieber ausziehen.*
- mit **to**: He ought **to move** out. *Er sollte ausziehen.*

- ohne **to**: They made him **move** out. *Sie brachten ihn dazu, auszuziehen.*
- mit **to**: They wanted him **to move** out. *Sie wollten, dass er auszieht.*

Die Beispiele zeigen, dass in bestimmten Zusammenhängen die Variante mit **to**, in anderen die ohne **to** die richtige ist. Näheres hierzu erläutern die folgenden Kapitel.

ALLE GRUNDFORMEN AUF EINEN BLICK

AKTIVSÄTZE

SIMPLE INFINITIVE
- write
- to write
  schreiben

PROGRESSIVE INFINITIVE
- be writing
- to be writing
  gerade am Schreiben sein

PERFECT INFINITIVE
- have written
- to have written
  geschrieben haben

PERFECT PROGRESSIVE INFINITIVE
- have been writing
- to have been writing
  gerade geschrieben haben

PASSIVSÄTZE

SIMPLE INFINITIVE
- be written
- to be written
  geschrieben werden

PROGRESSIVE INFINITIVE
- be being written
- (to be being written)
  gerade geschrieben werden

PERFECT INFINITIVE
- have been written
- to have been written
  geschrieben worden sein

PERFECT PROGRESSIVE INFINITIVE
- (have been being written)
- (have been being written)

MODALVERBEN

Modalverben bilden keine eigenen Infinitive, die entsprechenden Formen müssen mit Hilfe von Ersatzverben gebildet werden:

- be able to write
- to be able to write - *schreiben können*

- be allowed to write
- to be allowed to write - *schreiben dürfen*

- (be able to be written)
- (to be able to be written)

- (be allowed to be written)
- (to be allowed to be written)

Bei den in Klammern gesetzten Infinitiven handelt es sich um theoretisch mögliche Formen, die in der Praxis allerdings so gut wie keine Anwendung finden.

1 DIE GRUNDFORM OHNE **TO** (Reiner Infinitiv)

Der reine Infinitiv ohne **to** (engl.: base form, bare infinitive oder base infinitive) wird in folgenden Fällen verwendet:

1.1 NACH DEN MEISTEN **MODALVERBEN**

Der reine Infinitiv steht nach allen Modalverben außer **ought**, **used** und **need.**

You **can stay** if you like.
Du kannst bleiben, wenn du willst.

Would you **do** that for us?
Würdest du das für uns tun?

I **would rather have** something cold.
Ich würde lieber etwas Kaltes trinken.

Auf die *verneinte* Form von **need** folgt ebenfalls die reine Grundform:
The restaurant won't be full. You **need not book** a table.
Das Restaurant wird nicht voll sein. Sie brauchen keinen Tisch zu reservieren.

1.2 BEIM HILFSVERB **DO**

Der reine Infinitiv steht in Verbindung mit den Formen des Hilfsverbs **do** (do, **does**, **did**) zur Bildung von Frage und Verneinung bei Vollverben:

Do you **want** my computer? I **don't need it any more**.
Willst du meinen Computer? Ich brauche ihn nicht mehr.

Does Paul still **work** for the Navy?
Arbeitet Paul immer noch bei der Marine?

Crime **doesn't pay**.
Verbrechen zahlt sich nicht aus.

Did you **like** Scotland?
Hat euch Schottland gefallen?

We **didn't know** his reasons.
Wir kannten seine Gründe nicht.

1.3 ZUR BILDUNG DER **BEFEHLSFORM**

Der reine Infinitiv steht zur Bildung der **Befehlsform**, des Imperativs:

Come in and **shut** the door!
Komm rein und mach die Tür zu!

Don't forget what I have told you!
Vergiss nicht, was ich dir gesagt habe!

Never change a winning team.
Ändere nie eine siegreiche Mannschaft.

1.4 NACH DEN VERBEN **LET**, **MAKE** und **HELP**

Der reine Infinitiv steht in Verbindung mit **let**, **make, help** und einem vorangehenden Objekt:

Let the children **play**.
Lasst die Kinder spielen!

He **made** everybody **laugh**.
Er brachte alle zum Lachen.

Could anybody **help** me **fill in** the application form?
Könnte mir jemand helfen, den Bewerbungsbogen auszufüllen?

▶ Gelegentlich wird das Verb **help** auch in Verbindung mit der **to**-Form gebraucht: Could anybody **help** me **to fill in** the application form? Die Konstruktion **help** + reiner Infinitiv kann auch *ohne Personenobjekt* stehen: Could anybody **help fill in** the application form?

1.5 NACH **WAHRNEHMUNGSVERB + OBJEKT**

Der reine Infinitiv steht nach Verben der Wahrnehmung (**see**, **hear**, **feel** usw.) und einem vorangehenden Objekt:

We **saw** her **go** away.
Wir sahen sie weggehen.

I **heard** someone **call** for help.
Ich hörte jemanden um Hilfe rufen.

She **felt** the knife **touch** her skin.
Sie fühlte, wie das Messer ihre Haut berührte.

▶ Wenn betont werden soll, dass man den beschriebenen Vorgang nur zum Teil, also nicht von Anfang an miterlebt hat, wird anstelle des reinen Infinitivs die **-ing-Form** vorgezogen:
We saw her **going** away. I heard someone **calling** for help.

2 DIE GRUNDFORM MIT TO (to-Form, to-Infinitiv)

Der Infinitiv mit to (engl.: to-infinitive) kann als *erläuternde Ergänzung* auf verschiedene Wortarten folgen. Hier die Anwendungen im Einzelnen:

2.1 DER TO-INFINITIV NACH DEN MODALVERBEN OUGHT, USED und NEED

You **ought to eat** less if you want to lose weight.
Du solltest weniger essen, wenn du abnehmen willst.

My parents **used to have** a flower shop.
Meine Eltern hatten einmal einen Blumenladen.

You **need to know** the right people. That's all.
Man muss die richtigen Leute kennen. Das ist alles.

You **don't need to know** everything.
Man braucht nicht alles zu wissen.

2.2 DER TO-INFINITIV NACH BE und HAVE ZUR BILDUNG VON ERSATZFORMEN

Der **to**-Infinitiv nach den Hilfsverben **be** und **have** dient
zur Bildung von Ersatzformen für Modalverben:

- Die Verbindung **be** + **to**-Infinitiv ist eine Ersatzform für das Modalverb **shall**:
  We **are to wait** at the corner. *Wir sollen an der Ecke warten.*
- Die Verbindung **have** + **to**-Infinitiv ist eine Ersatzform für das Modalverb **must**:
  She **has to work** hard. *Sie muss hart arbeiten.*

Der **to**-Infinitiv steht auch nach folgenden mit **be** gebildeten Ausdrücken, die als Ersatzformen für Modalverben dienen: **be able, be allowed, be said, be supposed, be going** und **be about** *(im Begriff sein, etw zu tun)*:

She **was able to answer** all my questions.
Sie konnte alle meine Fragen beantworten.

We **were not allowed to smoke** in her flat.
Wir durften in ihrer Wohnung nicht rauchen.

He **is said to speak** ten languages.
Er soll angeblich zehn Sprachen sprechen.

Every guest **is supposed to bring** a bottle of wine.
Jeder Gast soll eine Flasche Wein mitbringen.

What **are** you **going to do** now?
Was werdet ihr jetzt tun?

I **was** just **about to leave** when you called.
Ich wollte gerade weggehen, als du anriefst.

2.3 DER TO-INFINITIV NACH VOLLVERBEN

Es kommt nicht selten vor, dass zwei Vollverben einander unmittelbar folgen. Im Deutschen sind dies Sätze wie: *Sie wünschte zu gehen. Ich versuchte zu verstehen. Wir beschlossen zu warten usw.*

Aber aufgepasst! Während im deutschen Satz die beiden Verben immer durch **zu** verbunden sind, ist das zweite Verb einer entsprechenden Verbindung im Englischen in einigen Fällen eine **to**-Form, in anderen dagegen eine **-ing**-Form. Es heißt zwar: I would like **to watch** television, aber: I like **watching** television. Wie dieser Unterschied zu erklären ist, erläutern die folgenden Kapitel.

Hier zunächst einige Beispiele für die Verbindung von Vollverben mit der **to**-Form:

We can't **afford to be late**.
Wir können es uns nicht leisten, zu spät zu kommen.

They **promised to help** us.
Sie versprachen, uns zu helfen.

We **hope to hear** from you soon.
Wir hoffen, bald von euch zu hören.

How do you **wish to pay**?
Wie wünschen Sie zu bezahlen?

I had **forgotten to lock** the door.
Ich hatte vergessen, die Tür abzuschließen.

Their children have never **learnt to obey**.
Ihre Kinder haben nie gelernt zu gehorchen.

We have **decided** not **to tell** him anything.
Wir haben beschlossen, ihm nichts zu sagen.

Auch die folgenden Verben ziehen eine **to**-Form nach sich:

agree to do sth	*sich bereit erklären, etw zu tun*
appear to do sth	*den Anschein haben, etw zu tun*
arrange to do sth	*ausmachen, vereinbaren, etw zu tun*
ask to do sth	*(darum) bitten, etw zu tun*
attempt to do sth	*den Versuch machen, etw zu tun*
begin to do sth	*beginnen, etw zu tun*
bother to do sth	*sich (dazu) bequemen, etw zu tun*
choose to do sth	*sich entschließen, etw zu tun*
claim to do sth	*etw zu tun beanspruchen*
decline to do sth	*sich weigern, etw zu tun*
demand to do sth	*fordern, verlangen, etw zu tun*
expect to do sth	*erwarten, etw zu tun*
fail to do sth	*es nicht schaffen, etw zu tun*
happen to do sth	*zufällig etw tun*
hesitate to do sth	*zögern, etw zu tun*
intend to do sth	*etw zu tun beabsichtigen*
long to do sth	*sich danach sehnen, etw zu tun*
manage to do sth	*es schaffen, etw zu tun*
mean to do sth	*etw zu tun beabsichtigen*
offer to do sth	*anbieten, etw zu tun*
plan to do sth	*planen, etw zu tun*
pretend to do sth	*vorgeben, etw zu tun*
propose to do sth	*etw zu tun gedenken*
refuse to do sth	*ablehnen, sich weigern, etw zu tun*
regret to do sth	*bedauern, etw tun zu müssen*
remember to do sth	*daran denken, etw zu tun*
seem to do sth	*etw zu tun scheinen*
strive to do sth	*bestrebt sein, etw zu tun*
tend to do sth	*dazu neigen, etw zu tun*
threaten to do sth	*(damit) drohen, etw zu tun*
try to do sth	*versuchen, etw zu tun*
want to do sth	*etw tun wollen, etw zu tun verlangen*

2.4 DIE STRUKTUR VERB + OBJEKT + TO-INFINITIV

In einigen Fällen kann zwischen ein Vollverb und eine Ergänzung mit **to** zusätzlich ein Objekt eingeschoben werden. Diese typisch englische Satzkonstruktion drückt aus, dass die als Objekt genannte Person oder Sache den Anweisungen, Forderungen, Ratschlägen oder Erwartungen des Subjekts folgen soll. Einfacher ausgedrückt: Jemand will, möchte, verlangt oder erwartet, dass ein anderer etwas tut. Vergleichen Sie:

He **wanted**		**to marry** her.	*Er wollte sie heiraten.*
He **wanted**	me	**to marry** her.	*Er wollte, **dass ich** sie heirate.*
I **didn't want**		**to leave**.	*Ich wollte nicht gehen.*
I **didn't want**	her	**to leave**.	*Ich wollte nicht, **dass sie** geht.*

Weitere Beispiele:

The doctor **advised me to stay** in bed.
Der Arzt riet mir, im Bett zu bleiben.

I **expect him to be back** by eight.
Ich erwarte, dass er bis acht zurück ist.

We **would like you to know** the truth.
Wir möchten, dass ihr die Wahrheit wisst.

We **don't allow anyone to smoke** in our flat.
Wir erlauben niemandem, in unserer Wohnung zu rauchen.

Die Übersetzungen der Beispiele zeigen, dass eine solche Konstruktion bei bestimmten Verben (z.B. **want**, **would like**, **expect** oder **prefer**) im Deutschen nicht möglich ist. Sie wird dort meist durch einen Nebensatz mit *dass* … wiedergegeben:
*Ich erwarte, **dass er**..., Wir möchten, **dass ihr**...*

Eine Konstruktion mit **that** würde den Sätzen eine anderen Sinn geben. Vergleichen Sie:
I **expect him to be back** by eight.
Ich erwarte [= ich verlange von ihm], dass er um acht zurück ist. [Er hat um acht zurück zu sein.]
I **expect that he is back** by eight.
Ich erwarte [= ich nehme an, ich gehe davon aus], dass er um acht zurück ist.

Hier eine Liste wichtiger Vollverben,
mit denen die Konstruktion **Objekt + to**-Form möglich ist:

advise sb to do sth	jmdm *raten, etw zu tun*
allow sb to do sth	jmdm *erlauben, etw zu tun*
ask sb to do sth	jmdn *bitten, etw zu tun*
authorise sb to do sth	jmdn *ermächtigen, etw zu tun*
beg sb to do sth	jmdn *anbetteln, etw zu tun*
cause sb to do sth	jmdn *veranlassen, etw zu tun*
encourage sb to do sth	jmdn *ermutigen, etw zu tun*
expect sb to do sth	von jmdm *erwarten, dass er etw tut*
forbid sb to do sth	jmdm *verbieten, etw zu tun*
force sb to do sth	jmdn *zwingen, etw zu tun*
get sb to do sth	jmdn *dazu bewegen, etw zu tun*
incite sb to do sth	jmdn *anstacheln, etw zu tun*
instruct sb to do sth	jmdn *anweisen, etw zu tun*
invite sb to do sth	jmdn *einladen, etw zu tun*
oblige sb to do sth	jmdn *(dazu) verpflichten, etw zu tun*
order sb to do sth	jmdm *befehlen, etw zu tun*
persuade sb to do sth	jmdn *überreden, etw zu tun*
prefer sb to do sth	es *lieber sehen, dass jmd etw tut*
prohibit sb to do sth	jmdm *untersagen, etw zu tun*
recommend sb to do sth	jmdm *empfehlen, etw zu tun*
remind sb to do sth	jmdn *daran erinnern, etw zu tun*
teach sb to do sth	jmdm *beibringen, etw zu tun*
tell sb to do sth	jmdm *sagen, er solle etw tun*
urge sb to do sth	jmdn *drängen, etw zu tun*
want sb to do sth	*wollen, dass jmd etw tut*
warn sb to do sth	jmdn *davor warnen, etw zu tun*

2.5 DER **TO**-INFINITIV NACH **VOLLVERBEN** ZUR **ANGABE EINES ZWECKS**

Der **to**-Infinitiv dient der näheren Erläuterung eines Vollverbs,
indem er angibt, *wozu, zu welchem Zweck, mit welcher Absicht* etwas geschieht:

I**'m calling to tell** you that we are back.
Ich rufe an, um dir zu sagen, dass wir zurück sind.

She **got up to switch** the light on.
Sie stand auf, um Licht zu machen.

They **climbed** on a tree **to have** a better view.
Sie kletterten auf einen Baum, um eine bessere Sicht zu haben.

Die Ergänzungen mit **to** antworten hier auf die Fragen:
* Was war der Zweck des Anrufs? Wozu ist sie aufgestanden?
* Zu welchem Zweck sind wir auf den Baum geklettert?

2.6 DER **TO**-INFINITIV ZUR **ERLÄUTERUNG EINER HAUPTWORTGRUPPE**

Der **to**-Infinitiv nach Hauptwörtern wird verwendet, um auszudrücken,
wozu etwas dient bzw. benötigt wird:

He gave me **some of his articles to read**.
Er gab mir einige seiner Artikel zu lesen.

You need **a special key to unlock** this gate.
Man braucht einen Spezialschlüssel, um dieses Tor zu öffnen.

This is **the ideal place to relax**.
Dies ist der ideale Ort, um sich zu erholen.

I have **an important job to do**.
Ich habe eine wichtige Aufgabe zu erfüllen.

Oft dient der **to**-Infinitiv auch der näheren Erläuterung eines *abstrakten* Hauptworts:

It is **time to put** the children to bed.
Es ist Zeit, die Kinder ins Bett zu bringen.

She made **several attempts to get** him on the phone.
Sie unternahm mehrere Versuche, ihn ans Telefon zu bekommen.

Will he have **the courage to tell** her the truth?
Wird er den Mut haben, ihr die Wahrheit zu sagen?

You have **no right to spread** such allegations.
Sie haben nicht das Recht, solche Anschuldigungen zu verbreiten.

Zu den gebräuchlichsten abstrakten Hauptwörtern,
auf die eine **to**-Form folgt, gehören

the **ability** to do sth	*die Fähigkeit*, etw zu tun
the **attempt** to do sth	*der Versuch*, etw zu tun
the **authority** to do sth	*die Befugnis*, etw zu tun
the **best way** to do sth	*der beste Weg*, etw zu tun
the **chance** to do sth	*die Chance*, etw zu tun
the **courage** to do sth	*der Mut*, etw zu tun
the **habit** to do sth	*die Gewohnheit*, etw zu tun
the **inclination** to do sth	*die Neigung*, etw zu tun
the **means** to do sth	*die Mittel*, etw zu tun
the **motivation** to do sth	*die Motivation*, etw zu tun
the **obligation** to do sth	*die Pflicht*, etw zu tun
the **opportunity** to do sth	*die Gelegenheit*, etw zu tun
the **permission** to do sth	*die Erlaubnis*, etw zu tun
the **plan** to do sth	*der Plan*, etw zu tun
the **reason** to do sth	*der Grund*, etw zu tun
the **right** to do sth	*das Recht*, etw zu tun
the **temptation** to do sth	*die Versuchung*, etw zu tun
the **time** to do sth	*die Zeit*, etw zu tun
the **willingness** to do sth	*die Bereitschaft*, etw zu tun

2.7 DER **TO**-INFINITIV **ALS ERGÄNZUNG VON ADJEKTIVEN**

Auch einem Adjektiv kann ein erläuternder **to**-Infinitiv folgen:

The English grammar isn't always **easy to understand**.
Die englische Grammatik ist nicht immer leicht zu verstehen.

We were **glad to see** him in good health.
Wir freuten uns, ihn bei guter Gesundheit sehen.

Grandfather is **too old to travel** now.
Großvater ist jetzt zu alt zum Reisen.

Besonders häufig ist die Erweiterung eines Adjektivs durch einen erläuternden **to**-Infinitiv
nach unpersönlichen Ausdrücken wie **it is** … **it was** … anzutreffen:

It is always **nice to be** with you.
Es ist immer schön, bei euch zu sein.

It was silly to believe him.
Es war dumm, ihm zu glauben.

2.8 DER **TO**-INFINITIV **ANSTELLE EINES RELATIVSATZES**

Die Konstruktion mit dem **to**-Infinitiv kann einen Relativsatz ersetzen:

We need someone **to look** after the children.
Wir brauchen jemanden, der sich um die Kinder kümmert.
[Statt: We need someone **who looks** after the children.]

He is not a man **to take** risks.
Er ist kein Mann, der Risiken eingeht. [Statt: He is not a man **who takes** risks.]

She is the last **to arrive** and the first **to leave**.
Sie ist die letzte, die kommt, und die erste, die geht.
[Statt: She is the last **who arrives** and the first **who leaves**.]

2.9 DER **TO**-INFINITIV **NACH FRAGEWÖRTERN**

Der **to**-Infinitiv steht anstelle eines Nebensatzes nach *Fragewörtern*
wie **who**, **what**, **where**, **who**, **how** usw. sowie nach **whether** *(ob)*.

I don't know **what to say**.
Ich weiß nicht, was ich sagen soll.

Tell me **what to do**.
Sagen Sie mir, was ich machen soll.

I have no idea **where to go**.
Ich habe keine Ahnung, wohin ich gehen soll.

You sometimes don't know **whether to laugh** or **to cry**.
Man weiß manchmal nicht, ob man lachen oder weinen soll.

Das Deutsche kennt keine vergleichbare Struktur, sondern bildet, wie in den Beispielen zu se-
hen, meist einen Nebensatz mit *soll*:
*Ich weiß nicht, **was ich sagen soll**. Man weiß nicht, **ob man lachen soll** usw.*

18 Gerundium

Dieses Kapitel befasst sich einmal mehr mit der **-ing**-Form eines Vollverbs, die uns bereits als Adjektiv [→ **75** (2.1)] und vor allem als Bestandteil der *progressive tenses* [→ **165** (5.2)] begegnet ist. Hier lernen wir sie in einer weiteren Funktion kennen: in der eines Hauptworts.

Betrachten Sie die folgenden Sätze:

SUBJEKT		OBJEKT
Cigarettes	ruin	your health.
Smoking	ruins	your health.
My brother	likes	fast cars.
My brother	likes	**driving** fast.

In diesen Beispielen nehmen die Verbformen **smoking** und **driving** Positionen ein, auf denen wir üblicherweise ein Hauptwort (wie **cigarettes**) oder eine Hauptwortgruppe (wie **fast cars**) zu finden gewohnt sind.

Vergleichen Sie nun diese Sätze:

The young woman	was **smoking**	a cigarette.
Smoking	ruins	your health.
We all	hate	**smoking**.
Hauptwortgruppe 1 **(Subjekt)**	Verbgruppe **(Prädikat)**	Hauptwortgruppe 2 **(Objekt)**

In dem Satz *The young woman was smoking a cigarette* gehört **smoking** zum Prädikat, ist also eine *verbale* -ing-Form oder, grammatikalisch ausgedrückt, ein *Partizip*.

In den beiden anderen Beispielen dagegen besetzt **smoking** eine Hauptwortstelle, in einem Fall als Subjekt (**Smoking** ruins ...), im anderen als Objekt (... hate **smoking**). Eine solche -ing-Form, die ihrer Bedeutung nach ein Verb, ihrer Funktion nach jedoch ein Hauptwort ist, heißt *Gerundium* (engl.: gerund). In Grammatiken wird sie manchmal auch als *Verbalsubstantiv*, als *nominale -ing-Form* oder als *-ing-noun* bezeichnet.

Einem englischen Gerundium entspricht die deutsche Grundform eines Verbs mit oder ohne den vorangestellten Artikel **das**:

(das) Rauchen - smoking, *(das) Spielen* - playing, *(das) Warten* - waiting usw.

ERWEITERUNGEN

Ein Gerundium kann von anderen Wortarten begleitet oder um sie erweitert sein:

While I do **the washing up,** you can do your hair.
Während ich abwasche, kannst du dir die Haare machen.

I hate **him running** others down.
Ich hasse es, wie er andere schlechtmacht.
Möglich auch: I hate **his running** others down.
→ Zu dieser Konstruktion siehe Seite **234** (5)

My hobby is **playing chess**.
Mein Hobby ist das Schachspielen.

She dreams of **meeting a wealthy and handsome man**.
Sie träumt davon, einen wohlhabenden, gutaussehenden Mann kennenzulernen.

Not knowing what to say, I didn't say anything at all.
Da ich nicht wusste, was ich sagen sollte, habe ich gar nichts gesagt.

Ein Gerundium kann im Perfekt und im Passiv verwendet werden:

Having lost almost everything, he decided to put an end to his life.
Da er fast alles verloren hatte, beschloss er, seinem Leben ein Ende zu setzen.
[Auch: *Nachdem er alles verloren hatte ...*]

Being invited to the Queen's Garden Party is a great honour for him.
Zur Gartenparty der Königin eingeladen zu werden, ist eine große Ehre für ihn.

Having been told (that) his job was on the line, he left the company.
Da ihm gesagt worden war, dass sein Arbeitsplatz gefährdet sei, verließ er die Firma.

1 DAS GERUNDIUM ALS SUBJEKT

Die folgenden Beispiele enthalten einfache und erweiterte Subjektgruppen mit dem Gerundium:

Dothing is my hobby.
Nichtstun ist mein Hobby.

Biting fingernails is a bad habit.
Fingernägel kauen ist eine schlechte Angewohnheit.

Paula's beating the child makes everything even worse.
Dass Paula das Kind schlägt, macht alles noch schlimmer.

Dieses letzte Beispiel zeigt, dass das Deutsche keine dem Englischen vergleichbare Struktur kennt, denn in wörtlicher Übertragung hieße dieser Satz etwa: **Paulas das-Kind-Schlagen macht alles noch schlimmer.*

Näheres zu dieser Konstruktion → **234** (5)

Eating between meals is certainly bad for your figure.
Das Essen zwischen den Mahlzeiten ist mit Sicherheit schlecht für deine Figur.

Being parents is the most challenging job one can think of.
Eltern zu sein, ist die anspruchsvollste Aufgabe, die man sich denken kann.

Walking in the rain on a mild summer evening is fun.
An einem milden Sommerabend im Regen spazieren zu gehen, macht Spaß.

2 DAS GERUNDIUM ALS OBJEKT

Ein als *Objekt* verwendetes Gerundium bezeichnet *bestehende* oder *bereits erlebte* Zustände, Vorgänge und Tätigkeiten. Bevor wir dieses näher erläutern, hier zunächst einige Beispiele:

I like **walking in the rain**.
Ich gehe gern im Regen spazieren,
wörtl.: *Ich liebe das Spazierengehen im Regen.*

I can still remember **having to live on 200 euros a month**.
Ich kann mich noch erinnern, wie ich von 200 Euro im Monat leben musste.

They went on **offending us**.
Sie fuhren fort, uns zu beleidigen.

On the day that he met her, he stopped **smoking**.
An dem Tag, an dem er sie kennenlernte, hörte er mit dem Rauchen auf.

The exhibition isn't worth **visiting**.
Die Ausstellung lohnt keinen Besuch.

I could imagine **marrying again**.
Ich könnte mir vorstellen, noch einmal zu heiraten.

One should avoid **travelling on a Friday afternoon**.
Man sollte es vermeiden, an einem Freitagnachmittag zu reisen.

In jedem dieser Sätze beschreiben die jeweiligen Gerundien etwas, über das man aus eigener Anschauung, Erinnerung, Vorstellung oder Erfahrung sprechen kann:

- **walking in the rain** beschreibt eine Gewohnheit
- **having to live on €200**, **visiting** und **travelling on a Friday afternoon** bezeichnen zurückliegende Vorgänge, die in der Erinnerung bzw. als Erfahrung fortbestehen
- **offending us** und **smoking** beschreiben Zustände, die schon eine Zeitlang andauern und nun weitergehen bzw. beendet werden.
- **marrying again** ist etwas, das in der Vorstellung des Sprechers bereits exisitiert.

Dies erklärt auch, warum ein Gerundium als Objekt ganz bestimmten Verben oder Ausdrücken folgt, nämlich solchen, die

- eine bestimmte persönliche Einstellung
  (Wertschätzung, Vorliebe, Abneigung usw.) zum Ausdruck bringen wie
  like, **hate**, **can't stand** oder **enjoy**
- einen (zurückliegenden) Anfang, die Fortsetzung oder das Aufhören von etwas bezeichnen
  wie **begin**, **continue**, **go on** oder **stop**
- auf etwas bereits Geschehens zurückverweisen wie
  remember, admit oder **forget**
- Vorstellungen beschreiben oder Wertungen abgeben,
  die auf Erfahrungen beruhen wie
  imagine, **it's worth**, **it's no use**

Hier eine Liste der wichtigsten Verben und verbalen Ausdrücke,
die als Objekt ein **Gerundium** nach sich ziehen:

VORLIEBE, ABNEIGUNG

adore ...-ing	*liebend gern tun, für sein Leben gern tun*
appreciate ...-ing	*es zu schätzen wissen*
can't stand ...-ing	*es nicht ausstehen können*
can't bear ...-ing	*es nicht ertragen können*
can't help ...-ing	*nicht umhin können*
detest ...-ing	*verabscheuen*
dislike ...-ing	*nicht mögen*
enjoy ...-ing	*genießen, Freude haben an*
favour ...-ing	*bevorzugen, befürworten*
like ...-ing	*mögen, gern tun*
love ...-ing	*lieben*
hate ...-ing	*hassen*
loathe ...-ing	*verabscheuen*
mind ...-ing	*etwas dagegen haben*
miss ...-ing	*vermissen*
neglect ...-ing	*vernachlässigen, versäumen*
prefer -...-ing	*vorziehen, lieber tun*
resist ...-ing	*widerstehen*
welcome ...-ing	*begrüßen*

ANFANGEN, FORTFAHREN, BEENDEN

be busy ...-ing	*beschäftigt sein*
continue, go on ...-ing	*fortfahren, weitermachen*
discontinue ...-ing	*einstellen, abbrechen, nicht fortführen*
finish ...-ing	*beenden*
give up ...-ing	*aufgeben*
keep (on) ...-ing	*nicht aufhören, fortgesetzt tun*
postpone ...-ing	*aufschieben, vertagen*
practise ...-ing	*üben*
start ...-ing	*anfangen [auf den Anfang zurückblickend]*
stop ...-ing	*aufhören*

ERFAHRUNG, ERINNERUNG, RÜCKSCHAU

admit ...-ing	*zugeben*
afford ...-ing	*sich leisten*
avoid ...-ing	*vermeiden*
deny ...-ing	*leugnen, abstreiten*
fancy ...-ing	*sich vorstellen, sich ausmalen*
imagine ...-ing	*sich vorstellen*
recall ...-ing	*sich erinnern, sich entsinnen*
remember ...-ing	*sich erinnern*

RAT, EMPFEHLUNG, BETRACHTUNG

advise ...-ing	*raten*
consider ...-ing	*erwägen, in Betracht ziehen*
involve ...-ing	*einschließen*
mention ...-ing	*erwähnen*
recommend ...-ing	*empfehlen*
require ...-ing	*erfordern*
suggest ...-ing	*vorschlagen, anregen*
there's no point (in) ...-ing	*es hat keinen Zweck*

WENDUNGEN MIT **IT'S** ...

it's great -ing	*es ist toll*
it was a real shock ...-ing	*es war ein echter Schock*
it's (not) worth ...-ing	*es lohnt sich (nicht)*
it's no good ...-ing	*es bringt nichts*
it's no fun ...-ing	*es macht keinen Spaß*
it's no use ...-ing	*es hat keinen Sinn*

Beachten Sie: diese Ausdrücke sind nur mit **it's** ... / **it was** ... / **it's been** ... möglich, nicht aber mit Formen, die auf die Zukunft gerichtet sind wie **it will be**, **it may be** oder **it could be**.

3   GERUNDIUM NACH PRÄPOSITIONEN

Da das Gerundium wie ein Hauptwort verwendet wird, kann ihm natürlich auch eine Präposition vorangehen. Vergleichen Sie:

He went into the pub **without a penny**.
Präposition mit folgender **Hauptwortgruppe**: *Er ging **ohne einen Penny** in den Pub.*

He left the pub **without paying the bill**. [Nicht: *... without to pay the bill.]
Präposition mit folgendem **Gerundium**: *Er verließ die Kneipe, **ohne die Rechnung zu bezahlen**.*

Weitere Beispiele:

I am tired **of waiting**.
Ich bin es leid zu warten, [Wörtl.: *Ich bin das Warten leid.*]

She hopes to improve her English **by attending** evening classes.
Sie hofft ihr Englisch zu verbessern, indem sie Abendkurse besucht.

I wonder how one can become so rich **without working**.
Ich frage mich, wie man so reich werden kann, ohne zu arbeiten.

I was fined **for driving** without a safety belt.
Ich musste ein Bußgeld bezahlen, weil ich ohne Sicherheitsgurt gefahren war.

He was brilliant **at explaining complicated things** in simple words.
Er war großartig darin, komplizierte Dinge mit einfachen Worten zu erklären.

Hier eine Auswahl häufig gebrauchter Verbindungen aus Präposition + Gerundium

3.1   VERBEN MIT PRÄPOSITION

apologise for ...-ing	*sich entschuldigen (für ...)*
believe in ...-ing	*glauben (an ...)*
dream of ...-ing	*träumen (von ...)*
get used to ...-ing	*sich gewöhnen (an ...)*
insist on ...-ing	*bestehen (auf ...)*
live by ...-ing	*leben (von ...)*
look forward to ...-ing	*sich freuen (auf ...)*
prevent sb **from** ...-ing	*jmdn abhalten (von ...), hindern (an ...)*
succed in ...-ing	*Erfolg haben (bei ... / mit ...)*
talk about ...-ing	*reden (über ...)*
think about ...-ing	*nachdenken (über ...)*
worry about ...-ing	*sich Sorgen machen (wegen ...)*

3.2   HAUPTWÖRTER MIT PRÄPOSITION

advantage of ...-ing	*Vorteil (zu ...)*
alternative to ...-ing	*Alternative (zu ...)*
aversion to ...-ing	*Abneigung (gegen ...)*
chance of ...-ing	*Chance (zu ...)*
choice between ...-ing	*Wahl (zwischen ...)*
danger of ...-ing	*Gefahr (zu ...)*
difficulty / trouble (in) ...-ing	*Schwierigkeiten (bei ...)*
hope of ...-ing	*Hoffnung (zu ...)*
interest in ...-ing	*Interesse (an ...)*
means of ...-ing	*Mittel (um zu ...)*
objection to ...-ing	*Einwand (gegen ...)*
possibility of ...-ing	*Möglichkeit (zu ...)*
prospect of ...-ing	*Aussicht (zu ...)*
reason for ...-ing	*Grund (für ...)*
way of ...-ing	*Art und Weise (zu ...)*

3.3   ADJEKTIVE MIT PRÄPOSITION

Hier nur einige Beispiele, eine umfangreiche Liste finden Sie bei → **83** (7)

be amazed at ...-ing	*erstaunt sein, (zu ...)*
be angry about ...-ing	*verärgert sein (über ...)*
be good at/bad at ...-ing	*gut sein / schlecht sein (in ...)*
be interested in ...-ing	*interessiert sein (an ...)*
be afraid of ...-ing	*Angst haben (vor ...)*
be fond of ...-ing	*begeistert sein (von ...)*
be proud of ...-ing	*stolz sein (auf ...)*
be sick of ...-ing	*es leid sein (zu ...)*
be tired of ...-ing	*genug haben, es satt haben (zu ...)*
be used to ...-ing	*es gewohnt sein, (zu ...)*

4 GERUNDIUM oder **to-INFINITIV?**

Im Gegensatz zu einem Gerundium, das vor allem Gewohnheiten, Erinnerungen und Erfahrungen betont und damit immer auch Vergangenes einschließt, verweist ein to-Infinitiv [→ 225 (2)] auf einen *zukünftigen, neu einsetzenden,* oft *einmaligen* Vorgang.

Vergleichen Sie die folgenden Satzpaare:

She started **dancing** when she was ten.
Sie fing mit dem Tanzen an, als sie zehn war.
[Sie tanzt schon seit vielen Jahren.]

She climbed on the table and started **to dance**.
Sie kletterte auf den Tisch und fing an zu tanzen.
[Hier bezeichnet *tanzen* eine neu einsetzende Handlung.]

He has stopped **drinking**.
Er hat aufgehört zu trinken.
[Bis dahin hatte er regelmäßig getrunken.]

We stopped at a nearby pub **to drink** something.
Wir hielten an einem nahegelegenen Gasthaus an, um etwas zu trinken.
[Wir hatten vor, etwas zu trinken.]

I remember **giving** him the money.
Ich erinnere mich, ihm das Geld gegeben zu haben.
[Das Geld wurde bereits übergeben.]

Remember **to give** him the money.
Denk daran, ihm das Geld zu geben.
[Das Geld muss erst noch übergeben werden.]

I'll never forget **taking** a photo of the Prince of Wales.
Ich werde nie vergessen, wie ich vom Prinzen von Wales ein Foto gemacht habe.
[Das Foto ist ist bereits gemacht worden.]

Don't forget **to take** a few photos.
Vergiss nicht, ein paar Fotos zu machen.
[Die Fotos sollen erst noch gemacht werden.]

Bob went on **talking** about his new job.
Bob fuhr fort, über seine neue Arbeit zu reden.
[Er hatte schon vorher darüber geredet.]

Bob went on **to talk** about his new job.
etwa: Und dann redete Bob über seine neue Arbeit.
[Er ging zu diesem Thema über; bis dahin hatte er über etwas anderes geredet.]

I have tried **explaining** it to him, but he didn't understand.
Ich habe versucht, es ihm zu erklären, aber er hat es nicht verstanden.
[Die Erklärung ist schon gegeben worden.]

I'll try **to explain it** to him.
Ich werde versuchen, es ihm zu erklären.
[Die Erklärung steht noch aus.]

DIE VERBEN **need** und **want**

Bei diesen Verben besteht der Unterschied darin, dass die **-ing**-Form dem Satz einen passivischen Sinn gibt. Vergleichen Sie:

need to - aktivisch: *müssen*
We **need to repair** the roof of the shed.
*Wir **müssen** das Schuppendach **reparieren**.*

need -ing - passivisch: *muss … werden*
The roof of the shed **needs repairing**.
*Das Schuppendach **muss repariert werden**.*

want to - aktivisch: *wollen*
We **want to renew** the roof. Can we do that by ourselves?
*Wir **wollen** das Dach **erneuern**. Können wir das selbst machen?*

want -ing - passivisch: *muss/müssen … werden*
The roof is irreparable. It **wants renewing**.
*Das Dach ist nicht mehr zu reparieren, es **muss erneuert werden**.*

Fast ausschließlich passivisch gebraucht wird **deserve** (*verdienen*)
His objections **deserve considering**.
Seine Einwände müssen bedacht werden [Wörtl.: verdienen es, bedacht zu werden].

5   GERUNDIUM MIT EIGENEM SUBJEKT

Betrachten Sie das folgende Beispiel:

I remember coming home late that day.
*Ich erinnere mich, dass **ich** an dem Tag spät nach Hause gekommen bin.*

Die in diesem Satz genannten Verben (**remember** und **coming home**) haben ein *gemeinsames Subjekt*, das heißt, sie beziehen sich auf ein und dieselbe Person:
ICH erinnere mich – ICH bin spät nach Hause gekommen.

Sehen Sie sich nun den folgenden Satz an:

I remember Gerald coming home late that day.
*Ich erinnere mich, dass **Gerald** an dem Tag spät nach Hause gekommen ist.*

In diesem Satz haben die beiden Verben (**remember** und **coming home**) ihr *eigenes Subjekt*, beziehen sich also auf unterschiedliche Personen:
ICH erinnere mich – GERALD ist spät nach Hause gekommen.

Ersetzen wir nun den Namen **Gerald** durch ein Fürwort, so steht dieses logischerweise in der Objekt-Form (**him**). Wir sagen:

I remember him coming home late that day.
*Ich erinnere mich, dass **er** an dem Tag spät nach Hause gekommen ist.*

KONSTRUKTION MIT DEM BESITZFALL

Einer -**ing**-Form als Objekt kann auch ein Hauptwort im Besitzfall bzw. ein entsprechendes Fürwort vorangehen:

I remember Gerald's coming home late that day.
I remember his coming home late that day.

Diese Konstruktion ist aber in der Umgangssprache eher selten zu hören. Zudem hat sie den Nachteil, dass sie mit einigen Verben (etwa denen der Wahrnehmung wie **see**, **hear**, **smell**, **feel**, **watch**, **observe** oder **notice**) nicht möglich ist. Halten Sie sich darum an die Variante mit der Objekt-Formen (**him**), dann sind Sie in jedem Fall auf der sicheren Seite.

Hier zur Veranschaulichung noch einige weitere Beispiele:

I appreciate you having taken the time to see us.
Ich freue mich sehr, dass Sie sich die Zeit genommen haben, uns zu besuchen.
[Auch: I appreciate **your** having taken time …]

Do you mind me bringing along my wife?
Hätten Sie etwas dagegen, wenn ich meine Frau mitbringe?
[Besser als: Do you mind **my** bringing along my wife?]

Can you imagine her saying such a thing?
Kannst du dir vorstellen, dass sie so etwas gesagt hat?

I heard him coming down the stairs.
Ich hörte ihn die Treppe herunterkommen.
[Nicht: *I heard his coming down the stairs.]

We watched a woman breastfeeding her baby in the street.
Wir beobachteten, wie eine Frau auf der Straße ihr Baby stillte.
[Nicht: *We watched a woman's breastfeeding her baby in the street.]

19 Aktiv und Passiv

Man muss kein Grammatiker sein, um sich etwas unter *aktiv* und *passiv* vorstellen zu können. Beide Begriffe gehören zum festen Bestand unseres Alltagswortschatzes. Wir lesen von *aktiven Vulkanen* und von *passivem Widerstand*, hören von *aktiver* und *passiver Bestechung* und überlegen uns zuweilen, ob wir *aktiv werden* oder *passiv bleiben* sollen. Die Bedeutung ist in allen Fällen die gleiche: **aktiv** bedeutet *tätig, ausübend,* **passiv** bezeichnet das Gegenteil davon: *untätig, betroffen, erleidend.*

In der Sprache ist es genau so: ein *Aktivsatz* sagt aus, dass Personen oder Sachen etwas tun, ein *Passivsatz* dagegen berichtet von Personen oder Sachen, denen etwas passiert, die von etwas betroffen sind.

1   AKTIVSÄTZE

Sehen wir uns zur Verdeutlichung des Unterschiedes zwischen Aktiv- und Passivsätzen einige Beispiele an:

My uncle **supports** our family.
Mein Onkel unterstützt unsere Familie.

Jonathan **has sent** me a big birthday parcel.
Jonathan hat mir ein großes Geburtstagspaket geschickt.

The police officer **arrested** a gang of thieves.
Der Polizist nahm eine Bande von Dieben fest.

Alle diese Personen tun etwas, sie sind aktiv, sind die Urheber des im Satz berichteten Geschehens: Der Onkel *unterstützt* die Familie, Jonathan *hat* ein Paket *geschickt,* und der Polizist *nahm* eine Diebesbande *fest.*

Grammatikalisch gesehen, können nicht nur Personen aktiv werden. In einem übertragenen Sinne können durchaus auch Sachen etwas tun, etwas bewirken, für etwas verantwortlich sein:

The trains to Windsor **run** every forty minutes.
Die Züge nach Windsor verkehren alle vierzig Minuten.

The potatoes **are boiling.**
Die Kartoffeln kochen.

The musical **has been running** for more than ten years.
Das Musical läuft schon seit mehr als zehn Jahren.

In all diesen Fällen sind die durch das jeweilige Subjekt bezeichneten Dinge „aktiv": die Züge *verkehren,* die Kartoffeln *kochen,* und das Musical *läuft* seit über zehn Jahren.

Einen solchen Satz, der mit dem *Urheber,* dem *Verursacher* des jeweiligen Geschehens beginnt, bezeichnen wir als **Aktivsatz.**

2   PASSIVSÄTZE

Betrachten wir demgegenüber einmal die folgenden Sätze:

My uncle **is supported** by our family.
Mein Onkel wird von unserer Familie unterstützt.

Jonathan **is** often **sent** abroad by his company.
Jonathan wird von seiner Firma oft ins Ausland geschickt.

The police officer **was arrested** for shoplifting.
Der Polizist wurde wegen Ladendiebstahls festgenommen.

Wieder geht es um Jonathan, den Onkel und den Polizisten. Doch diesmal sind sie untätig, bleiben passiv, sind vom Handeln anderer *betroffen:* der Onkel unterstützt niemanden, sondern *wird unterstützt,* John schickt nichts, sondern *wird geschickt,* und auch der Verkehrspolizist ist zur Untätigkeit verdammt – er *wurde eingesperrt.*

Nicht anders verhält es sich in den folgenden Sätzen:

The train **is checked** every six months.
Der Zug wird alle sechs Monate überprüft.

Potatoes **are sold** by the pound.
Kartoffeln werden pfundweise verkauft.

The musical has **been taken off** by the management.
Das Musical ist von der Theaterleitung abgesetzt worden.

Auch in diesen Sätzen bleiben die im Subjekt genannten Dinge passiv. Vielmehr „widerfährt" ihnen etwas: der Zug *wird überprüft,* die Kartoffeln *werden verkauft,* und das Musical *ist abgesetzt worden.*

Einen solchen Satz, an dessen Anfang nicht der Urheber, sondern der *Betroffene* des jeweiligen Geschehens steht, bezeichnen wir als **Passivsatz**.

Die deutschen Begriffe *Tatform* (Aktiv) und *Leideform* (Passiv) bezeichnen den Sachverhalt nur oberflächlich. Weder drückt das Aktiv immer eine Tat aus (**She knows almost everyone**. – *Sie kennt fast jeden),* noch muss das Subjekt eines Passivsatzes immer ein „Leidender" sein (**She is admired by everyone**. – *Sie wird von allen bewundert.)*

3 BILDUNG DES PASSIV

Das Passiv wird gebildet aus einer Form des Hilfsverbs **be** und der **3**. Form eines Vollverbs:

be		VERB	ART DES PASSIVS
be, to be	+	**3**. Form	Passive Infinitive
am, are, is	+	**3**. Form	Simple Present Passive
was, were	+	**3**. Form	Simple Past Passive
have been, has been	+	**3**. Form	Present Perfect Passive
had been	+	**3**. Form	Past Perfect Passive
am being, are being, is being	+	**3**. Form	Present Progressive Passive
was being, were being	+	**3**. Form	Past Progressive Passive
can, could, may *usw.* be	+	**3**. Form	Modal Passive

3.1 MODALE FORMEN DES PASSIV

What **can be done**?	Was *kann getan werden?*
She **should have been warned**.	Sie *hätte gewarnt werden sollen.*
Everything **must be examined**.	Alles *muss untersucht werden.*
They **would have been arrested**.	Sie *wären verhaftet worden.*
The house **may be sold**.	Das Haus *wird* vielleicht *verkauft (werden).*
By then he **will have been fired**.	Bis dahin *wird* er *gefeuert worden sein.*
The text **needn't be translated**.	Der Text *braucht nicht übersetzt zu werden.*
They **could have been warned**.	Sie *könnten gewarnt worden sein.*
It **ought to be taken** seriously.	Es *sollte ernst genommen werden.*
The factory **is said to be torn down**.	Die Fabrik *soll (angeblich) abgerissen werden.*

3.2 PRESENT SIMPLE PASSIVE

I **am** often **asked** this question.	Mir *wird* oft diese Frage *gestellt.*
The show **is repeated** every Friday.	Die Show *wird* jeden Freitag *wiederholt.*
These watches **are made** in Japan.	Diese Uhren *werden* in Japan *hergestellt.*

3.3 PRESENT PROGRESSIVE PASSIVE

I **am being told** that ...	Mir *wird gerade gesagt,* dass ...
Breakfast **is being served**.	Das Frühstück *wird gerade serviert.*
The windows **are being replaced**.	Die Fenster *werden gerade ausgetauscht.*

3.4 PAST SIMPLE PASSIVE

I **was treated** quite well.	Ich *wurde* ganz gut *behandelt.*
The woman **was taken** to hospital.	Die Frau *wurde* ins Krankenhaus *gebracht.*
We **were not told** the truth.	Uns *wurde nicht* die Wahrheit *gesagt.*
A lot of workers **were dismissed**.	Viele Arbeiter *wurden entlassen.*

3.5 PAST PROGRESSIVE PASSIVE

The patient **was being examined**.	Der Patient *wurde gerade untersucht.*
I knew that we **were being watched**.	Ich wusste, dass *wir beobachtet wurden.*
The rooms **were being renovated**.	Die Räume *wurden gerade renoviert.*

3.6 PRESENT PERFECT PASSIVE

I **have** never **been disappointed**.	Ich *bin* noch nie *enttäuscht worden.*
Everything **has been said**.	Alles *ist gesagt worden.*
Whole towns **have been destroyed**.	Ganze Städte *sind zerstört worden.*

3.7 PAST PERFECT PASSIVE

I **had** not **been informed**.	Ich *war* nicht *informiert worden.*
The trade fair **had** just **been opened**.	Die Handelsmesse *war* gerade *eröffnet worden.*
Our passports **had been stolen**.	Unsere Pässe *waren gestohlen worden.*
The roof **had** never **been mended**.	Das Dach *war* nie *ausgebessert worden.*

3.8 PASSIV MIT **GET** ANSTELLE VON **BE**

Wenn ausgedrückt werden soll, dass Personen oder Sachen in besonders schwerwiegender Weise von etwas betroffen sind, kann man Passivsätze anstatt mit **be** auch mit dem Verb **get** bilden:

She **got cheated** by her best friend.
Sie wurde von ihrer besten Freundin betrogen.

They still don't know how many buildings **got destroyed** in the hurricane.
Man weiß immer noch nicht, wie viele Gebäude bei dem Wirbelsturm zerstört wurden.

He **got** seriously **injured** in a motorbike accident.
Er wurde bei einem Motorradunfall schwer verletzt.

One of her sons **got killed** in a dangerous combat mission.
Einer ihrer Söhne wurde bei einem gefährlichen Kampfeinsatz getötet.

In diesen und ähnlichen Fällen betont der Gebrauch von **get** die Dramatik des Geschehens und hebt noch stärker als das eher distanzierte, teilnahmslos wirkende **be** die Opferrolle der Betroffenen hervor:

The plant **was closed down**.
Sachlich-feststellend: *Die Fabrik wurde geschlossen*

The plant **got closed down**.
Subjektiv, aus der Sicht der Betroffenen: *Die Fabrik wurde geschlossen*

Es gibt kleine klaren Regeln, anhand derer Sie entscheiden könnten, welche Verben für ein Passiv mit **get** in Frage kommen. Entscheiden Sie sich darum im Zweifel für **be**, damit liegen Sie immer richtig.

4 IM PASSIV VERWENDBARE VERBEN

4.1 TÄTIGKEITSVERBEN MIT DIREKTEM OBJEKT

Passivsätze lassen sich nicht mit allen Verben bilden. Da sie immer mit einer Person oder einer Sache beginnen, der etwas „angetan" wurde, muss das verwendete Verb ein *Tätigkeitsverb* sein und zudem ein Objekt bei sich haben, das dann zum Subjekt des Passivsatzes werden kann:

Aktivsatz:	They **sent** the boy to a private school.
	Sie schickten den Jungen auf eine Privatschule.
Passivsatz:	The boy **was sent** to a private school.
	Der Junge wurde auf eine Privatschule geschickt.

Verben ohne Objekt (z.B. *They go to school every day*) können kein Passiv bilden. Sagen Sie also keinesfalls so etwas wie **To school is gone every day.*

Einige Zustandsverben [→ **156** (2.1)] können ebenfalls kein Passiv bilden: wo einer Person oder einer Sache nichts angetan wird, kann sie auch nichts erleiden.

In einem Satz wie *My jeans don't fit me any more* gibt es zwar ein Objekt (**me**), doch es ist niemand da, der etwas tut: das Verb **fit** *(passen)* bezeichnet keine Tätigkeit, sondern eine Eigenschaft. Die Umwandlung eines solchen Aktivsatzes in einen Passivsatz wäre schlicht Unfug: **I am not fitted by my jeans any more.*

4.2 TÄTIGKEITSVERBEN MIT INDIREKTEM OBJEKT

Einige Verben ziehen zwei Objekte nach sich [→ **271** (6)], von denen eines eine Person bezeichnet. Wird diese durch ein Fürwort vertreten und zum Subjekt eines Passivsatzes gemacht, so ändert dies – anders als im Deutschen – seine Form. Vergleichen Sie:

Aktivsatz:	They offered **me** a job abroad.
	*Sie boten **mir** eine Arbeit im Ausland an.*
Passivsatz:	I was offered a job abroad.
	***Mir** wurde ein Job im Ausland angeboten.* [Nicht: **Me was offered …*]
Aktivsatz:	Someone told **us** that the trip was dangerous.
	*Jemand sagte **uns**, dass die Reise gefährlich sei.*
Passivsatz:	**We** were told that the trip was dangerous.
	***Uns** wurde erzählt, dass die Reise gefährlich sei.* [Nicht: **Us was told … *]

Das Deutsche zieht anstelle eines Passivs oft einen Aktivsatz mit *man* vor: ***Man** bot mir eine Arbeit im Ausland an.* ***Man** sagte uns, dass die Reise gefährlich sei.*

5 AKTIVSATZ ODER PASSIVSATZ?

Wenn wir anderen etwas mitteilen wollen, müssen wir uns nicht vorab entscheiden, ob wir dies in der Form eines Aktivsatzes oder der eines Passivsatzes tun sollen. Da es üblich ist, eine Mitteilung mit etwas Bekanntem zu beginnen und erst danach mit der eigentlichen Neuigkeit herauszurücken, beantwortet sich diese Frage gewissermaßen von selbst. Ein Beispiel:

Satz 1: David **has repaired** his car.
David hat sein Auto repariert.

Satz 2: David **has been injured** in a car accident.
David ist bei einem Autounfall verletzt worden.

Beide Sätze beginnen mit der Nennung des Namens *David*. Das ist keine für den Hörer neue Information, denn er weiß, wer David ist. Es wird lediglich seine Aufmerksamkeit geweckt, und nun interessiert vor allem die Frage: Was ist mit David? Was gibt es Neues von David?

Dass die nun folgende Mitteilung in dem einen Fall ein Aktivsatz und im anderen ein Passivsatz wird, ergibt sich aus ihrem Inhalt: in dem einen Fall ist David der *Urheber* des berichteten Geschehens, er hat etwas getan (sein Auto repariert), im anderen hingegen ist er der *Betroffene,* ihm ist etwas widerfahren (er ist verletzt worden).

6 PASSIVSÄTZE OHNE NENNUNG EINES URHEBERS

Passivsätze werden immer dann verwendet, wenn der Urheber des im Satz berichteten Geschehens entweder *nicht bekannt* oder *nicht von Bedeutung* ist.

Do you know how many children are killed in traffic accidents each year?
Weißt du, wie viele Kinder jedes Jahr bei Verkehrsunfällen ums Leben kommen?

The restaurant is inspected every six months.
Das Restaurant wird alle sechs Monate überprüft.

The first railway line between the two cities was built in 1836.
Die erste Eisenbahnlinie zwischen den beiden Städten wurde 1836 gebaut.

All our luggage had been stolen.
Unser ganzes Gepäck war gestohlen worden.

I'm convinced that this problem can be resolved.
Ich bin überzeugt, dass dieses Problem gelöst werden kann.

7 PASSIVSÄTZE MIT NENNUNG DES URHEBERS

Ist der Urheber bekannt, kann er mit vorangestelltem **by** an den Satz angefügt werden. Oft ist seine Erwähnung sogar erforderlich. Betrachten Sie diese Beispiele:

St. Paul's Cathedral was built by Christopher Wren.
Die St. Paul's Kathedrale wurde von Christopher Wren erbaut.

This picture was painted by my little niece.
Dieses Bild wurde von meiner kleinen Nichte gemalt.

Diese Sätze wären ohne Nennung der jeweiligen Urheber unvollständig, da sie nur Bekanntes oder Selbstverständliches aussagen würden: **St. Paul's Cathedral was built* bzw. **This picture was painted.*

Dass der „Urheber" eines Geschehens auch eine Sache sein kann, zeigt dieses Beispiel:
The excavator was lifted onto a lorry by a huge crane.
Der Bagger wurde von einem riesigen Kran auf einen Lastwagen gehoben.

8 PASSIVSÄTZE MIT NENNUNG DES HILFSMITTELS

Oft werden in Passivsätzen auch die Mittel, Werkzeuge, Waffen usw. genannt, mit denen die berichtete Handlung ausgeführt wurde. Beispiele:

The man was stabbed with a dagger.
Der Mann wurde mit einem Dolch erstochen.

The picture was painted with a special brush.
Das Bild wurde mit einem speziellen Pinsel gemalt.

The stain finally came out with a bit of salt.
Der Fleck ging schließlich mit etwas Salz heraus.

Beachten Sie aber: der Dolch, der Pinsel und das Salz sind nicht die Urheber der Geschehens, sondern bezeichnen die von diesem verwendete Hilfsmittel. Sie werden daher nicht mit der Präposition **by**, sondern mit **with** angefügt.

20 Indirekte Rede
REPORTED SPEECH

Stellen wir uns einen ganz einfachen Sachverhalt vor: Eine gute Bekannte namens Helen hat uns erzählt, dass ihr Sohn Tim, ohne sie zu fragen, ihren Computer benutzt. Sie hat dies mit folgenden Worten ausgedrückt:

„Mein Sohn Tim benutzt meinen Computer, ohne mich zu fragen."

Wollen wir nun das, was uns Helen erzählt hat, einer dritten Person berichten, so können wir dies auf zweierlei Art tun: zum einen in **direkter** (wörtlicher) **Rede,** zum anderen in **indirekter** (berichteter) **Rede**.

- Unter einer **direkten Rede** versteht man die exakte Wiedergabe der Worte, die der Urheber der Äußerung gebraucht hat. Sie wird immer zwischen Anführungszeichen gesetzt. Nach einem vorangestellten Einleitungssatz steht ein Doppelpunkt:

  *Helen sagte: „**Mein** Sohn Tim **benutzt meinen** Computer, ohne **mich** zu fragen."*

- Bei der **indirekten Rede** geben wir eine Äußerung in leicht abgeänderter Form wieder. Wichtig ist allein der Inhalt der Mitteilung, nicht der genaue Wortlaut. Anstelle eines Doppelpunktes steht nun ein Komma, die Anführungszeichen fallen weg:

  *Helen sagte, **ihr** Sohn Tim **benutze ihren** Computer, ohne **sie** zu fragen.*

DIE INDIREKTE REDE IM ENGLISCHEN

Das Englische bezeichnet diese zwei Äußerungsarten als **direct speech** und **indirect speech** oder **reported speech** (wörtlich: *berichtete Rede*).

ZEICHENSETZUNG

Der direkten Rede im Deutschen geht ein Doppelpunkt voraus, die Äußerung selbst wird zwischen Anführungzeichen („ ... ") gesetzt. Im Englischen steht anstelle des Doppelpunkts ein Komma, beide Anführungszeichen stehen oben (" ... ").

Bei der indirekten Rede des Deutschen steht zwischen dem Einleitungssatz und der wiedergegebenen Äußerung ein Komma, im Englischen steht sie ohne jedes Zeichen.

VERÄNDERUNGEN

Aufgrund der wechselnden Erzählperspektive, die beispielsweise den „Ich"-Erzähler zu einem „er" oder einer „sie" macht, ergeben sich bei der Wiedergabe einer Äußerung in indirekter Rede einige Veränderungen.

Anders als im Deutschen, wo die indirekte Rede durch den Konjunktiv kenntlich gemacht wird (... *ihr Sohn Tim **benutze** ihren Computer),* geschieht dies im Englischen – wo der Konjunktiv kaum noch eine Rolle spielt – mit Hilfe der (im nächsten Abschnitt erläuterten) sogenannten „Zeitenverschiebung", durch die sich die *Zeitform* der wiedergegebenen Äußerung verändert.

Darüberhinaus ändern sich auch die genannten Personen, sofern sie durch Fürwörter wiedergegeben sind, sowie Angaben zu Ort und Zeit des Geschehens.

EIINLEITENDER SATZ

Der indirekten Rede geht ein kurzer, einleitender Satz voran, in dem gesagt wird, von wem die berichtete Äußerung stammt. Das Verb dieses Einleitungssatzes steht in der Regel im *Past Simple*. Hier die üblichen Wendungen:

- BEI DER WIEDERGABE EINER *AUSSAGE*

Helen **said** ...	... sagte
She **thought** ...	... dachte
Somebody **told me** ...	... sagte mir, ... erzählte mir
They **wondered** ...	... fragten sich

- BEI DER WIEDERGABE EINER *FRAGE*

John **asked** ...	... fragte
He **asked me** ...	... fragte mich
Everyone **wanted to know** ...	... wollte wissen
We **wanted to find out**...	... wollten herausfinden

- BEI DER WIEDERGABE EINER *AUFFORDERUNG*

My boss **told me** ...	... sagte mir
The children **asked me** ...	... baten mich
The police officer **requested me** ...	... forderte mich auf
Mr Smith **ordered me** ...	... befahl mir

1 VERÄNDERUNG DES VERBS (ZEITENVERSCHIEBUNG)

Normalerweise vergeht einige Zeit, bevor man berichtet, was andere gesagt haben. Was für die sich äußernde Person Gegenwart ist ("I **am** waiting for the bus"), gehört aus Sicht des Berichtenden schon der Vergangenheit an. Dieser Abstand zwischen der ursprünglichen Äußerung und ihrer Wiedergabe in indirekter Rede kommt in der sogenannten *Zeitenverschiebung* (Tense Shift) zum Ausdruck. Hierbei wird das **erste** Verb aus der *direkten* Rede bei der Wiedergabe in indirekter Rede *um eine Zeitstufe zurückversetzt*. Die Übersicht zeigt die einzelnen Schritte der Zeitenverschiebung bei den Verben **be** und **have** und den Vollverben:

Present Simple	**am** ↓	**is**	**are** ↓	**have** ↓	**has**	1. Form ↓ s-Form
Past Simple	**was** ↓		**were** ↓	**had** ↓		2. Form ↓
Past Perfect	**had been**			**had had**		**had + 3**. Form

Direkte Rede (Helen): "I **am** still waiting for an answer."
Um diese Aussage in Form einer indirekten Rede wiederzugeben, setzen wir deren **erstes** Verb (**am**) um eine Zeitstufe zurück (**was**) und stellen ihr eine geeignete Einleitung im *past* voran, z.B. **Helen said** … Wir erhalten: *Helen said* she **was** still waiting for an answer.

Direkte Rede (Car dealer): "Your car **needs** new brakes."
Wieder setzen wir das erste (in diesem Fall auch einzige) Verb um eine Zeitstufe zurück: aus **needs** *(Present Simple)* wird **needed** *(Past Simple)*. Mit einer vorangestellten Einleitung (**The dealer told me** …) erhalten wir folgenden Satz in indirekter Rede: *The dealer told me* that my car **needed** new brakes.

VERSCHIEBUNG BEI **MODALVERBEN**

can ↓	**may** ↓	↓ **must** ANM ↓		**shall** ↓	**will** ↓
could	**might**	**had to**	**would have to**	**should**	**would**

ANM | **must** wird, wenn es sich auf die Gegenwart bezieht, zu **had to** (He said he **had to work** a lot), mit Bezug auf etwas Zukünftiges dagegen zu **would have to** (He said he **would have to work** harder.)

Modalverben können nur um eine Stufe zurückversetzt werden und bereiten darum bei der Wiedergabe in indirekter Rede keine Schwierigkeiten.

Direkte Rede (Alan): "You **may** not believe me, but it'**s** true."
Alan said we **might** not believe him, but it **was** true.
Alan sagte, wir würden ihm vielleicht nicht glauben, aber es sei wahr.

Direkte Rede (John): "We **can** start, the rain **will** stop soon."
John said we **could** start, the rain **would** stop soon.
John sagte, wir könnten anfangen, da der Regen bald aufhören würde.

2 KEINE ZEITENVERSCHIEBUNG

Obwohl die Zeitenverschiebung ein charakteristisches Merkmal indirekter Rede ist, folgt ihre Anwendung keineswegs starren, unverrückbaren Regeln, auch wenn dies gelegentlich so vermittelt wird. Es gibt durchaus Situationen, in denen sie unterbleibt.

So kann beispielsweise der Berichtende durch die Wahl bzw. Weglassung der Zeitenverschiebung eine persönliche Wertung in die wiedergegebene Aussage einfließen lassen.

2.1 EINLEITUNG IM PRESENT ODER FUTURE

Eine Zeitenverschiebung unterbleibt, wenn das Verb des einleitenden Satzes im *present* steht. Vergleichen Sie :

Direkte Rede: "I will never get really well again."
Ich werde nie wieder richtig gesund werden.

- EINLEITENDES VERB IM **PAST**: ZEITENVERSCHIEBUNG
  He **told** me he **would** never get really well again.

- EINLEITENDES VERB IM **PRESENT**: KEINE ZEITENVERSCHIEBUNG
  He always **tells** me he **will** never get well again.
  Er erzählt mir immer, er werde nie wieder richtig gesund werden.

  He **has** often **told** me he **will** never get really well again.
  Er hat mir oft erzählt, er werde nie wieder richtig gesund werden.

2.2 KEINE ZEITENVERSCHIEBUNG TROTZ EINLEITUNG IM PAST

NEUTRALE WIEDERGABE

Möchten wir zum Ausdruck bringen, dass es sich bei der berichteten Äußerung um bekannte oder anerkannte Sachverhalte, um bestimmte Einstellungen, Standpunkte oder Thesen handelt, die nach wie vor zutreffen oder diskutiert werden, kann eine Zeitenverschiebung unterbleiben. Beispiel:

Direkte Rede (teacher): "**Climate change is a threat to mankind.**"

Geben wir den Satz ohne eine Veränderung des Verbs wieder (**is** bleibt **is**), dann berichten wir lediglich über eine Äußerung bzw. Mitteilung, die wir hinsichtlich ihres Wahrheitsgehalts nicht bewerten, kommentieren oder in Frage stellen wollen:

Our teacher said *that climate change **is** a threat to mankind.*
Unser Lehrer hat gesagt [= er hat uns mitgeteilt],
dass der Klimawandel eine Bedrohung für die Menschheit IST.

Durch die Anwendung einer Zeitenverschiebung (in diesem Beispiel also von **is** zu **was**) wird hingegen betont, dass eine solche Aussage für uns neu ist, dass sie uns verwundert oder auch, dass uns Zweifel angebracht erscheinen. Unsere Haltung zu der betreffenden Äußerung ist: das mag so sein, er behauptet es jedenfalls:

Our teacher said *that climate change **was** a threat to mankind.*
Unser Lehrer hat gesagt [= er hat behauptet],
dass der Klimawandel eine Bedrohung für die Menschheit SEI.

DIREKTE REDE IM PAST PERFECT

Steht die direkte Rede im *Past Perfect* (**had** + 3. Form), so ist die letzte Stufe einer zeitlichen Rückversetzung erreicht und eine weitere Verschiebung nicht mehr möglich. Äußerungen im *Past Perfect* werden also in indirekter Rede unverändert wiedergegeben:

Direkte Rede (Bob): "We **had** never **seen** anything like that before."
Bob told me they **had** never **seen** anything like that before.

3 DIE VERÄNDERUNG DES PERSONALEN ASPEKTS

Bei der Wiedergabe von Äußerungen Dritter ändern sich auch die Bezugswörter der erwähnten Personen. Das ist kein grammatikalisches Problem und muss nicht gelernt werden. Die notwendigen Veränderungen ergeben sich beim Sprechen von selbst:

(Bob):   "**I** would like to show **you my** new computer game"
Bob said   **he** would like to show **me his** new computer game.

ÜBERSICHT

DIREKT	INDIREKT		DIREKT	INDIREKT		DIREKT	INDIREKT
I	**he, she**		me	**him, her**		my	**his, her**
you *du*	**I**		you *dich*	**me**		your *dein*	**my**
we	**we** ANM, **they**		us	**us** ANM, **them**		our	**our** ANM, **their**
you *ihr*	**we**		you *euch*	**us**		your *euer*	**our**

ANM | **we**, **us**, **our** bleiben unverändert, wenn die berichtende Person mit einbezogen ist.

4 DIE VERÄNDERUNG VON ORTS- UND ZEITANGABEN

Äußerungen Dritter werden in der Regel nicht an dem Ort wiedergegeben, an dem sie gefallen sind, und auch nicht zu demselben Zeitpunkt. Angaben wie **today** oder **here** machen darum nur Sinn, wenn über die betreffende Äußerung am selben Tag und am selben Ort berichtet wird. Hier die Veränderungen, auf die zu achten ist:

ÜBERSICHT

DIREKT	INDIREKT		DIREKT	INDIREKT
here	**there**		yesterday	**the day before**
this ...	**that** ...		... ago	**... before**
these	**those**		next ...	**the following** ...

► Die in diesem Zusammenhang manchmal erwähnte Veränderung von **now** zu **then** ist dagegen überflüssig. Ein Satz wie "**I'm going now**" wird einfach zu **He said he was going** und nicht zu *He said he was going then.

5   DIE INDIREKTE REDE IM AUSSAGESATZ

WEGFALL VON THAT

Ein Aussagesatz, der in indirekter Rede wiedergegeben wird, kann – muss aber nicht – durch **that** *(dass ...)* eingeleitet werden. Beispiele:

Boss: "It **is** hard work, but we **pay** more than other companies."
The boss said it **was** hard work but they **paid** more than other companies.
[Statt: The boss said that it **was** hard work ...]
Der Chef sagte, es sei harte Arbeit, aber sie zahlten mehr als andere Unternehmen.

Guide: "These buildings **are** old, but **have** been completely restored."
The tour guide said those buildings **were** old, but **had** been completely restored.
Der Reiseleiter sagte, jene Gebäude seien alt, aber vollständig restauriert worden.

John: "I **have** never had a car, but I'**m** going to buy one soon."
John told me he **had** never had a car, but (he) **was** going to buy one soon.
John erzählte mir, er habe noch nie ein Auto gehabt, aber dieses Jahr werde er sich eines kaufen.

Neighbour: "I **saw** you, but **didn't recognise** you."
My neighbour said he **had seen** me, but **hadn't recognised** me.
Mein Nachbar sagte, er habe mich gesehen, mich aber nicht erkannt.

6   DIE INDIREKTE REDE IM FRAGESATZ

6.1   SATZSTELLUNG

Sätze in indirekter Rede werden wie Aussagesätze konstruiert. Dies gilt auch für den indirekten Fragesatz, in dem also, anders als bei der *direkten* Frage, keine Umstellung stattfindet, und in dem auch **do**, **does** oder **did** nicht benötigt werden.

Als Schlusszeichen eines indirekten Fragesatzes steht kein Fragezeichen, sondern ein Punkt. Ungeübten Schülern unterlaufen hier oft Fehler im Satzbau, obwohl es das Englische in diesem Fall genauso macht wie das Deutsche. Betrachten Sie die folgenden Beispiele:

DIREKTE FRAGE (Colleague): **When is the next company meeting**?
Wann ist die nächste Betriebsversammlung?

INDIREKTE FRAGE: My colleague asked me **when the next company meeting was**.
Mein Kollege fragte mich, wann die nächste Betriebsversammlung sei.
[Nicht: *... when was the next company meeting.]

DIREKTE FRAGE (Cathy): **How much time do you spend at the computer?**
Wie viel Zeit verbringst du am Computer?

INDIREKTE FRAGE: Cathy wanted to know **how much time I spent at the computer**.
Cathy wollte wissen, wie viel Zeit ich am Computer verbringe.
[Nicht: *... how much time did I spend at the computer.]

DIREKTE FRAGE (Jim): **How long have you known each other**?
Wie lange kennt ihr euch schon?

INDIREKTE FRAGE: Jim asked us **how long we had known each other**.
Jim fragte uns, wie lange wir uns schon kennen.
[Nicht: *... how long had we known each other.]

6.2   INDIREKTE ENTSCHEIDUNGSFRAGEN

Als *Entscheidungsfrage* wird eine Frage bezeichnet, bei deren Beantwortung man sich lediglich zwischen **yes** und **no** zu entscheiden hat, ohne nähere Angaben machen zu müssen. Sie beginnt immer mit einem Hilfsverb:

Is this the way to the station? – Yes, it is.
Can you dive? – No, I can't.
Have you seen my dog? – No, I haven't.
Do you always drive like that? – Yes, I do.

Entscheidungsfragen in indirekter Rede werden durch **whether** oder **if** eingeleitet (siehe Kasten Seite 243). Sie entsprechen indirekten deutschen Fragesätzen mit *ob*...

(Jenny) "**Can** you keep a secret?"
Jenny asked me **whether** [oder: **if**] I **could** keep a secret.
Jenny fragte mich, ob ich ein Geheimnis für mich behalten könne.

(Woman) "**Have** you seen my dog?"
The woman asked me **whether** [oder: **if**] I **had** seen her dog.
Die Frau fragte mich, ob ich ihren Hund gesehen hätte.

(Taxi driver): "**Are** you in London for business?"
The taxi driver wanted to know **whether** [oder: **if**] I **was** in London for business.
Der Taxifahrer wollte wissen, ob ich geschäftlich in London sei.

(Asking a taxi driver): "**Do** you always **drive** like this?"
I asked the taxi driver **whether** [oder: **if**] he always **drove** like that.
Ich fragte den Taxifahrer, ob er immer so fahre.

WHETHER oder IF?

Als englische Entsprechung für das deutsche *ob* kommen sowohl **whether** als auch **if** in Frage. Bei der Bildung einer indirekten Frage können beide Wörter mehr oder minder unterschiedslos verwendet werden: **She asked me if I could keep a secret** ist ebenso korrekt wie **She asked me whether I could keep a secret.**

Im täglichen Sprachgebrauch haben sich aber bestimmte Gewohnheiten herausgebildet, ohne dass man hierfür verbindliche Regeln anführen könnte. So wird **if** ganz offenbar in Verbindung mit Verben des Zweifelns bevorzugt:
I doubt if ... *(Ich bezweifle, ob...)*, **I wonder if** ... *(Ich frage mich, ob...)*,
I am not sure if ... *(Ich bin nicht sicher, ob ...)*

In anderen Fällen kann dagegen nur **whether** stehen. So zum Beispiel am Anfang von Sätzen mit **or** oder **or not**, in denen eine Wahlmöglichkeit aufgezeigt wird:
Whether you want to **or not**, you'll have to pay.
Ob du willst oder nicht, du wirst bezahlen müssen.

Auch vor einem **to**-Infinitiv kann nur **whether** stehen:
I don't know **whether** to sell my shares or hold on to them.
Ich weiß nicht, ob ich meine Aktien verkaufen oder halten soll.

Verwenden Sie im Zweifel **whether**. Achten Sie auch auf die korrekte Schreibung: **whe**ther, nicht **wea**ther *(Wetter)*.

6.3   INDIREKTE FRAGEWORT-FRAGEN

Fragewort-Fragen beginnen, wie der Name sagt, mit einem Fragewort. Sie lassen sich nicht einfach mit **yes** oder **no** beantworten:
What are you doing this evening?
When was the first moon landing?
Why don't you admit that you are wrong?
How long did you work for that company?

Bei der Wiedergabe einer Fragewort-Frage in indirekter Rede wird das in der direkten Rede verwendete Fragewort übernommen:
James: "**How long can** you hold your breath under water?"
James asked me **how long** I **could** hold my breath under water.
James fragte mich, wie lange ich unter Wasser die Luft anhalten könne.

Dentist: "**When did** you last have your teeth checked?"
The dentist asked me **when** I last **had** my teeth checked.
Der Zahnarzt fragte mich, wann ich das letzte Mal meine Zähne hätte untersuchen lassen.

Question to pump attendant: "**Why has** petrol become so expensive?"
I asked the pump attendant **why** petrol **had** become so expensive.
Ich fragte den Tankwart, warum das Benzin so teuer geworden sei.

(Shop assistant): "**What shoe size do** you wear?"
The shop assistant wanted to know **what shoe size** I **wore**.
Die Verkäuferin wollte wissen, welche Schuhgröße ich habe.

7   DIE INDIREKTE REDE IM BEFEHLSSATZ

Die Bildung eines indirekten Befehlssatzes ist denkbar einfach. Einer geeigneten Satzeinleitung im *Past Simple* (in der Regel **He told me**...) wird das im Befehl genannte Verb in der **to**-Form angefügt. Daraus ergibt sich
– für nicht-verneinte Sätze: **He told me to** ...
– für verneinte Sätze: **He told me not to** ...

Unter den Begriff *Befehlssatz* fallen alle Äußerungen, mit denen Lebewesen aufgefordert werden, etwas Bestimmtes zu tun bzw. zu unterlassen. Dies sind keineswegs nur Befehle der Art, wie sie etwa beim Militär üblich sind. Auch wohlmeinende Äußerungen wie eine Bitte, ein Ratschlag oder eine Warnung sind, grammatikalisch gesehen, Befehlssätze.

Dementsprechend kommen für die Einleitung eines Befehlssatzes mehrere Verben in Frage, unter anderem **tell** *(sagen)*, **order** *(befehlen)*, **ask** *(bitten)*, **advise** *(raten)*, **warn** *(warnen)* und **remind** *(erinnern)*.

(Teacher to first-formers): "**Be careful** when crossing the road."
The teacher told the first-formers **to be careful** when crossing the road.
Der Lehrer sagte den Erstklässlern, sie sollten aufpassen, wenn sie die Straße überquerten.

(Police Officer to crowd): "**Stay back. Don't cross** the yellow line!"
The police officer ordered the crowd **to stay back** and **not to cross** the yellow line.
Der Polizist befahl der Menge, zurückzubleiben und die gelbe Linie nicht zu übertreten.

(Assistant): "Please **pay** at the checkout on the ground floor."
The assistant asked me **to pay** at the checkout on the ground floor.
Der Verkäufer bat mich, an der Kasse im Erdgeschoss zu bezahlen.

Boss): "**Don't believe** everything people say."
(My boss advised me **not to believe** everything people say.
Mein Chef riet mir, nicht alles zu glauben, was die Leute sagen.

(Request to postman): "**Don't leave** our mail with neighbours!"
We have instructed the postman **not to leave** our mail with neighbours.
Wir haben den Briefträger angewiesen, unsere Post nicht bei Nachbarn abzugeben.

(My wife): "**Remember** to put out the dustbins."
My wife reminded me **to put out** the dustbins.
Meine Frau erinnerte mich daran, die Mülleimer nach draußen zu stellen.

[Nicht: *reminded me to remember, denn das klänge etwas merkwürdig: *erinnerte mich daran, daran zu denken ...*] ZUR ERINNERUNG: **remind** sb **to do** sth - *jmd daran erinnern, etw zu tun,* **remember to do** sth - *daran denken, etwas zu tun*

8 SATZVERBINDUNGEN IN INDIREKTER REDE

Bei der Wiedergabe mehrerer aufeinanderfolgender Äußerungen in indirekter Rede behält jeder Satz die Einleitung, die man ihm auch als Einzeläußerung voranstellen würde.

Als Überleitung zu einem angefügten Aussagesatz bieten sich die Wendungen ... **and added that**... *(und fügte hinzu...)* oder ... **adding that**... *(wobei er/sie hinzufügte...)* an:

AUSSAGESATZ + FRAGESATZ

(Ann): "We still have problems with the new alarm system.
Do you know someone who can fix it?"
Ann **said** they still had problems with the new alarm system
and asked me if I knew someone who could fix it.
Ann sagte, sie hätten immer noch Probleme mit der neuen Alarmanlage
und fragte mich, ob ich jemanden wüsste, der sie reparieren könnte.

BEFEHLSSATZ + AUSSAGESATZ

(My wife): "Take your time! You'll be late for your interview anyway."
My wife **told me** to take my time
and added that I would be late for my interview anyway.
Meine Frau sagte, ich solle mir Zeit lassen,
ich würde sowieso zu spät zu meinem Vorstellungsgespräch kommen.

(Doctor): "You'll soon feel better. Don't worry"
The Doctor **said** I would soon feel better and **told me** not to worry.
Der Arzt sagte, es werde mir bald besser gehen, ich solle mir keine Sorgen machen.

FRAGESATZ + BEFEHLSSATZ

(Jenny to Bob): "Why are you always ringing me up? Leave me alone!"
Jenny **asked Bob** why he was always ringing her up
and **told him** to leave her alone.
Jenny fragte Bob, warum er sie dauernd anrufe
und sagte ihm, er solle sie in Ruhe lassen.

ZWEI AUSSAGESÄTZE

Customer: "The car is much too expensive. I can't afford it."
The customer **said** the car was much too expensive **adding that** he couldn't afford it.
Der Kunde sagte, das Auto sei viel zu teuer, (wobei er hinzufügte),
er könne es sich nicht leisten.

(Elizabeth calling the box office): "Are there any tickets left? And how much do they cost?"

Elizabeth **asked** if there were any tickets left **and** then **wanted to know** how much they cost.

Elizabeth fragte, ob es noch Karten gebe und wollte dann wissen, wie viel sie kosteten.

9 INHALTLICHE WIEDERGABE VON ÄUSSERUNGEN

Da es bei der indirekten Rede nicht in erster Linie um eine wortgetreue Wiedergabe, sondern um *Inhalte* geht, genügt es oft, die zu berichtende Äußerung in einem geeigneten Verb zusammenzufassen, anstatt sie in eines der behandelten Satzmuster zu kleiden. Beispiele:

(Sheila): "Good morning."
Sheila **greeted** me.
Sheila (be)grüßte mich.

"Would you like to come for a drink?"
She **invited** me for a drink.
Sie lud mich zu einem Drink ein.

(Our friends): "How about a drive along the coast?"
Our friends **suggested** a drive along the coast.
Unsere Freunde schlugen eine Fahrt entlang der Küste vor.

(Catherine): "I'd love to come with you."
She **accepted** with pleasure.
Sie nahm mit Vergnügen an.

(Children): "We won't be late."
The children **promised** not to be late.
Die Kinder versprachen, pünktlich zu sein (wörtl.: ... nicht zu spät zu kommen.)

Verwenden Sie diese Art der Wiedergabe, wo immer sie sich anbietet. Sie klingt sehr viel natürlicher als so gewundene Strukturen wie:

She asked me if I would like to come for a drive.
The children said they wouldn't be late.

21 Relativsätze

1 NOTWENDIGE UND ERGÄNZENDE RELATIVSÄTZE

Bei englischen Relativsätzen ist zu unterscheiden, ob sie eine für das Verständnis des Satzes *notwendige* oder eine lediglich *ergänzende* Information enthalten.

1.1 NOTWENDIGE RELATIVSÄTZE (DEFINING RELATIVE CLAUSES)

Relativsätze sind immer dann *notwendig*, wenn ohne sie die Aussage des Satzes unvollständig oder unklar wäre:

The gentleman **who lives next door** comes from the Bahamas.
Der Herr, der nebenan wohnt, kommt von den Bahamas.

John works for a company **that makes umbrellas**.
John arbeitet für eine Firma, die Regenschirme herstellt.

Ohne die jeweiligen Relativsätze (... **who lives next door**, ... **that makes umbrellas**) bliebe die Aussage unklar: Welcher Mann kommt von den Bahamas? Bei was für einer Firma arbeitet John? Notwendige Relativsätze werden darum – anders als im Deutschen – *ohne Satzzeichen* angefügt.

1.2 ERGÄNZENDE RELATIVSÄTZE (NON-DEFINING RELATIVE CLAUSES)

Von einem ergänzenden Relativsatz spricht man, wenn dieser lediglich *zusätzliche*, für das Verständnis des Satzes aber nicht unbedingt notwendige Angaben enthält:

Miss Pitt, **who speaks five languages**, works for the German Embassy.
Miss Pitt, die fünf Sprachen spricht, arbeitet für die deutsche Botschaft.

My old Ford, **which is 25 years old**, is still in perfect condition.
Mein alter Ford, der 25 Jahre alt ist, ist immer noch in bester Verfassung.

In diesen Beispielen ist das Verständnis des Satzes auch ohne die eingefügten Relativsätze gewährleistet, da die jeweiligen Bezugswörter *(Miss Pitt, my old Ford)* durch Namensnennung schon hinreichend bestimmt sind.

Um zu unterstreichen, dass es sich um zusätzliche, nicht notwendige Angaben handelt, werden *ergänzende* Relativsätze durch ein Komma vom Hauptsatz abgetrennt.

1.3 KONTAKTSATZ

Unter einem **Kontaktsatz** *(Contact Clause)* versteht man einen *notwendigen* Relativsatz *ohne Relativpronomen.* Beispiele:

The girl **I met in Italy** is coming to see us tomorrow.
Das Mädchen, das ich in Italien kennengelernt habe, kommt uns morgen besuchen.
Statt: The girl **who I met in Italy** is coming to see us tomorrow.

Is this the letter **you got yesterday**?
Ist dies der Brief, den du gestern bekommen hast?
Statt: Is this the letter **that you got yesterday**?

Voraussetzung für eine solche Konstruktion ist, dass der Relativsatz – wie in den genannten Beispielen der Fall – ein *eigenes Subjekt* hat:

The girl **I met in Italy** ... (Subjekt des Relativsatzes: **I**)
... the letter **you got yesterday**. (Subjekt des Relativsatzes: **you**)

Kontaktsätze sind nicht möglich bei ergänzenden Relativsätzen:

John Cox, **who I met only last week**, has died.
oder: John Cox, **whom I met only last week**, has died.
John Cox, den ich erst letzte Woche getroffen habe, ist gestorben.
[Nicht: *John Cox, I met only last week, has died.]

2 DAS RELATIVPRONOMEN

Ein Relativsatz wird durch Wörter wie **who**, **that**, **which**, **whom**, **whose** oder **what** eingeleitet – sogenannte **Relativpronomen** *(Relative Pronouns).* Den Formen **whom** und **which** kann eine Präposition vorangehen:

Our daughter, **of whom we are very proud**, studies at Oxford.
Unsere Tochter, auf die wir sehr stolz sind, studiert in Oxford.

The key **for which you have been looking** was in my pocket.
Der Schlüssel, nach dem du gesucht hast, war in meiner Tasche.

2.1 WHO

WHO IN NOTWENDIGEN RELATIVSÄTZEN

Are you the lady **who phoned a few minutes ago**?
Sind Sie die Dame, die vor ein paar Minuten angerufen hat?

There are people **who have never read a book**.
Es gibt Menschen, die noch nie ein Buch gelesen haben.

Is it true that women **who work** have less time for their children?
Ist es wahr, dass Frauen, die arbeiten, weniger Zeit für ihre Kinder haben?

You ought to ask someone **who knows more about it.**
Du solltest jemanden fragen, der mehr darüber weiß.

WHO IN ERGÄNZENDEN RELATIVSÄTZEN

My grandfather, **who was a heavy smoker**, died at 99.
Mein Großvater, der ein starker Raucher war, ist mit 99 gestorben.

Johannes Brahms, **who was born in Hamburg**, spent most of his life in Vienna.
Johannes Brahms [deutscher Komponist, 1833-1897], der in Hamburg geboren wurde, verbrachte die meiste Zeit seines Lebens in Wien.

My parents, **who have never been abroad**, are flying to Australia next week.
Meine Eltern, die noch nie im Ausland gewesen sind, fliegen nächste Woche nach Australien.

THAT [→ 250 (2.4)] ANSTELLE VON **WHO**

In *notwendigen* Relativsätzen wird anstelle von **who** auch **that** verwendet, in *ergänzenden* Relativsätzen muss dagegen immer **who** stehen:

Are you the lady **that phoned a few minutes ago**?
Aber nicht: *My grandfather, that was a heavy smoker, died at 99.

who (nicht **that**) steht nach unbestimmten Fürwörtern auf **-one / -body** sowie nach **those:**
An architect is someone **who designs buildings**.
Is there anyone here **who can play the piano**?
Those **who are leaving today** may leave their luggage in the lobby.

Dem Relativpronomen **who** kann keine Präposition vorangehen.
Also nicht: *You are the woman **of who I've been dreaming**.

2.2 WHOM

WHOM IN NOTWENDIGEN RELATIVSÄTZEN

Das Objekt-Pronomen **whom** gehört vorwiegend der Schriftsprache an. Im Alltag wird es meist durch **who** bzw. **that** ersetzt oder entfällt durch die Verwendung eines Kontaktsatzes:

SCHRIFTSPRACHE / FORMELL:
He was dancing with the girl **whom he had met the day before**.
Er tanzte mit dem Mädchen, das er tags zuvor kennengelernt hatte.

UMGANGSSPRACHE:
He was dancing with the girl **who he had met the day before**.
oder: He was dancing with the girl **that he had met the day before**.
oder: He was dancing with the girl **he had met the day before**.

WHOM IN ERGÄNZENDEN RELATIVSÄTZEN

whom findet sich auch in ergänzenden Relativsätzen, lässt sich jedoch auch dort durch **who** (nicht aber durch **that**) ersetzen:

This is Linda, **whom** [oder: **who**] **you once wanted to marry**.
Dies ist Linda, die du einmal heiraten wolltest.

Caesar, **whom** [oder: **who**] **most of us know as a commander**, was also a writer.
Cäsar, den die meisten von uns als Feldherrn kennen, war auch Schriftsteller.

WHOM IN PRÄPOSITIONALEN RELATIVSÄTZEN

Im Gegensatz zu **who** kann dem Relativpronomen **whom** eine Präposition vorangehen:
Mr Cook, **to whom I spoke yesterday**, is willing to accept your offer.
Mr Cook, mit dem ich gestern gesprochen habe, ist bereit, dein Angebot anzunehmen.

My niece Anna, **with whom I went to Rome last year**, is having a baby.
Meine Nichte Anna, mit der ich letztes Jahr nach Rom gefahren bin, bekommt ein Baby.

Kaum weniger gebräuchlich ist die Konstruktion mit **who** und nachgestellter Präposition:
Mr Cook, **who I spoke to yesterday**, is willing to accept your offer.
My niece Anna, **who I went to Rome with last year**, has had her first baby.

RELATIVSÄTZE MIT TEILMENGEN: ... OF WHOM

Relativsätze dieses Typs benennen einen Teil (**some, a few, many, most, all, twenty, several, none, the majority** usw.) der im Hauptsatz genannten Anzahl oder Menge:
some of whom ...,   **many of whom** ...,   **none of whom** ... usw.

Das Deutsche konstruiert eine solche Fügung genau andersherum:
... von denen einige ..., von denen viele ..., von denen keine ... usw. Vergleichen Sie:
They had seven children, **two of whom died very young**.
Sie hatten sieben Kinder, von denen zwei sehr jung starben.

The police arrested hundreds of fans, **many of whom were drunk**.
Die Polizei nahm Hunderte von Fans fest, von denen viele betrunken waren.

The tourists, **none of whom spoke Chinese**, were not able to ask the way.
Die Touristen, von denen keiner Chinesisch sprach, konnten nicht nach dem Weg fragen.

Memphis is a city of 650,000 inhabitants, **most of whom are black**.
Memphis ist eine Stadt von 650.000 Einwohnern, von denen die meisten schwarz sind.

2.3 WHOSE

whose kann sowohl in Bezug auf Personen als auch auf Sachen verwendet werden. Es drückt ein Besitzverhältnis aus und entspricht unseren Formen *dessen* und *deren*:

Do you know the girl **whose photo is in the newspaper today**?
Kennst du das Mädchen, dessen Foto heute in der Zeitung ist?

There are words **whose meaning is hard to explain**.
Es gibt Wörter, deren Bedeutung schwer zu erklären ist.

Martha, **whose first husband was killed in the war**, has never married again.
Martha, deren erster Mann im Krieg umkam, hat nie wieder geheiratet.

Dem Relativpronomen **whose** kann eine Präposition vorangehen:
This is the police officer **with whose help I have found you**.
Dies ist der Polizist, mit dessen Hilfe ich euch gefunden habe.

Timothy Brown, **for whose company I once worked**,
has announced his candidacy for mayor.
Timothy Brown, für dessen Firma ich einmal gearbeitet habe,
hat seine Kandidatur für das Amt des Bürgermeisters angekündigt.

2.4 THAT

that ist ein in der Umgangssprache häufig benötigtes Relativpronomen. Es bezieht sich meist auf Sachen, wird aber, anstelle von **who**, auch in Bezug auf Personen verwendet.

THAT MIT BEZUG AUF SACHEN

Is there a shop near here **that sells foreign newspapers**?
Gibt es hier in der Nähe ein Geschäft, das ausländische Zeitungen verkauft?

I'm looking for a car **that doesn't use much petrol**.
Ich suche ein Auto, das nicht viel Benzin verbraucht.

THAT MIT BEZUG AUF PERSONEN

Can you remember the girl **that was sitting next to me** at the concert?
Kannst du dich an das Mädchen erinnern, das im Konzert neben mir saß?

He's very clever for a boy **that hasn't even started school**.
Er ist sehr klug für einen Jungen, der noch nicht einmal zur Schule geht.

Wann immer möglich, sollte man einen Kontaktsatz bilden:

The computer **I bought last week** is the most modern of its kind.
Der Computer, den ich gestern gekauft habe, ist der modernste seiner Art.

The people **we met in York** are staying at our hotel.
Die Leute, die wir in York kennengelernt haben, wohnen in unserem Hotel.
[Statt: The computer **that** I bought …, The people **who / whom / that** we met …]

THAT NACH MENGENBEZEICHNUNGEN UND SUPERLATIVEN

Mit **that** eingeleitete Nebensätze stehen nach Hauptwortgruppen mit Wörtern wie **all**, **only**, **any**, **anything**, **some**, **something**, **every**, **everything** oder nach Superlativen:

Uncle George is the only person **that could help me**.
Onkel George ist der einzige Mensch, der mir helfen könnte.

Here is something **that might interest you**.
Hier ist etwas, das dich interessieren könnte.

Is there anything **that worries you**?
Gibt es irgendetwas, das dir Sorgen macht?

To me, Mozart was the greatest composer **that ever lived**.
Für mich war Mozart der größte Komponist, der je gelebt hat.

Bei Relativsätzen mit eigenem Subjekt wird wiederum der Kontaktsatz bevorzugt:

That's all **I need to know**.
Das ist alles, was ich wissen muss.

Anyone **you ask** will give you the same answer.
Jeder, den du fragst, wird dir die gleiche Antwort geben.

This is something **he'll probably never understand**.
Dies ist etwas, das er wahrscheinlich nie verstehen wird.

That was the most important decision **we have ever made**.
Das war die wichtigste Entscheidung, die wir je getroffen haben.

THAT NACH ZEITANGABEN

that steht – anstelle von **when** – auch nach Zeitangaben. Dies ist immer der Fall nach **now**. Auch hier werden, wann immer möglich, Kontaktsätze bevorzugt:

Now **that Bob has left,** I can tell you why I was so annoyed.
Jetzt, wo Bob gegangen ist, kann ich dir sagen, warum ich so verärgert war.

On the evening (**that**) **we arrived** it was pouring with rain.
An dem Abend, an dem wir ankamen, regnete es in Strömen.

At the time (**that**) **we moved here** this was still a quiet area.
Zu der Zeit, als wir herzogen, war dies noch eine ruhige Gegend.

2.5 WHICH

WHICH IN ERGÄNZENDEN RELATIVSÄTZEN

Das Relativpronomen **which** wird vorwiegend in ergänzenden Relativsatzen mit Bezug auf **Sachen** verwendet:

The great fire, **which broke out in 1842**, destroyed most of the city.
Das große Feuer, das 1842 ausbrach, hat die Stadt zum größten Teil zerstört.

They came in through the back door, **which we usually leave open**.
Sie kamen durch die Hintertür herein, die wir gewöhnlich offen lassen.

The train to Bristol, **which was to leave at 6.18**, was late again.
Der Zug nach Bristol, der um 6.18 abfahren sollte, hatte wieder Verspätung.

The 2006 Winter Olympics took place in Turin, **which was once the capital of Italy**.
Die Olympischen Winterspiele 2006 fanden in Turin statt, das einmal die Hauptstadt Italiens war.

I also visited my hometown, **which has changed a lot over the years**.
Ich habe auch meine Heimatstadt besucht, die sich mit den Jahren sehr verändert hat.

In *notwendigen* Relativsätzen wird in der Umgangssprache **that** bevorzugt:
It's the kind of music **that was heard in my younger days**.
Es ist die Art von Musik, die man in meiner Jugend hörte.

WHICH MIT BEZUG AUF DEN GANZEN HAUPTSATZ

Das Relativpronomen **which** kann sich auf die Aussage eines *vorhergehenden* Hauptsatzes beziehen. Es entspricht in dieser Verwendung dem deutschen *was ...*, darf aber in keinem Fall mit **what** wiedergegeben werden:

All trains arrived on time, **which is not often the case here**.
Alle Züge kamen pünktlich an, was hier nicht oft der Fall ist.
[Nicht: ... ***what** is not often the case here.*]

She knows all the alphabet, **which is astonishing for a child of four**.
Sie kennt das ganze Alphabet, was für ein vierjähriges Kind erstaunlich ist.

He offered 3,500 euros for my car, **which was unacceptable to me**.
Er bot (mir) 3.500 Euro für mein Auto, was für mich inakzeptabel war.

He handed the car keys to his wife, **which was very sensible**.
Er gab die Autoschlüssel seiner Frau, was sehr vernünftig war.

DIE FÜGUNG ... OF WHICH

... **of which** steht in Bezug auf Sachen anstelle von **whose** in der Bedeutung *dessen ...*, *deren ...* . Beachten Sie, dass ... **of which** – im Gegensatz zu **whose** – seinem Bezugswort **nachgestellt** wird:

There are words, **the meaning of which is hard to explain**.
Es gibt Wörter, deren Bedeutung schwer zu erklären ist.
[Statt: ... whose meaning is hard to explain.]

I read it in a book, **the title of which I have forgotten**.
Ich habe es in einem Buch gelesen, dessen Titel ich vergessen habe.
[Statt: ... whose title I have forgotten.]

Mit Bezug auf Personen ist diese Fügung, wie schon gesagt, nicht möglich. Sie können also nicht sagen: *A man the name of which I have forgotten wanted to see you.* Richtig muss es heißen: A man **whose name** I have forgotten wanted to see you.

RELATIVSÄTZE MIT TEILMENGEN

... **of which** steht, wie das entsprechende ... **of whom** bei Personen, in Verbindung mit einer Mengenangabe:

We bought a pound of apples, **most of which** weren't yet ripe.
Wir kaufen ein Pfund Äpfel, von denen die meisten noch nicht reif waren.

I've made eleven mistakes, **eight of which** were spelling mistakes.
Ich habe elf Fehler gemacht, von denen acht Rechtschreibfehler waren.

Currently, nine nuclear power plants are in operation,
all of which, however, will be decommissioned by 2022.
Gegenwärtig sind 9 Kernkraftwerke in Betrieb, die aber alle bis 2022 abgeschaltet werden.

2.6 WHAT

Relativsätze, die mit **what** beginnen, können als Subjekt oder Objekt eines Satzes stehen. Sie entsprechen deutschen Nebensätzen, die mit *das, was ...* oder *was ...* beginnen

BEISPIELE FÜR SUBJEKTSÄTZE:
What you need above all is a solid education.
Was Sie vor allem brauchen, ist eine solide Ausbildung.

What we do in our leisure time is none of your business.
Was wir in unserer Freizeit tun, geht euch nichts an.

What these people do is not only immoral, but also criminal.
Was diese Leute machen, ist nicht nur unmoralisch, sondern auch kriminell.

What you have told me can't possibly be true.
Was du mir erzählt hast, kann nicht wahr sein. [Oder: *Das, was du mir erzählt hast ...*]

BEISPIELE FÜR OBJEKTSÄTZE:

It's not **what I have expected**.
Es ist nicht das, was ich erwartet habe.

Do you believe **what you are saying**?
Glaubst du, was du da sagst?

You will never guess **what we had for dinner yesterday**.
Du wirst nie erraten, was wir gestern zum Abendessen hatten.

Some people have in abundance **what others will never be able to afford**.
Einige Menschen haben im Überfluss, was andere sich nie werden leisten können.

Beachten Sie: Anders als im Deutschen kann **what** nicht auf ein Pronomen folgen. Bilden Sie also auf keinen Fall Sätze wie: *That what you have told me …, *Everything what we need …, *All what I have learnt in life …

2.7 WHERE

Ein als Relativpronomen verwendetes **where** bezieht sich auf eine zuvor genannte Ortsangabe und steht anstelle von Fügungen wie **in which**, **at which** usw.

This is the town **where I was born**. [Statt: … in which I was born].
Dies ist die Stadt, wo ich geboren bin.

Do you remember the name of the hotel **where we stayed**?
Erinnerst du dich an den Namen des Hotels, in dem wir gewohnt haben?

I'd like to live in a country **where they pay no taxes**.
Ich würde gern in einem Land leben, wo man keine Steuern zahlt.

2.8 WHEN

Ein als Relativpronomen verwendetes **when** bezieht sich auf eine zuvor genannte Zeitangabe und steht anstelle von Fügungen wie **on which**, **in which** usw.:

I will never forget the day **when** we first met.
Ich werde nie den Tag vergessen, an dem wir uns das erste Mal begegnet sind.

There are days **when I feel tired of everything**.
Es gibt Tage, an denen ich alles satt habe.

I left school at a time **when there were jobs for everyone**.
Ich habe zu einer Zeit die Schule verlassen, als es für alle Arbeit gab.

2.9 WHY

Ein als Relativpronomen verwendetes **why** folgt stets auf das Wort **reason** *(Grund)* und steht anstelle von **for which**:

The reason **why I say this is quite simple**.
Der Grund, warum ich dies sage, ist ganz einfach.

There are several reasons **why I have decided to quit**.
Es gibt mehrere Gründe, warum ich mich entschlossen habe zu kündigen.

2.10 THAT'S WHY..., THAT'S WHERE... usw.

Eine im Englischen häufig anzutreffende Konstruktion ist die Verbindung von **that is** (**that's**, Vergangenheit: **that was**) mit einem als Relativpronomen verwendeten **what**, **where**, **when** und **why.** Hier ein paar typische Beispiele:

Cars cost you a lot of money these days. **That's why** we haven't got one.
[Statt: ... That's *the reason* why we haven't got one.]
*Autos kosten (einen) viel Geld heutzutage. **Darum** haben wir keines.*

We went to Rochester last week. – Oh, really? **That's where** I was born.
[Statt: That's *the place* where I was born.]
Wir sind letzte Woche nach Rochester gefahren. – Ach wirklich? Da bin ich geboren.

Our first child was born in 1998. **That was when** we moved here.
[Statt: That was *the year* when we moved here.]
Unser erstes Kind wurde 1998 geboren. – Das war, als wir hierher gezogen sind.

What about this one? – Yes **that's** exactly **what** I need.
[Statt: That's exactly *the thing* I need.]
Wie wäre es hiermit? – Ja, genau das brauche ich.

22 Adverbialsätze

Adverbialsätze sind Nebensätze, die etwas über die **Umstände** *(Wo, Wie, Wann, Warum* usw.) des im Satz berichteten Geschehens aussagen. Sie sind durch ein Bindewort *(Konjunktion)* mit dem Hauptsatz verbunden.

KONJUNKTIONEN (BINDEWÖRTER)

Reiht man mehrere Satzelemente derselben Klasse (also Wörter, Wortgruppen oder auch ganze Sätze) aneinander, so geht dem letzten Glied dieser Kette ein **Bindewort**, eine sogenannte **Konjunktion** (engl.: *conjunction*) voran. Durch diese Verknüpfung wird zugleich deutlich, dass die verbundenen Teile inhaltlich in Beziehung zueinander stehen. Beispiele:

VERBINDUNG VON **EINZELWÖRTERN**:
Cats, dogs **and** *hamsters are the most popular pets.*

VERBINDUNG VON **HAUPTWORTGRUPPEN**:
Would you like a piece of cake **or** *some biscuits?*

VERBINDUNG VON **HAUPTSÄTZEN**
I have learned French for eight years **but** *still can't speak it.*

VERBINDUNG VON **HAUPT- UND NEBENSÄTZEN**:
Bob was watching TV **while** *Mary was preparing dinner in the kitchen.*

Die Verbindung von zwei Hauptsätzen wird *Satzverbindung* genannt, die Verbindung eines Hauptsatzes mit einem Nebensatz bezeichnet man als *Satzgefüge*. Dieses kann sowohl mit dem Hauptsatz als auch mit dem Nebensatz beginnen. Sie können sagen:

Bob was watching TV while Mary was preparing dinner in the kitchen
oder: *While Mary was preparing dinner in the kitchen, Bob was watching TV.*

Für die Praxis ist diese Unterscheidung ohne Bedeutung, da ein englisches Satzgefüge – anders als im Deutschen – nicht den Satzbau verändert. Vergleichen Sie:
I'm not going to work today, for I am ill.
I'm not going to work today, because I am ill.

Ich gehe heute nicht zur Arbeit, denn ***ich bin*** krank. *(Normaler Satzbau)*
Ich gehe heute nicht zur Arbeit, weil ***ich*** krank *bin.* *(Umstellung)*

ADVERBIALSÄTZE IM ÜBERBLICK

Nach der Art der geschilderten Umstände lassen sich verschiedene Arten von Adverbialsätzen unterscheiden. Hier die wichtigsten:

ADVERBIALSATZ ...	ENGLISCH	ÜBLICHE KONJUNKTIONEN
... des **Ortes**	*place clause*	**where** *wo, wohin,* **wherever** *wo (auch) immer*
... der **Zeit**	*time clause*	**when** *wenn,* **whenever** *immer, wenn*
		as soon as *sobald,* **as long as** *solange*
		before *bevor,* **after** *nachdem*
		since *seit,* **until, till** *bis*
		as, while *während*
		as long as *immer*
... der **Bedingung**	*conditional clause*	**if** *wenn, falls,*
		unless *wenn nicht, außer wenn, es sei denn ...*
... des **Zwecks**	*purpose clause*	**in order that, so that** *damit*
... der **Art und Weise**	*manner clause*	**as** *wie,* **as if** *als ob,* **the way** *so, wie*
... des **Grundes**	*reason clause*	**as, since** *da,* **for** *denn,* **because** *weil*
		in that *insofern als*
... der **Einräumung**	*concessive clause*	**though, although** *obwohl, obgleich*
		while *während,* **whereas** *wohingegen*

1 ADVERBIALSATZ DES ORTES (Lokalsatz)

Adverbialsätze des Ortes geben an, wo das im Hauptsatz berichtete Geschehen stattfindet, stattgefunden hat oder stattfinden wird. Die Sätze werden verbunden durch Konjunktionen wie **where** *(wo, wohin)*, **where ... from** *(woher)* und **wherever** *(wo immer)*:

This is the town **where my husband and I met almost forty years ago**.
*Dies ist die Stadt, **wo** sich mein Mann und ich vor fast 40 Jahren kennengelernt haben.*

Wherever he goes, I'll go with him.
***Wo immer** er hingeht, ich gehe mit ihm.*

The village **where I come from** lies on the Swiss border.
*Das Dorf, **aus dem** ich komme, liegt an der Schweizer Grenze.*

2 ADVERBIALSATZ DER ZEIT (Temporalsatz)

Adverbialsätze der Zeit geben an, wann das im Hauptsatz berichtete Geschehen stattfindet, stattgefunden hat oder stattfinden wird. Die gebräuchlichsten Konjunktionen sind:

when	bei Sätzen im Present: *wenn; dann, wenn*
	bei Sätzen im Past: *als*
whenever	*wann immer, immer wenn*
as	*(in dem Augenblick), als*
once	*wenn ... erst einmal*
while	*während*
before	*bevor*
after	*nachdem*
since	*seit*
until/till	*bis*
as soon as	*sobald*
as long as	*so lange (wie ...)*

After everyone had left, we went to sleep.
***Nachdem** alle gegangen waren, gingen wir schlafen.*

I saw her **as I came round the corner**.
*Ich sah sie (in dem Moment), **als** ich um die Ecke kam.*

I will remember this day **as long as I live**.
*Ich werde an diesen Tag denken, **solange** ich lebe.*

We'll phone you **as soon as we arrive**.
*Wir rufen euch an, **sobald** wir da sind.*

Some people had better think **before they speak**.
*Einige Leute sollten (besser, lieber) nachdenken, **bevor** sie sprechen.*

Once you know her better, you will like her.
***Wenn** du sie **erst** (**einmal**) besser kennst, wirst du sie mögen.*

A lot has changed **since we last came here**.
*Es hat sich viel verändert, **seit** wir das letzte Mal hergekommen sind.*

We'll have to wait here **till he is back**.
*Wir werden warten müssen, **bis** er zurück ist.*

I must always cry **when I peel an onion**.
*Ich muss immer weinen, **wenn** ich eine Zwiebel schäle. [= immer dann, wenn ...]*

We often went to Rome **when I lived in Italy**.
*Wir sind oft nach Rom gefahren, **als** wir in Italien lebten. [= zu der Zeit, als ...]*

You may come round **whenever you like**.
Du kannst uns besuchen, wann immer du willst.

It must have happened **while we were having tea in the garden**.
*Es muss passiert sein, **während** wir im Garten Tee getrunken haben.*

ZEITENGEBRAUCH

BEACHTEN SIE: In Adverbialsätzen der Zeit steht kein **will**, auch wenn sie sich auf ein *zukünftiges* Geschehen beziehen:

As soon as we find a larger flat, we'll move away from here.
*Sobald wir eine größere Wohnung finden, ziehen wir von hier weg. [Nicht: * As soon as we'll find ...]*

I would like to go for a test drive **before I buy the car**.
Ich würde gern eine Probefahrt machen, bevor ich das Auto kaufe.
[Nicht: * ... before I will buy the car.]

When my husband has retired, we'll have plenty of time for ourselves.
Wenn mein Mann in Rente ist, werden wir reichlich Zeit für uns haben.
[Nicht: *When my husband will have retired ...]

3 ADVERBIALSATZ DER BEDINGUNG
(Bedingungssatz, Konditionalsatz)

Adverbialsätze der *Bedingung* (engl.: Conditional Clauses) geben an, welche Bedingungen erfüllt bzw. welche Voraussetzungen gegeben sein müssen, bevor das im Hauptsatz berichtete Geschehen stattfinden kann. Eingeleitet werden Sätze dieser Art mit den Konjunktionen

if	*wenn, falls*
even **if**	*selbst, wenn …*
provided/providing	*vorausgesetzt, dass …*
unless	*wenn nicht; außer wenn; es sei denn, …*

BEISPIELE FÜR BEDINGUNGSSÄTZE

If you lay the table, I will make the coffee.
Wenn du den Tisch deckst, mache ich den Kaffee.

Go and ask Mary **if you don't believe me**.
Geh und frage Mary, wenn du mir nicht glaubst.

You can do almost everything with a computer
provided/providing it has got enough storage space.
*Man kann fast alles mit einem Computer machen, **vorausgesetzt**, er hat genügend Speicherplatz.*

My wife never answers the door **unless she knows who it is**.
Meine Frau geht nie an die Tür, wenn sie nicht weiß, wer es ist.
[oder: *… es sei denn, sie weiß, wer es ist.*]

If the pay was just a little better, I would probably stay.
Wenn die Bezahlung nur ein wenig besser wäre, würde ich wahrscheinlich bleiben.

I would never buy a Ferrari (car) **even if I had the money**.
Ich würde (mir) nie einen Ferrari kaufen, selbst wenn ich das Geld hätte.

What would you do **if you got stuck in a lift**?
Was würdest du machen, wenn du in einem Fahrstuhl festsitzen würdest?

If you had put the milk in the fridge, it wouldn't have gone sour.
Wenn du die Milch in den Kühlschrank gestellt hättest, wäre sie nicht sauer geworden.

We would certainly have arrived in time **if we had had a sat nav**.
Wir wären bestimmt rechtzeitig hier gewesen, wenn wir ein Navi(gationsgerät) gehabt hätten.

ZEITENGEBRAUCH IN BEDINGUNGSSÄTZEN

„Wenn das Wörtchen *wenn* nicht wär …" Der klassische Stoßseufzer, mit dem wir gelegentlich unseren unerfüllten Wünschen Ausdruck geben, erscheint manchmal auch beim Umgang mit englischen Bedingungssätzen angebracht. Es gibt nicht wenige Schüler, die mit diesem auf den ersten Blick harmlos wirkenden Satztyp ihre Schwierigkeiten haben.

Die Probleme entstehen daraus, dass sich Satzkonstruktionen, die im Deutschen möglich und üblich sind, nicht einfach auf das Englische übertragen lassen. Ein deutscher Nebensatz wie *Wenn ich mich mehr anstrengen würde …* ist absolut korrekt, dessen wörtliche Übertragung ins Englische (*If I would work harder …*) wäre dagegen falsch. Worauf also ist zu achten?

Der Zeitengebrauch in englischen Bedingungssätzen hängt entscheidend von der Frage ab, ob bzw. inwieweit die genannte Bedingung als *erfüllbar* angesehen wird. Es gibt Bedingungen, die sich sofort oder doch in absehbarer Zeit erfüllen lassen (*Wenn du mir hilfst … Wenn ich meine Prüfung bestanden habe …*), bei anderen hingegen ist die Erfüllung immerhin möglich, wenn auch oft wenig wahrscheinlich (*Wenn wir ein größeres Haus hätten … Wenn es keine Schulnoten mehr gäbe …*). Wiederum andere sind gänzlich unerfüllbar, weil der Zeitpunkt, zu dem die Bedingung hätte erfüllt werden können, verstrichen ist (*Wenn du mich vorher angerufen hättest …, Wenn wir uns damals nicht begegnet wären …*)

Auf diesen Unterscheidungen beruht die heute im Englischunterricht noch weitgehend übliche Einteilung der Bedingungssätze in die folgenden 3 Typen:

• **Typ 1**:	**if + 1.** Form	Die Bedingung ist sofort erfüllbar: *Wenn du mir **hilfst** …*: If you **help** me …
• **Typ 2**:	**if + 2.** Form	Die Bedingung ist im Prinzip erfüllbar, aber gegenwärtig nicht erfüllt: *Wenn du mir **helfen würdest** …*: If you **helped** me …
• **Typ 3**:	**if + had + 3.** Form	Die Bedingung wäre zu einem vergangenen Zeitpunkt erfüllbar gewesen, hat sich aber nicht erfüllt: *Wenn du mir **geholfen hättest** …*: If you **had helped** me …

3.1 BEDINGUNGSSÄTZE DES TYPS 1:

ZUSAGEN, VORHERSAGEN, VERSPRECHUNGEN

Hauptsätze, in denen etwas *versprochen* oder *vorhergesagt* wird, kennen wir bereits aus der Beschäftigung mit dem Thema *Zukunft* [→ ab Seite **187**] und wissen, dass sie mit einem Modalverb gebildet werden, in der Regel mit **will,** aber auch mit anderen wie **can**, **may** oder **must.**

Wollen wir nun zusätzlich die Bedingung angeben, von der die versprochene Handlung oder das vorhergesagte Geschehen abhängt, so geschieht das in Form eines **if**-Satzes im *Present Simple* (also mit der **1**. Form bzw. der **s**-Form):

We'**ll go** sailing if the weather **stays** fine.
*Wir gehen segeln, **wenn** das Wetter schön bleibt.*

The chair **will collapse** if you **put** the case on it.
Der Stuhl bricht zusammen, wenn du die Kiste darauf stellst.

You'**ll need** plenty of time if you want to see all of the country.
Du wirst viel Zeit brauchen, wenn du alles vom Land sehen willst.

If the goods **are** not in stock, you **can order** them. We **will deliver** within 24 hours.
Wenn die Ware nicht am Lager ist, können Sie sie bestellen. Wir liefern innerhalb von 24 Stunden.

RATSCHLÄGE, AUFFORDERUNGEN

Wollen wir jemandem Ratschläge oder Anweisungen geben, was unter bestimmten Bedingungen zu tun ist, geschieht dies am besten durch einen Befehlssatz oder einen Hauptsatz mit **should**, **ought to**, **must** oder **had better**:

You **should see** a doctor if the pains don't stop.
Du solltest einen Arzt aufsuchen, wenn die Schmerzen nicht aufhören.

She **had better** call the police if he keeps phoning her.
Sie sollte besser die Polizei einschalten, wenn er sie weiterhin anruft.

If you can't reach me on the landline, just **call me** on my mobile.
Wenn du mich über das Festnetz nicht erreichen kannst, rufe mich einfach auf meinem Handy an.

Don't hesitate to ask if there is a problem.
Zögern Sie nicht zu fragen, wenn es ein Problem gibt.

▶ Auch an dieser Stelle sei es noch einmal gesagt: ein **will**-Future im Hauptsatz steht **nicht**, wenn dieser allgemein gültige Aussagen enthält, oder wenn von natürlichen, unbeeinflussbaren oder zwangsläufig eintretenden Vorgängen die Rede ist:

Water **boils** if you heat it to a hundred degrees.
Wasser kocht, wenn man es auf 100 Grad erhitzt.

You **need** to know English and Spanish if you want to apply for this job.
Man muss Englisch und Spanisch können, wenn man sich um diese Stellung bewerben will.

Mit den Hauptsätzen **Water boils** … und **You need to know English and Spanish** … werden keine Vorhersagen getroffen, sondern Tatsachen benannt. Sagen Sie also nicht: * Water will boil … oder: *You'll need to know …

3.2 BEDINGUNGSSÄTZE DES TYPS 2:

WUNSCHDENKEN, UNERFÜLLBARES

Wir können uns für die Gegenwart durchaus Dinge wünschen, von denen uns klar ist, dass sie niemals eintreten werden bzw. gar nicht eintreten können. Hierzu gehören neben irrealen Äußerungen auch idiomatische Wendungen und Sätze wie die schon erwähnte Redensart *Wenn das Wörtchen „Wenn" nicht wär* …

If I **were** you, I would shut up.
Wenn ich du wäre, würde ich den Mund halten.

If he **were** ten years younger, I would perhaps marry him.
Wenn er zehn Jahre jünger wäre, würde ich ihn vielleicht heiraten.

Die Form **were** in **If I were** … und **If he were** … ist natürlich kein *Past Simple,* sondern eine der Anwendungen des Konjunktivs – einer Form, die ansonsten in der englischen Umgangssprache kaum noch zu hören ist. Sie könnten auch in diesem Fall ebensogut **was** verwenden: If he **was** ten years younger …

If **wishes were** horses, beggars would ride.
Wenn Wünsche Pferde wären, würden Bettler reiten.

If *ifs* and *ands* **were** pots and pans, there'd be no work for tinkers' hands.
Wenn „wenn" und „und" Töpfe und Pfannen wären, gäbe es für Kesselflicker nichts zu tun.

[Dies ist eine englische Variante unserer oben zitierten Weisheit *Wenn das Wörtchen „wenn" nicht wär, wär mein Vater Millionär.*]

BEDINGUNGEN, DIE DERZEIT NICHT ERFÜLLT SIND

Wenn wir im Deutschen von etwas Zukünftigem sprechen und dabei anstelle von *ich werde, wir werden* ... usw. die Formen *ich würde, wir würden* ... usw. verwenden, so bringen wir damit zum Ausdruck, dass dem tatsächlichen Eintreten dieser Situation eine Voraussetzung im Wege steht, die zwar irgendwann einmal erfüllt sein könnte, derzeit aber nicht gegeben ist:

If I **had** a driving licence, I **would buy** a car.
Wenn ich einen Führerschein hätte, würde ich ein Auto kaufen.
[Der Anschaffung eines Autos steht die (noch) unerfüllte Bedingung im Wege,
einen Führerschein besitzen zu müssen.]

If I **got** six numbers right in the lottery, I **would throw** a big party.
Wenn ich sechs Richtige im Lotto hätte, würde ich eine große Party schmeißen.
[Auch wenn ein Sechser im Lotto nicht sehr wahrscheinlich ist, möglich ist er schon.]

What **would** you **say** if I **behaved** like that?
Was würden Sie sagen, wenn ich mich so benehmen würde?
[Eine Frage, die sich aktuell nicht stellt, denn der Sprecher benimmt sich (noch) ordentlich.]

I **would feel** a lot better if everything **was** already over.
Ich würde mich viel besser fühlen, wenn alles schon vorüber wäre.
[Was immer es ist, das das Unwohlsein bewirkt – noch ist es nicht vorüber.]

▶ An **if**-Sätzen dieses Typs werden die bereits angesprochenen Probleme deutlich. So kann in einem deutschen Bedingungssatz auf die Konjunktion *wenn* ohne weiteres ein *würde* folgen: ... **wenn** ich mich so benehmen **würde**.

Im Englischen ist das nicht möglich. Gäbe man diese Konstruktion wörtlich wieder, so erhielte man einen falschen Satz: * ... if I would behave like that.

MERKEN SIE SICH STATTDESSEN:

Aus *wenn ... würde* wird im Englischen **if** ... + *Past Simple* (2. Form, verneint: **didn't**), in dem zuletzt genannten Beispiel also: ... if I **behaved** like that.

▶ Wenn Ihnen dennoch gelegentlich Formen wie **if you would** ... begegnen, so handelt es sich nicht um Bedingungssätze, sondern um eine ausgesucht höfliche, bisweilen etwas übertrieben wirkende Art, eine Bitte oder eine Aufforderung zu formulieren:

I **wonder if you would** do me a favour.
Würden Sie mir wohl einen Gefallen tun? Ob Sie wohl mir wohl einen Gefallen tun würden?

If you would be so kind as to close the door behind you.
Wenn Sie bitte so freundlich wären und die Tür hinter sich schließen?
[besser: **Would you be so kind as to** ...]

We would appreciate it if you would return the form at your earliest convenience.
Wir wären Ihnen dankbar, wenn uns Sie das Formular baldmöglichst zurücksenden würden.

WÄRE, HÄTTE, GÄBE usw.

▶ Deutsche Konjunktiv-Formen wie *wäre, hätte, gäbe, ginge, käme, bräuchte, müsste* usw. werden in einem **if**-Satz durch ein *Past Simple* wiedergegeben, im Hauptsatz dagegen durch ein *Konditional*, also eine Form mit **would** ...:

If Tim **came** to the party, Susan **would** probably **come** as well.
Wenn Tim zu der Party käme, käme Susan wahrscheinlich auch.

If I **had** a better-paid job, all of us **would have** fewer concerns.
Wenn ich einen besser bezahlten Job hätte, hätten wir alle weniger Sorgen.

If I **was** a millionaire's son, I **would** certainly **lead** a different life.
Wenn ich der Sohn eines Millionärs wäre, würde ich mit Sicherheit ein anderes Leben führen.

If we **had to** pay even higher taxes, we **would have to** sell the house.
Wenn wir noch höhere Steuern zahlen müssten, müssten wir das Haus verkaufen.

If **there were** no weapons, **there would be** no wars.
Wenn es keine Waffen gäbe, gäbe es keine Kriege.

Konjunktive wie *wäre, hätte, gäbe, käme* und *ginge* sind im Deutschen nach wie vor sehr gebräuchlich. Andere Formen dagegen klingen ausgesprochen altertümlich *(Wenn er mir hülfe ..., Wenn sie ihm einen Job anböten ..., Wenn wir das Spiel verlören ...* usw.) und werden in der Umgangssprache weitgehend durch das Konditional ersetzt: *Wenn er mir helfen würde ..., Wenn sie ihm einen Job anbieten würden ..., Wenn wir das Spiel verlieren würden ...* usw.

3.3 BEDINGUNGSSÄTZE DES TYPS 3:
DINGE, DIE NICHT MEHR ZU ÄNDERN SIND

Was wäre, wenn... bzw. *Was wäre gewesen, wenn …* Jeder kennt Situationen, in denen etwas anders gekommen ist, als man es erwartet, sich erhofft, gewünscht oder vorgestellt hatte. Beispiele:

I **would be** a millionaire now ...
Ich wäre jetzt Millionär … [Tatsache ist: ich bin es nicht].

He **would** still **be studying** ...
Er würde immer noch studieren … [Tatsache ist: er studiert nicht mehr].

I **would have become** a teacher...
Ich wäre Lehrer geworden … [Tatsache ist: ich bin es nicht geworden].

We **wouldn't have sold** the house ...
Wir hätten das Haus nicht verkauft … [Tatsache ist: wir haben es verkauft].

He **would have lost** most of his money ...
Er hätte den größten Teil seines Geldes verloren … [Tatsache ist: er hat es nicht verloren].

Der Grund dafür, dass es in all diesen Fällen nicht so gekommen ist, wie es hätte kommen können, liegt auf der Hand: es hätte vorher etwas geschehen müssen, das nicht geschehen ist – oder umgekehrt: es hätte etwas nicht geschehen dürfen, was jedoch geschehen ist.

Mit anderen Worten: die Bedingungen oder Voraussetzungen dafür, Millionär zu werden, den Lehrerberuf zu ergreifen, das Haus zu behalten oder sein Geld zu verlieren, waren nicht gegeben bzw. haben sich nicht erfüllt.

Welche Voraussetzungen könnten das gewesen sein? Vielleicht diese:

If I **had handed in** the Lotto coupon ...
Wenn ich den Lottoschein abgegeben hätte, ...
[Traurige Tatsache ist: Der Sprecher hat den Schein *nicht* abgegeben.]

If we **hadn't offered** him a job...
Wenn wir ihm nicht einen Job angeboten hätten, …
[Tatsache ist: Man *hat* ihm den Job angeboten.]

If I **had followed** my father's advice...
Wenn ich dem Rat meines Vaters gefolgt wäre …
[Tatsache ist: Er ist dem väterlichen Rat *nicht* gefolgt.]

If my husband **hadn't been transferred** to Paris ...
Wenn mein Mann nicht nach Paris versetzt worden wäre, ...
[Tatsache ist aber: Er *ist* versetzt worden.]

If he **had bought** shares in that company ...
Wenn er Aktien dieser Gesellschaft gekauft hätte, ...
[Er darf sich freuen, denn Tatsache ist: er hat *keine* Aktien gekauft.]

if-Sätze diesen Typs, in denen gesagt wird, was unwiderruflich geschehen und nicht mehr zu ändern ist, werden immer mit dem *Past Perfect* gebildet. In dem dazugehörigen Hauptsatz können dagegen sowohl **would** als auch **would have** stehen, mit folgendem Unterschied:

* Hauptsätze mit **would** bezeichnen einen *Zustand,*
  der als Folge der nicht erfüllten Bedingung immer noch bestehen würde:
  I **would** be a millionaire now.

* Hauptsätze mit **would have** bezeichnen das,
  was als Folge der nicht erfüllten Bedingung eingetreten wäre:
  I **would have** lost most of my money.

Wenn wir auf der Grundlage der oben genannten Beispiele nun die jeweiligen Hauptsätze und **if**-Sätze miteinander verknüpfen, erhalten wir die folgenden Satzgefüge:

If I had handed in the Lotto coupon, I would be a millionaire now.
Wenn ich den Lottoschein abgegeben hätte, wäre ich jetzt Millionär.

If we hadn't offered him a job, he would still be studying.
Wenn wir ihm nicht einen Job angeboten hätten, würde er immer noch studieren.

If I had followed my father's advice, I would have become a teacher.
Wenn ich dem Rat meines Vaters gefolgt wäre, wäre ich Lehrer geworden.

If my husband hadn't been transferred to Paris, we wouldn't have sold the house.
Wenn mein Mann nicht nach Paris versetzt worden wäre, hätten wir das Haus nicht verkauft.

If he had bought shares in that company, he would have lost most of his money.
Wenn er Aktien dieser Gesellschaft gekauft hätte, hätte er den größten Teil seines Geldes verloren.

if-Sätze können, wie alle Nebensätze, auch in umgekehrter Reihenfolge verbunden werden. Bei dieser Satzstellung (Hauptsatz zuerst) entfällt das Komma.

I would be a millionaire now **if I had handed in the Lotto coupon**.
He would still be studying **if we hadn't offered him a job**.
I would have become a teacher **if I had followed my father's advice**.

3.4 ZEITENGEBRAUCH IM ÜBERBLICK

Hier noch einmal die wichtigsten Regeln für den Zeitengebrauch bei Bedingungssätzen (**if**-Sätzen) auf einen Blick:

Im **if**-Satz stehen **VOLLVERBEN**	Im Hauptsatz stehen **MODALVERBEN**, z.B.
BEDINGUNG IST ERFÜLLT ODER LEICHT ERFÜLLBAR	
Vollverb im **Present** 1. Form / **s**-Form)	Modales **Present** **will** (**can**, **may**) + 1. Form
BEDINGUNG IST ERFÜLLBAR, ABER DERZEIT NICHT ERFÜLLT	
Vollverb im **Simple Past** 2. Form	Modales **Past** **would**, **could**, **might** + **1.** Form
BEDINGUNG IST NICHT MEHR ERFÜLLBAR	
Vollverb im **Past Perfect** **had** + **3.** Form	Modales **Past** **would**, **could**, **might** + 1. Form *oder* [zum Unterschied siehe → **258** (3.3)] Modales **Perfect** **would have**, **could have**, **might have** + 3. Form

4 ADVERBIALSATZ DES ZWECKS (Finalsatz)

Adverbialsätze des Zwecks geben an, wozu, mit welcher Absicht, zu welchem Zweck das im Hauptsatz berichtete Geschehen stattfindet, stattgefunden hat oder stattfinden wird. Die gebräuchlichsten Konjunktionen sind **in order that** und, häufiger noch, **so that** (*damit, so dass ...*) Beispiele:

I'll take my mobile phone along **in order that you can reach me at any time**.
*Ich nehme mein Handy mit, **damit ihr mich zu jeder Zeit erreichen könnt**.*

We wrote her lots of letters **so that she shouldn't feel lonely**.
*Wir haben ihr viele Briefe geschrieben, **damit sie sich nicht einsam fühlt**.*

Please leave us a message **so that we know where you are**.
*Hinterlasst uns bitte eine Nachricht, **damit wir wissen, wo ihr seid**.*

Haben Haupt- und Nebensatz das gleiche Subjekt, ist eine Konstruktion mit **to** vorzuziehen:

I'll take my mobile phone along **in order to be able to phone you at any time**.
*Ich nehme mein Handy mit, **damit ich euch zu jeder Zeit anrufen kann**.*

ZEITENGEBRAUCH
Adverbialsätze des Zwecks enthalten häufig ein Modalverb, insbesondere
- (bei einem Hauptsatz in der Gegenwart): **can**, **may**, **will**
  We'll **take** our mobile phone along so that the children **can** contact us if necessary.
- (bei einem Hauptsatz in der Vergangenheit): **should**, **could**
  We **took** our mobile phone along so that the children **could** contact us if necessary.

5 ADVERBIALSATZ DER FOLGE (Konsekutivsatz)

Mit **so that** lassen sich auch Adverbialsätze einleiten, die eine *Folge* oder ein *Ergebnis* des im Hauptsatz beschriebenen Geschehens nennen:

Marvin had forgotten his sports kit, **so that he couldn't take part in the game**.
Marvin hatte seine Sportsachen vergessen, so dass er nicht am Spiel teilnehmen konnte.

I went to work early **so that I could finish the report**.
Ich ging früh zur Arbeit, so dass ich den Bericht fertigstellen konnte.

6 ADVERBIALSATZ DER ART UND WEISE (Modalsatz)

Adverbialsätze der Art und Weise geben an, wie bzw. auf welche Weise das im Hauptsatz berichtete Geschehen stattfindet, stattgefunden hat oder stattfinden wird. Die gebräuchlichsten Konjunktionen sind **as**, **as if** (als ob) und **the way** (wie, so ... wie). Beispiele:

We had better leave everything **as it is**.
*Wir lassen besser alles **so**, **wie** es ist.*

She looked at me **as if she had seen a ghost**.
*Sie sah aus, **als ob** sie ein Gespenst gesehen hätte.*

This time I'll make the pancakes **the way my mother used to make them**.
*Diesmal werde ich die Pfannkuchen **so** machen, **wie** meine Mutter sie immer gemacht hat.*

▶ Auch **like**, eigentlich eine Präposition [→ **117** (32)], wird – vor allem im amerikanischen Englisch – anstelle von **as** oder **the way** wie eine Konjunktion verwendet:

Nobody loves you **like I do**.
[Statt: Nobody loves you **as** I do oder: ... **the way** I do.]
*Niemand liebt dich **so wie** ich.*

7 ADVERBIALSATZ DES GRUNDES (Kausalsatz)

In einem Adverbialsatz des Grundes wird angegeben, warum, weshalb, wieso, mit welcher Begründung das im Hauptsatz berichtete Geschehen stattfindet, stattgefunden hat oder stattfinden wird. Die üblicherweise verwendeten Konjunktionen sind **as** oder **since** (da, ohne Bedeutungsunterschied), **because** (weil), **for** (denn, gehört heute vorwiegend der Schriftsprache an) und **in case** (für den Fall) bzw. **just in case** (nur für den Fall...) Beispiele:

As she had no money on her, I lent her some.
***Da** sie kein Geld bei sich hatte, lieh ich ihr welches.*

We know little about John's wife **since he never speaks of her**.
*Wir wissen wenig über Johns Frau, **da** er nie von ihr spricht.*

The thieves weren't able to open the safe **because it had a combination lock**.
*Die Diebe konnten den Safe nicht öffnen, **weil** er ein Kombinationsschloss hatte.*

The old man was guided by a dog, **for he was nearly blind**.
*Der alte Mann wurde von einem Hund geführt, **denn** er war fast blind.*

You had better take your coat along **(just) in case it rains**.
*Du solltest besser deinen Mantel mitnehmen, **(nur) für den Fall, dass** es regnet.*

8 ADVERBIALSATZ DER EINRÄUMUNG (Konzessivsatz)

Hin und wieder tun wir etwas, obwohl es Gründe gibt, die eher dagegen sprechen. Wollen wir solche Gegengründe benennen, so verwenden wir einen Adverbialsatz der Einschränkung mit Konjunktionen wie **though**, **although** oder **even though** (obwohl, obgleich, obschon), **even if** (auch wenn, selbst wenn), **much as** (so sehr) und **whereas** oder **while** (wohingegen, während). Beispiele:

Though it's sometimes pretty cold there, we often travel to Norway.
***Obwohl** es dort manchmal ganz schön kalt ist, reisen wir oft nach Norwegen.*

She went to work **although she was ill**.
*Sie ging zur Arbeit, **obwohl** sie krank war.*

Even though the weather was lousy, everyone had a good time.
***Obwohl** das Wetter miserabel war, hatten alle viel Spaß.*

I'm not going to work here any longer **even if they offer me a rise**.
*Ich werde hier nicht länger arbeiten, **selbst wenn** sie mir eine Gehaltserhöhung anbieten.*

Much as I like London, I couldn't live there.
***So sehr** mir London gefällt, ich könnte nicht dort leben.*

Susanna is a very nice person **whereas her new boyfriend is a real creep**.
*Susanna ist ein sehr netter Mensch, **wohingegen** ihr neuer Freund ein richtiger Fiesling ist.*

Some of these paintings are simply overwhelming **while others mean nothing to me**.
*Einige dieser Gemälde sind einfach überwältigend, **während** andere mir nichts sagen.*

▶ **despite** und **in spite of** sind keine Konjunktionen, sondern Präpositionen [→ **114** (19)]. Sie können aber dann zur Einleitung von Nebensätzen verwendet werden, wenn man sie um den Zusatz **the fact that**... erweitert:

Despite the fact that it's sometimes pretty cold there, we often travel to Norway.
Trotz der Tatsache, dass es dort manchmal ganz schön kalt ist, reisen wir oft nach Norwegen.

[Nicht: *Despite it's sometimes pretty cold there ...]

9 ANDERE KONJUNKTIONEN

Abschließend noch ein paar Beispiele für die Verwendung anderer Konjunktionen, darunter auch solcher, die keine Sätze, sondern nur Satzteile verbinden:

He says it is true, **and** I believe him.
*Er sagt, es ist wahr, **und** ich glaube ihm.*

She is quite a good singer **but** a poor actress.
*Sie ist eine recht gute Sängerin, **aber** eine schlechte Schauspielerin.*

You can have coffee, tea **or** chocolate.
*Ihr könnt Kaffee, Tee **oder** Schokolade haben.*

I was absolutely sure **that** I had locked the car.
*Ich war (mir) absolut sicher, **dass** ich das Auto abgeschlossen hatte.*

I can't tell you **whether** or not it will work.
*Ich kann dir nicht sagen, **ob** es funktionieren wird oder nicht.*

Eine Besonderheit stellen zweiteilige Konjunktionen dar, durch die Wörter oder Wortgruppen paarweise miteinander verbunden werden. Hier die vier wichtigsten:

both ... **and** ... - *sowohl ... als auch ...*
These trousers are popular with **both** boys **and** girls.
*Diese Hosen sind **sowohl** bei Jungen **als auch** bei Mädchen beliebt.*

not only ... **but also** ... - *nicht nur ... sondern auch ...*
She is **not only** my wife, **but also** my tax adviser.
*Sie ist **nicht nur** meine Frau, **sondern auch** meine Beraterin in Steuersachen.*

either ... **or** ... - *entweder ... oder ...*
He must have been **either** mad **or** drunk.
*Er muss **entweder** verrückt **oder** betrunken gewesen sein.*

neither ... **nor** ... - *weder ... noch ...*
I am **neither** ill **nor** in a bad mood, I'm just tired.
*Ich bin **weder** krank **noch** habe ich schlechte Laune, ich bin nur müde.*

23 Partizipsätze

Partizipsätze *(participle clauses)* sind Nebensätze, an deren Anfang ein Partizip steht. Das Englische unterscheidet zwei Arten von Partizipien: das **present participle** (die **-ing**-Form des Vollverbs) und das **past participle** (die 3. Form des Vollverbs). Als Einzelwörter gebraucht, sind sie uns bereits aus zahlreichen Anwendungen bekannt:

DAS PRESENT PARTICIPLE

- als ADJEKTIV: a **boring** lesson, **screaming** children, **growing** problems
- als Bestandteil der PROGRESSIVE TENSES: I am **waiting**, she has been **dreaming**

DAS PAST PARTICIPLE

- als ADJEKTIV: **broken** glass, a **stolen** car, **fallen** leaves, **well-informed** sources
- als Bestandteil der PERFECT TENSES: I have **spoken**, he has **written**, we had **arrived**, they must have **left**
- als Bestandteil des PASSIV: it is **said**, he was **fired**, they should be **notified**

In Verbindung mit den Hilfsverben **have** und **be** lassen sich zusammengesetzte Partizip-Formen bilden:

- having spoken, having written, having arrived, having left
- being said, being fired, being informed, being repaired
- having been said, having been fired, having been notified

Werden Partizipien um andere Wörter erweitert, so entstehen **Partizipsätze**. Je nach Art des verwendeten Partizips (**-ing**-Form oder 3. Form) wird zwischen *Present Participle Clauses* und *Past Participle Clauses* unterschieden:

Waiting for the underground, ...
Having spoken to the headmaster, ...
Being informed about the situation, ...
Having been told what had happened, ...

SÄTZE MIT EINEM PRESENT PARTICIPLE

Being afraid of the dark, she never went out in the evenings.
Hauptsatz: .... she never went out in the evenings.
Partizipsatz: **Being afraid of the dark**, ...

The young man **painting the fence** is my neighbour.
Hauptsatz: The young man .... is my neighbour.
Partizipsatz: .... **painting the fence** ....

He showed me the photo of a woman **wearing blue jeans**.
Hauptsatz: He showed me the photo of a woman ....
Partizipsatz: .... **wearing blue jeans**.

SÄTZE MIT EINEM PAST PARTICIPLE

The people **invited to the party** were old friends of ours.
Hauptsatz: The people .... were old friends of ours.
Partizipsatz: .... **invited to the party** ....

Shocked by his words, she turned pale.
Hauptsatz: .... she turned pale.
Partizipsatz: **Shocked by his words**, ...

We visited a College **founded by Henry VI**.
Hauptsatz: We visited a College ....
Partizipsatz: .... **founded by Henry VI**.

Partizipsätze mit der **-ing-Form** haben einen *aktivischen*, Partizipsätze mit der 3. Form einen *passivischen* Sinn. Dies wird deutlich, wenn man sie in Relativsätze umwandelt:

The young man **who is painting** the fence is my neighbour.
*Der junge Mann, **der den Zaun streicht**, ist mein Nachbar.*

The people **who were invited to the party** were old friends of ours.
*Die Leute, **die zu der Party eingeladen waren**, sind alte Freunde von uns.*

WOZU DIENEN PARTIZIPSÄTZE?

Ein Hauptgrund für die Verwendung von Partizipsätzen liegt in der Tatsache, dass sie kürzer sind und elegantere Formulierungen erlauben als die bisweilen etwas gewunden wirkenden Konstruktionen mit Nebensätzen. Das folgende Beispiel macht dies deutlich:

Relativsatz: Who is the young man **who is sitting** at the bar?
Partizipsatz: Who is the young man **sitting** at the bar?

Der Partizipsatz (in diesem Fall ein **ing**-Satz) liest sich deutlich flüssiger als die etwas unbeholfen klingende Konstruktion mit dem doppelten **who**. Partizipsätze werden darum häufig als Stilmittel eingesetzt und sind vor allem in der Schriftsprache zu finden, während sie – zumindest in dieser Funktion – im gesprochenen Englisch seltener vorkommen.

DER GEBRAUCH VON PARTIZIPSÄTZEN

1   PARTIZIPSÄTZE ANSTELLE VON HAUPTSÄTZEN

An die Stelle von zwei verbundenen Hauptsätzen tritt oft eine Konstruktion aus Hauptsatz und Partizipsatz. Möglich ist dies in den folgenden Fällen:

1.1   GLEICHES SUBJEKT – KURZE HANDLUNGSABFOLGE

Wenn zwei Hauptsätze das gleiche Subjekt haben und die beschriebenen Handlungen kurz aufeinander folgen, kann der erste durch einen Partizipsatz wiedergegeben werden:

ZWEI HAUPTSÄTZE: **She opened the parcel** and found a big birthday cake in it.
Sie öffnete das Paket und fand einen großen Geburtstagskuchen darin.
PARTIZIPSATZ + HAUPTSATZ: **Opening the parcel**, she found a big birthday cake in it.

ZWEI HAUPTSÄTZE: **We felt hungry** and stopped to have lunch.
Wir fühlten uns hungrig und hielten an, um zu Mittag zu essen.
PARTIZIPSATZ + HAUPTSATZ: **Feeling hungry**, we stopped to have lunch.

Eine direkte Übertragung solcher Sätze ins Deutsche *(Das Paket öffnend …, Uns hungrig fühlend …)* wäre zwar möglich, führt aber selten zu befriedigenden Lösungen. Besser ist es, einen geeigneten Nebensatz zu verwenden, zum Beispiel: *Als sie das Paket öffnete … Da wir uns hungrig fühlten …*

1.2   GESCHEHEN MIT UNMITTELBAREN FOLGEN

Beschreibt der zweite Hauptsatz die unmittelbaren Folgen des im ersten Hauptsatz berichteten Geschehens, so kann er durch einen Partizipsatz ersetzt werden:

ZWEI HAUPTSÄTZE: He fell over the doormat **and hit his head against the door**.
Er fiel über die Fußmatte und schlug mit dem Kopf gegen die Tür.
HAUPTSATZ + PARTIZIPSATZ: He fell over the doormat **hitting his head against the door**.

ZWEI HAUPTSÄTZE: They fired into the crowd **and killed one of the demonstrators**.
Sie feuerten in die Menge und töteten einen der Demonstranten.
HAUPTSATZ + PARTIZIPSATZ: They fired into the crowd **killing one of the demonstrators**.

Einem englischen Partizipsatz dieser Art entspricht am ehesten ein deutscher Nebensatz mit **wobei** …:

*Er fiel über die Fußmatte, **wobei** er mit dem Kopf gegen die Tür schlug.*
*Sie feuerten in die Menge, **wobei** sie einen der Demonstranten töteten.*

2   PARTIZIPSÄTZE ANSTELLE VON RELATIVSÄTZEN

Partizipsätze stehen oft anstelle von Relativsätzen [→ **247** (21)], um Konstruktionen mit **who**, **which** oder **that** zu vermeiden. An die Stelle eines aktivischen Relativsatzes tritt ein Partizipsatz mit einem ***present*** *participle*, während ein passivischer Relativsatz durch einen Partizipsatz mit ***past*** *participle* ersetzt wird. Beispiele:

2.1   MIT DEM **PRESENT PARTICIPLE**

HAUPTSATZ MIT RELATIVSATZ: Do you know the girl **who is sitting next to John**?
Kennst du das Mädchen, das neben John sitzt?
HAUPTSATZ MIT PARTIZIPSATZ: Do you know the girl **sitting next to John**?

HAUPTSATZ MIT RELATIVSATZ: The dog **that is barking at the garden gate** is our neighbour's.
Der Hund, der am Gartentor bellt, gehört unserem Nachbarn.
HAUPTSATZ MIT PARTIZIPSATZ:: The dog **barking at the garden gate** is our neighbour's.

2.2 MIT DEM PAST PARTICIPLE

HAUPTSATZ MIT RELATIVSATZ: The boy **who got injured in the accident** is conscious again.
Der bei dem Unfall verletzte Junge ist wieder bei Bewusstsein.
HAUPTSATZ MIT PARTIZIPSATZ: The boy **injured in the accident** is conscious again.

HAUPTSATZ MIT RELATIVSATZ: The farmers used ploughs **that were pulled by oxen**.
Die Bauern benutzten Pflüge, die von Ochsen gezogen wurden.
HAUPTSATZ MIT PARTIZIPSATZ: The farmers used ploughs **pulled by oxen**.

Wie die Relativsätze, für die sie stehen, so beschreiben auch die Partizipsätze das jeweilige Subjekt näher:

Welches Mädchen?	The girl **sitting next to John**
Welcher Hund?	The dog **barking at the garden gate**
Welche Frau?	The boy **injured in the accident**
Was für Pflüge?	Ploughs **pulled by oxen**

Beachten Sie aber:
Die Ersetzung eines Relativsatzes durch einen Partizipsatz ist **nicht** möglich,

- wenn die Handlungen *zeitlich auseinanderliegen*:
  Can I see the assistant **who sold me this notebook**?
  Kann ich den Verkäufer sprechen, der mir dieses Notebook verkauft hat?
  [Nicht: *Can I see the assistant selling me this notebook?]

- wenn von *regelmäßig stattfindenden Handlungen* die Rede ist:
  The girl **who brings the newspaper** has been ill for weeks.
  Das Mädchen, das die Zeitung bringt, ist seit Wochen krank.
  [Nicht: *The girl bringing the newspaper ...]

3   PARTIZIPSÄTZE ANSTELLE VON ADVERBIALSÄTZEN

Partizipsätze lassen sich auch anstelle von Adverbialsätzen verwenden. Dies betrifft vor allem Adverbialsätze der Zeit *(Temporalsätze)* und des Grundes *(Kausalsätze)*.
Hierfür einige Beispiele:

3.1   ERSETZUNG EINES TEMPORALSATZES (when, while, after)

Hearing that all flights had been cancelled, we went by train.
Als wir hörten, dass alle Flüge gestrichen worden waren, fuhren wir mit dem Zug.
[Statt: **When we heard** that all flights had been cancelled ...]

Told to clear up his room, Kevin got angry.
Als man ihm sagte, er solle sein Zimmer aufräumen, wurde Kevin wütend.
[Statt: **When he was told** to clear up his room ...]

Temporalsätze, die mit der Konjunktion **after** eingeleitet sind, lassen sich durch die Konstruktion **having** + *past participle* in einen Partizipsatz umwandeln:

Having lost his job, he started drinking.
Nachdem er seine Arbeit verloren hatte, fing er an zu trinken.
[Statt: **After he had lost** his job ...]

Having heard the latest weather report, we decided not to drive.
Nachdem wir den Wetterbericht gehört hatten, beschlossen wir, nicht zu fahren.
[Statt: **After we had heard** the latest weather report ...]

3.2   ERSETZUNG EINES KAUSALSATZES (as, since, because)

Being in the shower, I was not able to answer the phone.
Da ich unter der Dusche stand, konnte ich nicht ans Telefon gehen.
[Statt: **As I was in the shower**, I was not able ...]

Not knowing what to do, we dialled 999.
Da wir nicht wussten, was wir tun sollten, wählten wir 999. [Notrufnummer in GB]
[Statt: **As we didn't know** what to do, ...]

Not fully convinced of his abilities, we voted against him.
Da wir von seinen Fähigkeiten nicht restlos überzeugt waren, stimmten wir gegen ihn.
[Statt: **As we were not fully convinced** of his abilities ...]

Having studied archaeology, Samuel knew a lot about ancient Egypt.
Da er Archäologie studiert hatte, wusste Samuel eine Menge über das alte Ägypten.
[Statt: **As he had studied** archaeology, ...]

4 PARTIZIPSÄTZE MIT EINLEITENDER KONJUNKTION

Partizipsätze, die einen Temporal- oder Kausalsatz ersetzen, brauchen nicht durch eine Konjunktion eingeleitet zu werden. Es ist also nicht üblich, zu sagen:

When being in the shower … **When told to clear up** his room … usw.

Eine Konjunktion wird erst dann erforderlich, wenn ihre Weglassung zu Missverständnissen führen würde. Hierfür einige Beispiele:

4.1 WELCHE PERSON IST GEMEINT?

Wenn der Hauptsatz neben dem Subjekt noch ein Objekt enthält, ist oft nicht erkennbar, auf welche der beiden Personen sich der Partizipsatz bezieht:

I saw one of my teachers **driving past the school**.
*Ich sah einen meiner Lehrer, **als ER an der Schule vorbeifuhr**.*

My sister noticed a man **looking through the window**.
*Meine Schwester bemerkte einen Mann, **der durch das Fenster sah**.*

Durch das Voranstellen einer Konjunktion (**while**, **when**) bekommen die beiden Äußerungen einen völlig anderen Sinn:

I saw one of my teachers **while driving past the school**.
*Ich sah einen meiner Lehrer, **als ICH an der Schule vorbeifuhr**.*

My sister noticed a man **when looking through the window**.
*Meine Schwester bemerkte einen Mann, **als SIE durch das Fenster sah**.*

4.2 TEMPORALE ODER KAUSALE BEDEUTUNG?

Manchmal geht aus Partizipsätzen nicht eindeutig hervor,
ob die jeweilige Äußerung *temporale* oder *kausale* Bedeutung hat. In einem solchen Fall gilt:
- **ohne** Konjunktion: **kausale** Bedeutung
- **mit** Konjunktion: **temporale** Bedeutung

KAUSALE BEDEUTUNG: **Having worked a lot**, he went to sleep.
***Da** er viel gearbeitet hatte, ging er schlafen.* [Nennt den *Grund*, warum er schlafen ging.]

TEMPORALE BEDEUTUNG: **After having worked a lot**, he went to sleep.
***Nachdem** er viel gearbeitet hatte, ging er schlafen.* [Nennt den *Zeitpunkt*, zu dem er schlafen ging.]

4.3 ANDERE ADVERBIALSÄTZE

Grundsätzlich sollten Partizipsätze, die nicht anstelle eines Nebensatzes mit **when**, **after**, **as**, **while** oder **because** stehen, immer durch eine Konjunktion eingeleitet werden, um mögliche Missdeutungen von vornherein auszuschließen. Beispiele:

Though sitting next to him, I didn't notice that he was telephoning.
Obwohl ich neben ihm saß, merkte ich nicht, dass er telefonierte.

She has changed a lot **since coming back from the USA**.
Sie hat sich sehr verändert, seit sie aus den USA zurückgekommen ist.

Always look to your left **before crossing the street**.
Sieh immer nach links, bevor du die Straße überquerst.

If taken regularly, this medicine will help lower blood pressure.
Wenn sie regelmäßig eingenommen wird, hilft diese Medizin, den Blutdruck zu senken.

Until proven guilty, one must be considered innocent.
Bevor jemand für schuldig befunden wird, muss er als unschuldig gelten.

5 PARTIZIPSÄTZE MIT EIGENEM SUBJEKT

UNEINGELEITETE PARTIZIPSÄTZE

In unseren bisherigen Beispielen hatten Hauptsatz und Partizipsatz stets ein gemeinsames Subjekt. Daneben sind aber auch Konstruktionen möglich, in denen Hauptsatz und Partizipsatz *verschiedene Subjekte* haben:

Being very tired, the children went to bed. [EIN SUBJEKT: **the children**]
Da sie sehr müde waren, gingen die Kinder zu Bett.

The children being very tired, Jane put them to bed. [ZWEI SUBJEKTE: **the children**, **Jane**]
Da die Kinder sehr müde waren, brachte Jane sie ins Bett.

Having a bad day, the team lost the match. [EIN SUBJEKT: **the team**]
Da sie einen schlechten Tag hatte, verlor die Mannschaft das Spiel.

The goalie having a bad day, the team lost the game. [ZWEI SUBJEKTE: **the goalie**, **the team**]
Da der Torwart einen schlechten Tag hatte, verlor die Mannschaft das Spiel.

MIT **WITH** EINGELEITETE PARTIZIPSÄTZE

Eine weitere typische Konstruktion ist der mit **with** eingeleitete Partizipsatz, der Ursachen und Begleitumstände des Hauptsatzgeschehens benennt. Die entsprechenden deutschen Nebensätze können auf sehr unterschiedliche Weise eingeleitet sein. Beispiele:

With the cost of living being so high in Britain, we have often thought of emigrating.
Da die Lebenshaltungskosten in England so hoch sind, haben wir oft daran gedacht auszuwandern.

With no one having any more questions, the meeting was closed.
Da niemand mehr eine Frage hatte, wurde die Sitzung geschlossen.

With the wind growing stronger, we decided to turn back.
Als der Wind stärker wurde, beschlossen wir umzukehren.

With Frank having moved out, it's much quieter in the house.
Seit Frank ausgezogen ist, ist es viel ruhiger im Haus.

6 PARTIZIPSÄTZE NACH VERBEN DER WAHRNEHMUNG

Auch Hauptsätze mit einem Verb der Wahrnehmung wie **see**, **hear**, **feel**, **watch**, **notice** usw. ziehen häufig einen Partizipsatz nach sich:

6.1 SÄTZE MIT DEM **PRESENT PARTICIPLE**

In diesen Sätzen beschreibt der Sprecher die Wahrnehmung von Vorgängen, die bei seinem Hinzutreten schon begonnen hatten:

We saw an old woman **feeding the birds** in the park.
Wir sahen, wie eine alte Frau im Park die Vögel fütterte.
[Oder: *Wir sahen eine alte Frau im Park Vögel füttern.*]

I heard someone **coming down the stairs**.
Ich hörte, wie jemand die Treppe herunterkam.
[Oder: *Ich hörte jemanden die Treppe herunterkommen.*]

We watched children **flying a kite**.
Wir beobachteten Kinder, die einen Drachen steigen ließen.
[Oder: *Wir beobachteten, wie Kinder einen Drachen steigen ließen.*]

6.2 SÄTZE MIT DEM **PAST PARTICIPLE**

Ein Nebensatz mit dem *past participle* hat auch nach Wahrnehmungsverben eine passivische Bedeutung:

I can smell something **burnt in the kitchen**.
Ich rieche, dass in der Küche etwas angebrannt ist.

We saw something **thrown out of the window**.
Wir sahen, wie etwas aus dem Fenster geworfen wurde.

She heard that name **mentioned several times.**
Sie hörte, wie der Name mehrmals erwähnt wurde.

7 WENDUNGEN MIT PARTIZIPSÄTZEN

Einige Partizipien haben sich mit anderen Wörtern zu festen Wendungen verbunden, durch die sich die Aussage des Hauptsatzes näher bestimmen bzw. in ihrer Gültigkeit einschränken lässt. Sie werden dem Hauptsatz als persönliche Kommentierung oder Wertung vorangestellt.

Hier eine Auswahl:

Confidentially speaking ...	*Im Vertrauen gesagt, ...*
Generally speaking ...	*Allgemein gesagt, ...*
Broadly speaking ...	*Allgemein gesagt, ...*
Roughly speaking ...	*Grob gesagt, ... Grob gerechnet...*
Frankly speaking ...	*Offen gesagt, …*
Legally speaking ...	*Juristisch betrachtet, …*
Literally speaking ...	*Wörtlich genommen, …*
Metaphorically speaking ...	*Bildlich gesprochen, …*
Morally speaking ...	*Moralisch gesehen, …*
Strictly speaking ...	*Strenggenommen ..., Genaugenommen...*
Superficially speaking ...	*Oberflächlich betrachtet, …*
Statisticially speaking ...	*Statistisch gesehen, …*
Talking of ...	*Da wir grade von ... reden, ...*
Providing ...	*Vorausgesetzt, ...*
Supposing ...	*Mal angenommen, ...*

Im Deutschen kommen einige diese einschränkenden Wendungen in Form eines Nebensatz mit *Wenn ... daher*:

Being aware of …	*Wenn man sich ... bewusst ist*
Considering ...	*Wenn man ... betrachtet,*
	Wenn man sich … ansieht, …
Considering (that) ...	*Wenn man bedenkt, (dass ...)*
Weather permitting, ...	*Wenn es das Wetter erlaubt*
	oder: *Wenn das Wetter mitspielt...*

BEISPIELE:

Frankly speaking, I don't care what you think.
Offen gesagt, es ist mir egal, was du denkst.

Generally speaking, a teacher's job is a good one.
Ganz allgemein gesagt ist der Lehrerberuf ein guter.

Roughly speaking, it will take about five days.
Es wird, grob gerechnet, ungefähr fünf Tage dauern.

Broadly speaking, girls are better at languages than boys.
Ganz allgemein gesagt sind Mädchen in Sprachen besser als Jungs.

Judging from his face, he doesn't really seem to be enthusiastic.
Seinem Gesicht nach zu urteilen scheint er nicht wirklich begeistert zu sein.

Legally speaking, there is nothing to complain about.
Juristisch gesehen gibt es nichts zu beanstanden.

Looking at it from his point of view, he is probably right.
Von seinem Standpunkt aus betrachtet hat er wahrscheinlich Recht.

Strictly speaking, a koala is not a bear although most people think it is.
Genaugenommen ist der Koala kein Bär, obwohl die meisten Menschen denken, er sei einer.

We can offer you a special rate **providing you stay at least a week.**
Wir können Ihnen einen Sondertarif anbieten, vorausgesetzt, Sie bleiben mindestens eine Woche.

Supposing they pull out all their troops, would that really mean peace?
Mal angenommen, sie ziehen alle ihre Truppen ab - würde das wirklich Frieden bedeuten?

Being aware of the consequences, he decided not to sell the goods.
Da er sich der Folgen bewusst war, beschloss er, die Ware nicht zu verkaufen.

Considering the state of the building, the price is totally unacceptable.
Wenn man sich den Zustand des Gebäudes ansieht, ist der Preis völlig inakzeptabel.

Considering that he started from scratch, he has come a long way.
Wenn man bedenkt, dass er bei Null angefangen hat, ist er weit gekommen.

Talking of money, what about the €500 I lent you?
Da wir gerade vom Geld reden: was ist mit den 500 Euro, die ich dir geliehen habe?

Weather permitting, we'll sleep in the open.
Wenn es das Wetter erlaubt, werden wir im Freien schlafen.

24 Der englische Satz

Oberflächlich betrachtet, ist ein Satz nichts weiter als eine Aneinanderreihung von Wörtern. In Wirklichkeit jedoch handelt es sich um ein geordnetes sprachliches Gebilde von überschaubarer Länge, dessen einzelne Glieder nicht beziehungslos nebeneinander stehen, sondern sich nach bestimmten Regeln zu einem sinnvollen Ganzen zusammenfügen. Bringt man die Struktur des Satzes, also die geordnete Abfolge seiner Wörter, durcheinander, wird die Aussage verändert oder ergibt überhaupt keinen Sinn mehr; die in dem Satz enthaltene Mitteilung bleibt für den Empfänger unverständlich.

Leider hat jede Sprache ihre ganz eigenen Satzstrukturen. Als Deutsche können wir nur Sätze unserer eigenen Sprache richtig konstruieren. Wollen wir uns jedoch in einer Fremdsprache korrekt ausdrücken, so müssen wir uns mit Satzbaumustern vertraut machen, die von der im Deutschen üblichen Wortstellung abweichen, und das zum Teil erheblich.

Es kann darum kaum verwundern, dass Verstöße gegen die Regeln des Satzbaus zu den häufigsten Fehlern gehören, die dem Lernenden bei der Übertragung deutscher Sätze ins Englische unterlaufen. Diese Fehler entstehen schlicht dadurch, dass wir – in Unkenntnis der fremdsprachlichen Satzbauregeln – die Sätze so konstruieren, wie wir das von unserer Muttersprache her gewohnt sind. Was herauskommt, wenn man einen *englischen* Satz nach den Regeln der *deutschen* Satzstellung konstruiert, zeigt das folgende Beispiel:

deutscher Satz:	*Ich trinke morgens immer ein Glas Milch.*
Wort-für-Wort-Übertragung:	*I drink in the morning always a glass of milk.
richtige Wortfolge:	I always drink a glass of milk in the morning.

Grundsätzlich gilt, dass Sätze in der englischen Sprache nach sehr viel festeren – und damit verlässlicheren – Regeln konstruiert sind als im Deutschen, das eine vergleichsweise freie Wortstellung zulässt. Wenn man diese Regeln von Anfang an beachtet, lassen sich viele Fehler im Satzbau mühelos vermeiden.

1 DIE SATZARTEN

Wann immer wir zu sprechen beginnen, tun wir dies in einer bestimmten Absicht. Wir wollen

- anderen etwas erzählen   ... und machen eine **Aussage**
- sie etwas fragen   ... und stellen eine **Frage**
- sie zu etwas auffordern   ... und erteilen eine **Aufforderung**

Der Inhalt unserer Äußerungen kann *positiv* (bejaht) oder *negativ* (verneint) sein, so dass sich, je nach Sprechabsicht, die folgenden 6 **Satzarten** ergeben:

- der bejahte Aussagesatz: **I was** in the office at eight o'clock.
- der verneinte Aussagesatz: **I was not** in the office at eight o'clock.

- der bejahte Fragesatz: **Were you** in the office at eight o'clock?
- der verneinte Fragesatz: **Weren't you** in the office at eight o'clock?

- der bejahte Befehlssatz: **Be** in the office at eight o'clock!
- der verneinte Befehlssatz: **Don't be** in the office at eight o'clock!

In diesem Kapitel soll zunächst dargestellt werden, wie ein englischer Aussagesatz gegliedert ist. Anschließend werden wir uns ansehen, wie aus ihm ein Frage-, ein Verneinungs- und ein Befehlssatz gebildet wird.

2 DER EINFACHE AUSSAGESATZ: SUBJEKT UND PRÄDIKAT

Ein Aussagesatz hat normalerweise folgendes zum Inhalt:

- Es werden Lebewesen, Dinge, Tätigkeiten oder Sachverhalte genannt, von denen es etwas zu berichten gibt:

Cows are useful animals.	**Kühe** *sind nützliche Tiere.*
Bob's father is going to sell his car.	**Bobs Vater** *verkauft sein Auto.*
He has lost his job.	**Er** *hat seine Arbeit verloren.*
Such things happen.	**Solche Dinge** *passieren.*
Walking is healthy.	**Gehen / Laufen** *ist gesund.*
What you say is nonsense.	**Was du sagst**, *ist Unfug.*
All I need is in this suitcase.	**Alles, was ich brauche**, *ist in diesem Koffer.*

In der Grammatik wird dieser Teil des Satzes als *Subjekt* bezeichnet. Als Subjekte kommen vor allem Hauptwörter, Hauptwortgruppen, Gerundien und Fürwörter in Frage.

- Es wird gesagt, *was* es von diesen Lebewesen, Dingen, Tätigkeiten oder Sachverhalten zu berichten gibt:

Cows **give** milk.	*Kühe **geben** Milch.*
Bob's sister **paints**.	*Bobs Schwester **malt**.*
I **must have been sleeping**.	*Ich **muss geschlafen haben**.*
My grandfather **is** a dentist.	*Mein Großvater **ist** Zahnarzt.*
What you say **surprises** me.	*Was du sagst, **überrascht** mich.*

Der Teil des Satzes, der dessen Aussage enthält, der also beschreibt, was in dem Satz geschieht, heißt *Prädikat*. Er besteht aus einem Verb bzw. einer Gruppe von Verben, die durch zusätzliche Angaben ergänzt werden kann.

Fügen wir Subjekt und Prädikat zusammen, erhalten wir einen einfachen Satz. Dieser setzt sich also in seiner kürzesten Form aus nur zwei Wörtern zusammen:

Crocodiles bite.	*Krokodile beißen.*
Anything goes.	*Alles geht.*
It worked.	*Es funktionierte.*

Allerdings bleibt die Aussage eines Satzes, der nur ein Verb enthält, oft unvollständig. Zwar können wir sagen: **she paints**, nicht aber: *she looks oder gar *cows give. Die meisten Verben müssen daher durch zusätzliche Angaben ergänzt werden. Die wichtigste dieser Ergänzungen ist das Objekt.

3   DIE ERGÄNZUNG DES PRÄDIKATS

Ob ein Prädikat ergänzt werden muss oder nicht, hängt von dessen Verb ab. Hierbei lassen sich unterscheiden:

- Verben, die ohne Objekt auskommen
  (aber andere Ergänzungen zu sich nehmen können)
- Verben, die ein Objekt verlangen
- Verben, die zwei Objekte verlangen
- Verben, die andere Ergänzungen, sog. Komplemente, verlangen

Die Frage, ob Verben ein Objekt nach sich ziehen müssen (und wenn ja, wie viele), wird von Grammatikern als *Transitivität* (engl.: transitivity) bezeichnet. Aus diesem Begriff leitet sich die Unterscheidung zwischen *transitiven* Verben (Verben *mit* Objekt-Ergänzung) und *intransitiven* Verben (Verben *ohne* Objekt-Ergänzung) her.

Allerdings sind Verben nicht von Natur aus entweder transitiv oder intransitiv. Einige lassen sich, je nach Bedeutung und Sprechabsicht, sowohl mit als auch ohne Objekt verwenden, z.B. **play**, **sing**, **run**, **grow**, **drink** und **leave**. Vergleichen Sie:

Ohne Objekt :	Let us **sing**.	*Singen wir!*
Mit 1 Objekt:	Let us **sing** a song.	*Singen wir **ein Lied**!*
Mit 2 Objekten:	Let us **sing** her a song.	*Singen wir **ihr ein Lied** (vor)!*

Der korrekte Umgang mit Objekten gehört im Englischen nicht eben zu den leichten Aufgaben. Vor allem bei Verben, die 2 Objekte nach sich ziehen, unterlaufen dem Lernenden oft Fehler, weil die Satzstellung, die aus einer solchen Konstruktion resultiert, keinem festen Schema folgt, sondern vom jeweiligen Verb abhängig ist. Fast unnötig zu erwähnen, dass auf die sprachlichen Gepflogenheiten des Deutschen auch in diesem Punkt wenig Verlass ist. Die Einzelheiten dieser komplexen Thematik behandeln Schritt für Schritt die folgenden Kapitel.

4   VERBEN OHNE OBJEKT (INTRANSITIVE VERBEN)

Verben, die lediglich aussagen, was das Subjekt tut oder getan hat, heißen *intransitive* Verben. Sie kommen ohne Objekt aus.

My legs **ache**.	*Meine Beine **tun weh**.*
We **have been dancing**.	*Wir **haben getanzt**.*
The pain **disappeared**.	*Die Schmerzen **verschwanden**.*

Es können ihnen aber zur Präzisierung der Aussage adverbiale Bestimmungen (z.B. Orts- und Zeitangaben) hinzugefügt werden:

My legs **ache** when I walk.	*Meine Beine **tun weh**, wenn ich gehe.*
We **have been dancing** in the street.	*Wir **haben** auf der Straße **getanzt**.*
The pain **disappeared** completely.	*Die Schmerzen **verschwanden** völlig.*

Die Angaben **when I walk**, **in the street** und **completely** sind keine notwendigen Ergänzungen (Objekte), sondern lediglich zusätzliche adverbiale Bestimmungen. Die jeweiligen Sätze wären auch ohne sie vollständig, wenn auch weniger aussagekräftig.

5 VERBEN MIT DIREKTEM OBJEKT (TRANSITIVE VERBEN)

Transitive Verben verlangen eine Ergänzung, aus der hervorgeht, wer oder was von dem berichteten Geschehen betroffen ist. Eine solche Ergänzung wird als *direktes Objekt* bezeichnet:

We need **some additional staff** for our London plant.
*Wir brauchen **zusätzliche Arbeitskräfte** für unser Londoner Werk.* [WEN brauchen wir?]

True football fans support **their local club**.
*Wahre Fußballfans unterstützen **ihren Heimatclub**.* [WEN unterstützen die Fans?]

I have known **Mr Mills** for many years; we can trust **him**.
*Ich kenne **Mr Mills** seit vielen Jahren; wir können **ihm** vertrauen.* [WEN kenne ich?]

Statisticians have developed **new methods** for data analysis.
Statistiker haben neue Methoden der Datenanalyse entwickelt. [WAS haben Statistiuker entwickelt?]

He loves **staying up** late, but hates **getting up** early.
*Er liebt es, **lange aufzubleiben**, aber hasst es, **früh aufzustehen**.* [WAS liebt er?]

I know **what this would mean**.
*Ich weiß, **was das bedeuten würde**.* [WAS weiß ich?]

Wie die Beispiele zeigen, kommen als Objekte nicht nur Hauptwörter (**courage, Mr Mills**) und Hauptwortgruppen (**some addional staff, their local club**) in Frage, sondern auch Fürwörter (**him**), Gerundien (**staying up, getting up**) oder Nebensätze (**what that would mean**).

6 VERBEN MIT ZWEI OBJEKTEN
(DOPPELT TRANSITIVE oder DITRANSITIVE VERBEN)

Manchmal haben wir es mit Situationen zu tun, in denen etwas von einer Person zu einer anderen „bewegt" wird. Es sind dies ganz alltägliche Vorgänge: eine Person nimmt etwas (oder hat es bereits bei sich) und gibt es einer anderen. Das müssen nicht unbedingt Gegenstände sein wie in **She gave him a book** *(Sie schenkte ihm ein Buch)*, es kann sich ebensogut auch um etwas Abstraktes handeln: **She gave him a smile** *(Sie schenkte ihm ein Lächeln)*.

Es geht also um ein Geben und Nehmen im weitesten Sinne. Auch wenn jemandem etwas gezeigt, erklärt, versprochen, berechnet, bezahlt, verweigert oder auch geneidet wird, haben wir es mit Situationen zu tun, in denen Personen von anderen Personen etwas bekommen oder in sonstiger Weise von deren Tun betroffen sind.

Damit tritt zu der handelnden Person (dem Subjekt) und der bewegten Sache (dem direkten Objekt) ein weiterer Teilnehmer am Satzgeschehen auf den Plan: der Empfänger. Dieser wird als *indirektes* Objekt bezeichnet, da ihn die Handlung gewissermaßen erst auf Umwegen erreicht. Betrachten wir beispielsweise einen Satz wie *Jane kaufte ihrer Tochter ein Märchenbuch*, so ist klar zu erkennen, dass die Handlung *kaufen* auf das Buch zielt (WAS kauft sie?), nicht auf die Tochter (WEM kauft sie es?)

Zwar sind es in der Regel Personen, die etwas bekommen oder in Empfang nehmen. Es kommen aber durchaus auch Sachen als „Empfänger" in Frage, etwa in Sätzen wie: **He gave the chair a kick**. *(Er gab dem Stuhl einen Tritt)* oder **The outgoing President left the country a mountain of debt**. *(Der scheidende Präsident hinterließ dem Land einen Berg von Schulden)*.

STELLUNG DES INDIREKTEN OBJEKTS

In einem englischen Satz mit zwei einander folgenden Objekten kann das indirekte Objekt an unterschiedlichen Positionen im Satz auftreten. Es steht entweder

- unmittelbar VOR dem direkten Objekt:

    Jane gave | [WEM?] **her daughter** | [WAS?] a book of fairytales.
    *Jane schenkte **ihrer Tochter** ein Märchenbuch.*

    Jane bought | [WEM?] **her daughter** | [WAS?] a book of fairytales.
    *Jane kaufte **ihrer Tochter** ein Märchenbuch.*

oder

- mit einer vorangestellten Präposition (**to** oder **for**) NACH dem direkten Objekt:

    Jane gave | [WAS?] a book of fairytales | [WEM?] **to her daughter**.
    Jane bought | [WAS?] a book of fairytales | [WEM?] **for her daughter**.

    Welche der beiden Präpositionen (**to** oder **for**) bei dieser Stellung zu verwenden ist, hängt vom jeweiligen Verb ab. Näheres hierzu → 272 (6.2).

Die meisten Verben mit zwei Objekten erlauben sowohl die Konstruktion *ohne Präposition* (Jane gave **her daughter** a book) als auch die *mit Präposition* (Jane gave a book **to her daughter**). Andere dagegen lassen nur eine der beiden Möglichkeiten zu. Die Einzelheiten hierzu erläutern die folgenden Kapitel.

BEIDE KONSTRUKTIONEN MÖGLICH

6.1 OHNE PRÄPOSITION:
INDIREKTES OBJEKT – DIREKTES OBJEKT
Schema: DO SOMEBODY SOMETHING

	INDIREKTES OBJEKT (EMPFÄNGER)	DIREKTES OBJEKT (SACHE)
The shop granted *Der Laden gewährte*	**their customers** *seinen Kunden*	a 10 percent discount. *einen 10%igen Preisnachlass.*
We sometimes lend *Wir leihen manchmal*	**our neighbour** *unserem Nachbarn*	the lawn-mower. *den Rasenmäher.*
Victor shows *Victor zeigt*	**sightseers** *Touristen*	the castle. *das Schloss.*
Nora passed *Nora reichte*	**the reception lady** *der Empfangsdame*	a white envelope. *einen weißen Briefumschlag.*

Das indirekte Objekt kann auch ein Fürwort (im Objekt-Fall oder rückbezüglich) sein:

The shop granted | **them** | a 10 percent discount.
We sometimes lend | **him** | the lawn-mower.
Nora passed | **her** | a white envelope.

I made | **myself** | a drink.
Janna bought | **herself** | a pony.
We had cooked | **ourselves** | a delicious meal.

6.2 MIT PRÄPOSITION:
DIREKTES OBJEKT – INDIREKTES OBJEKT MIT PRÄPOSITION **TO** ODER **FOR**

• Schema: DO SOMETHING **TO** SOMEBODY

	DIREKTES OBJEKT	INDIREKTES OBJEKT MIT PRÄPOSITION **TO**
The shop granted	a 10 percent discount	**to their customers.**
We sometimes lend	the lawn-mower	**to our neighbour**.
Victor shows	the castle	**to sightseers**.
Nora passed	a white envelope	**to the receptionist**.

• Schema: DO SOMETHING **FOR** SOMEBODY

	DIREKTES OBJEKT	INDIREKTES OBJEKT MIT PRÄPOSITION **FOR**
We finally found	an affordable flat	**for my sister.**
We have booked	hotel rooms	**for our guests**.
George has donated	considerable sums	**for famine relief.**
Cindy baked	a big birthday cake	**for her son**.

IN DIESER KONSTRUKTION VERWENDBARE VERBEN

• DO SOMEBODY SOMETHING oder DO SOMETHING **TO** SOMEBODY
Die folgenden Verben können sowohl nach dem Schema DO SOMEBODY SOMETHING oder mit der Präposition **to** (DO SOMETHING **TO** SOMEBODY) konstruiert werden:
accord *bewilligen*, **advance** [Geld usw.] *vorschießen*, **assign** *zuweisen*, **award** [eine Auszeichnung, einen Preis] *verleihen*, **bring** *bringen*, **forward** *weiterleiten*, **give** *geben*, **grant** *gewähren*, **hand** *übergeben, abgeben*, **leave** *hinterlassen, vermachen*, **lend** oder **loan** *leihen*, **mail** *mailen*, **offer** *anbieten*, **owe** *schulden*, **pass** *reichen*, **pay** *zahlen*, **play** *(vor)spielen*, **sell** *verkaufen*, **send** *schicken, senden*, **show** *zeigen*, **sing** *(vor)singen*, **teach** *beibringen*, **tell** *sagen, erzählen*, **write** *schreiben*

• DO SOMEBODY SOMETHING oder DO SOMETHING **FOR** SOMEBODY
Die folgenden Verben lassen sich entweder nach dem Schema DO SOMEBODY SOMETHING oder mit der Präposition **for** (DO SOMETHING **FOR** SOMEBODY konstruieren:
bake *backen*, **book** *buchen*, **bring** *bringen*, **build** *bauen*, **buy** *kaufen*, **cook** *kochen*, **find** *finden, (sich) suchen*, **get** *besorgen*, **guarantee** *garantieren*, **keep** *behalten, aufbewahren*, **leave** *zurücklassen*, **make** *machen*, **order** *bestellen*, **pick** *pflücken*, **play** *spielen, vorspielen*, **pour** *einschenken*, **prepare** *vorbereiten, zubereiten*, **reserve** *zurücklegen, reservieren*, **save** *aufheben, aufbewahren*, **sing** *singen*, **write** *schreiben*

NUR EINE KONSTRUKTION MÖGLICH

6.3 NUR DO SOMEBODY SOMETHING

Einige Verben werden immer nach dem Schema DO SOMEBODY SOMETHING konstruiert, also weder mit **to** noch mit **for**. Eine Auswahl:

allow sb sth *jmdm etw erlauben*, **ask** sb sth *jmdn etw fragen*, **cause** sb sth *jmdm etw verursachen, bereiten*, **charge** sb sth *jmdm etw berechnen*, **cost** sb sth *jmdn etw kosten*, **deny** sb sth *jmdm etw verwehren*, **envy** sb sth *jmdn um etw beneiden*, **forgive** sb sth *jmdm etw verzeihen*, **promise** sb sth *jmdm etw versprechen*, **refuse** sb sth *jmdm etw verweigern*, **spare** sb sth *jmdm etw ersparen*.

BEISPIELE

The management denied | **the TV crew** | **access to the plant premises**.
Die Geschäftsleitung verwehrte dem Fernsehteam den Zugang zum Firmengelände.

They charge | **every visitor** | **2 pounds for using the car park**.
Sie berechnen jedem Besucher 2 Pfund für das Benutzen des Parkplatzes.

I never promised | **my children** | **anything I couldn't keep**.
Ich habe meinen Kindern nie etwas versprochen, was ich nicht halten konnte.

Spare | **me** | **your silly remarks**.
Erspare mir deine dämlichen Bemerkungen.

I don't envy | **him** | **that job**.
Ich beneide ihn nicht um diese Aufgabe.

A strike would cost | **the company** | **several million euros a day**.
Ein Streik würde das Unternehmen mehrere Millionen Euro am Tag kosten.

6.4 NUR MAKE SOMEBODY SOMETHING

Einige Verben drücken aus, wozu jemand oder etwas ernannt, bestimmt, erklärt, gewählt, gekrönt, also in irgendeiner Form „gemacht" wird. Es sind nicht sehr viele, aber sie haben es in sich, denn sie werden in einer Weise konstruiert, wie sie im Deutschen gar nicht oder nur unter Hinzufügung von Präpositionen wie **zu** oder **als** möglich ist. Die hieraus resultierenden Abweichungen vom deutschen Sprachgebrauch führen leicht zu Fehlern.

Betrachten Sie die folgenden Beispiele:

The University **appointed** | a former teacher of mine | Dean of the Faculty.
Die Universität hat einen meiner ehemaligen Lehrer zum Dekan der Fakultät ernannt.

The rebels **declared** | the city | a war zone.
Die Rebellen erklärten die Stadt zum Kriegsgebiet.

We have **elected** | Dominique | head girl.
Wir haben Dominique zur Schulsprecherin gewählt.

His multiple talents **make** | him | the ideal candidate for the post.
Seine vielen Begabungen machen ihn zum idealen Kandidaten für den Posten.

We **named** | our daughter | Emilia Sophie | for it's a beautiful name.
Wir nannten unsere Tochter Emilia Sophie, denn das ist ein schöner Name.

I **consider** | this book | the best ever written on this topic.
Ich betrachte dieses Buch als das beste, das je zu diesem Thema geschrieben wurde.

Britain **crowned** | Lady Diana | queen of hearts.
England krönte Lady Diana zur Königin der Herzen.

In 1918, the new government **proclaimed** | Germany | a republic.
Im Jahre 1918 erklärte die neue Regierung Deutschland zur Republik.

Time Magazine once **named** | Albert Einstein | the person of the century.
Das Magazin TIME ernannte einst Albert Einstein zur Person des Jahrhunderts.

Some **called** | him | a fool |, but he didn't care.
Einige nannten ihn einen Idioten, aber das machte ihm nichts aus.

A critic **termed** | the book | a remarkable piece of literature.
Ein Kritiker hat das Buch als ein bemerkenswertes Stück Literatur bezeichnet.

Sätze dieses Typs lassen sich meist auch in passivischer Form konstruieren (SOMEBODY IS MADE SOMEBODY or SOMETHING):

A former teacher of mine **was appointed** Dean of the Faculty.
The city **was declared** a war zone.
Dominique **has been elected** head girl.
She **was crowned** queen of hearts.
In 1918, Germany **was proclaimed** a republic.
Albert Einstein **was** once **named** the person of the century.
The book **has been termed** a remarkable piece of literature.

6.5 DO SOMETHING **TO** SOMEBODY

Die folgenden Verben werden ausschließlich mit der Präposition **to** konstruiert (DO SOMETHING **TO** SOMEBODY):

admit sth to sb *jmdm gegenüber etw zugeben*, **announce** sth to sb *jmdm etw ankündigen*, **confess** sth to sb *jmdm etw bekennen, eingestehen*, **confide** sth to sb *jmdm etw anvertrauen*, **dedicate** sth to sb *jmdm etw widmen*, **describe** sth to sb *jmdm etw beschreiben*, **dictate** sth to sb *jmdm etw diktieren*, **explain** sth to sb *jmdm etw erklären*, **introduce** sb to sb *jmdm jmdn vorstellen*, **mention** sth to sb *jmdm gegenüber etw erwähnen*, **recite** sth to sb *jmdm etw vortragen, aufsagen*, **report** sth to sb *jmdm etw berichten, melden*, **return** sth to sb *jmdm etw zurückgeben*, **reveal** sth to sb *jmdm etw enthüllen, offenbaren*, **say** sth to sb *jmdm etw sagen*.

We reported | **the theft** | **to the hotel management**.
Wir meldeten den Diebstahl der Hoteldirektion.
[Nicht: *We reported the hotel management the theft.]

They didn't disclose | **their wedding** | **to anyone**.
Sie haben ihre Heirat niemandem angekündigt.
[Nicht: *They didn't disclose anyone their wedding.]

We explained | **the problem** | **to our form teacher**.
Wir erklärten unserem Klassenlehrer das Problem.
[Nicht: *We explained our form teacher the problem.]

6.6 KONSTRUKTION MIT FÜRWÖRTERN

Ist das *direkte* Objekt ein Fürwort, so kann ebenfalls nur die Konstruktion mit **to** oder **for** stehen:

The Head of School sent | **our parents** | **a letter**.
Der Schulleiter schickte unseren Eltern einen Brief.

He sent | **it** | **to them**.
[Nicht: * … sent them it oder * … sent it them.]

My grandparents opened | **a bank account** | **for my sister and me**.
Meine Großeltern haben für meine Schwester und mich ein Bankkonto eröffnet.

They opened | **it** | **for us**.
[Nicht: * … opened us it oder * … opened it us.]

Halten Sie auch dann an dieser Konstruktion fest, wenn Ihnen einmal so etwas begegnen sollte wie: *She sent it them* oder *She sent them it.* Vor allem Schülern, die auf eine gute Benotung ihrer Englischarbeiten Wert legen, sei von derartigen Varianten abgeraten.

7 DER FESTE SATZKERN

In einem deutschen Aussagesatz gibt nur *eine* feste Position: das Verb, das immer die 2. Stelle einnehmen muss. Darum herum ist, wie das folgende Beispiel zeigt, praktisch alles erlaubt:

Wir	*unterschreiben*	morgen in seinem Büro den Vertrag.
Morgen	*unterschreiben*	wir in seinem Büro den Vertrag.
In seinem Büro	*unterschreiben*	wir morgen den Vertrag.
Den Vertrag	*unterschreiben*	wir morgen in seinem Büro.

Ein englischer Aussagesatz kennt solche Freiheiten nicht. Kennzeichnend für dessen Wortstellung ist der **feste Satzkern**, bestehend aus **Subjekt**, **Prädikat** und **Objekt**(en). Diese Abfolge wird, anders als im Deutschen, nicht dadurch verändert, dass andere Satzteile an den Anfang treten. Vergleichen Sie:

Tomorrow	**We sign the contract**	in his office tomorrow.
Tomorrow in his office	**we sign the contract**	in his office.
	we sign the contract.	

Ein Merkmal dieser Wortstellung ist beispielsweise, dass eine Verbgruppe, anders als im Deutschen, **nicht getrennt** wird. Vergleichen Sie die beiden Sätze:

We | **must take** | these parcels to the post office.

Wir | **müssen** | *diese Pakete zur Post* | **bringen**.

Im deutschen Satz nehmen die beiden Verbformen (*müssen* und *bringen*) sowohl das Objekt (*diese Pakete*) wie auch die Angabe *zur Post* in die Mitte, „umklammern" sie gewissermaßen. Deutsche Grammatiken bezeichnen diese Konstruktion manchmal auch als Verbklammer.

Das Englische kennt eine solche Bauweise nicht. Dort gehen Verben dem Objekt immer voraus und können in der Regel nicht durch andere Wörter getrennt werden. Die einzige Ausnahme hiervon bilden das Verneinungswort **not** sowie bestimmte Adverbien (z.B. **just**, **still**, **usually**, **always**, **first**, **never** oder **also**). Diese treten auch innerhalb eines Prädikats auf und nehmen dort die Position *nach dem ersten Hilfsverb* ein:

We have **just** had a phone call from the airport.
Wir haben gerade einen Anruf vom Flughafen erhalten.

One should **always** listen carefully.
Man sollte immer aufmerksam zuhören.

Fanny is **still** taking private lessons to brush up her English.
Fanny nimmt immer noch Privatstunden, um ihr Englisch aufzufrischen.

→ Eine Liste der wichtigsten Wörter, die in dieser Satzposition auftreten können, finden Sie einige Abschnitte weiter auf Seite 279.

8 BILDUNG VON FRAGE UND VERNEINUNG

8.1 FRAGE UND VERNEINUNG VON SÄTZEN MIT HILFSVERB

WIE WERDEN FRAGESÄTZE GEBILDET?

Englische Fragesätze werden durch **Umstellung** gebildet. Umstellung bedeutet: das Hilfsverb des Aussagesatzes (bei mehreren Hilfsverben das erste) tauscht mit dem ihm vorangehenden Subjekt seinen Platz. Wir wollen dies anhand der folgenden zwei Beispiele zeigen:

Beispiel 1:
Aussagesatz: *The boys **are playing** football in the garden.*
Die Jungs spielen im Garten Fußball.

Wenn nun das Hilfsverb (**are**) und das Subjekt (**the boys**) die Plätze tauschen, erhalten wir einen Fragesatz:

Are *the boys* **playing** football in the garden?
Spielen die Jungs im Garten Fußball?

Beispiel 2:
Aussagesatz: *The old factory **has been pulled down**.*
Die alte Fabrik ist abgerissen worden.

In diesem Beispiel erhalten wir einen Fragesatz, wenn das *erste* der beiden Hilfsverben (**has**) seinen Platz mit dem Subjekt (**the old factory**) tauscht:

Has *the old factory* **been pulled down**?
Ist die alte Fabrik abgerissen worden?

▶ Beachten Sie: Eine Umstellung ist immer nur zwischen dem Subjekt und einem *Hilfsverb* möglich. Die Stellung des *Vollverbs* bleibt, anders als im Deutschen, von einer Umstellung unberührt. Bilden Sie auf gar keinen Fall Frageformen wie *Speak you …? *Makes he …? oder *Went they …?

WIE WERDEN SÄTZE VERNEINT?

Englische *Aussagesätze* werden verneint, indem man dem Hilfsverb (bei mehreren Hilfsverben dem ersten) das Wort **not** anfügt. Wie einfach das geht, lässt sich wiederum am Beispiel der beiden Sätze aus dem vorigen Abschnitt gut veranschaulichen:

The boys **aren't playing** football in the garden.
Die Jungs spielen nicht im Garten Fußball.

The old factory **hasn't been pulled down**.
Die alte Fabrik ist nicht abgerissen worden.

Diese Sätze sind ganz einfach dadurch verneint worden, dass den jeweiligen Hilfsverben (**are** und **has**) ein **not** angefügt wurde. Die Verbindung von **are** und **not** kann zu **aren't**, die von **has** und **not** zu **hasn't** zusammengezogen werden.

Fragesätze lassen sich auf die gleiche Art verneinen:

Aren't *the boys* **playing** football in the garden?
Spielen die Jungs nicht im Garten Fußball?

Hasn't *the old factory* **been pulled down?**
Ist die alte Fabrik nicht abgerissen worden?

Den durch Umstellung an den Satzanfang gerückten Hilfsverben des Prädikats (**are** und **has**) wird ein **not** angefügt. Auf diese Weise entstehen die folgenden verneinten Fragesätze.

▶ Beachten Sie: Abgesehen von ganz wenigen Ausnahmen, z.B. in *ersetzender* Funktion [→ **107** (10.2)], kann das Verneinungswort **not** nur einem *Hilfsverb* angefügt werden. Bilden Sie also auf keinen Fall verneinte Formen wie *speak not … *makes not …

8.2 FRAGE UND VERNEINUNG VON SÄTZEN OHNE HILFSVERB

Die einfachen Zeiten *Present Simple* und *Past Simple,* die bekanntlich nur aus einer Vollverb-form bestehen und daher kein Hilfsverb haben, das an einer Umstellung beteiligt sein oder ein **not** zu sich nehmen könnte, bilden ihre Frageform und Verneinung, wie unten gezeigt, mit **do** bzw. **does** und **did,** den Formen des Hilfsverbs **do.**
Beachten Sie, dass das mit **do/does/did** verbundene Vollverb immer in der **1.** Form steht.

ZEIT		BEJAHT	VERNEINT
Present Simple (**I, you, we, they**)	Aussageform Frageform	I write **do** you write?	I **don't** write **don't** you write?
(**he, she, it**)	Aussageform Frageform	he writes **does** he write?	he **doesn't** write **doesn't** he write?
Past Simple	Aussageform Frageform	she wrote **did** she write?	she **didn't** write **didn't** she write?

- Mögliche Zusammenziehungen aus **Hilfsverb + not**:
  are not = **aren't**, is not = **isn't**, was not = **wasn't**, were not = **weren't**
  have not = **haven't**, has not = **hasn't**, had not = **hadn't**
  do not = **don't**, does not = **doesn't**, did not = **didn't**

- Mögliche Zusammenziehungen aus **Fürwort + not**:
  am not = **'m not**, are not = **'re not**, is not = **'s not**,
  have not = **'ve not**, has not = **'s not**, had not = **'d not**

BEACHTEN SIE:

Mit **don't / doesn't / didn't** werden ausschließlich Verben verneint. Bezieht sich die Verneinung auf ein anderes Wort, bleibt es bei einem einfachen **not**:

I have decided not to pay the fine.
Ich habe beschlossen, das Bußgeld nicht zu bezahlen.
[Nicht: *I haven't decided to pay …, denn es wird nicht der Entschluss verneint (der wird ja gefasst), sondern die Zahlung des Bußgelds.]

We honour not only her outstanding achievements as a scientist, but also her relentless commitment to the cause of women.
Wir würdigen nicht nur ihre hervorragenden Leistungen als Wissenschaftlerin, sondern auch ihren unermüdlichen Einsatz für die Sache der Frau.
[Nicht: *We don't honour …, denn das würde bedeuten, dass *nicht gewürdigt* wird.]

8.3 FRAGEN NACH SUBJEKT UND OBJEKT

Fragesätze, in denen das Subjekt erfragt wird, werden *wie Aussagesätze* konstruiert. Eine Um-stellung ist (wegen des nicht vorhandenen Subjekts) nicht möglich, und auch die Hilfsverben **do, did** und **does** werden nicht benötigt:

Who loves Anna?   *Wer liebt Anna?*
What happened at the pub yesterday?   *Was ist gestern im Pub passiert?*
What animals live there?   *Was für Tiere leben dort?*
Which dress suits me better?   *Welches Kleid steht mir besser?*
Whose dog ate my hamster?   *Wessen Hund hat meinen Hamster gefressen?*

Ist dagegen in der Frage das Subjekt genannt, so bleibt es bei der Umstellung mit dem Hilfs-verb. Gefragt wird in diesem Fall nach dem Objekt:

Who does Anna love ?   *Wen liebt Anna?*
What did you do at the pub yesterday?   *Was habt ihr gestern im Pub gemacht?*

What animals do we find there?   *Was für Tiere finden wir dort?*
Which dress does your wife like better?   *Welches Kleid gefällt Ihrer Frau besser?*
Whose dog did you see in the garden?   *Wessen Hund hast du im Garten gesehen?*

WHO – WER oder WEN?
Im Falle von **who** wird der Unterschied auch im Deutschen deutlich, wo die Frage einmal mit **Wer**...?, einmal mit **Wen**...? beginnt. Sie erinnern sich:

Who loves Anna? – Gefragt wird nach dem Subjekt: *Wer liebt Anna?*
Who does Anna love? – Gefragt wird nach dem Objekt: *Wen liebt Anna?*

9 DIE BILDUNG VON BEFEHLSSÄTZEN

Die Bildung englischer Befehlssätze ist denkbar einfach, denn sie beginnen immer mit der reinen Grundform eines Vollverbs. Will man der Aufforderung besonderen Nachdruck verleihen, kann man dem Verb zusätzlich **do** voranstellen.

Be quiet!
[Normale Aufforderung: *Sei still! Seid still! Seien Sie still!*]
Come in!
[Normale Aufforderung: *Komm herein! Kommen Sie herein!*]
Do be quiet!
[Nachdrückliche Aufforderung: *Nun sei doch still!*]
Do come in!
[Nachdrückliche Aufforderung: *Komm doch herein! Nun komm schon herein!*]

Ein verneinter Befehlssatz enthält die Aufforderung, etwas zu unterlassen. Er wird mit **don't** …, manchmal auch mit **don't you** … eingeleitet.

Don't be ridiculous!
Sei nicht albern! Seien Sie nicht albern!
Don't worry!
Mach dir keine Sorgen! Machen Sie sich keine Sorgen!
Don't you tell anyone about it!
Erzähl bloß keinem davon! Erzählen Sie bloß keinem davon!

Ist eine Aufforderung an alle Anwesenden oder Angesprochenen gerichtet, wird sie mit **everybody**, **everyone**, **nobody** eingeleitet:

Everyone listen to me!
Hört mir mal alle zu! Hören Sie mir mal alle zu! Alle mal herhören!
Nobody move!
Keiner bewegt sich! [Korrekt: *Keiner bewege sich!*]

Es heißt tatsächlich **move** und nicht **moves**! Auch hier haben wir es mit einem der seltenen Fälle zu tun, in denen der eigentlich längst verstaubte Konjunktiv zum Einsatz kommt. **Nobody moves** wäre ein Aussagesatz, der besagt, dass sich niemand bewegt.

10 DIE STELLUNG DER ADVERBIEN

In einem einfachen Aussagesatz mit der Struktur Subjekt – Prädikat [bestehend aus Hilfsverben und Vollverb] – Objekt(e) treten Adverbien an den folgenden 3 Positionen auf:

POSITION I:
AM SATZANFANG
→ 10.1

POSITION II: IN DER SATZMITTE (nach 1. Hilfsverb)
Subjekt (Sbj) - Hilfsverben (HV) -
Vollverb (VV) - Objekt (Obj) → **278** (10.2)

POSITION III:
AM SATZENDE
→ **280** (10.3)

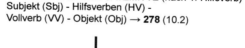

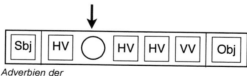

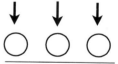

Betonte,
kommentierende,
satzverknüpfende
Adverbien

Adverbien der
unbestimmten Häufigkeit
(**always**, **often**, **never** *usw.*)
Andere Adverbien: **just**, **simply**, **also** *usw.*

Adverbien
der Art *des* *der*
und *Ortes* *Zeit*
Weise

10.1 ADVERBIEN IN POSITION I (SATZANFANG)

BETONTE STELLUNG

Soll eine adverbiale Angabe besonders hervorgehoben werden, so steht sie unmittelbar vor dem Satzkern am Satzanfang. Das ist auch im Deutschen so:

On Saturdays we never go to bed before midnight.
Sonnabends gehen wir nie vor Mitternacht zu Bett.

In this country only a few people speak German.
In diesem Land sprechen nur wenige Menschen Deutsch.

Durch eine solche Positionierung soll deutlich werden, dass die Angaben am Satzanfang wichtiger sind als die Aussage des Satzkerns:

Sonnabends [nicht an anderen Tagen] *gehen wir* …
In diesem Land [im Unterschied zu anderen Ländern] *sprechen* …

KOMMENTIERUNG, STANDPUNKT, PERSÖNLICHE SICHTWEISE

Viele Adverbien in Position I kommentieren die Aussage des Satzes, indem sie eine bestimmte Haltung oder Sichtweise zum Ausdruck bringen. Hier die gebräuchlichsten:

Personally, I think he is a liar.	*persönlich*
Frankly (speaking), I don't care what you think of me.	*offen gesagt*
Generally (speaking), a teacher's job is a good one.	*allgemein gesagt*
Apparently, they are in great trouble.	*anscheinend, offenbar*
Perhaps we can find a room outside London.	*vielleicht*
Fortunately, they discovered the fire in time.	*glücklicherweise*
Luckily, I had my spare key on me.	*zum Glück*
Unfortunately, we had left our road map in the hotel.	*dummerweise, leider*
Hopefully, we'll be there before it gets dark.	*hoffentlich*
Funnily (**enough**), I have never heard of him.	*komischerweise*
Regrettably, we weren't able to help.	*bedauerlicherweise*
Interestingly (**enough**), he still lives with his parents.	*interessanterweise*
Basically, it's a problem of education.	*im Grunde*
Morally, his behaviour was unacceptable.	*moralisch (gesehen)*
Theoretically, it ought to work.	*theoretisch*
Grammatically, this sentence is not correct.	*grammatikalisch*
Honestly, it wasn't worth the money.	*ehrlich gesagt*
Originally, we had planned to stay a few more days.	*ursprünglich*

SATZVERKNÜPFUNG

Eine andere Gruppe von Adverbien auf Position I leitet eine Äußerung ein bzw. verknüpft die Aussage eines Satzes mit der des vorhergehenden oder folgenden. Zu ihr gehören:

First (**of all**) I would like to thank you for coming.	*zu(aller)erst*
At last, Bob has found a job.	*endlich*
Finally, he asked me if I would like to marry him.	*schließlich, am Ende*
We were watching TV. **Suddenly** we heard a bang.	*plötzlich*
We took a short break, **then** we drove on.	*dann*
They ran out of money, **therefore** they had to stop the project.	*darum, deshalb*
It was cold and wet, **nevertheless** we had a lot of fun.	*trotzdem*
You ought to help him. **After all**, he is your brother.	*immerhin, schließlich*
The room is clean and quiet. **Besides**, it's cheap.	*außerdem*
We were half an hour late, **so** we missed the beginning.	*darum, deshalb*
I had hoped to get the job. **However**, it was not to be.	*doch, jedoch*
It looked familiar. **And yet**, it was somehow different.	*dennoch, und doch*
Anyway, it was an memorable journey.	*wie auch immer*
At any rate, we'll be there.	*auf jeden Fall*

10.2 ADVERBIEN IN POSITION II (SATZMITTE)

Adverbien in Position II stehen zusammen mit den Verben im Prädikat, und zwar an den folgenden Stellen:

- nach den Formen von **be**, und zwar auch dann, wenn **be** *nicht* Hilfsverb ist:

  I am **also** interested in a part time job.
  Ich bin auch an einer Teilzeitbeschäftigung interessiert.

  It is **never** easy to get a table in this restaurant.
  Es ist nie leicht, in diesem Restaurant einen Tisch zu bekommen.

  She was **only** sixteen when she got married for the first time.
  Sie war erst 16, als sie das erste Mal heiratete.

- in Sätzen ohne Hilfsverb, abweichend vom Deutschen: VOR Vollverben!

  We **normally** go to bed between eleven and midnight.
  Wir gehen normalerweise zwischen elf und Mitternacht zu Bett.

  The disease **mainly occurs** in people over sixty.
  Die Erkrankung tritt hauptsächlich bei Menschen über 60 auf.

- nach *Hilfs-* und *Modalverben* (bei mehreren nach dem ersten):

  He has **always** taken an interest in politics.
  Er hat sich schon immer für Politik interessiert.

  We will **never** understand why he did it.
  Wir werden nie verstehen, warum er es getan hat.

  This could **also** have happened to us.
  Das hätte uns auch passieren können.

In Position II können Adverbien unterschiedlichster Art auftreten. Man wird dort beispielsweise auch kommentierende Adverbien aus Position I finden (**I personally think** ...), was sie dann etwas weniger betont erscheinen lässt. Auch Adverbien der Art und Weise, die in der Regel auf Position III zu finden sind, werden aus stilistischen Gründen manchmal dort verwendet. Dagegen sollten Sie Adverbien des Ortes oder der Zeit nicht auf Position II setzen.

Zu den Adverbien, die auf Position II sozusagen ihren „Stammplatz" im Satz haben, gehören die folgenden:

- DIE ADVERBIEN DER UNBESTIMMTEN HÄUFIGKEIT
  Beispiele → **169** (2.5)

  You can **always** ask my advice when there is a problem.
  Du kannst mich immer um Rat fragen, wenn es ein Problem gibt.

  These doors are **usually** closed.
  Diese Türen sind gewöhnlich geschlossen.

  I have **often** spoken to him about it.
  Ich habe oft mit ihm darüber gesprochen.

  Melanie **sometimes** stays away for days.
  Melanie bleibt manchmal tagelang weg.

  ▶ Das Adverb **sometimes**, ebenso die meisten Formen auf **-ly** können zwecks besonderer Betonung auf Position I vorrücken: **Usually** this door is open. **Sometimes** she stays away for days.

- DIE FOLGENDEN ADVERBIEN:

Maya has **just** had her first riding lesson.	*gerade, soeben*
I'm all right, I'm **just** a little tired.	*bloß, einfach nur*
Susan had **already** left when I arrived.	*schon, bereits*
Such behaviour is **simply** intolerable.	*(schlicht und) einfach*
I can **only** say that I am sorry.	*nur*
She **almost** started to cry.	*fast*
We **mainly** work with native speakers.	*hauptsächlich, vor allem*
He lives in Miami but has **also** got a flat in L.A.	*auch*
Last week I was **nearly** run over by a lorry.	*beinahe*
We will **probably** never know what happened.	*wahrscheinlich*
I could **hardly** believe what he told me.	*kaum*
The play was **first** performed in 1947.	*zum ersten Mal, erstmals*
I **last** met him a few days before Christmas.	*das letzte Mal, zuletzt*
He is 65 now, but **still** looks 55.	*immer noch*
Did they **really** invite you to the TV show?	*wirklich*
We will **certainly** come if we are invited.	*sicherlich, bestimmt*
They had **obviously** lost their way.	*offensichtlich, offenbar*
The project is **virtually** finished.	*praktisch, so gut wie*
He is **definitely** wrong in this case.	*mit Sicherheit, definitiv*
We **fully** realise that it's going to be difficult.	*völlig*
He **proudly** presented us his new laptop.	*stolz*

Manchmal treten die Adverbien der Position II – abweichend von der üblichen Stellung – **vor** das erste Hilfsverb, so unter anderem

- in Kurzantworten:
  Can he drive? – He **certainly** can.
  Kann er fahren? – Kann er bestimmt.

  You will forget her some time. – I **never** will.
  Du wirst sie irgendwann vergessen. – Das werde ich nie.

- bei **have to** und **used to**:
  Sorry, but we **really** have to go.
  Tut mir leid, aber wir müssen wirklich gehen.

  She **always** used to pray before she went to bed.
  Sie betete immer, bevor sie zu Bett ging.

- in Sätzen mit zusammengezogener Verneinungsform:
  I **simply** can't understand it.
  Ich kann es einfach nicht verstehen.

  We **just** don't believe it.
  Wir glauben es einfach nicht.

  I **certainly** didn't say that.
  Ich habe das bestimmt nicht gesagt.

10.3 ADVERBIEN IN POSITION III

Sofern sie nicht besonders betont werden sollen, stehen die folgenden Adverbien am Satzende, also unmittelbar nach dem Satzkern:

- ADVERBIEN DER ART UND WEISE
  He promised to drive **carefully**.
  Er versprach, vorsichtig zu fahren.

  Can't you close the door **quietly**?
  Kannst du die Tür nicht leise zumachen?

- ADVERBIEN DES ORTES
  You can't park your car **here**.
  Sie können Ihren Wagen hier nicht parken.

  We left our luggage **in the boot**.
  Wir ließen unser Gepäck im Kofferraum.

- ADVERBIEN DER ZEIT
  We have had a number of strange phone calls **lately**.
  Wir hatten in letzter Zeit eine Reihe seltsamer Telefonanrufe.

  We usually have breakfast **at half past seven**.
  Wir frühstücken gewöhnlich um halb acht.

10.4 MEHRERE ADVERBIEN AM SATZENDE

Treten in einem Satz die unter 10.3 genannten Adverbien zusammen auf, so gilt die (alphabetische) Reihenfolge: **Art** *vor* **Ort** *vor* **Zeit** (engl.: **Manner** *before* **Place** *before* **Time**):

- ADVERB DER ART UND WEISE + ADVERB DER ZEIT
  I didn't sleep | **well** | **last night**.
  Ich habe letzte Nacht nicht gut geschlafen.

  She had worked | **hard** | **all her life**.
  Sie hatte ihr ganzes Leben hart gearbeitet.

- ADVERB DER ART UND WEISE + ADVERB DES ORTES
  He was pacing | **nervously** | **up and down the room**.
  Er ging nervös das Zimmer auf und ab.

  Grandmother was sitting | **quietly** | **in her armchair**.
  Großmutter saß still in ihrem Sessel.

  In Sätzen mit einem Verb *der Bewegung* (**go**, **drive**, **come**, **arrive** usw.) rückt das Ortsadverb, das das Ziel dieser Bewegung nennt, **vor** das Adverb der Art und Weise:
  We went | **home** | **quickly** | after school.

- ADVERB DES ORTES + ADVERB DER ZEIT
  He has lived | **abroad** | **for 20 years**.
  Er lebt seit 20 Jahren im Ausland.

  It was unusually cold | **in London** | **last week**.
  Es war letzte Woche ungewöhnlich kalt in London.

  Wenn Orts- und Zeitadverbien zusammen auftreten, liegt es manchmal nahe, eine der beiden Angaben an den Satzanfang zu stellen, um eine bestimmte Betonungswirkung zu erzielen. Vergleichen Sie:
  Aussage über *das Wetter:*   **It was unusually cold** | in London | last week.
  Aussage über *London:*   **In London** | it was unusually cold | last week.
  Aussage über *letzte Woche:*   **Last week** | it was unusually cold | in London.

- ADVERB DER ART UND WEISE + ADVERB DES ORTES + ADVERB DER ZEIT
  The fans had waited | **patiently** | **in front of the hotel** | **for hours**.
  Die Fans hatten stundenlang geduldig vor dem Hotel gewartet.

- ZWEI ADVERBIEN DER GLEICHEN GRUPPE
  Treten zwei Adverbien des Ortes oder zwei Adverbien der Zeit nebeneinander auf, so steht die *präzisere* Angabe vor der *allgemeineren:*

  ZWEI ZEITANGABEN: Susan goes to work | **at 5 o'clock** | **in the morning**.
  ZWEI ORTSANGABEN: Ann studies | **at an Art School** | **in Bath**.

  Die genaueren Angaben (**at 5 o'clock**, **at an Art School**) stehen **vor** den allgemeineren (**in the morning**, **in Bath**). Im Deutschen wären beide Satzstellungen möglich: Mein Vater geht *um fünf Uhr morgens* oder: *... morgens um fünf Uhr* zur Arbeit. Ann studiert *an einer Kunstschule in Bath* oder: *... in Bath an einer Kunstschule.*

11 UMSTELLUNG MIT BETONTEN ADVERBIEN

Sätze mit einem betonten Adverb in Position I weichen in einigen Fällen von der üblichen Satzstellung ab. Dies kann der Fall sein

- bei einem Adverb mit *verneinendem* oder *einschränkendem* Sinn [→ 11.1]
- bei einem *Ortsadverb* in Sätzen ohne Objekt [→ 11.2]

Diese Adverbien bewirken eine **Umstellung** von erstem Hilfsverb und Subjekt. Der Satz wird somit wie ein Fragesatz konstruiert. Beispiele:

Normale Stellung:	We had **never** met such helpful people.
Umstellung:	**Never** | had we met | such helpful people.
Normale Stellung:	A big tree stood **on the top of the hill**.
Umstellung:	**On the top of the hill** | stood | a big tree.

In normaler, unbetonter Stellung steht das Häufigkeitsadverb **never** den Regeln entsprechend in Position II, die Ortsangabe **on the top of the hill** in Position III.
In betonter Position (*Noch nie haben wir...*, *Oben auf dem Hügel ...*), rücken sie an den Satzanfang, was die Umstellung im Satzkern nach sich zieht.

11.1 UMSTELLUNG BEI VERNEINENDEN UND EINSCHRÄNKENDEN ADVERBIEN

Hier eine Übersicht der wichtigsten verneinenden und einschränkenden Adverbien, die in betonter Position eine Umstellung verlangen:

VERNEINENDES ADVERB		RESTSATZ IN **UMSTELLUNG**
Hardly	*Kaum ...*	... **had we** arrived when it started to rain.
Hardly ever	*Kaum einmal ...*	... **have I** felt worse.
Seldom	*Selten ...*	... **had my boss** been so generous.
At no time	*Zu keiner Zeit ...*	... **did they** realise what was going on.
Only occasionally	*Nur gelegentlich ...*	... **does she** come round for a chat.
In no way	*In keiner Weise ...*	... **can I** accept what you have said.
On no account	*Unter keinen Umständen ...*	... **would I** move away from here.
Not for nothing	*Nicht umsonst ...*	... **have we** put all this money aside.
Only now	*Erst jetzt ...*	... **do we** understand why he did it.
Only then	*Erst dann, erst da ...*	... **will they** be able to live in peace.
Nowhere	*Nirgendwo ...*	... **did she** really feel at home.
Never before	*Nie zuvor ...*	... **had we** been in such a situation.
Little	*Wenig ...*	... **do I** know about these matters.

11.2 UMSTELLUNG BEI BETONTEN ORTSADVERBIEN

Hier noch einige Beispiele für die Umstellung nach betonten Zeit- und Ortsadverbien. Beachten Sie, dass eine solche Konstruktion nur mit intransitiven Verben möglich ist:

ORTSADVERB		RESTSATZ IN **UMSTELLUNG**
Here	*Hier ...*	... **comes Fanny!**
Here	*Hier ...*	... **rests my beloved grandfather.**
There	*Da ...*	... **goes my bus!**
Over there	*Da drüben ...*	... **begins Scotland.**
Above us	*Über uns ...*	... **hung a heavy chandelier.**
Not far from here	*Nicht weit von hier ...*	... **stood my old school.**
Beyond the river	*Jenseits des Flusses ...*	... **lies Angola.**
In the distance	*In der Ferne ...*	... **lay the Isle of Samoa.**
In the background	*Im Hintergrund ...*	... **stood a few security men.**
On the first floor	*Im ersten Stock ...*	... **lives a lady from Jamaica.**

Alten und jungen Fans der *Beatles* wird sich ein Titel wie **Here comes the Sun** nun auch unter grammatikalischen Gesichtspunkten erschließen, ebenso die berühmte Anfangszeile ihres Songs *Yellow Submarine*:

In the town where I was born **lived a man** who sailed to sea ...
In der Stadt, wo ich geboren wurde, lebte ein Mann, der zur See fuhr ...

* * *

Index

Wortlisten